KB123496

중국
고전음악사

중국 고전음악사

여기현 편역

보고사
BOGOSA

머리말

고전시가를 공부하면서, 지금 우리가 읽고 있는 많은 고전작품들은 기실 당대에 노래 불렀고, 때로는 악기의 반주가 수반되기도 하고, 또 때로는 춤이 곁들여지는 연행상황에서의 노랫말임을 늘 전제하였다. 눈으로 읽는 시가가 아닌, 가락과 장단이 있는 노랫말임을 전제하였을 때, 시가는 새롭게 와 닿았다. 악척(尺, 악공)의 악기 반주를 염두에 두고, 무척(舞尺)의 춤사위를 상상하며, 가척(歌尺)이 내는 소리를 따라 흥얼거리는 고전시가는 눈으로 읽는 시가와는 전혀 다른 느낌을 주었다. 우리의 고전시가는 노래 불렀다.

고전시가는 곧 음악이다. 고전시가의 이해는 음악에 대한 이해를 전제한다. 고전시가의 이해의 폭을 넓고 깊게 하기 위하여 음악이론을 찾았다. 『삼국사기』, 『고려사』, 『조선왕조실록』 등 역사서의 악지와 음악관련 기록을 이해하기 위해서는 음악이론이 필요하였다. 그런데, 우리네 고전음악이론은 중국의 그것에 기반하고 있다. 그 기본적인 내용을 정리하여 『중국고대악론』을 세상에 내놓았다. 선진 시기부터 당대 이전까지 주요 악론을 번역하고, 그에 대한 주석과 해설과 연구의 결과를 함께 묶은 것이다. 중국악론을 습용한 우리 고전시대, 특히 각 왕조의 궁중음악을 연구하는 데 많은 도움이 되었다. 노랫말이 전하지 않은 신라와 고려의 궁중악(속악)에서부터, 노랫말이 전하는 속악가사나 악장에 이르기까지, 그 감상과 이해의 폭을 넓고 깊게 하였다. 그러나 한편으로 『중국고대악론』은 음악이론 분야에만 머물고 있어 늘 한 켠이 허전하였다. 이에 중국음악의 통시적 전개과정을 정리할 필요를 느끼게 되었다. 그 결과물이 바로 이번에 출간하게 된 『중국고전음악사』이다.

이 책은 호욱청(胡郁青)과 조령(趙玲)이 지은 『중국음악사』(서남사범대학출판사, 2012)의 상편 고대음악 부분을 중심으로 번역하고, 고문헌의 악론 관련 글을 편역하여 보완하였다. 『중국음악사』는 한족 음악문화를 중심으로 기술하였다. 그럼에도 중국음악사를 이해하는 데 있어, 궁정의례음악, 민간음악, 악기, 악론, 음악사상, 음악가와 저작물 등으로 편제하여 일목요연하게 중국음악의 전체적 흐름을 잘 보여주고 있다. 뿐만 아니라, 상화가와 청상악, 가무희와 잡극, 대곡과 법곡 등을 따로 항목을 설정하여 설명하고 있어 각 시대를 대표하는 음악장르의 흐름을 쉽게 이해할 수 있다. 다만 주석이 없고, 고문을 직접 인용한 까닭에 읽기와 이해에 많은 어려움이 있다. 이에 고문에서부터 전문적인 학술용어에 이르기까지 주석을 하였다. 주석은 무천서(繆天瑞) 주편 『음악백과사전』(인민음악출판사, 1993)을 중심으로 하고, Baidu백과(https://baike.baidu.com)를 참조하였고, 악기 등과 관련된 그림은 Baidu도편(https://image.baidu.com)에서 인용하였다.

이 책의 출간에 많은 분들이 도움을 주셨다. 먼저 보고사 김흥국 대표와 편집부 이순민 씨, 고문 번역에 도움을 준 김지현선생, 간자체 번역에 도움을 준 유학생 류가설 양에게 감사의 말을 전한다. 끝으로 이 책이 중국음악사 이해 뿐만아니라, 나아가 우리의 고전음악, 고전시가의 이해에 도움이 되기를 바란다.

2018년 지유산방에서 여기현 씀.

차례

머리말 / 5

제1장 _ 상고上古·하夏·상商 시기
(약 8000년 전~기원전 11세기) —— 13

1. 음악의 기원 —— 14
2. 고악의 내용 —— 15
3. 고악기 —— 24
4. 고대 악무 —— 37
5. 음악기구 —— 45

제2장 _ 서주西周·춘추전국春秋戰國 시기
(기원전 11세기~기원전 221년) —— 48

1. 궁정예의 음악 —— 49
2. 민간음악 —— 56
3. 음악기구와 음악교육 —— 72
4. 악기 —— 76
5. 악률 —— 85
6. 음악사상 —— 88

제3장 _ 진秦 · 한漢 시기 (기원전 221~220년) ―――― 111

1. 악무 관리기구 ―――― 113
2. 고취 ―――― 118
3. 상화가 ―――― 123
4. 백희 ―――― 129
5. 악기 ―――― 132
6. 음악이론과 금학서 ―――― 139
7. 민족 관계와 음악문화 교류 ―――― 152
8. 음악사상 ―――― 154

제4장 _ 삼국三國 · 양진兩晉 · 남북조南北朝 시기
(기원 220~589년) ―――― 165

1. 궁정예의음악 ―――― 166
2. 상화가와 청상악 ―――― 168
3. 가무희 ―――― 180
4. 금곡예술 ―――― 183
5. 불교음악 ―――― 191
6. 음악교류 ―――― 195
7. 악기 ―――― 198
8. 악률 ―――― 205
9. 음악미학사상 ―――― 208

제5장 _ 수隋·당唐·오대五代 시기 (기원 581~960년) 218

1. 궁정아악 219
2. 궁정연악 221
3. 대곡과 법곡 231
4. 민간음악 241
5. 음악기구 256
6. 음악이론 261
7. 음악문헌 264
8. 저명 음악가 267
9. 중외 음악교류 274
10. 음악미학사상 277

제6장 _ 송宋·원元 시기 (기원 960~1368년) 285

1. 송·원 궁정의례음악 286
2. 송대 시민음악의 융성 291
3. 송대 곡자 296
4. 송·원 설창음악 304
5. 송잡극과 금원본 309
6. 원잡극과 산곡 314
7. 남희 325
8. 악기 327
9. 송·원 음악이론과 음악논저 334
10. 음악사상 339

제7장 _ 명明 · 청淸 시기 (기원 1368~1911년) — 353

1. 명 · 청 궁정예의음악 — 354
2. 민간음악의 발전 — 359
3. 설창음악의 발전 — 373
4. 희곡의 발전 — 386
5. 민족기악합주 — 397
6. 기악의 발전 — 402
7. 음악이론과 음악논저 — 413
8. 음악미학사상 — 419

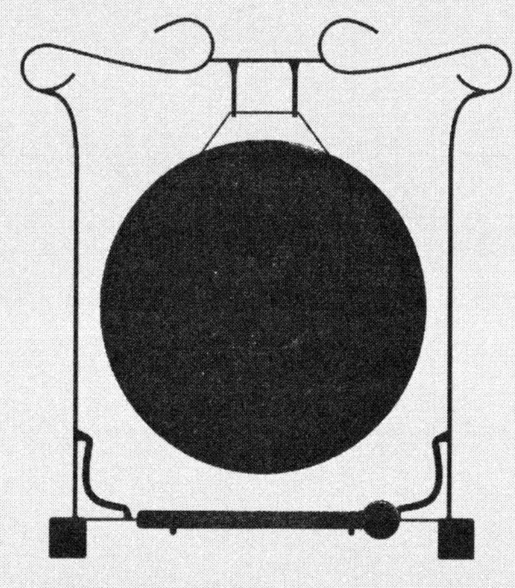

제1장
상고上古·하夏·상商 시기

(약 8000년 전~기원전 11세기)

중국은 세계 고대문명의 발원지 중의 하나이다. 이 풍요로운 땅 위에 우리 선조는 약 170만 년 동안 번식해서 생존하였다. 지금으로부터 약 6,000년 전후의 장강유역 하모도(河姆渡) 문화와 황하 유역의 배이강 문화, 대문구 문화, 양소 문화 및 마가요 문화의 음악 유물을 보면 알 수 있듯이, 황하·장강유역은 중화민족 음악문명 최초의 발상지이다. 1986~1987년 전후에 하남 무양현 가호에서 출토된 골적(骨笛)에 대한 탄소동위원소 C14 측정과[1] 여러 번의 교정을 통해 역사적으로 고구할 수 있는 음악문화가 약 8,000년 전후임을 증명하였다. 중국 악무(樂舞)의 역사는 오래되었다.[2] 주양(朱襄)씨 음악, 음강(陰康)씨 음악, 유융(有娀)씨 음악, 갈천(葛天)씨 음악, 황제(黃帝)의 〈운문(雲門)〉, 요(堯)의 〈함지(咸池)〉, 순(舜)의 〈소(韶)〉, 하(夏)나라의 〈대하(大夏)〉, 상(商)나라의 〈대호(大濩)〉 등이 원시사회부터 하·상 시기까지 고문헌 기록이 있는 대형악무이다.[3] 이러한 악무의 내용은 원시 선민(先

1) 골적(骨笛) : 적(피리)의 일종으로, 최초의 악기. 응골적(鷹骨笛)이라고도 함. 새나 짐승의 뼈로 만듦.

2) 악무(樂舞) : 음악반주가 있는 무도, 중국전통무도의 총칭.

民)들의 노동생산, 종교적 신앙, 부락 전쟁, 애정생활 및 그들의 자연재해와의 투쟁 모습 등을 광범위하게 포함하고 있다. 도고, 종, 요, 훈, 골저, 골초, 도향기, 도각호, 반, 약, 화 등 원시 고악기가 출현하였다. 또 전문악관(樂官) 및 음악기관의 출현은 이 시기에 주의할 만한 일이다.

1. 음악의 기원(起源)

음악의 기원에 대한 문제는 여러 견해가 있다. 예를 들어 영국의 다윈의 이성구애설은 음악이 원시고대인이 새와 짐승이 구애할 때 내는 소리를 흉내 내는 것에 기원한다고 여긴다. 그리고 프랑스의 장 자크 루소와 영국의 스펜서의 언어억양설(혹은 감정언어설)은 음악이 언어에 기원한다고 생각하여, 사람이 말할 때 감정의 영향으로 인해 생기는 고저장단의 억양이 음악이 생기는 기초라고 여긴다. 영국의 비스트의 모방자연설은 자연계의 여러 소리가 음악이 형성된 기본소재라고 여긴다. 독일의 칼 슈툼프의 신호설은 음악이 원시고대인이 일상생활에서 서로 연락을 유지하기 위해 내는 일정한 시간적 길이가 있는 외침소리에 기원한다고 여긴다. 프랑스의 음악가 콩바이데가 제시한 무술(巫術)기원설은 음악이 원시무술에 기원한다고 여긴다. 이러한 여러 가지의 견해와 관점은 모두 다른 입장과 시각으로부터 출발하여 음악기원 문제에 대해 탐구하고 연구하였다. 그러나 적지 않은 관점과 견해는 연구자 본인의 계급적 입장과 역사적 한계성의 영향을 받아 근본적으로 음악기원 문제를 설명할 수 없다. 이 때문에 주관성과 단편성을 지닌다. 그럼에도 불구하고 그들의 탐구와 연구는 우리에게 음악기원 문제를 탐구하는 데에 새로운 사고의 방향을 제공해 주었다.

3) 주양(朱襄氏) : 염제(炎帝)의 다른 이름. 염제는 중국 상고대의 천자, 음강(陰康) : 중국 상고대의 천자, 유융(有娀) : 은나라 설(契)의 어머니, 갈천(葛天氏) : 중국상고대의 천자.

도대체 음악은 어떻게 생겼을까? 마르크스주의는 음악이 원시인류의 생산노동과 생활투쟁 속에서 생긴다고 본다. 우선 노동은 인간을 창조했고, 손과 언어와 두뇌의 발전을 촉진해 음악이 생기는 데에 물질적 조건을 창조하였다. 다음으로 음악이 생긴 것은 노동과 밀접한 관계가 있으며, 노동의 율동이라야만 음악의 선율(旋律)을 부여할 수 있다. 따라서 음악이 생기는 최초 단계에서 음악의 절주(節奏, 박자, 리듬)와 노동의 절주는 하나로 합쳐진 것이라고 말할 수 있다. 노동생산의 다양성 때문에 다른 노동율동이 생김에 따라 다른 음악도 생긴다. 또한 노동은 생산기구의 끊임없는 발전을 촉진했고, 대부분 원시악기의 생산은 노동자의 생산공구와 생활용구와 밀접한 관계가 있다. 예를 들면 경(磬) 같은 악기는 원시사회에서 논밭을 갈 때 사용한 보습에서 발전되어 나온 것이다. 또 『사기』에 기록된 "독을 치며 장군을 두드리는 것이라야만 진나라의 진정한 음악이다."이라는 말을 보면 알 수 있듯이,[4] 고대인은 생활 속에 사용하는 식기를 악기로 사용하였다.

2. 고악(古樂)의 내용

『산해경 · 해내경』에서 "제준(帝俊)이 안룡을 낳고, 안룡은 금(琴)과 슬(瑟)을 만들었다. 제준은 아이가 여덟 명이 있고 그들은 가무를 창조하였다."라는 말은 중국 음악기원에 대한 이른 시기의 기록이다.[5] 원시음악은 악가(樂歌), 무(舞), 악(樂, 악기의 연주) 삼위일체의 예술표현형식이라서 생기자마자 원시고대인의 생활에서 매우 중요한 지위를 차지하고, 그들의

4) 『史記』: 擊甕叩缶, 眞秦之聲.

5) 『山海經 · 海內經』: 帝俊生晏龍, 晏龍是爲琴瑟. 帝俊有八子, 是始爲歌舞. 제준은 중국 고대 전설 속 인물.

무도문채도분

희로애락·생각과 감정을 표현하는 방식이 되었다. 청해 대통현 상손가채(大通縣上孫家寨)에서 출토된, 지금으로부터 약 5,000여 년이 된 무용무늬 도분(舞蹈紋彩陶盆)은 신석기시대에 고대인들이 노래하며 춤추는 장면을 사실적으로 기록하였다.[6] 무용무늬 도분의 내벽에 춤추는 사람이 세 조가 있으며, 한 조는 다섯 명이고, 그들은 머리에 장식품을 올려놓고, 몸 뒤에는 꼬리모양의 장식품이 걸려 있다. 그들은 서로 손을 잡고 새와 짐승을 모방한듯한 춤을 추고 있다. 이러한 "팔을 서로 잡고 발로 뛰며 노래 부르는(連臂踏歌)"와 같은 가무형식은 중국 민간에 있을 뿐만 아니라, 외국의 많은 민족에서도 널리 전해지는 가무형식이다. 이런 가무형식의 생산은 원시고대인들이 함께 포위하여 사냥하거나 모닥불을 둘러싸고 몸을 따뜻하게 하는 생활방식을 기초로 삼은 것이다. 이러한 생활방식의 존재는 원시 고대인의 정감교류를 촉진하는 데에 유리할 뿐만 아니라, 사람들 간의 단결을 공고히 다지는 데에도 유리하다. 원시 고악무의 내용은 광범위하며, 대체로 다음과 같이 몇 가지로 귀납된다.

1) 노동생산을 반영하는 것

산력이 매우 낮은 원시사회에서 사냥은 원시고대인의 생존의 중요한 수단이다. 동한(東漢) 조엽(趙曄)의 『오월춘추·구천음모전』에 한편의 〈탄가(彈歌)〉라는 노래가 기록되어 있는데, 황제 시기의 민요라고 전해진다.[7]

---

6) 도분(陶盆) : 점토로 만든 동이 모양의 그릇으로 윗부분은 넓고 밑부분은 좁은 생활용기.

7) 『吳越春秋·勾踐陰謀傳』: 진음(陳音)이란 자가 월나라 왕 구천에게 말하기를, "쇠뇌(弩)는 활(弓)에서 생기고, 궁은 탄환(彈)에서 생기고, 탄은 옛날 효자에게서 생깁니다.

斷竹. 續竹. 飛土. 逐宍(肉)

(대나무를 자르고, 활시위로 대나무 양쪽을 연결해 고무총을 만든다. 그 다음 고무총으로 흙으로 만든 탄알을 새와 짐승에게 쏜다. 사냥꾼은 탄알에 맞은 새와 짐승을 쫓아 잡는다.)

이 민요는 비록 여덟 글자밖에 없지만 원시 고대인이 공구를 만들기부터 동물을 잡아 죽이기까지 사냥의 전 과정을 생생하게 재현하였다.

『노사·후기』에서 기록한 〈부려(扶犁)〉라는 악무는 신농씨의 악무라고 전해지며, 내용은 풍년을 경축하는 것이다.[8)]

북채와 흙으로 만든 북으로 귀신에게 경의를 보낸다. … 밭을 갈아 파종하고 누에를 쳐서 득을 보니 일 년 내내 복을 누린다. 그리하여 신농씨는 형천에게 〈부리〉라는 음악과 〈풍년〉의 노래를 창작하라고 명령하고, 하늘에 바침으로써 다스림이 이루어졌다.

『여씨춘추·고악』에는 상고시대 갈천씨 부락이 농업생산을 표현하는 악무를 추는 기록이 있다.

옛날 사람들은 질박하여 죽으면 흰띠풀로 싸서 들판에 버렸는데, 효자는 부모가 금수에게 먹히는 것을 차마 보지 못하여 탄을 만들어 시신을 지켰습니다. 그래서 옛사람이 노래를 지었으니, 곧 〈탄가〉입니다."고 했다.

조엽(趙曄) : 자는 장군(長君), 한대 회계 산음(山陰) 출신. 생졸년 미상. 산음에 살았기 때문에 오월의 역사적 사실에 대하여 많이 알았다. 그래서 『오월춘추』를 지었다.

8) 〈부려(扶犁) : 〈扶來〉 또는 〈扶徠〉. 〈扶梨〉. 전설에 복희(伏羲, 신농)씨 악무명(樂名).

『路史·後紀』 : (神農氏)桴土鼓以致敬於鬼神, … 耕桑得利而究年受福, 乃命刑天作〈扶犁〉之樂, 制豐年之詠, 以薦釐來,

> 옛날에 갈천씨 악무는 세 사람이 쇠꼬리를 들고 발로 뛰면서 〈팔결〉을 부른다.[9)]

'팔결(八闋)'은 여덟 곡의 가곡을 말한다.[10)] 그 내용은 토템과 선조와 천지만물을 제사하고, 천기가 정상이기를 기원하고, 초목의 번성과 오곡의 풍요 등 아름다운 소원이다.

『예기 · 교특생』에는 이기(伊耆)씨 시기의 〈사사(蜡辭)〉라는 시가가 기록되어 있다.[11)]

> 흙은 그 집으로 돌아가고, 물은 그 웅덩이로 돌아가고, 곤충은 짝을 짓지 않으니, 초목이 그 윤택함(못)으로 돌아가네.[12)]

원시 고대인은 지진, 홍수, 병충해와 잡초가 나지 않길 바라며 농업생산 노동자가 농업생산에 종사하면서 갖는 아름다운 소망을 표현하였다.

---

9) 『呂氏春秋 · 古樂』: 昔葛天氏之樂, 三人操牛尾, 投足以歌八闋. 一曰〈載民〉, 二曰〈玄鳥〉, 三曰〈遂草木〉, 四曰〈奮五穀〉, 五曰〈敬天常〉, 六曰〈達帝功〉, 七曰〈依地德〉, 八曰〈總萬物之極〉.

10) 팔결(八闋) : 고대 갈천씨의 8종의 악가. 이기(伊耆)의 위약(葦籥), 복희의 라고(羅罟), 갈천의 팔결(八闋), 신농의 오현(五弦)이라 한다.

11) 사사(蜡辭) : 옛날. 연말에 여러 신들의 가호에 보답하기 위해 올리던 제사(蜡祭)에 부른 노랫말.
이기(伊耆) : 고대 제호. 즉 신농(神農), 일설에는 제요(帝堯)를 말함. 〈土鼓〉, 〈葦籥〉을 이기씨의 악이라 했다.

12) 『禮記 · 郊特牲』: 伊耆氏始爲蜡辭, … 土反其宅, 水歸其壑, 昆蟲毋作, 草木歸其澤. 이는 사제를 지내며 부른 노랫말이다. 토는 방(坊, 마을)이고, 택은 안(安, 안전)이고, 마을이 안전하여 붕괴하지 않는다는 의미이다. 수는 수용(水庸, 물도랑)이고, 학은 갱(坑, 구덩이)이니, 물이 구덩이로 들어가 넘치지 않는다는 의미이다. 곤충은 모기나 무리 따위 해충이니, 음기를 만나면 죽고, 양기를 만나면 산다, 초목이 좋은 밭에서 생을 얻지 못하니 해로움이 어찌 기쁘겠는가? 라는 의미이다.

2) 자연 재해를 반영하는 것

원시부락에서 생산력이 매우 낮기 때문에 사람들은 어떤 자연현상에 대해 정확한 이해를 못하여, 겉으로 보기에는 원시 고대인이 신령의 지지를 빌려 어려움을 극복하길 바라는 것으로 보이지만, 실제상으로는 그들이 자신의 힘으로 자연을 이기고 개조한 위대한 역량을 표현하였다.

『여씨춘추 · 고악』에서 사람들은 무술(巫術) 성질을 띤 음악을 통해 가뭄 발생을 방지하는 것을 공상하는 일을 기록하고 있다.

> 옛날 주양씨가 천하를 다스릴 때, 바람이 많고 양기가 많이 쌓여 만물이 흩어지고 과실이 열리지 않았다. 그래서 사달(士達)이 오현금을 만들어 음기를 불러오고, 뭇 생명을 안정시켰다.[13)]

『여씨춘추 · 고악』에서 언급한 사달은 주양씨 시기의 음악가이며, 오현금이 바로 그가 만든 것이다. 사달이 오현금을 만든 목적은 인간과 신 사이의 관계를 소통하여, 음양을 조절해서 바람과 비가 농사에 알맞고 오곡이 풍성하게 여물게 하는 것이다.

3) 부락 전쟁을 반영하는 것

사유제와 계급이 생김에 따라 원시부락이나 연맹 사이에 약탈하거나 자위적인 전쟁이 자주 일어난다. 빈번한 전쟁생활 속에 무예를 연마하고, 전쟁을 모의하고, 전쟁의 승리를 경축하는 등의 전쟁생활을 반영하는 악무가 생겼으며, 이런 악무를 '무무(武舞)'라고 부른다. 『산해경 · 해외서경』에

13) 『呂氏春秋 · 古樂』: 昔朱襄氏治天下, 多風而陽氣蓄積, 萬物散解, 果實不成. 故士達作爲五弦琴, 以來陰氣, 以定羣生.

는 '형천간척무(刑天干戚舞)'의 전설이 기록되어 있는데, "형천과 천제는 신의 자리를 놓고 쟁탈하였는데, 천제가 형천의 머리를 잘랐다. … 그리하여 젖꼭지를 눈으로 삼고, 배꼽을 입으로 삼아, 방패와 도끼를 들고 춤을 추었다."라 하였다.[14] 또 『상서 · 대우모(尙書·大禹謨)』에 대우가 씨족수령을 할 때, 복종하지 않는 묘인(苗人)을 30일간 토벌하였지만, 실패한 이후에, 방패와 깃털을 이용하여 70일 동안 춤추어서 마침내 묘인을 굴복시켰다는 전설이 기록되어 있다. "제순이 말하기를.

순임금께서 말씀하시기를,
"아, 우(禹)야. 오직 이때에 유묘(有苗)만 다스려지지 않으니, 그대가 가서 정벌하라."
하셨다. 우가 이에 여러 제후들을 모아 놓고 (중략) 30일을 묘의 백성들이 명을 거역하거늘, 익(益)이 우를 도와 말하기를,
"오직 덕(德)만이 하늘을 감동시킵니다. 멀어도 이르지 않음이 없으니, 가득차면 덜어냄을 부르고, 겸손하면 더함을 받는 것 이것이 하늘의 도입니다. (중략) 지극한 정성은 신을 감동시키는데 하물며 이 유묘이겠습니까?"
라 하였다. 우가 훌륭한 말에 절하면 답하시기를,
"그렇도다."
라 하시고는 나갔던 군사들을 거두어 돌아왔다.
순임금께서 이에 문덕(文德)을 크게 펴시어 방패와 깃털 일산으로 두 섬돌 사이에서 춤추시었다. 70일이 되자 유묘가 바로 잡혔다.[15]

---

14) 『山海經 · 海外西經』: 刑天與帝爭神, 帝斷其首 ……, 乃以乳爲目, 以臍爲口, 操干戚之舞.
형천(刑天) : 신화적 인물. 형요(刑夭)라고도 함. 황제와 제위를 두고 싸웠다. 황제가 그 머리를 잘라 상양의 산에 장사지냈다. 이에 젖은 눈이 되고, 배꼽은 입이 되어 간척을 잡고 춤을 추었다고 한다. 형천은 씨족부락의 상징토템이고, 화하족의 이름 없는 신기일 가능성이 있다.
간척무(干戚舞) : 고대악무의 일종, 간과 척을 들고 추는 무무. 간은 방패이고, 척은 큰도끼.

15) 『尙書 · 大禹謨』: 帝(舜)曰 : "諮禹, 惟時有苗弗率, 汝徂征." 禹乃會羣後 …… 三旬, 苗

간과 척은 고대의 전쟁에서 자주 사용하는 무기이다. 간은 방패이며 방어용 무기이고, 척은 도끼이며 공격용 무기이다. '간척무(干戚舞)'는 고대 무무의 중요한 형식이며, 전쟁하기 전에 진행하는 격려와 훈련 성질을 띤 군사 무도이다.

4) 종교 신앙을 반영하는 것

토템숭배는 원시사회에 가장 먼저 나타난 종교적 신앙이며, 씨족 시회에서 정신적 통치자이다. 황제 시기에는 구름(雲)으로 토템을 삼았기 때문에, 황제의 악무를 〈운문(雲門)〉이라고 한다.[16] 그리고 주나라 때는 〈운문〉으로 천신을 제사 지냈다. 요 시기의 〈함지(咸池)〉는 천신을 숭배하는 악무이다.[17] 〈함지〉는 원래 별자리의 명칭이며, 하늘의 못(천지, 天池)이라는 뜻이고, 전설에 서왕모(西王母)가 목욕하던 곳이라 한다. 황제 시기의 영륜(伶倫)과 영장(榮將)은 이 악곡의 창작자이다.[18] 그들은 종(鐘) 12개를 주조했고, 이로써 궁(宮), 상(商), 각(角), 치(徵), 우(羽) 오음에 맞추었고,

---

民逆命. 益贊於禹曰 : "惟德動天, 無遠弗屆, 滿招損, 謙受益, 時乃天道 …… 至誠感神, 矧兹有苗?" 禹拜昌言曰 : "兪." 班師振旅. 帝乃誕敷文德, 舞干羽於兩階. 七旬, 有苗格.

16) 〈운문(雲門)〉 : 주왕조 6대 악무의 하나. 황제는 만물에 이름을 붙일 수 있어 백성들의 공동재산을 분명히 하였고, 그 덕을 말함이 마치 구름이 일어나듯 하여 백성들이 동족을 얻게 되었다.

17) 〈함지(咸池)〉 : 고악무명, 전설에 요임금이 만든 악이라 한다. 일설에는 황제의 악인데, 요가 이어서 사용했다고 함. 함지는 신화 속에서 해가 목욕하는 곳, 해가 뜨는 부상(扶桑)과 달리 지는 곳을 말함, 별자리 이름, 서왕모의 시녀들이 목욕하던 곳 등 여러 의미가 있다.

18) 영륜(伶倫) : 전설 속 황제의 악관, 악률의 창시자. 황제가 영륜에게 율을 짓도록 명하자, 영륜이 대하의 서쪽으로부터 원유(阮隃)의 북쪽으로 갔다. 해계(嶰谿)의 골짜기에서 대나무를 취하여 빈 구멍을 고르게 하고 양 마디사이를 잘랐다. 혹은 봉황의 울음소리를 듣고 모방하였다고 함.

영장(榮將) : 황제의 신하로, 영원(榮援) 혹은 영원(榮猨)라고 함. 영륜과 더불어 12개의 종과 오음을 만들었다.

중춘 2월 을묘에 해가 괴성(魁星)방위에 나타날 때,[19] 정식으로 12개의 대종(大鐘)을 위주로 하는 화려한 악곡을 연주하여, 〈함지〉라고 이름 불렀다. 전국시기에 조간자(趙簡子)가 병들었을 때,[20] 꿈에서 들은 '〈균천광악(鈞天廣樂)〉'은 바로 〈함지〉가 변천·발전한 것이다.[21] 주왕조의 통치자는 〈함지〉로 지기(地祈)의 제사를 지냈다.[22] 순 시기의 〈소(韶)〉도 종교적인 악무이다. 또 〈소〉의 반주악기가 여러 대롱(管)을 배열해서 만든 '소(簫)'라는 취주(吹奏)악기라서, 〈소〉를 〈소소(簫韶)〉라고 부르기도 한다. 〈소소〉의 춤 부분은 아홉 번의 변화를 포함하고 있어서 〈구변(九辯)〉이라고도 부른다. 그리고 노래 부분이 아홉 단락을 포함하고 있어 〈구가(九歌)〉라고 부른다. 주왕조의 통치자는 〈소〉로 사망(四望)의 제사를 지냈다.[23] 『좌전·양공29년』에 오나라 계찰(季札)이 노나라에서 〈소〉의 연기를 보고 난 후에 감탄하여, "덕의 지극함이여! 크도다, 마치 하늘이 가리지 못함과 같고, 땅이 싣지 못하는 것 같구나!"라고 한 말이 기록되어 있다.[24] 『논어·술이』에는 "공자가 제나라에서 〈소〉를 듣고는 삼개월간 고기 맛을 몰랐다. 그리고 '음악의 지극함이 이에 이르기를 의도하지 않았다.'고 말했

19) 괴성(魁星) : 북두칠성의 첫 번째 별인 천추(天樞).

20) 조간자(趙簡子, 趙鞅, ?~전476) : 춘추시기 진(晋) 조씨의 영수. 진국 소공(昭公) 때, 대부의 세력이 강해지자, 조간자가 대부가 되어 국사를 맡아 힘을 다해 개혁하였다. 전국시대 조(趙)국의 기업을 연 사람이다. 조간자가 병이 들어 5일 동안 사람을 알아보지 못하다가, 이틀 반나절 뒤에 깨어났다. 말하기를, 내가 균천(鈞天)에 가서 천제와 여러 신들을 만났는데, 광악(廣樂)이 아홉 번 연주되고 온갖 춤이 행해졌다. 하상주 삼대의 음악과 다르지 않아 그 소리에 감동했다고 했다. 이 음악을 〈균천광악〉이라 한다. 균천몽은 좋은 꿈을 형용하는 말이다.

21) 〈균천광악(鈞天廣樂)〉 : 균천은 고대중국신화전설에서 하늘의 중앙을 가리키고, 광악은 우미하고 웅장한 음악을 말한다. 천상의 음악, 선악(仙樂). 후대에 우미웅장한 악곡을 형용하는 말로 사용.

22) 지기(地祈) : 땅에 살고 있는 귀신.

23) 사망(四望) : 동서남북 네 개 방위의 산천과 산신령.

24) 『左傳·襄公二十九年』 : 德至矣哉! 大矣, 如天下不幬也, 如帝之無不載也!

다." 또 "〈소〉는 진선진미하구나."라고 탄성을 질렀다.[25]

5) 애정생활을 반영하는 것

『여씨춘추 · 음초』는 중국 최초의 애정 노래를 기록하고 있다.

> 우(禹)가 공적을 쌓은 뒤, 도산의 여인을 보았다. 우는 아직 짝을 만나지 못하였고, 남방 지방을 돌면서 살피고 있었다. 도산씨의 여인이 이에 그 첩에게 도산의 남쪽에서 우를 기다리라고 명하자. 여인이 노래를 지었다. 노래에 '사람을 기다림이여! 진실로 남음이 시작되었네.'라 했다.[26]

이것은 우의 아내가 우가 돌아오기를 기다릴 때 부른 사랑 노래(情歌)이다. 이 노래는 4자로 구성되어, 앞에 두 글자가 실제 의미가 있고, 뒤에 두 글자 중의 '혜(兮)'는 고대에서 '아(阿)'로 읽으며 '의(猗)'와 발음이 같고 의미가 없는 감탄사이며, 원시 노래의 특징에 부합한다. 또 이 노래는 중국 초기에 남부 지방의 대표적인 민요이고, 또 최초의 정가라고 할 수 있다. 『역경 · 분』에는 고대 부녀자 강친(搶親, 강탈혼인) 제도를 반영하는 노래도 기록되어 있다. '날래게 가고, 머리가 휠 정도로 가고, 백마를 타고, 도독처럼, 여인의 방으로 들어가네.'[27] 이 노래는 한 남자가 백마를 타고 창친하러 가는 실제 모습을 생생하게 묘사하였다. 이 노래는 12개 글자로 구성되어 있으며 절주(節奏)가 간단하고 자연스럽고 분위기가 열렬하다.

---

25) 『論語 · 述而』 : 子在齊聞〈韶〉, 三月不知肉味, 曰 '不圖爲樂之至於斯也!', 〈韶〉, 盡美矣, 又盡善也.

26) 『呂氏春秋 · 音初』 : 禹行功, 見塗山之女; 禹未之遇, 而巡省南土. 塗山氏之女乃令其妾候禹於塗山之陽. 女乃作歌. 歌曰 : 候人兮猗! 實始爲南音.

27) 『易經 · 賁』 : 賁如, 皤如, 白馬, 韓如; 匪寇, 昏冓.

3. 고악기(古樂器)

악기의 발명과 발전은 원시인류의 생활과 긴밀한 상관관계에 있다. 따라서 많은 악기는 날짐승과 길짐승을 유인하는 소리를 본 뜬 도구·남녀가 교제하며 내는 휘파람 소리에서 나왔을 수 있고, 혹은 아동들의 장난감과 관계가 있을 수 있다.

훈(塤)[28] : 상고시대의 훈은 '도훈(陶塤)'이라고도 부르며, 진흙을 구워 만든다. 이 악기는 원시 선주민들이 조류의 우는 소리·새나 짐승을 유인하여 잡는 사냥도구인 '유성(流星)'을 모방하는 것으로부터 발전하여 왔다.[29] 출토지는 비교적 광범위하여 황하 중·하류의 섬서·산서·하남·산동 등을 포괄하고, 장강 하류의 절강·강소·안휘 등에까지 이른다. 출토된 최초의 '도훈'은 서안 반파(半坡) 앙소(仰韶)문화 유적지에서 출토된 음공(音孔)이 없는 도훈과 1개의 음공을 가진 도훈이다. 산서 만영현(萬榮縣)과 감숙 옥문 화소구(玉門 火燒溝) 등 신석기 시대 유적지에서는 지금으로부터 6,700~7,000년 전의 2개 음공과 3개 음공을 가진 도훈이 출토되었다. 하남성 휘현 유리각(輝縣琉璃閣) 은허(殷墟)에서는 완전한 7음계와 부분적으로 반음(半音)을 연주할 수 있는 5개 음공을 지닌 도훈이 출토되었다. 도훈의 형상은 일반적으로 두 종류로 나누어 말할 수 있다. 이른 시기의 것은 감람형(橄欖形, 타원형)으로 부피는 비교적 작고, 하나의

섬서임동강채 삼공도훈

28) 훈(塤) : 질나발(壎). 진흙(점토)을 구워 만든 중국 고대 취주악기. 속이 빈 저울추 모양으로, 지공(指孔)과 취공(吹孔, 부는 구멍)이 있다. 음색은 소박하여 자연의 소리와 같다. 최초의 문헌기록은『詩經』: "如塤如篪", 還有"伯氏吹塤", "仲氏吹篪".

29) 유성(流星) : 고대 병기의 일종으로 쇠사슬 두 끝에 쇠망치를 단 것.

취공(吹孔)과 1-2개 음공이 있다. 늦은 시기의 것은 단형(蛋形, 알 모양)으로 체적이 커졌고, 음공도 많아졌다.

도향기(陶響器)[30] : 원시인류의 완구 혹은 오락 기구로부터 변화해 온 도제(陶制)악기일 것이다. 이 악기는 신석기시대의 문화 유적지에서 많이 출토된다. 그 기본특징은 구형(球形)의 진흙으로 만든 몸체(陶體)이고, 가운데가 비었으며, 안쪽 면에 도환(陶丸, 진흙으로 만든 구슬) 혹은 사석(沙石, 모래와 자갈)이 들어 있어 흔들어 소리를 낸다. 마가요(馬家窯)문화계통·반파계통·대계(大溪)문화계통·마가빈(馬家濱)문화계통 등 4개의 문화계통에 신석기 말기의 도향기가 두루 출토되었다. 최초의 도향기는 앙소문화 초기에 속한다. 섬서 임동강채(臨潼姜寨) 유적지에서 두 개의 앙소문화 초기 도향기가 출토되었다. 한 개는 감람형이고, 다른 한 개는 만두형(饅頭形)이다. 하남 절천하 왕강 유적지·호북 경산 굴가령 유적지·호북 경산 주가취 유적지 등에서 모두 도향기가 출토되었다. 호북 기춘 역가산(圻春易家山) 유적지에서 19개의 도향기가 일차로 출토되었는데, 이 도향기들은 크기가 각각 다르며, 안쪽에 진흙으로 만든 구슬의 숫자도 서로 다르다. 또 도향기의 표면에는 원권(圓圈)·선와(漩渦)·원점(圓點)·삼각(三角)과 엽편(葉片) 등 각종 정미한 문양이 장식되어 있다.[31] 그 외에 기타 원시문화에서 도향기가 출토되었는데, 1986년 산동 일조 동해곡 유적지에서 산동 용산(龍山)문화 도향기

경산주가취 도향기

30) 도향기(陶響器) : 질을 구워 만든 향기(타악기). 향기(響器)는 요·발·라·고 등 격타악기의 총칭.

31) 원권(圓圈, 동그라미)·선와(漩渦, 소용돌이)·원점(圓點, 둥근 점)·삼각(三角, 삼각형)과 엽편(葉片, 나뭇잎)

가 출토되었다. 도향기의 형상은 대부분 타원형과 구형이고, 진흙은 니질홍도(泥質紅陶)·세니(細泥)홍도·니질흑도(黑陶)·니질회도(灰陶)·니질등황도(橙黃陶), 혹은 채도(彩陶)를 사용하여 손으로 직접 만들었고,[32] 문양 장식은 다양하며, 루공(鏤孔)은 얼마 안 된다.[33]

도령(陶鈴)[34] : 완구 혹은 오락 기구에서 변천하였을 수 있고, 진흙을 구워 만들었다. 황하 유역의 마가요·앙소·대문구(大汶口)와 용산 등의 문화 계통 유적지에서 발견된다. 기본 특징은 대나무 통 모양의 방울 몸체(鈴體)에 몽둥이 모양의 방울 추(鈴舌)가 걸려있다. 흔드는 방식으로 방울의 몸체와 방울의 추를 충돌시켜 소리를 낸다. 1957년 하남 섬현 묘저구(陝縣廟底溝) 유적지에서 중국 현존 고고학 발견 중에서 최초의 도령이 출토되었다. 그 도령은 세니홍도를 반죽하여 만들고, 표면을 갈아 광택을 냈다. 방울의 몸체는 원추형이고, 위는 막혔고 아래는 비었으며, 마루부분은 둥글고, 입구부분은 평평하고, 어깨부분 양측에는 대칭되는 비스듬히 기울어진 구멍이 몸체 안으로 곧바로 통하게 되어 있고, 마루 위에는 둥근 인꼭지(圓鈕)

천문석가하 도령

32) 홍도(紅陶) : 신석기시대에 나타난 표면이 붉은 색인 도기를 말함. 홍도는 세니홍도(細泥紅陶)와 협사홍도(夾砂紅陶)로 나눈다. 주요 재료는 점토이고, 불에 구워 만든다. 도태(陶胎, 진흙 반죽)가 조세(粗細)하고 모래를 포함하고 있는지의 여부에 따라 니질홍도와 협사홍도로 나눈다. 한편 도기는 진흙의 질에 따라 홍도, 회도(灰陶), 흑도(黑陶), 백도(白陶), 채도(彩陶)로 나눈다. 등황도는 등나무 모양의 황도를 말함.

33) 루공(鏤孔) : 도기의 일종 장식방법으로, 표면에서 안으로 원형, 방형 혹은 삼각형의 작은 구멍을 장식한다.

34) 도령(陶鈴) : 질을 구워 만든 방울.

가 있다.[35] 1956년 호북 천문현 석가하삼방만(天門縣石家河三房灣) 유적지에서 출토된 도령은 니질로 만들었고, 등홍색(橙紅色)이고, 몸체는 타원형이며, 기울어진 몸체의 면은 사다리처럼 생겼고, 위는 작고 아래는 크고, 마루 면에는 병렬로 구멍이 뚫려 있어 줄에 방울의 추를 매달아 쓸 수 있게 했다. 상왕조 때의 방울은 전기와 후기로 나눈다.

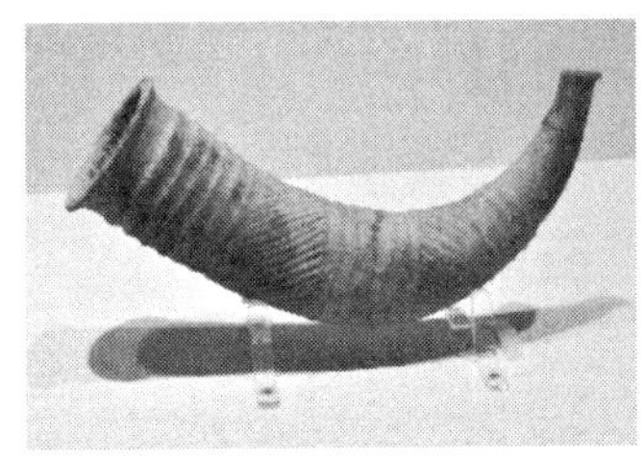

도각호

도각호(陶角号)[36] : 섬서 화현 정가보(華縣井家堡) 앙소문화 유적지에서 중국 현존의 최초 도각호가 출토되었는데, 길이가 42㎝이고, 아랫부분 입구는 길이가 7.5㎝이다. 또 산동 거현 대미촌(莒縣大米村) 대문구 문화유적지에서 도각호가 출토되었다. 이 출토된 도각호는 우각형(牛角形, 소뿔모양)인데, 소뿔로 만든 호각이 변천된 것이고, 이 악기가 원시사회에서 비교적 유행한 악기임을 알 수 있다. 그 기능은 당시 연락신호로 사용하는 공구였을 것이고, 원시 무술(巫術)활동에 사용된 법기(法器) 일 것이다.[37]

골초(骨哨)와 골적(骨笛)[38] : 1986~1987년 하남 무양고호(舞陽賈湖) 신석기 중기 유적지에서 16개의 '골적'이 출토되었는데, '무양고호골적'이라 부른다. 배리강(裵李崗)문화에 속하며, C14 연대측정에 의하면 지금으로부터 약 8,000년의 역사가 있다. 골적은 양쪽 관절부분을 자른 맹금의 뼈로 만들었고, 표면은 갈아서 빛나고, 대부분은 7음공이고, 5음공, 6음공과 8음공의

35) 원뉴(圓鈕) : 둥근 손잡이.

36) 도각호(陶角號) : 질을 구워 만든 호각(호루라기, 나팔).

37) 법기(法器) : 승려나 도사가 종교 의식에 쓰는 인경·법고·징·바라·목어 등.

38) 골초(骨哨) : 뼈로 만든 호루라기. 골적(骨笛) : 뼈로 만든 피리.

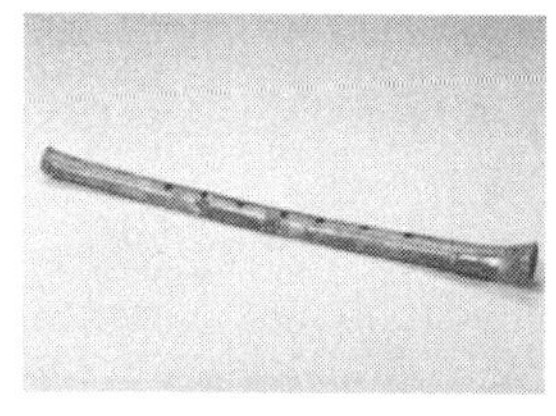
고호 골적

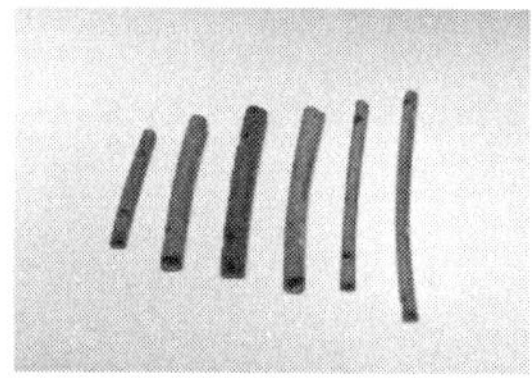
하모도 골초

골적도 있다. 그 중 보존이 완벽한 7음공 골적은 7성음을 배열한 구조를 지니고 있어, 음역이 대체로 #f²에서 a³ 사이에 있고, 이 골적은 그 중 하나의 음공 옆에 음을 조절하는 데 사용하는 작은 구멍이 갖추어져 있다. 취주방식은 45도 각도로 기울여 잡고 입으로 분다.

1973~1974년 절강 여요 하모도(余姚河姆渡) 제4문화층에서 40여 개가 넘는, 지금부터 약 7,000년 전의 '골초'가 출토되었다. 이 골초는 최초로 발견된 횡취(橫吹)관악기이고, 모두 날짐승의 사지 뼈로 만들었다. 함께 출토된 골초에는 2음공·3음공·4음공 등이 있어 모두 다르다. 그 중 하나의 골초는 그 뼈의 빈 공간(腔)에 뼈로 만든 막대가 삽입되어 있어, 상하로 움직이면 다른 성음을 낼 수 있다. 원시음악을 표시하는 원시악기는 그 주요한 기능이 간단한 선율 혹은 절주의 음향을 연주해낼 수 있는 데 있다. 원시사회에서 골초는 순순한 악기가 아닐뿐더러, 그것은 우선적으로 금수를 꾀어내어 잡는 일종 사냥을 보조하는 공구 혹은 신호를 내는 공구이다. 그 다음으로 비로소 악기로서 존재하는 것이다. 따라서 골초는 꾀어내어 잡는 원시 관악기로부터 점차 발전하여 독립되고 전문적인 악기가 되었다.

고(鼓) : 원시사회에서 출현한 최초의 타격악기의 하나로, 먼저 토고(土鼓)가 있었고, 나중에 목고(木鼓)가 있었다. 상왕조 때, 동고(銅鼓)가 출현하였다. 현재 고고학에서 발견한 고는 대부분 신석기 말기의 악기이다.

'토고'는 '도고(陶鼓)'라고도 부르는데, 요·순 시기의 이기(伊耆)씨가 발명하였다고 전해진다. 1975년 하남 내향 주강(內鄉朱崗)에서 신석기시기의 '토고'가 출토되었다. 니질홍도로 구워 만들었는데, 고의 머리 부분은

숭양호진문 동고

나팔 모양이고, 고의 몸체는 직통 모양이고, 고의 머리부분과 몸체의 접합부분에 한바퀴 돌아 돌기가 있는데, 고의 가죽을 묶는데 사용한 치아 모양의 것이라 추정된다. 고의 빈 공간에는 깔때기(漏斗) 모양의 격리층이 있고, 중간에 1.8mm의 작은 구멍이 있다. 고의 몸체는 걸 수 없는 고리모양으로 둥글게 생겨서(環狀物), 직접 땅위에 세우고 두드리고 치면서 연주를 하였을 것이라 추정된다. 그 고는 앙소문화와 굴가령(屈家岭)문화시기의 특점을 지니고 있다.

'목고'는 오직 나무로만 만들어진 북이다. 이 고는 나무줄기를 텅비게 파내어 악어가죽을 입히어 만들었다. 그래서 '기고(夔鼓)' 혹은 '타고(鼉鼓)'라고도 한다.[39] 1980년 산서 양분도사(襄汾陶寺) 유적지에서 고고학 발견 연대 중 가장 빠르고, 구조가 비교적 원시적인 기고가 출토되었다. 시대는 용산문화 도사(陶寺)유형에 속한다.[40] 그 고의 틀(框)은 천연나무줄기를 텅비게 파내어 만들었고, 상단은 비교적 세밀하고, 하단은 비교적 조잡한 원뿔형이다. 출토될 때 똑바로 서 있었고, 위 입구는 깨져있었고, 덮어쓴 가죽흔적이 있었고, 틀 안에는 저온으로 구운 약간의 흑갈색 진흙의 작은 원추가 있었다.

'동고'는 청동기 시대의 산물이다. 1977년 호북 숭양현 동백예향대시(崇陽縣東白霓鄕大市) 강가 주변에서 청동으로 주조한 상왕조 시대 동고가 출

39) 기고(夔鼓) : 『산해경 · 대황동경』에 "유파산 위에 짐승이 살고 있는데, 이름을 기라 한다. 황제가 얻어서 그 가죽으로 북(고)을 만들고, 그 뼈(골)로 짧은 몽둥이를 만드니, 소리가 오백리에 들렸고, 천하를 위협했다. 후대에 '기고'는 전고(戰鼓)의 미칭이 되었다."
타고(鼉鼓) : 악어의 가죽을 입힌 고. 그 소리가 마치 타(鼉)의 울음소리 같다. 鼉를 달리 '양자악(揚子鰐, 양자강의 악어)'이라 한다. 전설에 전곡이 양자강의 악어로 하여금 음악을 창도하게 하여, 그 울음소리와 가죽을 이용하여 만들었다고 함.

40) 도사(陶寺) : 일반적으로 도사유적지를 말함. 황하 중류 지역의 용산문화를 가리킴.

토되었다. 그 동고는 머리부분(鼓冠), 몸체부분(鼓身), 다리부분(鼓足) 세 부분으로 구성되었고, 그 고면(鼓面)이 전체적으로 흩어지는 단층의 구름과 번개(雲雷) 문양 사이에 유정(乳釘)이 "눈과 눈썹 사이에 뇌문을 만들고 코가 없는 호진문(饕餮紋)"을 조성하는 것으로 주요 문식을 삼았다. 따라서 '숭양 호진문(饕餮紋)동고'라 부른다. 이 동고의 외형과 일본 동경 천옥 고고박물관이 소장한 상왕조 시대 '쌍조(雙鳥)호진문동고'는 서로 비슷하다.

경(磬) : 경은 돌로 만든 생산도구로부터 변천한 악기이다. 요·순 시기의 음악가 무구(無句)와 숙(叔)이 만든 것이라 전해진다. 황하 중상류에서 출토된 신석기 말기의 '특경(特磬)'은 지금까지 고고학이 발견한 가장 이른 시기의 경이다.[41] 시대는 용산문화에 속한다. 20세기, 70년대 산서 하현 동하풍(夏縣東下馮) 유적에서 지금으로부터 4,000년 전의 대석경(大石磬)이 출토되었는데, 하왕조 시대 유물에 속하며, 지금까지 발견한 것 중 가장 이른 경이다. 1980년 산서 양분도사에서 용산문화 초기의 석경이 출토되었다. 1983년 하남성 원우현 범석향염채(原禹縣范石鄉閻砦) 유적지에서 한 개의 용산문화 말기의 석경이 출토되었는데, 청석(靑石)을 두들겨 만들었다.[42] 그 경은 반은 정성스럽게 타격하여 분명한 칼날자국이 있고, 다른 반은 손으로 잡거나 묶기에 적합하다. 이러한 외형적 특점은 경이 돌칼(石刀)·돌보습(石犁) 등 생산도구로부터 발전 변천하여 온 악기일 가능성을 설명해준다. 1980년 하남 안양 대사공(安陽大司空) 539호분에서 상왕조

우주염채 석경

41) 특경(特磬) : 격타악기로, 매달아 치는 악기. 편경보다 크고, 한 가자에 하나만 매달고 풍류가 그칠 때 친다. 은허에서 출토된 것은 반원형과 약간의 곡절형 두 종류가 있다.
42) 청석(靑石) : 푸른 빛을 띠는 응회암, 녹니편암(綠泥片巖).

시대 은허2기의 물고기 모양의 경이 출토되었다. 그 경은 선이 간결하고, 비교적 높은 예술성을 지니고 있고, 또 몸에 휴대할 수 있는 악기이다. 음고는 g^3+23음분(音分)과 d^4−2음분으로 나눌 수 있다.[43] 1950년 은허 무관촌(武官村) 1호분에서 은허문화2기에 속하는 호랑이 문양(虎紋)특경이 출토되었다. 그 경은 상대 악기 중 정밀한 것으로, 흰 면에 청색을 띠고 있는 대리석으로 만들어, 몸체에 광채가 나고, 두께가 고르고, 한 면에는 두 줄의 가느다란 음각된 선으로 조각한 입을 벌리고 엎드려 있는 호랑이가 있고, 다른 한 면에는 몇 차례 칠한 홍색과 작은 부분의 극세한 줄 문양(劃紋)이 있다. 경의 상방에는 매달 수 있는 구멍이 있고, 갈은 흔적이 명확하게 있다. 음질은 우렁차고 낭랑(渾厚洪亮)하고, 연음(延音)은 길게 늘어지는데,[44] 마치 구리로 만든 기물의 소리(銅聲)와 같고, 음고는 대략 높이가 #c^1이다.

편경(編磬) : 『예기 · 명당위』에 "숙(叔)의 이경(離磬)"이라 했는데, '이경'은 곧 편경이다.[45] 숙은 요순 시기의 음악가이니, 편경 같은 악기가 요순 시기에 출현하였음을 알 수 있다. 편경은 몇 개의 다른 음고(音高)를 낼 수 있는 경을 편성하여 사용하는 것이다. 그러나 현재의 고고학 자료로 보건데, 편경의 실물은 상대 말기, 구체적으로 말하면 은허문화2기에

안양 석편경

43) 음분(音分) : 성음의 고저를 측량하는 평균치로, 반음 음정을 100음분으로 나누어 그 오차율을 계산한다.

44) 연음(延音) : 한음을 규정된 박자 이상으로 길게 늘이는 것.

45) 『예기 · 명당위』 : 叔之離磬. '이경'은 고악기로, 음이 서로 다른 경으로 조성되고, 일정한 순서로 시렁에 걸어두고 격타하여 연주한다.

출현하기 시작하였다. 현재 확인할 수 있는 은허에서 출토된 편경은 대개 5조(組)가 있는데, 모두 도굴꾼들의 도굴대상인 노예귀족들의 크고 작은 묘에서 나왔고, 그래서 수량이 매우 제한적이다. 1935년 안양 은허 묘의 갱도에서 명문을 새긴 편경이 모두 3조가 출토되었는데, 성오(省吾)선생의 옛 소장품이다.[46] 이 세트로 된 편경은 흑색침적암을 갈아서 만들었다. 형식은 서로 같고, 그 중 하나는 돌을 갈아서 비교적 정세(精細)하고, 그 나머지 두 개는 주변이 매우 가지런하지 못하다. 3조의 편경은 '영계(永啓)'·'요여(夭余)'·'영여(永余)'라고 새겨진 명문으로 구별한다. 3조의 편경석은 청월(淸越)한 음을 내고,[47] 배열과 조합에 있어 일종의 3성조식으로 결합된 것이라 할 수 있고, 측정해보면 음고는 '영계'가 ↑$^{b}b^{2}$. '영어'가 ↑^{b}e, '요여'가 ↑$\#c^{1}$인데, 간단한 곡조를 연주할 수 있다.

종(鐘) : 종은 일종 유구한 역사를 지닌 격타악기이다. 곽말약(郭沫若)선생은 『이기형상학시탐』에서 "종은 가장 먼저 죽(竹)으로 만들어졌을 것이다."고 했다.[48] 이로써 추단해보면, 종은 최초에 단지 어떤 것을 성대하게 장식한 기물로 존재했고, 후대로 오면서 생산력이 끊임없이 제고됨에 따라, 점점 변천하여 격타악기가 되었을 것이다. 가장 이른 시기의 종은 진흙(陶土)로 만든 '도종(陶鐘)'이다. 1955년 섬서 장안 투문진(長安鬪門鎭)에서 신석기시기의 도종이 출토되었는데, 시대는 용산문화에 속하며, 대략 기원전 2,300~2,000년의 유물이다. 이 도종의 몸체는 니질회도를 사용하여 만들었고, 바깥 몸체는 장방형이고, 횡부면(단면)은 타원형에 가깝고, 전후 벽면은 거칠며 얇고, 양측 벽면은 거칠며 두텁고, 물리학적 원리에 부합하여 소리를 낸다. 이 도종에는 두 종류 타격방식이 있다. 하나는 한 손으로

46) 우성오(于省吾, 1896~1984) : 고문자학자.

47) 청월(淸越) : 소리가 맑고 가락이 높다.

48) 곽말약(郭沫若, 1892~1978) : 『彝器形象學試探』, 현대문학가, 역사학가.

하단 종의 자루 부분(鐘把)을 잡고, 다른 한 손으로 몽둥이를 들고 종의 몸체(鐘體)를 두드리고 쳐서 소리를 내는 것이다. 다른 하나는 종파와 종체에 연이어 있는 둥근 구멍에 줄을 넣어 걸어 매고 두드려 소리를 내는 것이다. 이같은 두 가지 타격방식은 바로 후세의 청동악기-종·요(鐘鐃)가 채용한 타격방식이다. 신석기 시기의 도종의 발견된 수량은 지극히 한정되어 있다. 따라서 그 도종은 구조상에 상대의 '요(鐃)와 매우 접근해 있다. 따라서 그것을 후세 청동악기 요의 기원(先源)이라 보는 것이다.

장안투문진 도종

요(鐃) : 체형은 방울(鈴)과 비슷하고, 대롱(관) 모양의 짧은 자루가 몸체와 서로 연결되어 있고, 손으로 잡을 수 있는 나무자루를 사용한다. 요는 제사 혹은 연향을 할 때 사용하는 중요한 예악기로, 단독으로 사용할 수 있고, 조(세트)를 이루어 사용할 수도 있다.[49)]

편뇨(編鐃) : 중국에서 최초로 출현한 청동종의 종류 중에서 일정한 음률관계를 지닌 음계를 정하여 편성한 악기(定音編組)이다. 고고학자료는 이 악기가 단지 소수의 대·중형의 묘에서 출토되고, 따라서 상대 대귀족이 향유하던, 지위가 크고 아름답고 성대한(赫赫) 예의악기일 가능성이 매우 높다. 편뇨는 주로 은·상(殷商)이 중심이 되는 중원지역에서 출토되는데, 형체는 비교적 작고, 출토되었을 때 항상 3개가 1조를 이루어 상나라 사람

49) 요(鐃) : 징, 집종(執鍾)이라고도 함. 격타악기. 문헌기록에 의하면 퇴군할 때 북을 치는 것을 멈추는데 사용한다. 군대에서 진퇴를 지휘하는 기구이다. 이런 류를 '대뇨'라고 한다. 3개의 요로 하나의 조를 구성하는 '편뇨'가 있어 간단한 악곡을 연주하고, 성대한 제전활동의 예기로 사용되었다.

부호묘 아강 편뇨

이 뇨를 제조함에 있어 일정한 선율이 요구를 구현하였음을 말하여 준다. 1983년 하남 안양 대사공 동남 663호 묘에서 출토된 동으로 만든 편뇨, 1974년 하남 안양 은허 서구 699호 묘에서 출토된 동으로 만든 편뇨는 모두 3개를 1조로 하는데, 시대는 모두 은허 2기에 속한다. 그러나 1976년 하남 소둔 부호묘(小屯婦好廟)에서 출토된 아강(亞弜)편뇨는 5개를 1조로 하는 데,[50] 상나라 뇨에서 가장 수가 많고, 역사를 통해 가장 신뢰할만하고, 연대가 비교적 이른 시기의 표본이다. 5개의 뇨의 형제(形制)와 문식(紋飾)은 서로 같고 크기가 비슷하다. 그 중 가장 큰 두 개는 안쪽 벽에 '아강' 두 글자의 명문이 새겨져 있어 '아강편뇨'라 부른다. 편뇨 중 두 개는 이미 파손되었고, 그 나머지 3개는 음을 추정할 수 있다. 추정된 음의 결과로 보건데, 음의 배열은 mi가 빠진 오성음계로 구성되었을 것이고, 만약 두 개의 파손된 뇨에 바르게 측정된 북소리(鼓音)를 더하면 완벽한 오성음계 혹은 육성, 칠성음계가 가능하다.

대뇨(大鐃) : 상대 말기에 중국 남방에 성행한 일종 청동악기로, 호남 강서 공파(贛鄱) 지역에서 가장 많이 출토되었다. 중원의 편뇨와 비교해서, 대뇨의 형체는 높고 크고 두텁고 무겁고, 공예와 문식의 주조는 더욱 정밀하고 섬세하다. 성음은 넓고 크며, 음질은 조잡하고, 음고는 불명확하다. 따라서 대뇨는 단지 일종 고대 귀족들이 제사에 사용하던 의례 중요한 예기(重器)이고, 연주에 사용한 음(계)이 정해진 악기는 아니다. 1989년 강서 신간

50) 아강(亞弜) : 대략 지금의 하남성 서부 혹은 섬감 사이로 추정되는, 상왕조에게 공물을 바쳤던 나라.

현 대양주(新干縣大洋州) 은대 후기 묘에서 출토된 3개의 대뇨는 현재 볼 수 있는 가장 이른 시기의 발굴품이다. 1983년 호남 녕향 월산포(寧鄕月山鋪)에서 출토된 무게가 225.5kg에 달하는 대뇨는 현재 볼 수 있는 가장 큰 대뇨이다. 대뇨는 단독으로 사용하는 악기이고, 연주할 때 구조(口朝) 위에 자루를 나무 기둥 의자 위에 끼어서 연주자는 망치(槌)로 대뇨의 입구의 가장자리 부분(口沿), 즉 정고부(正鼓部)를 두드려 소리를 낸다.

월산포 대뇨

동령(銅鈴) : 청동기 시기의 산물이다. 상 왕조 전기의 동령은 와합형(瓦合形)으로, 한 측면에 날개가 있고, 머리 부분은 평평하고, 꼭대기에는 가로지른 다리 모양(橋形)의 작은 꼭지(鈕)가 있고, 꼭지 전후 양방면의 꼭대기에는 각각 둥근 모양의 혀구멍(舌孔)이 있다. 몸체의 표면은 어떤 것은 장식이 없고, 어떤 것은 태양 햇살무늬(陽弦紋) 혹은 시원시원한 격자문(格紋)이 있다. 말기 상나라 동령은 모두 동으로 만든 와합체 뉴령으로, 평평한 입과 오목한 입, 날개가 있고 없고의 구분이 있다. 혀(舌)를 다는 방식에는 두 가지가 있다. 하나는 꼭대기 꼭지 위에 다는 것이고, 다른 하나는 꼭대기 안에 있는 코(鼻) 위에 다는 것이다. 1984년 하남 언사 2리두(偃師2里頭) 6구 11호 묘에서 출토된 동령의 꼭대기에는 교형(橋形)의 꼭지가 있고, 양방면에 두 개의 타원형 뚫린 구멍이 주조되어 있어 매달아 사용하였다. 방울의 혀는 담흑색의 대롱 모양의 옥으로 만들었는데, 길이가 7.6mm이고, 직경은 1.6~2.0mm이다. 청동악기의 초기 산물이고, 이 동령은 중국 합와형(合瓦形) 동종의 구조의 기원으로 인식

언사2리두 동령

된다. 부호묘에서 출토된 18개의 동령은 일반적으로 높이가 대략 5~6mm 이고, 대부분은 타원형 평평한 입이고, 소수는 오목한 입이고, 꼭대기는 평평하고, 위에는 고리모양(環形)의 꼭지가 있고, 어떤 것은 문짝(扉)이 있고, 어떤 것은 없고, 어떤 것은 혀가 있고, 오목한 입의 방울은 벽에 십자형의 아로새긴 구멍(鏤孔)이 있다.

약(籥) : 혹은 약(龠)이라도 쓴다. 매우 오래된 취주악기이다. 곽말약선생은 고문자학적 시각으로 그 진행에 대하여 비교적 전면적인 고증을 하였다. 고약(古籥)은 편관(編管, 대롱을 엮어 만든 것)악기라는 결론을 얻었다.[51] 즉 후세에 말하는 배소(排簫)의 전신이라는 관점이다.[52] 이런 관점은 학술계의 인정을 받았다. 하나라 때의 〈대하(大夏)〉는 그 반주악기가 주로 관악기 '약'을 위주로 하기 때문에 '하약(夏籥)'이라 부른다.

화(龢) : 일종 편관을 닮은 취주악기이다. 『이아』에서 "대생을 소(巢)라 하고, 소생을 화(和[龢])라 한다."고 했는데,[53] '화'같은 악기가 후대 소생의 전신임을 알 수 있다.

---

51) 고약(古籥) : 고약은 '취화관(吹火管)'에서 발원했다. 신석기시대부터 발전해온 일종의 완형의 다음공 악기 '골약(骨龠)'이 있었고, 황제시기에 천연식물재료로 만든 '위약(葦龠, 갈대로 만든 약)'이 있었고, 대우시기의 고도(皐陶)는 〈夏龠九成〉을 지었다. 이후 약은 종묘악무의 대표성을 지닌 악기가 되었다. 고약은 문무(文舞)를 대표하는 악기가 되었고, 화하예악문명의 중요한 표지가 되었다.

52) 배소(排簫) : 같은 재질을 가진, 길이가 다른 음관(음을 내는 대롱)을 결합하여 만든 악기.

53) 『爾雅』 : 大笙謂之簫, 小笙謂之和(龢).

4. 고대 악무(樂舞)

중국 악무의 역사는 매우 오래되었다. 주양씨의 악·음강씨의 악·유융씨의 악·갈천씨의 악·황제의 〈운문〉·요의 〈함지〉·순의 〈소〉·하나라의 〈대하〉·상나라의 〈대호〉 등은 모두 원사사회로부터 하·상 시기에 이르는 고문헌에 기록된 대형 악무이다.

1) 하(夏) 왕조의 악무

계(啓)왕은 하나라의 첫 번째 통치자로,[54] 그는 악무 향락에 심취하였다. 전설에 그는 비룡을 타고 세 번 하늘나라로 가서 천제의 손님이 되어 하늘나라 궁중의 악장 〈구변(九辯)〉과 〈구가(九歌)〉를 몰래 훔쳐 기록하여 인간세계로 갖고 내려왔다고 한다. 하나라 계왕은 즉위 13년에 그것을 〈구소(九韶)〉(혹은 〈구초(九招)〉, 〈구대(九代)〉라고도 함)로 창작 개편하여 악사들을 불러 '대목지야(大穆之野)'에서 연주케 하였다. 그 장면은 매우 장관이었다. 『산해경·대황서경(山海經·大荒西經)』의 기록에 의하면, 계왕은 이곳에서 멋진 공연을 감상할 때에, "두 마리의 용을 타고, 구름은 삼층으로 덮여 있고, 왼손에는 깃발을 잡고, 오른 손에는 고리를 잡고, 옥황을 차고", 매우 득의양양해 하였다.[55] 이 공연은 배열에 질서가 있고, 복식이 호화롭고, 장면이 굉장히 크다. 묵자가 『묵자·비악』에서 고서에 기록된 무관(武觀)이 반란의 일을 전달할 때에,[56] "계는 편안함과 즐거움에 너무 빠지어, 들에서

---

54) 계(啓) : 하대의 임금(夏啓, 夏后啓). 성은 사(姒)로, 우(禹)의 아들. 전설에 우왕이 일찍이 동이족 백익(伯益, 皐陶의 아들)을 계승자로 선정했으나, 우왕이 죽자 계가 왕위를 이어 백익과 투쟁을 하여 그를 죽였다. 왕위를 아들에게 물려주는 제도(세습제)를 확립하였다. 일설에는 우왕 사후에 백익이 왕위를 사양하자 계왕이 받아들여 위를 이었다고 한다.

55) 『山海經·大荒西經』: 乘兩龍, 雲蓋三層, 左手操翳, 右手操環, 佩玉璜.

56) 무관(武觀) : 무관은 계왕의 아들이다. 계왕이 폭력수단으로 선양제를 결속한 이후에, 그의 아들들 사이에 권력투쟁의 골육상잔이 일어났고, 무관이 서하에서 반란을 일으켰

음식을 먹고, 쟁쟁 울리고 두드리며, 술에 탐닉하며, 함부로 들에서 술을 먹으며, 온갖 춤이 너풀너풀하니, 하늘에 밝히어져, 하늘이 돌보지 않으시네."라고 말한 것은 전혀 이상할 것이 없다.[57] 이 악무는 이미 전문적 예술 가공을 통하여 일정한 감상가치를 지니는 악무임을 알 수 있다.

걸(桀)왕은 하나라의 최후 통치자로,[58] 그는 가무와 여색의 향락에 빠져 여악(女樂) "삼만"명이 있어,[59] 온 종일 가악의 시끄러운 소리가 큰 거리 작은 골목에 두루 퍼졌다고 전해진다. 진양(陳暘)의 『악서』 권187은, "하나라의 걸은 이미 예의를 포기하여 남의 부인에게 음란한 마음을 품고, 사방의 미인들을 구하여 후궁에 쌓아두고, 배우와 주유(侏儒)[60] 중에서 특이한 놀이를 하는 자를 골라 방에 두고 〈난만악(爛漫樂)〉[61]을 공연하도록 하였다."고 기록하였다.[62] 이것은 각종 공연예술에 각자 장기가 있는 악무기인(伎人)들이 노예주의 감상취미에 따라서 창작과 연기를 할 수 있음에 이른 것으로, 예술가치와 역사가치가 후세 가무에 끼친 영향이 매우 크다.

하나라의 악무를 〈대하(大夏)〉라고 한다. 『여씨춘추·고악편』에 그 만

다. 이를 무관지란이라 한다.

57) 『墨子·非樂』: 啓乃淫溢康樂, 野于飮食, 將將銘, 莧磬以力, 湛濁于酒, 渝食于野, 萬舞翼翼, 章聞于天, 天用弗式.

58) 걸왕(桀王) : 하나라 마지막 왕(夏桀). 사(姒)성이고, 이름은 이규(履癸). 폭학황음하여 후에 상나라 탕왕에게 패하여 남소(南巢)로 달아나 죽었다. 애첩 말희(妺喜)의 주지육림으로 인해 하왕조가 멸망함.

59) 여악(女樂) : 가무기(歌舞伎). 고대에 통치계급의 여성악공과 춤추는 기녀. 여악은 또 악무노예로, 무(巫)를 계승한 진정한 전문 가무예인이다. 노예사회의 찬란한 무도예술을 창조하여 무도가 원시상태에서 벗어나 날로 완벽하고 정치한 아름다움으로 나아가게 하였지만, 그들의 신분은 노예였고, 심지어 노예주를 위하여 순장되기도 하였다.

60) 주유(侏儒) : 난쟁이, 궁중에 속해있던 배우.

61) 〈난만악(爛漫(之)樂)〉: 걸왕이 말희(妺喜)를 위하여 베푼 여악으로 망국지음이다.

62) 『樂書』: 爛漫樂. 列女傳曰, 夏桀播棄禮義, 淫於婦人, 求四方美人, 積之後宮, 於俳優侏儒而爲奇偉戲者, 取之於房, 造爛漫之樂.

들어지는 과정이 기록되어 있다.

> 우(禹)가 등극하여 천하에 힘써 노력하여 밤낮으로 게으르지 아니하였으며, 대천을 통하게 하였고, 막힌 것을 뚫고, 용문을 파서 넓히었으며, 유수를 통하게 하여 황하로 이끌었으며, 삼강 오호를 소통하여 그 물이 동쪽으로 흘러 동해로 들어가게 하여 뭇 백성들을 이롭게 하였다. 이에 고도(皐陶)에게 '하약(夏籥)'을 만들어 악음(樂音)이 아홉 번 변하도록(九成) 명하였는데, 이는 곧 그 공적을 밝힌 것이다.[63)]

'구성(九成)'은 악곡(樂曲)이 9단락으로 조성되었음을 말하고, 원시 관악기 '약(籥)'은 주요 반주악기이다. 춤추는 자(舞者)는 머리에 모피로 만든 두건을 쓰고, 상반신은 벗고, 하반신은 흰색의 짧은 치마를 입고, 오른손에는 우모(羽毛)를 들고, 왼손에는 약(籥)을 들고, 가무는 소박하고 소탈하며 거칠고 호탕하다. 주대(周代)에는 산천에 제사지낼 때 사용하였다. 〈대하〉가 만들어질 때는 이미 계급사회에 진입하였기 때문에 수많은 노동인민들은 우왕의 영도 하에 홍수를 정복하는 위대한 승리를 쟁취하였다. 그러나 하나라의 통치자들은 홍수를 정복한 승리를 한 개인-우왕에게 공을 돌렸고, 악무를 지어 우왕 삼대 가문을 노래로 송찬(歌頌)하였으나 사적에는 맞지 않는다. 이 점으로 보면, 이때의 악무는 분명한 계급성을 띠고 있으며, 또 제왕과 영수들이 자신을 위하여 공덕을 가송하고 비를 세워 전하는 도구가 되었다.

63) 『呂氏春秋 · 古樂篇』: 禹立, 勤勞天下, 日夜不懈, 通大川, 決壅塞, 鑿龍門, 降通漻水以導河, 疏三江五湖, 注之東海, 以利黔首, 於是命皐陶作爲夏籥九成, 以昭其功."(류수(漻水) : 즉 유슈(流水)이다. 막힌 것을 뚫었기 때문에 착(鑿)이라 했다. '九成'은 아홉 번 변했다는 뜻.)

2) 상(商) 왕조의 악무

상나라 탕(湯)왕은 하나라를 멸하고 중국의 두 번째 노예제 왕조–상나라를 건립하였다.[64] 하나라 멸망의 교훈을 받아들여 상나라 초기 통치자들은 음주가무의 풍속을 금지하는 법률조문을 정하여 내놓았다. 그러나 후대로 오면서 이 조문들을 통치계급 내부에서부터 위반하였다. 상나라는 청동시대에 진입하였고, 구리로 만든 섬세하고 아름다운 악기가 출현하였기 때문에 상나라 시대의 음악은 새로운 시대로 진입하게 되었다. 통치계급의 심미정취는 사치·호화·포장(鋪張)을 추구하는 길로 발전하였다.[65] 총괄하여 말하면 이 시기의 음악은 주로 두 종류, 즉 '무악(巫樂)'과 '음악(淫樂)'으로 나뉜다.

무악(巫樂) : 상나라 사람들이 조상과 귀신을 제사하는 데 사용한 음악으로, 무당이 공연하기 때문에 신을 즐겁게 하고, 사람과 신의 관계를 소통하는 일종의 수단이다. 무격(巫覡)은, 남자는 격(覡)이라 하고 여자는 무(巫)라 하는데, 당시 대단히 높은 정치적 지위와 문화수준을 갖추고 있었고, 그들은 노래와 춤을 잘 할 수 있는 직업적 음악가이다. 갑골문에 기록된 무당의 춤(巫舞)은 주로 다음과 같은 종류가 있다.

〈예무(隸舞)〉, 혹은 〈반예(槃隸)〉, 〈대무(代舞)〉라고도 하는데, 제사 혹은 기우제를 지낼 때 발로 뛰면서 추는 춤이다.

〈황무(皇舞)〉는 기우하는 춤이고, 춤추는 자는 새 깃을 머리 위에 올려놓는다.

---

64) 탕왕(湯王) : 상왕조의 개국군주. 成湯·成唐·武湯·武王·天乙 등으로 불림. 원래는 상족의 지도자였으나, 이윤(伊尹)을 재상으로 임용하여 역량을 키워 하나라의 연맹국들을 차례로 멸하고 마침내 하나라도 멸하고 상왕조를 건립하였다.

65) 포장(鋪張) : 지나친 겉치레.

〈무무(無舞)〉는 기우하는 춤이다.

〈용무(庸舞)〉는 기우와 관련이 있는 제사에서 추는 춤으로, 춤추는 자는 한 편으로는 종요(鐘鐃)를 두드리고, 한편으로는 발로 뛰면서 춤을 춘다.

〈우무(羽舞)〉는 기우하는 춤이다.

그 밖에 〈주무(奏舞)〉·〈용무(龍舞)〉·〈익무(翌舞)〉·〈약제(龠祭)〉 등 외에도 이름 없는 많은 춤이 있다.[66] 이들 춤 형식은 다양하고, 내용은 신을 찾거나(求神), 기우하거나, 액(악귀)을 쫓는(驅儺) 신비적 종교색채를 두루 띠고 있다.

〈대호(大濩)〉: 상나라 탕(湯)왕의 개국공훈을 송찬한 악무이다.[67] 그 창작유래에 관하여, 아주 오래 동안 가뭄이 들어 비가 내리지 않았는데, 탕이 스스로 희생이 되어 뽕나무 밭에 가서 비를 기구하자, 마침내 하늘에서 큰 비를 내려 그 해에 농작물을 풍성하게 수확하게 되었다고 전해진다. 만민이 기뻐하여 〈상림(桑林)〉의 악을 만들고 〈대호〉라 불렀다. 그리고 갑골문의 '호(濩)'자는 바로 큰 비가 방울방울 떨어지는 모양이다. 상림은 은(殷)나라 사람들이 전통제사를 거행하는 지역이고, 따라서 이 은나라 사람의 전통제사의 악무를 〈상림〉이라 부른다. 성탕(成湯)이 자신을 희생으로 삼아 비를 구한 지역은 상림에 있고, 〈대호〉를 지어 성탕을 송찬하였다.

66) 〈주무(奏舞)〉: 기우하는 춤. 무자는 악기연주와 춤을 춘다. 오늘날의 요령무, 장고무와 유사함.

〈익무(翌舞)〉: 〈우무〉라고 함. 무자는 손에 새깃을 들거나 혹은 머리에 깃으로 장식한 모자를 쓰고 춘다. 상족은 현조(玄鳥)를 토템으로 하였기 때문에 조상제사에 우무를 사용한다.

〈약제(龠祭)〉: 여름에 지내는 소채제(蔬菜祭)로, 소를 희생물로 하는 것과 달리 '약(龠)'을 이용하여 신령에게 복을 비는 제사.

67) 〈대호(大濩)〉: 간략히 〈濩〉 혹은 〈護〉 또는 〈韶濩〉라고 함. 주대에는 시조 강원(姜嫄)을 제사하는데 사용.

탕왕이 죽은 후, 〈대호〉는 제사에 사용되었고, 은나라 사람들의 대표적인 제사 악무가 되었다. 그리고 〈상림〉과 〈대호〉에 관하여, 역사상 때로는 두 가지가 동일한 악무라고 하고, 때로는 두 개의 다른 악무라고도 한다. 『은허서계신편』 1, 3에서 "을축에 점을 치니 곧다(貞)가 나왔다. 왕은 탕왕의 묘소에 나아가 제사지냈다. 비가 방울져 내려 근심이 사라졌다."라 했다.[68] '대을(大乙)'은 상나라 탕왕의 묘호이고, '왕빈대을(王賓大乙)'은 즉 상나라 왕이 〈대호〉의 악으로 성탕을 제사하였다는 뜻이다. 『시경·상송·나(那)』는 탕왕의 후손들이 성탕을 제사할 때에 성대하고 엄중한 악무의 장면을 상세하게 묘사한 것이다. "아! 많기도 하다, 우리 작은 북과 큰 북을 설치하여, 그 북을 둥둥둥 연주하니, 우리 열조(烈祖)를 즐겁게 하도다. … 탕(湯) 임금의 후손들이 연주하여 올리니, 우리를 편안하게 신명이 내리소서, 작은 북과 큰 북을 둥둥둥 울리며 피리소리 필릴리 울리니, 그 소리가 화음을 이루고 평화로워, 우리 옥경(玉磬) 곡조를 따르니, 아! 빛나는 탕임금의 후손이여 그윽하고 맑은 음악을 올리도다. 쇠북과 북이 둥둥 크게 울리며 만무(萬舞)는 질서정연하니, 우리 아름다운 손님이 또한 기뻐하시지 않으실까. 옛날 아주 먼 옛날부터 조상들이 행한 법이 있었으니, 항상 온순하고 공경하여 제사를 정성스럽게 올리시니라, 우리 탕(湯)임금이시여, 상(嘗)제사와 증(烝)제사를 돌아보소서, 탕의 자손들이 삼가 받들어 올리나이다."[69] 마단림(馬端臨)은 『문헌통고·악17』에서 "〈대호〉·〈상림〉의 악무는 상나라 사람들이 후대에 지은 것이지, 탕에서 시작된 것이 아니다."고 했는데,[70] 어느 정도 일리가 있다.

---

68) 『殷墟書契新編』: 乙丑卜, 貞, 王賓大乙, 濩, 亡憂.

69) 『詩經·商頌·那』: 猗與那與, 置我鞉鼓, 奏鼓簡簡, 衎我烈祖. …… 顧予烝嘗, 湯孫之將.(那는 성탕을 제사한다는 의미)

70) 『文獻通考·樂17』: 大濩桑林之舞, 商人之後作之, 非始湯也.
마단림(馬端臨): 자는 귀여(貴與), 생졸년 미상, 송대 문헌학자. 그가 지은 『문헌통고』

음악(淫樂) : 상나라 왕실의 궁정음악으로, 상나라 왕족의 향락을 위해 제공된 미미지음(靡靡之音)이다.[71] 이 음악은 노예주계급의 생활이 나날이 사치하고 음란해짐에 따라 출현하였다. 『여씨춘추 · 치악』에 "하나라의 걸왕(桀), 은나라의 주왕(紂)은 '치악'을 만들어, 대고 · 종 · 경 · 관 · 소의 음이 큰 것을 아름답다고 생각하였고, 많은 것으로써 볼만하다고 생각하였고, 기이하고 괴기하여 귀가 일찍이 들은 바가 없고 눈이 일찍이 본 적이 없다. 서로 지나침(過)에 힘쓰고, 도량을 사용하지 않았다."라고 했다.[72] 문헌에서 알 수 있듯이, 이 시기에 나온 악무는 모두 통치계급의 감상취향에 영합하기 위하여 전문적으로 창작된 것이고, 그 특이점은 바로 문헌 중에 기록된 것과 같이, 비할 바 없이 신기하고 아름다워 전에 들어 본 적도 없고 본 적도 없다는 것이다. 상나라 마지막 황제 – 주왕(紂)은 특히 음악(淫樂)을 매우 좋아하고 즐겼다.[73] 주왕은 사연(師延)이 미미지악(靡靡之樂)을 창작하도록 강박하기 위하여 사연을 잡아서 죽인다고 핍박하였다.[74] 『습유기』 권이는 사연이 "청상(淸商) · 유치(流徵) · 척각(滌角)의 음을 연주하자",[75] 주

는 역대의 전장제도를 상술하였다.

71) 미미지음(靡靡之音) : 퇴폐적이고 음탕한 음악. 사람을 향락에 빠지게 하고, 국사를 등한시 하고, 결국 망국에 이르게 하는 악곡을 말함. 일반적으로 상나라 주(紂)왕 때의 음악을 말함. '靡靡之樂'.

72) 『呂氏春秋 · 侈樂』 : 夏桀殷紂作爲侈樂, 大鼓鐘磬管簫之音, 以巨爲美, 以衆爲觀, 俶詭殊瑰, 耳所未嘗聞, 目所未嘗見, 務以相過, 不用度量.

숙궤수괴(俶詭殊瑰) : 기이하고 괴기하다는 뜻이다. 도량(度量) : 음악의 법도를 말한다. 음율의 대소와 장단 등을 도량으로 계산하였기 때문이다.

73) 주왕(紂王) : 이름은 수(受), 상왕조 마지막 군왕. 시호가 '주'이다. 제신(帝辛)이라 불림. 주나라 무왕이 이끄는 연합군에 목야의 전투에서 패배하고, 녹대를 불태우고 스스로 불에 타서 죽었다.

74) 사연(師延) : 은나라 때 악인. 거문고 줄을 어루만지면 땅의 귀신이 올라오고, 옥을 한번 불면 하늘의 신이 모두 내려왔다고 한다. 주나라 무왕이 주왕을 멸하자, 복수(濮水)에 몸을 던져 죽었다.

75) 청상(淸商) : 상성(商聲), 고대 오음의 하나. 옛날에는 그 음조가 쓸쓸하고 서글프고

왕은 자못 불만스러워, "이것은 순고(淳古)한 먼 시대의 음악이니 내가 기쁘게 들을 수 있는 것이 아니다."고 말하고, 사연으로 하여금 "사람의 마음을 현혹시키고 끌어당기는 곡을 연주하게 하여, 밤의 즐거움을 기뻐하였다."고 기록하였다.[76] 『사기 · 은본기』도 주왕이 소리와 여색의 즐거움에 빠져 황당한 행위를 했다고 기록하였다. "황제 주왕은 … 술을 좋아하고 음악을 즐겼으니, … 이에 사연(師涓, 마땅히 사연(師延)이라 해야 한다)으로 하여금 새로운 음란한 소리와 북리지무(北里之舞)와[77] 미미지악을 짓도록 하였다. … 사구에서 크게 모여 악희를 베풀고, 술로 못을 만들고 고기를 걸어 숲을 만들고, 남녀들이 발가벗고 서로 그 사이를 쫓고 쫓아다니며 긴긴밤을 마시며 놀았다."고 기록했다.[78] 이는 바로 노예주 계급들이 교만하고 사치하고 음란한 생활의 진실을 묘사한 것이다.

악무노예(樂舞奴隸) : 악무노예의 출현은 이 시기 악무발전의 뚜렷한 표현이다. 그들은 노예신분이기 때문에 그들의 운명은 다른 노예들과 마찬가지로 비참하였다. 1950년 무관촌(武官村)에서 발굴된 은대의 대묘에서 24구의 순장 여성이 출토되었는데, 그녀들의 주변에는 섬세하고 아름다

슬퍼서 청음이라 했다. ([참조] 『韓非子 · 十過』 : "公曰 : '淸商固最悲乎?' 師曠曰 : '不如淸徵.'" 晉葛洪 『抱朴子 · 暢玄』 : "夫五聲八音, 淸商流徵, 損聰者也.")

유치(流徵) : 음조 명. 치음(徵音)이 유전변화한 음조이다. 전국시기 초(楚) 송옥(宋玉)의 『對楚王問』 : "引商刻羽, 雜以流徵(상조를 이끌어 우조에 새기면 섞이어 유치가 된다)."고 했다.

척각(滌角) : 각조 중에서도 빠른 음조.

76) 『拾遺記』卷耳 : 奏淸商 流徵 滌角之音,(司獄者 以聞於紂 紂猶嫌) 曰此乃淳古遠樂, 非余可聽說也. 猶不釋師延, 乃更奏迷魂淫魄之曲, 以歡脩夜之娛."

77) 〈북리지무(北里之舞)〉 : 고악곡명. 애첩 달기(妲己)의 말을 좇아 궁원에 주지육림을 만들고, 사연으로 하여금 새로운 곡을 만들게 하였는데, 그 음악을 '북리지무', '미미지악'이라 한다. 상간 복수의 땅이 북쪽에 있기 때문에 '북리지무'라 했다.

78) 『史記 · 殷本紀』 : "帝紂 … 好酒淫樂 … 於是 使師涓作新淫聲, 北里之舞, 靡靡之樂 … 大聚樂戲於沙丘, 以酒爲池, 縣肉爲林, 使男女倮, 相逐其間, 爲長夜之飮?

운 악기와 무구(舞具)가 부장되었다. 이로써 그녀들은 생전에 가무를 업으로 삼는 악무노예였고, 노예주를 위하여 순장되었음을 추측할 수 있다. 악무에 대한 노예주의 향락은 생전에 뿐만 아니라, 사후에도 악무노예들을 순장하여 그들을 위한 연기와 악의 연주를 계속하고 있음을 알 수 있다. 악무노예의 지위는 비천하고, 운명은 비참하지만, 그들은 자신의 피눈물과 생명을 이용하여 중화민족의 악무문화를 위하여 문채가 아름다운 역사의 문장을 써내려갔다.

5. 음악기구(音樂機構)

상나라 시기는 사회와 물질 수준이 점차로 풍부해지고 높아짐에 따라 중국 역사상 처음으로 전문적으로 정신노동에 종사는 사람이 나타났다.

무당(巫)은 그 중 주요 생산자의 하나이다. 허신(許愼)의 『설문해자』에 "무(巫)는 축(祝)이다. 여자가 형체가 없는 것(無形)을 섬길 수 있어 춤으로써 신을 내리게 할 수 있다. 사람이 양 소매로 춤을 추는 것을 본 뜬 것이다."고 했다.[79] 무당이 주로 종사하는 것이 춤으로써 신을 즐겁게 하는 일이기 때문에, '무(巫)'와 '무(舞)'자는 서로 통한다. 그러나 무당이 하는 일의 본질은 인간과 신 사이의 관계를 소통하는 것이기 때문에, 가무활동은 신을 즐겁게 하는 것에 지나지 않고, 관련된 무술활동을 할 때 채용하는 일종의 수단에 지나지 않는다. 따라서 엄격한 의미에서 무당은 단지 그 시대에 전문적인 정신노동자라고는 할 수 있어도, 전문직업의 음악가라고 할 수는 없다.

'악(樂)'을 전문적 직업으로 하는 관리는 중국 역사상 가장 이른 시기에

---

79) 『說文解字』: 祝也. 女能事無形, 以舞降神者也. 象人兩褎(袖)舞形.

출현한 전문음악가이다. 상고시대의 '악관(樂官)'은 본래 무관(巫官)에서 나왔는데, 원래 관직은 중복되어 예악·군사를 관장하는 기능을 겸하였다. 그들이 관장한 악기는 또한 예기이며, 국가의 귀중한 기물이다. 중국 전통문화로 보면 악관과 무당은 직능에 있어 비록 겹치는 곳이 있지만, 그 기능은 완전히 같지는 않다. 중국 가무예술의 생산과 발전을 추동하는 과정에서 악관은 중요한 작용을 하였다.

『여씨춘추』의 기록에 의하면, '악(樂)'을 전문적으로 관장하는 관직은 황제 시기에 이미 만들어졌다. 황제 시기의 영윤(伶倫)과 영장(榮將)·전욱(顓頊) 시기의 비룡(飛龍)과 선(鱓)·제곡 시기의 함흑(咸黑)과 수(倕)·요임금 시기의 질(質)과 고수(瞽瞍) 등은 모두 중국 역사상 이름을 고구할 수 있는 가장 이른 시기의 진문음악가이다. 이들 전문음악가가 출현할 때에는 농후한 전기적(傳奇的) 색채를 띠고 있어, 근거가 또한 부족하다. 『상서·순전(舜典)』·『상서·익직(益稷)』 문헌에 기록된 요임금이 기(夔)를 악관에 임명한 일은 마땅히 비교적 믿을 만하다. 문헌에서 우리가 알 수 있는 것은 우순(虞舜) 시기에 중국에는 가무연기에 전문적으로 종사하는 예인이 있었고, 당시의 '국가(國家)'에는 전문적인 관리기구와 관리자를 설립하였다는 것이다.

우순 시기의 전설과는 달리, 은나라 시기의 전문적 악관과 전문 악무기구의 출현은 역사 문헌의 명확한 기록과 실증할 출토 유물이 있다. 『예기·명당위(明堂位)』에 "고종(瞽宗)은 은나라 학교(學)이다."고 했는데, 정현(鄭玄)은 "고종은 악사 고몽(瞽矇)의 조상이다."고 주석하였다.[80] 이로써 고종

80) 『禮記·明堂位』: 瞽宗, 殷學也; 頖宮, 周學也.
고종(瞽宗) : 은나라 학교 이름. 도와 덕이 있는 사람으로 하여금 그곳에서 가르치게 하였고, 죽으면 고종에서 제사를 지냈다.

은 은나라 전문음악학교의 명칭이고, 악관이 음악교육과 예악활동을 실시하였던 장소임을 알 수 있다. 고몽은 음악교수를 전담하는 사람이다. 『사기 · 은본기』 · 『사기 · 주본기』의 기록에 의하면, 악관 상용(商容) · 사연(師延) · 태사 자(太師疵) · 소사 강(少師强) 등은 당시 이름을 고구할 수 있는 악사이다.[81]

고(瞽) : 악관. 고대에는 맹인으로 하여금 악을 담당케 하였다. 고몽(瞽矇) : 악관. 고대 악관은 대부분이 맹인이었다. 『周禮 · 春官 · 樂師』 : "瞽矇掌播鞀 · 柷 · 敔 · 塤 · 簫 · 管 · 弦 · 歌."

태사(太師), 소사(少師) : 고대 악관 이름으로 악공의 장이다. 자와 강은 기자가 주왕(紂王)에 의해 수감되자, 악기를 들고 주나라로 달아났다.

81) 상용(商容) : 은나라 주왕 때 현인으로, '악'을 관장하였다.

제2장

서주西周 · 춘추전국春秋戰國 시기

(기원전 11세기~기원전 221년)

서주(西周)는 중국 노예사회의 전성시기로, 종족 노예제도 상부구조를 위한 종법(宗法)제도와 또 그에 상응하는 예악제도가 상당히 완성된 정도에 이르렀다. 주공(周公)은 예악을 제작하고, 음악교육기관을 개설하여 귀족 자제로 하여금 계통적 훈련을 받게 하였고, 〈대무(大武)〉·〈상림(桑林)〉·〈호(濩)〉 등의 대형 악무를 출현 시켰고, 악기품종도 현저하게 증가하였으며, 12율과 다양한 음계(音階)를 만들었다.

춘추전국시기의 중국 사회제도는 매우 중대한 변혁이 발생하여. 노예주 상부구조를 위한 예악제도와 궁정아악(雅樂)은 몰락하는 국면에 처하게 되었다. 춘추말기에 "예악이 붕괴되는[禮崩樂壞]" 국면의 형성은 음악이 '예'의 속박을 벗어나 발전을 이루게 하였다. 새롭게 일어난 민간음악은 궁정으로 들어가기 시작하였고, 또 아악의 중요한 지위를 점차로 대신하게 되었다. 각국의 국군(國君)은 귀와 눈의 욕망을 채우기 위하여 많은 인력과 물력을 편종·편경·관현악기 등을 제작하는 데 낭비하였지만, 악기와 기악의 발전을 크게 촉진하였다. 이 시기에 출현한 악기의 종류에만 70여

종이 있고, 또 '팔음(八音)'이라 부르는 악기분류법이 출현하였다. 고대 악리(樂理, 음악이론)관념은 이 시기에 형성되었고, 악률(樂律)에 있어서도 삼분손익법(三分損益法)이 출현하였다. 동시에 왕표(王豹)·면구(綿駒)·한아(翰娥)·진청(秦青)·설담(薛譚) 등 저명한 민간 가수와 그 성악이론이 출현하였다. 사상에 있어 유·묵·도·명(名)·법·음양 등 백가쟁명의 활발한 국면이 출현하였고, 그들이 남긴 음악관련 언급과 전문서적은 고대 음악사상의 빛나는 성취를 드러내었고, 후세에 매우 심원한 영향을 주었다.

1. 궁정예의(宮廷禮儀) 음악

중국 궁정예의 음악은 주(周)왕조에 만들어졌는데,[1] 원시무술제사 예의 활동이 그 연원이다. 주왕조가 건립된 이후에 하·상 시기에 남겨진 각종 전장(典章)제도에 정리와 완성을 더하였다. 음악상으로는 전 왕조에서 유전하여 온 각종 악무·악곡·악기를 계승하는 것 외에 주요한 것은 정리·완성과 개선을 더하여, 주왕조에 적합한 궁정예의 음악을 창작하였다. 주대(周代) 궁정예의는 매우 번잡하고, 관련된 면이 넓기 때문에 각종 궁정예의 활동에 운용되는 음악도 매우 엄격한 규정과 제한이 있었고, 그 작용도 매우 중요하였으며, 궁정예의 활동에 있어서도 불가결한 중요한 일환과 구성부분이었다. 주왕조 궁정예의는 대체로 길례(吉禮)·흉례(凶禮)·군례(軍禮)·빈례(賓禮)·가례(嘉禮) 등 다섯 종류로 나눌 수 있다.[2] 그 중 음악은 길례와 가례에 주로 집중된다. 길례는 신령(神靈)·조종(祖宗) 등을 제사하는 중대한 전례(典禮)를 가리키는데, 주로 제사·종묘 등 중대한 장소에서 행한다. 가례는 일련의 가깝고 화목한 사람들의 관계에 대한 예의제도로,

1) 궁정예의(禮儀) 음악 : 궁정에서 베풀어지는 예절과 의식에 사용된 음악.

2) 오례(五禮) : 길례는 제사, 흉례는 장사, 군례는 군사, 빈례는 빈객, 가례는 관혼이다.

혼례 · 관례 · 음식 · 빈사(賓射) 등의 내용을 포함한다.[3] 궁정예의 음악은 대체로 아래와 같이 나눌 수 있다.

육대악무(六代樂舞) : 전 시대로부터 유전되어 온 육부(六部)의 대형악무로, 주나라 통치자들이 최고의 규격으로 만든 궁정악무로, 천지 사방 산천에 제사 지낼 때 사용되었다. 『주례 · 춘관 · 대사악(大司樂)』에 기록된 대사악의 한 가지 중요한 직능은 바로 국자(國子, 귀족의 자제)들에게 〈운문〉 · 〈함지〉 · 〈대소〉 · 〈대하〉 · 〈대호〉 · 〈대무〉 등 '육무(六舞)'를 가르치는 것이고, 또 이 '육대악무'의 선후에 의거하여 존비의 차례로 삼아 천지를 제사하는 활동에 사용하였다.

> 천신(天神)에 제사 : 황종(黃鍾)을 연주하고, 대려(大呂)를 노래 부르며, 〈운문〉을 춘다.
> 지시(地示)를 제사 : 태주(太蔟)를 연주하고, 응종(應鍾)을 노래 부르고, 〈함지〉를 춘다.[4]
> 사망(四望)을 제사 : 고세(姑洗)을 연주하고, 남려(南呂)를 노래 부르고, 〈대소〉를 춘다.
> 산천(山川)을 제사 : 유빈(蕤賓)을 연주하고, 함종(函鍾)을 노래 부르고, 〈대하〉를 춘다.
> 선비(先妣)를 제사 : 이칙(夷則)을 연주하고, 중려(仲呂)를 노래 부르고, 〈대호〉를 춘다.
> 선조(先祖)를 제사 : 무사(武射)를 연주하고, 협종(夾鍾)을 노래 부르고, 〈대무〉를 춘다.

〈대무(大武)〉는 무왕(武王)이 은나라 주왕(紂王)은 정벌하고 승리한 이후

---

3) 빈사(賓射) : 제후가 천자를 모시고 활쏘기를 하는 의례.

4) 지시(地示) : 토지의 신인 지기(地祇)이다.

주공(周公)에게 명하여 지은 것으로,[5] 내용은 무왕이 주왕을 정벌한 공적을 송찬한 악무이다. 『여씨춘추·고악』에 다음과 같은 내용이 기록되어 있다. "무왕이 즉위하여 여섯 군대로 은을 치는데, 여섯 군대가 은나라 수도에 이르기 전에 동작이 날래고 용감한 병사로 목야(牧野)에서 승리하고 돌아가, 곧바로 포로와 죽은 자의 귀를 경태실(京太室)에 받치고 제사를 지냈다. 이에 주공에게 명하여 〈대무〉를 짓게 하였다."[6] 그것은 악무의 형식을 이용하여 무왕이 주왕을 정벌한 군사 행동을 재현하였으며, 구성은 세 부분으로 이루어졌다. 즉 『주송(周頌)』 중의 〈대무〉와 제제 내용이 관련된 시(組詩)와, 그에 상응하는 〈대무〉음악과, 무도(舞蹈)연기가 그것이다. 〈대무〉는 '육성(六成)' 즉 여섯 장면(바탕)으로 나눈다. 제1성은 무왕의 출정을 연기하고, 제2성은 목야의 전쟁을 표현하고, 제3성은 무왕이 남국을 정벌하는 것을 연기하고, 제4성은 주나라 강역이 태평함을 연기하고, 제5성은 군대를 이끌고 돌아와(班師) 문왕에게 보고하는 것을 연기하고, 제육성은 주나라 세력이 강성하고 천하가 크게 통일된 국면을 표현한다. 한 가지 주목할 만한 것은, 음악 중에 '난(亂)' 같은 곡식(曲式)구성이 모두 두 번 출현하는데,[7] 상응하는 음악부분에 나뉘어 안배되고, 다양한

5) 주공(周公) : 서주 초기의 정치가. 성은 희(姬)이고 이름은 단(旦)이다. 문왕의 아들이고, 무왕의 아우이며, 성왕의 숙부이다. 무왕이 죽자 성왕은 어려서 주공이 섭정(攝政)하였다. 管叔·蔡叔·霍叔 등이 불복하여 武庚과 東方夷族과 연합하여 反叛하자, 군사를 일으켜 평정하였다. 낙읍(지금의 낙양)에 도읍하였다. 전장(典章)·제도(制度)를 민들었다. 천하에 대치에 이르니, 후대에 성현의 전범(典范)이 되었다. 『상서』의 〈대고(大誥)〉 등에 그의 말이 있다.

6) 『呂氏春秋·古樂』: 武王卽位, 以六師伐殷, 六師未至, 以銳兵克之於牧野, 歸乃薦俘馘于京太室, 乃命周公, 爲作大武.

태실(太室) : 태묘(太廟)의 중앙의 방. 청묘(淸廟)라고도 함.

부괵(俘馘) : 부는 포로로 잡힌 사람이고, 괵은 죽은 자의 왼쪽 귀이다.

목야(牧野) : 고대의 지명, 지금 하남성 기현 남쪽, 주무왕이 은나라 주왕과 전쟁을 하였던 곳.

7) '난(亂)' : 고대 악곡의 마지막 일장(一章). 혹은 사부(辭賦) 말미에 전편 요지를 총괄하

악기의 합주형식을 채용하여 전체곡의 고조(高潮)를 조성한다는 것이다. 첫 번째 '난'은 〈대무〉의 제2성에 출현하는데, 집단무와 대합창의 형식을 운용하여 악무의 첫번째 고조를 형성하고, 점차로 그친 이후에 제3성에 진입한다. 두 번째 '난'은 〈대무〉의 제5성 중에 출현하여 악무의 두 번째 고조를 형성하고, 동시에 악무가 미성(尾聲)에 접근함을 예시한다.[8] 가무하는 사람은 격렬한 음악소리에 일종 군대의 행례(行禮)의 자세로 화평한 국면이 도래했음을 표시하고, 따라서 악곡을 미성 – 제6성 – 을 향해 밀어간다. '난'과 같은 곡식구성의 운용은 악무의 고조가 있는 곳을 구현할 뿐만 아니라, 고대 제사의식의 고조가 있는 곳이며, 제사의식의 진행이 일정한 정도에 도달했을 때 '난' 같은 곡식구성을 사용하여 제사 진행에 대하여 하나의 의식성(儀式性)을 총결하는 것이다.

소무(小舞) : 육대악무를 대무라고 한 것에 대하여 기타 악무의 종류를 말하는 것으로, 분류가 다음과 같이 비교적 많다.

불무(帗舞) : 장대에 긴 줄을 매달아 추는데, 후직(后稷)을 제사하는 데 사용한다.[9]

우무(羽舞) : 춤추는 자는 손에 새 깃(혹은 꿩의 꼬리)을 잡고 추는데, 사방(四方)을 제사하는 데 사용한다.

는 부분. 말미의 연주 혹은 음창(吟唱).

곡식(曲式) : 악곡의 구성방식, 곡조의 격식. 곡조는 발전과정에 각종 단락(段落)을 형성하고, 이 단락이 형성한 규율성에 근거하여 공통성을 지닌 격식을 곡식이라 한다. 단락은 통상 2개의 혹은 4개의 악구로 구성된다. 각기 4소절(혹은 8소절)의 악구로 조성된 것을 악단(樂段)이라한다.

8) 미성(尾聲) : 마지막으로 연주되는 곡, 결론, 에필로그, 결미의 뜻. 설창문학(희곡)에서는 각본 속에 다수의 투곡 중의 마지막 한 곡을 말함.

9) 불(帗) : 춤을 추는 사람이 손에 드는 오색비단으로 만든 무용도구.

황무(皇舞) : 춤추는 자는 손에 오색의 새 깃으로 만든 도구를 잡고 추는데, 기우(祈雨)하는데 사용한다.

정무(旌舞) : 춤추는 자는 손에 깃대 끝을 소꼬리로 장식한 깃발을 잡고 추는데, 벽옹(辟雍)을 제사한다.

간무(干舞) : 춤추는 자는 손에 방패를 잡고 추는데, 산천(山川)을 제사하는 데 사용한다.

인무(人舞) : 맨손으로 추는데, 성신(星辰)을 제사하는데 사용한다.

아악(雅樂)은 주왕조 시대에 대체로 두 가지 의미가 함의가 있다.

1) 정성(鄭聲, 정나라의 노래)과 상대적이고,[10] 각종 예악의식에서 연주되는 정가(正歌)로, 선왕의 악과 『풍(風)』·『아(雅)』의 정성(正聲)의 통칭이다.[11] '정가'는 가례의식 중에 규정된 정식악가로 『소아(小雅)·녹명(鹿鳴)』·『주남(周南)』·『소남(召南)』 등의 특별한 시를 가르치는데,[12] 예를 들어 『의례·향음주례』에는 "이에 악을 합주하는데, 『주남』의 〈관저(關雎)〉·〈갈담(葛覃)〉·〈권이(卷耳)〉와 『소남』의 〈작소(鵲巢)〉·〈채번(采蘩)〉·〈채빈(采蘋)〉을 연주한다.[13] 악공이 악정(樂正)에게 고하여 말하기를 '정가가 준비되었

10) 정성(鄭聲) : 정음(鄭音), 정국지음(鄭國之音), 원래는 춘추전국시기의 정나라 음악을 말한다. 『시경·국풍』의 『정풍』이 그것이다. 공자가 제창한 아악과 다르기 때문에 유가의 배척을 받았다. 이후, 아악과 상반되는 음악, 심지어는 일반적인 민간음악을 가리키기도 한다. '아'를 숭상하고 '속'을 물리치려는 사람은 정성을 배척하였다.

11) 〈풍(風)〉·〈아(雅)〉 : 『시경』 육의(六義)의 하나이다. 〈풍〉은 풍토지음, 즉 여항의 시정이고, 〈아〉는 조정의 음악이고, 〈송(頌)〉은 종묘의 음악이다.

정가(正歌)·정성(正聲) : 바른 노래, 바른 소리라는 뜻. 정가는 고대 전례에 사용을 규정한 악가. 정성은 순정하고 아정한 소리로 사람을 감동시켜 기운에 순응한다.

12) 『주남(周南)』 : 『시경·국풍』의 15국풍의 하나. 한대 이후 시교의 전범이 되었다. 후대 사람들은 섬서 하남 호북의 민가를 흡수하여 주나라의 덕화를 송찬한 것으로 생각했다.

『소남(召南)』 : 『시경·국풍』의 15국풍의 하나. 주왕조의 민간가요.

13) 향음주례(鄉飮酒禮) : 온 고을의 유생이 모여 향약(鄉約)을 읽고 술을 마시며 잔치하던 예절. 향음.

습니다.'고 하면, 악정은 손님(賓)에게 고하고 곧 내려간다."고 했다.[14] 『향사례(鄕射禮)』·『연례(燕禮)』에는 이것과 기본적으로 동일한 기술이 있다.[15] 기타 '13국풍(國風)'은 서주 시기에는 예의정가에 들어가지 않았기 때문에 그 안에 포함되지 않았다.[16]

2) 특히 『시경』의 『아(雅)』시를 가리킨다. 『좌전·은공3년』에, "『풍』에 〈채번〉·〈채빈〉이 있고, 『아』에 〈행위(行葦)〉·〈형작(泂酌)〉이 있어 충성과 신의를 빛나게 한다."고 했다.[17] 『아』는 대아(大雅)·소아(小雅)의 나눔이 있다. 『예기·악기』에 "광대하고 고요하며 소원하여 믿을 만한 자는 마땅히 〈대아〉를 노래 부르고, 공검하고 예를 좋아하는 자는 마땅히 〈소아〉를 부른다."고 했다.[18]

산악(散樂)[19] : 민간음악으로, 깃발을 든 사람(旄人)이 가르침을 관장하

〈관저〉 이하는 모두 『시경』의 편명이다.

14) 악정(樂正) : 옛날 악관의 우두머리.
『儀禮·鄕飮酒禮』: 乃合樂, 周南關雎葛覃卷耳, 召南鵲巢采蘩采蘋. 工告于樂正曰, 正歌備樂. 正告于賓乃降.

15) 향사례(鄕射禮) : 고대에는 활쏘기를 중하게 여겨 항상 사례를 행하였는데, 사례에는 대사(大射)·빈사(賓射)·연사(燕射)·향사(鄕射) 4종이 있다. 제사에서 무사를 선발하여 하는 사례를 대사라 하고, 제후가 조회하여 사례하는 것을 빈사라 하고, 연향에 하는 것을 연사, 경대부가 무사를 추천하여 하는 것을 향사라 한다.
연례(燕禮) : 고대 천자와 제후가 군신들과 연향하는 예로 고대에는 경로의 예를 말하기도 한다. 나라에 경사가 있을 때 베푸는 잔치.

16) 국풍(國風) : 『시경』의 일부분으로, 대체로 주왕조 초기부터 춘추시대 〈주남〉·〈소남〉·〈위풍〉·〈정풍〉 등 각 13 제후국의 민간시가로, 작품은 대부분 백성들의 사상 감정과 통치계급의 죄악에 대한 폭로를 표현하여 당시의 사회생활을 광범위하게 반영하고 있지만, 모두 민간작품은 아니다. 제2절 민간음악 참조.

17) 『左傳·隱公3년』: 風有采蘩 采蘋 雅有行葦 泂酌 昭忠信也.

18) 『禮記·樂記』: 廣大而靜, 疏達而信者, 宜歌大雅. 恭儉而好禮者, 宜歌小雅.

19) 산악(散樂) : 고대 악무 이름. 원래는 주대의 민간악무를 가리킴. 남북조시대 이후에는

기 때문이다.[20] 주대의 악관 중에는 산악의 인원을 전문적으로 설치한 편제는 없었고, 단지 다른 제사 혹은 빈객을 위한 잔치활동을 할 때에 민간 중에서 연기력이 출중한 악무예인을 선택하여 수시로 연출한 정황에 근거한 것이다.

사이(四夷)의 악 : 당시 주왕조 주변의 이·적·만·융(夷狄蠻戎)의 음악이다.[21] 주나라 관리 중에 3인이 장악하였다. '매사(韎師)'는 동이의 음악을 오로지 관리하였고,[22] '모인(旄人)'은 사이악무의 가르침을 책임졌고, '제루(鞮鞻)'씨는 사이악무를 관장하고 또 그 소리와 노래(聲歌)를 관리하였다.[23]

방중악(房中樂) : '연악(燕樂)'이라고도 부른다.[24] 『주남』의 〈관저〉·〈갈담〉·〈권이〉와 『소남』의 〈작소〉·〈채번〉·〈채빈〉의 여섯 수의 시로 대표되는 『이남(二南)』이다.[25] 평시에는 왕후 부인이 군자의 음악을 암송하는데, 종경(鐘磬)을 사용하지 않고 다만 금슬(琴瑟)을 사용하여 반주한다. 그

'백희(百戲)'의 동의어로 쓰임, 잡기·무술·환술·골계연기·가무희·참군희 등 민간예술의 공연형식을 포함한다. 송·원대 이후에는 민간예인, 민간극단을 의미함.

20) 모인(旄人) : 주대의 관직명. 악무의 가르침을 관장하는데, 산악과 이악(夷樂)을 가르쳤다.

21) 한족 주변의 다른 민족을 동쪽을 이, 남쪽을 만, 서쪽을 융, 북쪽을 적이라 했다.

22) 매사(韎師), 제루(鞮鞻) : 사이(四夷)의 음악을 관장하는 악사이기도 하고, 음악이기도 하다.

23) 『通典·樂』 : 韎師掌教韎樂(東夷之樂)也, 旄人掌教夷樂(四夷之樂), 鞮鞻掌四夷之樂與其聲歌.

24) 연악(燕樂) : 1. 고악 이름. 제사연향의 악. 2. 궁의 여인들이 생활하는 내정(內廷)의 악. 방중악. 3. 수·당 이후에는 속악, 궁정의 연향이나 오락에 사용되는 악.

25) 이남(二南) : 일반적으로는 『시경』의 『주남』과 『소남』을 말함. 주는 주공이 통치한 섬서 하남 사이의 지역을, 소는 소공이 통치한 하남과 호북 사이의 지역을 말함. '남'은 남국이란 견해와 종박(鐘鎛)과 같은 악기 혹은 곡조의 일종이란 견해가 있다.

런 까닭에 '방중(房中)'이라 이름 한 것이다. 의미가 확대되어 일반적으로 사방의 빈객을 위한 잔치의 장소에 종경을 사용하지 않는 것을 또한 '방중'이라고도 한다. 그리고 제사 뒤 술과 음식을 빈객에게 대접하는(饗禮) 장소에서 종경을 배합하여 손님을 위한 음악 연주를 했음으로 '연악'이라고도 한다.

2. 민간음악

1)『시경(詩經)』

중국 최초의 시가 모음집이다. 학자 왕덕배(王德培)는 그것을 "일반적인 시가의 모음집이 아니라, 일정 시대에 사회·정치·경제·윤리·도덕 각 방면에 대한 귀족통치자들의 의식형태를 반영한 문헌"이라고 생각하였다. 이 시가 모음집은 공자가 서주 시기부터 보존해 내려오던 3,000여 수의 민가(民歌)를 모두 305수로 정리·추련(錘煉)[26]·개편한 것으로, 풍(風)·아(雅)·송(頌) 세 부분을 포함한다.

풍(風): 민속 가요이다. '국풍'은 각 제후국과 지방의 토착음악(土樂)을 모은 것으로, 모두 160편이다. 지역적으로 15국의 민가를 포괄하는데, 즉『주남(周南)』·『소남(召南)』·『패풍(邶風)』·『용풍(鄘風)』·『위풍(衛風)』·『왕풍(王風)』·『정풍(鄭風)』·『제풍(齊風)』·『위풍(魏風)』·『당풍(唐風)』·『진풍(秦風)』·『진풍(陳風)』·『회풍(檜風)』·『조풍(曹風)』·『빈풍(豳風)』이 그것이다. 유행 범위는 지금의 섬서·서산·산동·하남·호북 북부와 사천 동부지역에 해당된다. 15'국풍'은『시경』의 정수이다. 제재는 풍부하고 내용은 다양하여 애정·노동·민간풍속, 기풍(譏諷) 등이 있다.[27] 언어는 통

26) 추련(錘煉): 갈고 닦음.

속적이고 명석하고, 풍격은 질박하고 자연스럽고 유창하다. 『주』·『소』 이남(二南)은 독립적이고, '풍'에 속하지 않기 때문에 15국풍은 '13국풍'으로 변하였다. 왕국유(王國維)는 『패』·『용』은 편목은 있지만 시가 없기 때문에 11국풍이라 하였다. 그런 까닭에 '11국풍'의 설도 있다. 『시경』의 『주남』·『소남』 지역은 당시 장강과 한수(江漢) 유역의 초·신·려·수 등의 제후국을 포함하는데, 현재의 하남의 임여·남양·호북의 양남·의창·강릉 등의 지역에 해당된다. 『이남』은 모두 25편인데, 열에 아홉은 여성과 상관된 시편이다. 개괄적으로 네 종류로 나눌 수 있다. 첫째는 애정의 시편으로, 〈관저(關雎)〉·〈한광(漢廣)〉·〈표유매(摽有梅)〉·〈강유사(江有汜)〉 등이다. 둘째는 이별을 묘사한 시편으로, 〈권이(卷耳)〉·〈초충(草蟲)〉·〈은기뢰(殷其靁)〉 등이다. 셋째는 여성생활을 묘사한 시편으로, 〈갈담(葛覃)〉·〈채번(采蘩)〉·〈채빈(采蘋)〉 등이다. 넷째는 혼인생활에 관한 것으로, 〈작소(鵲巢)〉·〈도요(桃夭)〉·〈행로(行露)〉 등이다.

아(雅) : 조정의 정악(正樂)으로 모두 105편이다. '아'에는 대아(大雅)와 소아(小雅)의 나눔이 있다. 그 중 대아는 31편이고, 소아는 74편이다. 『대아』는 제후가 조회하는 음악이다. 그 중 송축 찬미와 제사 연향에 관한 시가 반을 넘는다. 서사시는 『대아』 중에서 가장 성공적인데, 〈생민(生民)〉·〈공유(公劉)〉·〈면(綿)〉·〈황의(皇矣)〉·〈대명(大明)〉의 다섯 편은 짧게 '주나라의 역사를 노래한 시'라고 할 수 있다. 그리고 〈숭고(崧高)〉·〈증민(烝民)〉·〈한혁(韓奕)〉·〈강한(江漢)〉·〈상무(常武)〉 등은 모두 『대아』 중에서 왕조의 사적을 선양하는 편장이다. 『소아』는 귀족들이 연향하는 음악이다. 『소아』 중에 제사에 관계되는 시로, 〈초자(楚茨)〉·〈신남산(信南山)〉·〈포전(圃田)〉·〈대전(大田)〉 등 몇 편이 가장 아름답다. 〈출차(出車)〉·〈육월(六月)〉·〈채

27) 기풍(譏諷) : 날카로운 말로 상대방의 착오나 결점을 지적하거나 조소, 풍자함.

미(采薇)〉·〈서묘(黍苗)〉는 『소아』 중에서 서사시의 가작이다. 서정성 작품은 『대아』에는 없고, 『소아』에만 있는 작품인데, 두 종류로 나눌 수 있다. 하나는 정치와 상관된 음악 작품으로 〈점점지석(漸漸之石)〉·〈초지화(苕之華)〉 등이 있고, 다른 하나는 정치와 무관한 음악작품으로 〈료아(蓼莪)〉·〈습상(隰桑)〉·〈아행기야(我行其野)〉·〈곡풍(谷風)〉 등이 있다. 대아·소아의 구별에 관하여 예로부터 여러 가지 설이 분분한데, 정치에 대소가 있다는 견해와 음악에 분별이 있다는 견해, 용도에 구별이 있다는 견해, 문체와 풍격에 분별이 있다는 견해, 내용에 구별이 있다는 견해, 지역과 내용에 분별이 있다는 견해, 새로운 음악(新樂)과 옛음악(舊樂)의 구별이 있다는 견해 등등 다양하다. 현재의 다수 학자들은 여관영(余冠英)이 제안한 '신악과 구악'의 견해, 즉 "원래 한 종류의 아악이 있을 뿐 대소라고 말하지 않았는데, 후대에 새로운 아악이 만들어지면서 옛날의 음악을 '대아'라고 하고 새로 만든 것을 '소아'라고 하였을 것이다."에 찬동한다.

송(頌) : 종묘제가(祭歌)와 무곡(舞曲)으로 모두 40편이다. 그 중 『주송(周頌)』 31편·『노송(魯頌)』 4편·『상송(商頌)』 5편이 있다. 이들 가곡은 주로 통치계급의 '무공'과 '문덕'을 찬송하고, 업적과 전과를 봉건영주에게 귀속시켜 제사의 신성성 등을 강조한다. '송'의 언어는 간생(簡省)하며, 어의는 회삽(晦澁)하고, 구법(句法)은 민가의 세밀하고 정제된 것과는 다르다.[28)]

『시경』의 악가의 기원은, 주로 (1) 민간의 풍속을 관찰하여 채집한 사회 각 계층의 민요 (2) 공경사대부들의 군왕에 대한 찬미와 풍간(諷諫)의 작품을 전문 음악예술가의 가공을 더하여 이루어진 것 (3) 주왕조의 각종 종교의례활동으로 귀족·전문 예술가들이 제작한 악가, 예를 들어 『주송』의

28) 간생(簡省) : 간단하고 생략됨, 회삽(晦澁) : 어려워 뜻을 알기 어렵다. 구법(句法) : 시문의 구절을 만들거나 배열하는 방법.

대부분의 작품은 모두 이와 같이 만들어졌다. (4) 주나라 귀족들의 오락감상을 만족시키기 위하여 제작된 악가. 이들 악가는 혹은 사회 각 계층의 악가를 가공하여 만들거나, 혹은 상당한 예술수양을 지닌 귀족들이 제작하거나, 혹은 전문음악가가 독립적으로 완성하여 제작한 것이다.

『시경』에 포함된 가곡은 『주례』·『의례·『예기』에 기록된 각종 전례의식에 사용된 음악이다. 예를 들어 『의례』 중에 '연례(燕禮)'에 사용된 가곡과 악곡은 다음과 같다.

공가(工歌) : 〈녹명〉·〈사목(四牧)〉·〈황황자화(皇皇者華)〉.
생주(笙奏) : 〈남해(南陔)〉·〈백화(白華)〉·〈화서(華黍)〉.
간가(間歌) : 〈어려(魚麗)〉를 노래 부르고 〈유경(由庚)〉을 생황으로 연주·〈남유가어(南有嘉魚)〉를 노래 부르고 〈숭구(崇丘)〉를 생황으로 연주·〈남산유대(南山有臺)〉를 노래 부르고 〈유의(由儀)〉를 생황으로 연주.
향악(鄕樂) : 『주남』의 〈관저〉·〈갈담〉·〈권이〉, 『소남』의 〈작소〉·〈채번〉·〈채빈〉.[29)]

당시 사회생활에서 『시경』은 매우 중요한 위치를 차지한다. 『시경』 속의 가곡은 상층사회 교육의 주요 과목이었고, 시·서·예·악(詩書禮樂)을 더불어 '사술(四術)'이라 불렸다. 시간이 오래 되었기 때문에, 『시경』의 곡조는 단지 〈관저〉만이 남아 전해져 올 뿐, 그 나머지 곡조는 모두 찾을 길이 없다. 시구 속에서 우리들은 그 가곡의 곡식구조를 어렴풋하게 알 수 있다. 예를 들어 기승전결의 4구의 음악적 단락과 여러 단락(章)의 노랫말이 있는 것 이외에도, 매 장(章)의 후반부에는 동일한 노랫말의 후렴이 있는 '분절가

---

29) 공가(工歌) : 공은 악공 중에서 우두머리이다. 간가(間歌) : 의례활동 중에 가곡과 생황곡 사이에 공연하는 가창부분이다. '연례'의 순서를 말함. 〈녹명〉 등은 『시경』의 편목.

(分節歌)' 형식이 있고, 주된 노랫말의 전반부는 머리말이고 후반부에는 미성(尾聲)을 띠고 있고, 혹은 어떤 것은 머리말도 있고 미성도 있으며, 두 개의 서로 다는 곡조의 단락이 교체로 나타나기도 한다.

關　雎

《诗经・国风・周南》 词
《风雅十二诗谱》
杨荫浏　译谱　黄祥鹏　改订

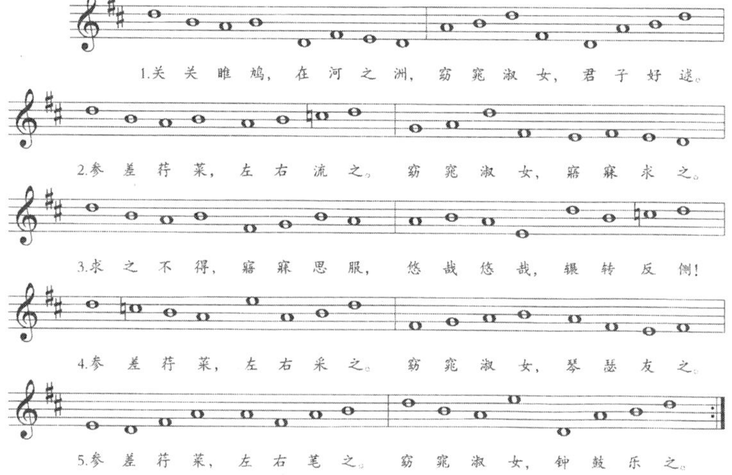

2) 『초사(楚辭)』

춘추전국시대 남방 최대의 초(楚)나라는 경제・문화 방면에서 당시에 일류에 속하였을 뿐만 아니라, 가무음악도 대단히 성행하였다. 위로는 초나라 왕으로 부터 아래로는 일반백성들에 이르기까지 모두 가무음악 활동에 참여하였다. 『한서・지리지』는 초나라 사람들이 "무귀를 믿고 음사(淫祀)를 중하게 여겼다."고 말하고,[30] 『한서・교사지』는 "초나라 회왕(懷王)은 제사를 극진히 여겨 귀신을 섬기어 귀신의 복과 도움을 얻으려 하였고,

진나라 군사를 물리쳤다."고 하여,[31] 당시 초나라 가무음악이 농후한 무축 문화의 특색을 띠고 있음을 볼 수 있다. 가무로써 신을 즐겁게 하고 사람들을 즐겁게 하는 것은 국가의 중대한 정치나 군사 등에 관련된 제사활동에 매우 중요한 작용을 한다.

『초사』는 서한(西漢)의 유향(劉向)이 편집하고,[32] 동한(東漢) 왕일(王逸)이 장구를 가다듬었는데,[33] 전국시대 초나라 굴원(屈原)[34]·송옥(宋玉)[35] 및 한대 회남소산(淮南小山)·동방삭(東方朔)[36]·왕포(王褒)[37]·유향 등 16편의 사부(辭賦)와, 나중에 왕일의 〈구사(九思)〉를 새로 더하여 모두 17편이 수록되어 있다.[38] 『초사』는 초나라 민간 언어의 정수를 흡수하고 민가의 우수한

30) 『漢書·地理志』: 信巫鬼, 重淫祀. 무귀는 무축(巫祝)과 뜻이 같고, 고대에 귀신을 섬기는 것을 무라 하고, 제사를 주관하는 자를 축이라 했다.

31) 『漢書·郊祀志』: 楚懷王隆祭祀, 事鬼神, 欲以獲福助, 却秦師.

32) 유향(劉向, 기원전 77~기원전 6) : 자는 자정(子政), 본명은 갱생(更生), 패현(沛縣) 출신. 경전과 제자시부 등을 교열하여 중국 최초의 분류서 『별록(別錄)』을 지었다. 『설원(說苑)』 등의 저작이 있음.

33) 왕일(王逸) : 동한 문학가. 자는 숙사(叔師). 남군선성(南郡宜城, 지금 호북)출신. 『초사장구』는 '초사'에 대한 최초의 완벽한 주석본이다.

34) 굴원(屈原, 약 기원전 340~약 기원전 278) : 전국 초나라 시인. 이름은 평(平), 자는 원(原). '美政'과 개혁정치를 추진할 것을 주장하다 나중에 구귀족의 참언 공격을 받아 벼슬을 버리고, 여러 곳을 유랑하였다. 정치이상을 실현할 방법이 없자, 골라강(汨羅江)에 몸을 던져 자살했다. 〈이소(離騷)〉·〈九章〉·〈天問〉·〈九歌〉 등이 있다. '초사(楚辭)'라는 시가양식을 개창하여 후세 문학에 큰 영향을 주었다.

35) 송옥(宋玉) : 전국 초 사부가. 동한 왕일은 그가 굴원 제자라고 하는데, 근거가 없다. 작품으로는 〈九辯〉이 가장 유명하다. 정치상 뜻을 얻지 못한 비상을 서술하고 불만의 정서를 드러냈다. 〈招魂〉한 편이 있다.

36) 동방삭(東方朔, 기원전 154~기원전 93) : 서한 사부가. 본성은 장(張), 자는 만천(曼倩). 평원군 염차(厭次, 지금 산동성)출신. 성격이 골계적이고, 언사가 민첩하여 항상 무제 앞에서 담소로 즐거움을 주었다. 『神異經』이 있다.

37) 왕포(王褒) : 서한 사부가. 자는 자연(子淵), 촉자중(蜀資中, 지금 사천) 출신. 그의 〈통소부(洞簫賦)〉는 최조의 악기와 음악을 전문적으로 묘사한 작품으로 유명하다.

전통을 계승하여, 중국 고대 현실주의와 낭만주의가 서로 결합한 걸작이며, 그 중 굴원의 〈이소(離騷)〉·〈천문(天問)〉·〈구가(九歌)〉 등은 후세에 중대한 영향을 주었다.

굴원의 〈구가〉는 『초사』의 대표작품으로, 초나라 무축문화의 특징을 가장 잘 구현하였다. 왕일의 『초사장구·구가』에서 "옛날 초나라 남영의 마을 완·상 사이의 풍속은 귀신을 믿고 제사(祠)를 좋아했다. 그 사당은 반드시 가악고무(歌樂鼓舞)를 지어 뭇 신들을 즐겁게 하였다. 굴원이 쫓겨나 그 지역에 숨어 살았다. … 마을 사람들이 제사지내는 의례와 가무의 음악을 보았는데, 그 노랫말이 비루하였다. 그래서 〈구가〉의 곡을 만들었다."고 했다.[39] 〈구가〉는 제사의례에 사용된 악가로, 초나라 신화의 전형이고, 제사의례의 진실한 기록이고 형상묘사이다. 비록 이름이 〈구가〉이지만 실제 가곡은 9수에 그치지 않고 11수의 가곡으로 이루어졌고, 매 수의 가곡은 각기 다른 귀신을 구분하여 제사한다.

〈동황태일(東皇太一)〉, 영신곡(迎神曲), 천신을 제사하는 가곡, 천지간의 각종 귀신을 모두 관할한다.
〈운중군(雲中君)〉, 여성 운신(구름)을 제사하는 가곡, 우신(비)을 숭배하여 비를 구하는 제전가(祭奠歌).
〈상군(湘君)〉, 상수(湘水)의 남신을 제사하는 가곡.
〈상부인(湘夫人)〉, 상수의 여신을 제사하는 가곡.

---

38) 회남소산(淮南小山) : 한나라 회왕(淮王) 유안(劉安)의 문객을 총칭. 유안이 옛것을 좋아하여 천하의 준재들을 초대하였는데, 각기 편장을 짓고 시부를 지었는데, 이들을 소산 혹은 대산이라 했다.

39) 『楚辭章句·九歌』: 昔楚國南郢之邑, 沅湘之間, 其俗信鬼, 而好祀其祠, 必作歌樂鼓舞, 以樂諸神. 屈原放逐, 竄伏其域. … 出見俗人祭祀之禮, 歌舞之樂, 其詞鄙陋, 因爲作九歌之曲.

〈대사명(大司命)〉, 수명을 관장하는 남신을 제사하는 가곡, 무격(巫覡)이 역할을 맡아 노래 부른다.

〈소사명(少司命)〉, 수명을 관장하는 여신을 제사하는 가곡, 여무가 역할을 맡아 노래 부른다.

〈동군(東君)〉, 태양신을 제사는 가곡.

〈하백(河伯)〉, 남성 하신(河神)을 제사하는 가곡.

〈산귀(山鬼)〉, 여성 산신을 제사하는 가곡.

〈국상(國殤)〉, 군대에서 죽은 장사를 제사하는 가곡.

〈예혼(禮魂)〉, 송신곡(送神曲), 제사를 끝맺을 때 부르는 가곡.

첫 번째 영신곡 〈동황태일〉로부터 마지막 송신곡 〈예혼〉은 전 과정이 실제로는 하나의 대형 귀신제사의식이다. 〈동황태일〉은 제사의식에 사용하는 첫 번째 악곡으로, 동황태일이 천지간의 각종 귀신을 통솔하기 때문에 〈구가〉의 주제자(主祭者)가 되고,[40] 그 밖의 다른 신들은 고루 배제자(陪祭者)가 된다.[41] 이는 동황태일을 기쁘게 하는 것이고, 동시에 각 과정의 귀신을 제사하는 것이다. 제사의식은 무격이 담당하는데, 전체 제사활동 중에 무격은 이중의 배역을 연기한다. 즉 그는 각종 귀신으로 분장하여 역할을 담당하고, 동시에 음악무도의 연기를 한다. 〈운중군〉·〈소사명〉·〈상군〉·〈상부인〉·〈산귀〉·〈하백〉의 제사는 산천과 계절제례의 성질을 갖고 있다. 이러한 제사활동은 고대인이 춘하추동 사계절의 변화 등 자연현상에 의거하여 진행한 신을 제사하는 활동이고, 하나의 계절은 바로 남녀 청년이 짝을 지어 연애하고 결합하는 날이다. 따라서 이 제사의 귀신은 대부분 인간적 정감이 부여되기 때문에 사용된 가곡의 절대 다수는 남녀

40) 동황태일(東皇太一) : 초나라 지고신, 천제. 한나라 무제가 제사한 지고신인 '태일신'. 후에 '泰一', '泰皇' 등으로 기록됨. 비가 '황룡'이다. 태일은 도가에서 천제, 도 등을 의미함.

41) 주제(主祭) : 제사를 주관하는 자. 배제(陪祭): 제주를 도와 제사를 지내는 사람.

사이의 애정을 표현하는 가곡이다. 〈상부인〉의 두 단락을 예로 들면,[42)]

상부인이 북쪽의 물가에 이르자,
멀리 보이지 않아 그녀의 심정은 매우 근심에 쌓이네.
가을바람은 가벼이 불어오는데,
시들은 낙엽은 동정호 위로 떨어지니,
호수 위에는 잔잔한 물결만 이네.
帝子降兮北渚, 目眇眇兮愁予.
嫋嫋兮秋風, 洞波兮木葉下.[43)]

흰 풀이 가득한 풀밭위에 올라 눈을 지극히 하고 멀리 바라보니,
아름다운 사람과 약속한 날이 오늘 밤이네,
어떻게 새가 물 풀 위에 모여.
어떤 물고기가 나무 위에 올라갈까?[44)]
登白薠兮騁望, 與佳期兮夕張.
鳥何萃兮蘋中, 罾何爲兮木上?

원수에는 백지가 있고, 염수에는 난초가 있네,
상부인에 대한 그리움은 말로 표현할 수 없네.
정신이 황홀하여 먼 곳을 바라지만,
단지 원수와 염수만이 느리게 흐르는 것을 보네.[45)]

---

42) 상부인(湘夫人) : 상군(湘君). 요임금의 차녀이고, 순임금의 차비이다. 정비를 군(君)이라 하고, 차비를 부인이라 부른다.

43) 제자(帝子) : 요임금의 두 딸, 아황 여영으로, 순임금이 돌아오지 않자, 상수에 빠져 죽었다. 그래서 상부인이라 한다.
뇨뇨(嫋嫋) : '裊裊'. 바람이 살살 부는 모양으로, 여기서는 가을바람이 미약하게 부는 것을 형용.

44) 백번(白薠) : 일종 가을날 자라는 작은 풀로, 호수 등 물가에 많이 있다. 췌(萃) : 모여 있다. 빈(蘋) : 개구리 밥, 증(罾) : 그물.

45) 원(沅) · 례(澧) : 물 이름. 지(芷) : '茝'. 하얀 향초, 황홀(慌惚) : 모호하여 분명하지 않음.

沅有芷兮澧有蘭, 思公子兮未敢言.
慌惚兮遠望, 觀流水兮潺湲.

〈상부인〉은 상군(湘君)의 어조(語調)로 상수의 상부인에 대한 상수의 남신의 그리움을 표현하였고, 상부인에게 변함없이 충성과 지조를 다하는 그의 애정을 표현한 것이다.

3) 『순자·성상(成相)』

'성상'은 민간에서 최초로 흥기한 일종의 창송(唱誦, 설창)문체이다.[46] 기원전 3세기에 이르러서야 비로소 창할 수 있는 판본이 유전되어 왔다. 그리고 바로 이때가 전국시대 조(趙)나라 저명한 철학가 순황(荀況, 순자; 기원전 약 298~238)의 활동시기이다. 그의 『성상』은 설창(說唱)음악의 원조라 할 수 있다. '성상' 같은 창송문체는 『성창』 56장에 지극히 잘 보존되어 있다. 『한서·예문지·잡부류(雜賦類)』에는 〈성상잡사(雜辭)〉11장이 있는데, 이미 잃어버렸다. '성상'의 이름에 관하여 청대 로문초(盧文弨)가 『순자·성상』을 교감하면서, "성상의 뜻은… 『예기』에 '난리를 다스리는 상(治亂之相)'이라고 하였다. 상은 곧 악기이고 소위 '용독(舂牘)'을 말한다.[47]

---

46) 성상(成相) : 『순자(荀子)』 편명. 전국시기 순황(荀況)이 지음. 모두 3수로 "請成相"으로 시작되기 때문에 편명으로 삼았다.

상(相) : 일종 쌀을 찧거나 땅을 다지는 노동공구에서 발전한 격악기, 두드려 치면서 설창을 하여, '용독(舂牘)'이라고 함. '성상'은 주대 민간에서 유전하던 설창가요형식의 서사곡으로, 전편은 四句一韻을 기본 구식으로 하고, 3 3 7 1자 구식이다.

강창(講唱)문학 : 강창은 고대에 경전을 강의 할 때, 경문을 먼저 창하고, 나중에 설을 강한다. 이 둘을 결합한 것을 '강창'이라 한다. 강창문학은 산문의 대사를 이용하여 고사를 강술하고, 운문의 창사를 가창하는 것으로, 강과 창은 서로 보완적인 문예형식이다. 최초에는 불승들이 불교고사를 강창하는데 사용하였으나, 나중에 중국역사고사와 전설 속 인물들을 강창하였다. 이러한 강창을 기록한 것을 '변문(變文)'이라 하고, 후대에는 제궁조·탄사·고사 등은 이에 연원을 두었다.

그리고 옛날에 소경(瞽, 옛날의 음악인)은 반드시 '상'을 가지고 있었다. 이 음절을 잘 살펴보면 곧 후세의 탄사(彈詞)의 원조이다.[48] 시의 앞머리는, 곧 '소경이 상이 없으면 얼마나 어둠 속에서 보이지 않아 더듬거리겠는가' 라고 하였으니, 뜻이 분명하다. 머릿구의 '청성상(請成相)'은 이 음곡을 연주하기를 청한다는 말이다."고 했다.[49]

이같은 '상' 혹은 '독'이라 부르는 고악기는 일설에 쌀을 찧거나 혹은 땅을 다지는 공구로부터 발전하여 온 격타(擊打)악기라고 하고, 일설에는 곧 박부(搏拊), 형태가 북처럼 생긴 것으로 손으로 두드리는 악기라고 한다. 어떤 견해에도 불구하고, 그것들은 하나의 공통된 특징이 있으니, 곧 기능상 선율(旋律 가락, 멜로디)악기가 아니라, 일종 절주성(節奏性 장단, 리듬)악기라는 점이다. 순자의 〈성상〉은 그의 '상현(尙賢)'·'불아친(不阿親)'·'법후왕(法侯王)' 등 정치 주장을 선전하기 위하여 서사적·서정적 민가형식을 모방하여 창작한 것이다.[50] 전곡 3장 56단이고, 매장 6구는 모두 '청성상' 3자로 시작되고, '3,4,7,4,4,3'을 기본형식으로 하며, 중간 제4, 제5구의 4자는 일반적으로 압운하지 않고, 그 나머지 각 구는 압운하다. 〈성상〉 전체 형식으로 보건데, 하나의 기본 곡조(調子) 기초 위에 상하구의 반복가창을 만든 것은, 중국 현대의 쾌판서(快板書)와 연화락(蓮花落) 등 설창음악과 유사한 점이 있다.[51]

---

47) 용독(舂牘) : 대나무로 만들며, 크기가 5, 6촌이고, 길이가 7척으로, 극악(祴樂)을 가르치는 데 쓰임.

48) 탄사(彈詞) : 현악기에 맞추어 노래하는 일종의 민간문예, 남방의 소주·양주·장사 등에서 유행함.

49) 청성상(請成相) : 〈성상〉편은 모두 '청성상' 세 글자로 시작한다. "성상을 청한다"는 의미이고, 그래서 편명으로 삼았다.

50) 상현(尙賢) : 현인을 숭상함.
불아친(不阿親) : 가까운 사람에게 아부하지 않음.
법후왕(法侯王) : 순자와 한비로 대표되는 '지금을 본받는다'는 정치관으로, 지금의 성왕명군의 제도와 언행을 본받아야 한다는 것.

4) 성악이론과 민간 가창자

가창예술의 발전에 따라 이 시기에 상응하는 성악이론이 생겼다. 주로 아래와 같이 구현되었다.

(1) 가창자 자신의 성격 특색에 따라 적당한 가곡을 선택하였다. 『예기·악기·사을』은 악공 사을(師乙)이 공자 제자 자공(子貢)에게 성격이 각기 다른 사람이 가창하기에 적당한 곡조의 유형을 열거한 것을 기록하였다. "관대하고 고요하고 부드러우며 바른 사람은 마땅히 송(頌)을 불러야 하고, 광대하고 고요하며 소탈하며 믿음이 있는 사람은 마땅히 대아(大雅)를 불러야 하고, 공검하고 예를 좋아하는 사람은 마땅히 소아(小雅)를 불러야하고, 정직하고 청렴하며 겸손한 사람은 마땅히 풍(風)을 불러야 하고, 거리낌 없이 곧고 자애로운 사람은 마땅히 상(商)을 불러야 하고, 따뜻하고 양순하며 결단력이 있는 사람은 마땅히 제(齊)를 불러야 한다."고 했다.[52)]

(2) 교사는 성악하려는 제자를 선택할 때에 엄격한 요구가 있었다. 『한비자·외저설』 제34에 "무릇 노래를 가르치는 사람은 먼저 불러서 그를 복종시켜야 한다. 그 소리가 청치(淸徵)에 미치면 곧 그를 가르친다. 노래를 가르치는 사람이 법으로써 헤아리는 데, 빠르게 불러 궁(宮)음에 맞고, 천천히 불러 치(徵)음에 맞는다. 빠르게 하되 궁에 맞지 않고, 천천히 하여 치에 맞지 않으면 가르친다고 말할 수 없다."라고 했다.[53)]

---

51) 쾌판서(快板書) : 1950년대 천진에서 생겨난, 2개로 대쪽으로 된 리듬악기(竹板)과 5개의 작은 대쪽 사이에 2개의 동판을 끼운 리듬악기(節子板)를 치며 간혹 대사를 섞어 노래하는 중국 민간 예능의 한 가지.
연화락(蓮花落) : 몇 사람이 간단히 분장하고 대나무 판을 치면서 노래하는 통속적인 가곡(보통 노래의 매 단락마다 '연화락'이라고 메기는 소리를 붙임.

52) 『禮記·樂記·師乙』: 寬而靜柔而正者, 宜歌頌. 廣大而靜疏達而信者, 宜歌大雅. 恭儉而好禮者, 宜歌小雅. 正直而靜廉而謙者, 宜歌風. 肆直而慈愛者, 宜歌商. 溫良而能斷者, 宜歌齊.

(3) 가창할 때 호흡의 운용과 연창(演唱)의 엄격성에 주의하였다.[54] 『예기 · 악기』는 "그런 까닭에 노래하는 사람은 위로는 마치 막는 듯하고, 아래로는 떨어지는 듯하고, 휘는 것은 마치 꺾어지는 듯하고, 멈춤은 마치 말라죽은 나무처럼 하고, 숨김은 갈고리처럼 하고, 쌓이는 것은 구슬을 꿰듯이 한다."고 했다.[55]

이 시기에 출현한 민간 가창자는 가창예술의 전승과 발전에 걸출한 공헌을 하였다.

왕표(王豹)와 면구(緜駒)는 문헌에 기록된 가장 이른 시기의 민간 가수이다. 『맹자 · 고자장구 하』에 순우곤(淳于髡)의 이야기가 기술되어 있다. "예전에 왕표가 기(淇, 황하의 지류)에 있을 때, 강 서쪽 지역 사람들도 (그에게 영향을 받아) 노래를 잘했다. 면구가 고당에 있을 때 제나라 오른쪽 지역 사람들도 (그에게 영향을 받아) 노래를 잘했다."고 했다.[56] 왕표와 면구는 모두 춘추시대의 유명한 가수인데, 비록 짧은 이야기이지만, 그들의 가창이 각자 대단한 영향이 있음을 말하고 있다.

서한(西漢) 무제(武帝) 시대 유안(劉晏) 등이 지은 『회남홍렬 · 범론훈』에는 전국시대 한아(韓娥) · 진청(秦青) · 설담(薛譚) 등 민간가수들을 기록하였고, 그들의 가창에 대하여 크게 상찬하였다. "비유컨대, 음을 알지 못하는

53) 『韓非子 · 外儲說』 右上 : 夫教歌者, 使先呼而詘之, 其聲反清徵者, 乃教之. 一曰教歌者, 先揆以法, 疾呼中宮, 徐呼中徵. 疾不中宮, 徐不中徵, 不可謂教.
청치(淸徵) : 오음 중 맑고 맑은 치음(徵音).

54) 연창(演唱) : 창의 방식으로 연기하는 것. 희곡, 가곡을 연기하는 것. 설창, 노래 부름.

55) 『禮記 · 樂記』 : 故歌者, 上如抗, 下如隊, 曲如折, 止如槀木, 倨中矩, 句中鉤, 纍纍乎端如貫珠.

56) 『孟子 · 告子章句下』 : 昔者, 王豹處於淇, 而河西善謳. 緜駒處於高唐, 而齊右善歌.
왕표(王豹) : 춘추시대 위나라 사람으로 노래(謳)를 잘했다.
면구(緜駒) : 면구가 혀를 묶어 소리를 삼켜 버리자, 백아가 현을 끊어버렸다고 한다.

자의 노래는 그것이 탁하면 답답하여 전할 바가 없고, 맑으면 그을어 노래 부르지 못한다. 한아·진청·설담의 노래와 후동(侯同)·만성(曼聲)의 노래에 이르면, 의지에 분노하고 안에 쌓이고 넘치어 소리로 드러나니 율(律)에 비할 바가 없어 사람의 마음에 화합하게 된다. 어떻게 그렇게 되는가? 심중에 본디의 주인(本主)가 있어 청탁을 정하니 밖에서 받지 아니하여 스스로 의표(儀表)가 되기 때문이다."고 했다.[57] 이는 고의적으로 자기 생각과 반대되게 말을 하는 것으로, 가창할 줄 모르는 사람이 저음을 창할 때는 억압하여 선율이 맑지 못하고, 고음을 창할 때는 또 바싹 말라 건조(干癟)하여 조화롭지 못하다고 했다.[58] 그런 연후에 상찬하는 입을 빌려 한아·진청·설담의 가창을 평가하였다. 즉 격동의 감정이 내심에 충만하고, 기식(氣息, 호흡)이 가득 찬 음을 내고, 매 악음(樂音)은 음률의 요구에 부합되니, 따라서 사람의 마음을 감동시킬 수 있다고 평가하였다. 또 그들은 모두 훈련에 바탕이 있어 각종 고저음을 운용할 수 있을 뿐만 아니라, 바깥세상의 영향을 받지 않고 자유롭게 가창할 수 있다고 말했다.

57) 『淮南鴻烈·氾論訓』. "譬猶不知音者之歌也, 濁之則鬱而無轉, 淸之則燋而不謳. 及至韓娥秦靑薛談之謳, 侯同曼聲之歌, 憤於志, 積於內, 盈而發音, 則莫不比於律, 而和於人心. 何則? 中有本主, 以定淸濁, 不受於外, 而自爲儀表也."

韓娥·秦靑·薛談·侯同·曼聲 : 이들은 모두 고대 노래를 잘하는 가수였다. 앞의 3인은 구(謳, 반주없이 노래함.)를 잘하였고, 뒤 2인은 가(歌)를 잘하였다.

[참고] 『列子·湯問』: "예전에 한아가 동쪽으로 제나라에 갔는데, 식량을 삼태기에 넣고 옹문을 지나자 식량이 모두 떨어졌다. 노래를 팔아 식량을 얻었다. 노래가 끝나 이미 멀리 떠나갔지만 여음이 대들보를 둘러싸고 삼일동안 끊이지 않았다." "또 한아가 만성으로 슬프게 곡을 하면 1리 안에 있는 노인과 어린이가 슬퍼하며 눈물을 떨구었다." "설담은 진청에게 노래를 배웠는데, 진청의 기예에 이르지 못하자, 스스로 다했다고 말하며 마침내 돌아가 버렸다. 진청은 말리지 않았다. 교구에서 전송할 때, 절을 매만지며 슬프게 노래를 부르자, 소리가 숲의 나무를 진동시켰고, 음향이 지나가는 구름을 막았다. 설담은 이에 사과를 하고 다시 돌아와 종신토록 다시는 돌아가겠다고 말하지 못했다."

58) 간별(干癟) : 바싹 말라 무미건조함.

전국시대 정나라의 '창(槍)'과 '석(石)' 두 사람은 당시 유명한 민간 가수이다. 『사기 · 조세가』에 "조나라 열후(烈侯, 기원전 409~387)가 재위할 때,[59] 음악을 좋아하여, '정나라 노래를 부르는 사람, 창 · 석 두 사람'을 매우 총애 하였다. 그래서 그들을 관작에 봉하여 '귀하게' 하려 했지만, (재상 등 신하에게) 거절당하자 다시 '만경의 밭을 하사'하여 '그들을 부자'로 만들려 하였다."고 기록하였다.[60] 두 민간 가수에 관하여 『사기』에는 또 다른 기록은 없고, 그들의 진짜 성명도 명확하지 않아, '창'과 '석'은 그들 존재의 부호일 뿐이다.

사양(師襄) · 사문(師文) · 백아(伯牙)는 비교적 믿을 수 있는 문헌자료에 기록된 춘추시대의 유명한 거문고 연주가(琴家)이다. 사양 · 사문은 궁정악사였고, 백아는 민간 음악인이다.

사양은 춘추시대 위(衛) 나라 사람이다.[61] 『한시외전』과 『사기 · 공자세가』의 기록에 의하면, 기원전 496년 공자는 노나라를 떠나 위나라 제후에게 이르러, 사양에게 〈문왕조(文王操)〉를 연주하는 것을 배웠다.[62] 『한시외

59) 열후(烈侯) : 조열후(烈侯, ?~기원전 400), 영성(嬴姓), 조(趙)씨. 이름은 적(籍). 전국시기 진(晋)나라 조씨의 영주, 전국 칠웅의 하나인 조나라의 개국군주.

60) 『史記 · 趙世家』: 烈侯好音謂 相國公仲連曰, 寡人有愛, 可以貴之乎, 公仲曰 富之可貴之則否, 烈侯曰 然夫鄭歌者槍石二人, 吾賜之田人萬夫畝,

61) 사양(師襄) : 춘추 노(魯)나라 악관. 일설에는 위(衛)나라 출신이라 함. 생졸년 미상. 고금(鼓琴)을 잘했고, 공자가 일찍이 사양에게 금을 배웠다고 함. 일설에는 경(磬)을 잘했다고 함. 사문이 그에게 금을 배웠다고 함.

62) 〈문왕조(文王操)〉 : 악부의 금곡 이름, 주나라 문왕이 지었다고 전해짐, 주왕이 무도하자, 제후들이 문왕에게로 돌아섰고, 그 봉황이 들판에 서(書)를 물고 나타나자, 문왕이 이에 노래를 지었다고 한다. 기실은 문왕을 가송하는 금곡이다. 후에 공자를 문왕에 견주어 공자의 덕행을 찬양하는 곡으로 변천.

'조(調)'는 탄주한다는 뜻도 있고, 금곡을 말하기도 한다. 걸왕이 음란하여 기자(箕子)가 간하였지만, 듣지 않았다. … (기자가) 이에 피발하고 미친 듯 행동하며 노예가 되었다. 마침내 숨어서 금을 연주하며 스스로 슬퍼하였다. 그래서 전하기를 〈기자조〉라 한

전』의 문자자료로, 사양은 고도의 탄금기예와 대단히 깊은 예술수양을 지닌 것을 알 수 있다. 그는 제자들을 가르치는 과정에서 학생을 존중하고, 또 제자를 계발하고 고무시켰으며, 학생이 음악의 표현을 실천하는 가운데 제대로 파악했는가를 생각한 이후에 인정하였다.

사문은 춘추시기 정나라의 고급 악사이다.[63] 『여씨춘추·심분』에는, 사문이 하루 종일 가야금(瑟)을 연주한 이후에 가야금의 면전에 절을 하고는, 가야금을 향해 그 무궁무진한 변화를 배웠다고 말한 것이 기록되어 있다.[64] 『한시외전』에는 사문에 관하여 비교적 고증할 수 있는 문헌기록이 있다.

백아는 춘추시대의 민간 음악인이다.[65] 『순자·권학』편에 "백아가 금을 연주하면 여섯 마리 말이 목을 빼들고 들었다."고 했으니,[66], 말이 꼴을 먹기를 멈추고 백아의 거문고 연주를 들었다는 것으로 그 거문고 예술의 출중함을 비유한 것이다. 『여씨춘추·본미』·『열자·탕문』에는 그가 금곡(琴曲) 〈고산(高山)〉·〈유수(流水)〉를 연주하는 고사가 실려 있다. 백아가 '뜻이 고산에 있도다.'라고 금을 연주하자, 종자기(鍾子期)가 말하기를,[67] '좋도다! 우뚝 솟아 마치 태산과 같구나!'라고 말했고, 또 백아가 '뜻이 흐르

다. '조'는 실의에 빠졌지만 예의를 지키고 도를 즐기며 그 지조를 바꾸지 않는 것을 말하고, 그 곡을 이름하여 '조'라 한다.

63) 사문(師文) : 춘추시기의 걸출한 음악가. 일찍이 사양에게 금을 배우고, 궁정음악의 대표적 인물.

64) 『呂氏春秋·審分』: 鄭大師文終日鼓瑟而興, 再拜其瑟前曰, 我效於子, 效於不窮也.

65) 백아(伯牙) : 춘추시대 초나라 출신. 금예에 정통한 사람. 전설에 저명한 금사 성달선생에게 삼년동안 배웠는데, 이루지 못했고, 후에 동해 봉래산 등을 다니다가 마음에 느낀 바가 있어 금을 주고 노래하였다고 한다. 이로부터 금예가 묘수에 이르렀다고 한다. 금곡에 〈수선조(水仙操)〉·〈고산유수(高山流水)〉가 있다.

66) 『荀子·勸學』: 伯牙鼓琴, 而六馬仰秣.

67) 종자기(鍾子期) : 춘추시기 초나라 출신 한양 출신. 삿갓에 도롱이에 멜대를 메고 다니는 초부(樵夫)로, 한강변에서 백아가 연주하는 곡을 듣고 말했다고 함. 지음(知音).

는 물에 있도다.'하고 금을 연주하자, 종자기가, '좋도다! 도도하게 흐름이 마치 장강과 황하와 같구나!'라고 말했다.[68] 『열자 · 탕문』에는 그가 금곡 〈임우지조(霖雨之操)〉와 〈붕산지음(崩山之音)〉을 연주한 고사가 기록 되어 있다. "백아가 태산의 그늘을 노닐 때, 갑자기 폭우를 만나 바위 아래에 가서 멈추었다. 마음이 슬퍼 이에 거문고를 꺼내 연주하였다. 처음에 임우(장맛비)의 곡조로 하고, 다시 붕산(산이 무너짐)의 음을 만들었다. 음곡이 매번 연주될 때마다 종자기는 문득 그 의취를 알았다."고 했다.[69] 이는 백아가 연주를 잘하였고, 종가지가 듣기를 잘하였다는 고사에 관한 것이다. 종자기가 죽은 이후에 백아는 "금을 부수고 줄을 끊어버리고 종신토록 금을 연주하지 않았으니 세상에는 금을 만족하게 연주하는 자가 없었다." 고 한다.[70]

3. 음악기구와 음악교육

은 · 상(殷·商) 말기에 형성된 악관(樂官)제도는 서주 중기 후반에 번영하였다. 『주례』의 기술에 따르면 주나라 악관제도는 비교적 고정되어 있고, 과정이 복잡하지만 완벽하였다. 중앙 왕조에서 관할하는 악인(樂人)의 수량은 매우 많고, 악관직책의 분업은 명확하고 상세하였다. 학자 진원봉(陳元峰)은 주나라 사회의 악관기능을 5개 방면으로 개괄하였다. 첫째 "교육기능으로 시악습례(詩樂習禮)"[71], 둘째 "전례기능으로 찬례이업(贊禮肄業)"[72],

68) 『呂氏春秋 · 本味』: 志在高山. 子期曰, 善哉, 峩峩兮若泰山. 志在流水. 子期曰, 善哉, 洋洋兮若江河. 曲奏, 子期輒窮其趣.

69) 『列子 · 湯問』: 伯牙游於泰山之陰, 卒逢暴雨止於巖下, 心悲乃援琴, 而鼓之初爲霖雨之操, 更造崩山之音曲, 每奏 鍾子期輒窮其趣.

70) 『呂氏春秋 · 本味』: 破琴絶絃, 終身不復鼓琴, 以爲世無足復爲鼓琴者.

71) 시악습례(詩樂習禮) : 시와 악으로 예를 익힘.

셋째 "정치기능으로 송시풍간(頌詩諷諫)"[73], 넷째 "생산기능으로 성풍지기(省風知氣)"[74], 다섯째 "창작기능으로 심음변시(審音辨詩)[75]이다. 『주례』에 주나라 관직은 천관총재(天官冢宰)·지관사도(地官司徒)·춘관종백(春官宗伯)·하관사마(夏官司馬)·추관사구(秋官司寇)·동관사공(冬官司空)이 있는데, 이 '육관(六官)'이 관장하는 직책은 다르다.[76] 악관은 각 관명 아래에 예속되는데, 그 중 춘관종백과 지관사도는 음악에 관련된 관원이 가장 많은 부분이다. 육관에 음악과 관련된 관원은 아래와 같다.

춘관종백 : 대사악(大司樂)·악사(樂師)·대서(大胥)·소서(小胥)·대사(大師)·소사(小師)·고몽(瞽矇)·저료(眡瞭)·박사(鎛師)·경사(磬師)·종사(鐘師)·생사(笙師)·전동(典同)·매사(韎師)·정인(旄人)·약사(籥師)·약장(籥章)·제루씨(鞮鞻氏)·사간(司干)·대축(大祝).
지관사도 : 고인(鼓人)·무사(舞師)·보씨(保氏)·향사(鄉師).
하관사마 : 대사마(大司馬).
동관사공 : 경씨(磬氏)·부씨(鳧氏)·운인(韗人).

음악활동에서 악관기능은 주로 예관이 집행하는 의례의 절차와 법규를 충당하며, 분담이 비교적 명확하고 상세하다. 악대지휘·악기연주자·악기제작장인들은 각자 그 직책을 담당하였다. 대사·소사·고몽 등 악기연주자

72) 찬례이업(贊禮肄業) : 관혼상제 때 의식의 절차를 낭독하고 진행을 맡아보는 일을 익힘.

73) 송시풍간(頌詩諷諫) : 시를 낭송하고 완곡한 표현으로 잘못을 고치도록 함.

74) 성풍지기(省風知氣) : 풍속을 살피어 기세를.

75) 심음변시(審音辨詩) : 소리를 살피고 시를 분별함.

76) 육관(六官) : 주대의 국정을 담당한 6종의 직관(六卿)으로, 수·당 이후의 六部에 해당됨. 총재는 도(道)를 이루는 일(吏部), 사도는 덕(德)을(戶部), 종백은 인(仁)을(禮部), 사마는 성(聖)을(兵部), 사구는 의(義)를(刑部), 사공은 예(禮)를 이루는 일(工部)을 담당한다.

는 모두 맹인이 담당하였다. 이 맹인악관들은 대단히 높은 음악적 수양과 조예를 지니고 있었고, 또 각종 궁정의례에 대하여 매우 익숙했다. 따라서 음악활동에서 특히 중요한 직책을 감당하였다. 눈으로 보지 못하기 때문에 그들은 음악활동을 할 때, 반(半)맹인이면서 연주수준이 미치지 못하는, 위에서 말한 악관 저료(眡瞭)의 협조 하에 연기 활동을 비로소 완성할 수 있다.[77] 악관의 관직은 악기의 분류에 따라 이루어지지만, 대다수의 악관이 지니는 악기는 한 종류에 그치지 않고, 여러 종류의 악기연주 방법에 정통하기 때문에 많은 악관들은 여러 개의 관직을 겸한다. 격타악기는 이 시기에 통치자의 대단한 중시를 받았는데, 종사·경사·박사·고몽·대사·소사 등은 모두 타악기 연주를 위주로 하지만, 악기제작 면에서는 단지 격타악기는 단독으로 책임을 졌다. 그 밖에 생·약 등 취주악기는 각별한 중시를 받아 대단히 많은 의식장소에서 그것들을 위주로 연주가 진행되었다.

주나라의 악관제도는 음악교육·예악교육·문화사상교육과 긴밀히 결합되어 있다. 춘관이 관할하는 악관이 가장 많았는데, 대사악은 여러 악관들의 우두머리로, 주요한 기능이 악덕(樂德)으로 국자(國子)[78]를 가르쳐, 그들이 중(中)·화(和)·지(祗)·용(庸)·효(孝)·우(友)에 이를 수 있도록 하는 것이고, 악어(樂語)로 국자를 교육하여 그들이 흥(興)·도(道)·풍(諷)·송(誦)·언(言)·어(語)에 능할 수 있도록 하는 것이고, 악무로 국자를 교육하여 그들이 〈운문〉·〈대함〉·〈대소〉·〈대하〉·〈대호〉·〈대무〉 등을 춤 출 수 있도록 하는 것이다. 즉 악사의 주요 기능의 하나는 국학의 정치를 주관하여, 국자에게 소무(小舞)를 가르치는 것이다.[79] 즉 귀족 자제들에게 불무·우

77) 저료(眡瞭) : 관명으로, 맹인악사를 돕고 악을 짓는다.

78) 국자(國子) : 공경대부의 자제.

79) 소무(小舞) : 주대에 어린 나이에 학습하는 여섯 종 무도의 총칭.
불무(帗舞) : 사직의 제사에 사용, 오색 깃발을 들고 춘다.

무 · 황무 · 정무 · 간무 · 인무 등 무도훈련을 하는 것이다. 또 다른 기능은 국군(國君) 및 각 급의 제후들이 음악에 합치된 행동으로 어떻게 각종 의식 장소에 들고 나는 가를 가르치는 것이다. 학습기간은 7년이고, 13세에 입학하여 20세에 졸업하며, 학습의 내용은 연령에 따라 다르다. 『예기 · 내칙』에 "13세에 악(樂)을 배우고, 시를 암송하고, 작(勺)을 들고 춤추며, 춤추는 동작을 어려서 익히고, 사어(射御)를 배운다. 20세에 관례를 치루고, 비로소 예를 배우면 구백(裘帛)을 입을 수 있고, 〈대하〉를 춤출 수 있다."고 했다.[80)]

주왕조는 예와 악을 동등하게 중요시 했다. 통치를 강화하기 위하여 기원전 1058년에 주공이 제정한 이후 후대인들은 끊임없이 '예악제도'를 완성해 나갔다. 예악제도는 종법제도 · 신분제도와 서로 결합된 산물로, 이 체계 중에 '악'은 '예'에 종속된다. '악'은 악대 · 악무의 편제, 악곡 · 악무의 사용 등을 포함한다. 예악제도는 상층사회의 많은 신분의 사람(예를 들어 왕· 제후· 경대부· 사)들이 신분이 다른 사람은 다른 음악을 향수하도록 규정한 음악제도이다. 차례에 따라 군신 · 부자 · 형제 · 부부 · 붕우 등 상호간의 관계에 따라 실현되는 것으로, 마음대로 할 수 없다. 예를 들어 왕의 악대와 사용되는 악기는 동서남북 사면에 배열하고, 제후는 삼면에 배열하고, 경과 대부는 양면에 배열하고, 사는 한 면에 배열할 수 있다. 왕의 무대를 '팔일(八佾)'이라 부르는데,[81)] 8인이 하나의 행이 되고, 8행이 있어 모두

우무(羽舞) : 일종의 문무로, 깃을 들고 춘다.

황무(皇舞) : 무자는 소년이고, 새깃과 털로 성대하게 장식한 모자를 쓰고, 손에는 오색의 깃을 들어 마치 봉황과 같다. 기우제 혹은 사방의 제사에 쓰임.

모무(旄舞) : 무자가 소꼬리로 깃대를 장식한 모로 지휘하며 춘다.

간무(干舞) : 방패를 들고 춘다.

인무(人舞) : 제사 등 전례에서 도구를 잡지 않고 사람이 추는 춤.

80) 『禮記 · 內則』 : 十有三年學樂, 誦詩, 舞勺, 成童舞象, 學射御, 二十而冠, 始學禮, 可以衣裘帛, 舞大夏. 시는 『시경』이고, 작은 자루가 있는 도구이고, 무상은 춤추는 동작이고, 사어는 활쏘기와 말타기이고, 구백은 가죽옷과 비단옷으로 예복이다.

64인이고, 제후는 36인이고, 경대부는 16인이고, 사는 4인이다. 서인은 지위가 가장 낮아 예악을 향수할 권리가 없다.

4. 악기

서주 시기의 기록에 보이는 악기는 대략 70여 종이 있고, 『시경』에 나타나는 악기는 29종에 이르며, 악기 종류는 격타악기로 고·경·분고(賁鼓)·응(應)·전(田)·현고(懸鼓)·타고(鼉鼓, 악어껍질로 만든 북)·도(鞀)[82]·종·용(鏞; 큰 종, 서국의 음악)·남(南)·정(鉦, 징)·경·부(缶)·아(雅)·축(柷)·어(敔)·화(和)·란(鸞)·령(鈴)·황(簧) 등 21종이 있고,[83] 취주악기로 소·관·약·훈·지·생 등 6종이 있고, 탄현악기로 금·슬 2종이 있다. 이 시기에 계통

---

81) 팔일(八佾) : 고대 천자가 사용한 악무. '일(佾)'은 무대의 배열로, 종횡으로 모두 8인을 둔다.

82) 도(鞀) : 로도(路鼗). 북자루 잡고 돌리면 앞 옆에 달린 방울이 북면을 치게 되어 소리를 냄. 땡땡이.

83) 용(鏞) : 대종(大鍾).
분고(賁鼓) : 대고(大鼓).
응(應) : 소고(小鼓).
전(田) : 대고.
남(南) : 고대 남방 무악의 명칭이다.
부(缶) : 진흙으로 구워 화로같이 만든 악기. 대나무 채로 변죽을 쳐서 소리를 냄. 속칭 : 질장구.
아(雅) : 옻으로 칠한 작은 아가리가 있는 통모양의 악기. 양 가죽으로 감싼다.
축(柷) : 나무로 만든 타악기의 한 가지. 위가 아래보다 넓은 상자 모양으로 짜고, 그 윗면 가운데 뚫린 구멍에 막대를 넣고 좌우 옆면을 두드려 소리를 내는데, 풍류를 시작할 때 침.
어(敔) : 옛날 궁중에서 쓰던 타악기의 한 가지. 엎드린 범의 모양으로, 그 등에 27개의 톱니가 있어 견(籈)으로 긁어 소리를 냄. 음악을 그칠 때에 썼음. 갈(楬).
화(和) : 아악에 쓰는 관악기. 모양이 생황과 같이 생기고, 13개의 관으로 되었음.
란(鸞) : 천자가 타는 수레의 말고삐에 다는 방울.
황(簧) : 생(笙), 우(竽), 황(簧)을 모두 황(簧)이라 한다.

적 악기분류법이 출현하였는데, '팔음(八音)'이라 부르며, 이 악기분류법은 악기를 제조하는 재료에 따라 분류가 이루어진다. 금(金)·석(石)·토(土)·혁(革)·사(絲)·목(木)·포(匏)·죽(竹)의 8종류로 나눈다.

금 : 종·박(鎛)·용·순우(錞于)·정·요(鐃)·탁(鐸) 등.[84)]
석 : 경·명구(鳴球) 등.[85)]
토 : 훈·부 등.
혁 : 고·건고·도고·영고(靈鼓) 등.[86)]
사 : 금·슬·축(筑)·쟁 등.[87)]
목 : 축·어 등.
포 : 생·간·황·소(巢)·화 등.[88)]
죽 : 소·지·관·약·적(篴, 笛) 등.

그중에서 금·석·혁·목 4종류 격타악기는 비율이 가장 높고, 팔음의 절반을 차지한다. 금속악기 종·요·용·탁과 석제의 경 등은 매우 중요한 위치를 차지하는데, 청동기 시대 노예주 통치계급 신분과 권력의 상징이다. 통치자의 중시로 말미암아 이같은 악기는 악기제조에 있어서 뿐만 아니라, 예술조형 혹은 음악성에 있어서도 끊임없이 개선되고 발전하였으며, 또

84) 박(鎛) : 청동으로 만들고, 형태는 종과 비슷하며, 작고, 동주시대에 성행하였다.
요(鐃) : 군중에서 쓰는 작은 징. 동발.
탁(鐸) : 큰 방울의 일종. 고대에 정교법령을 선포하거나 전쟁의 일을 만났을 때 사용하였다. 청동제이고, 형태는 마치 징과 같고 혀(舌)가 있다. 목제와 금속제 두 종류가 있어 목탁·금탁으로 나눈다.

85) 명구(鳴球) : 옥으로 만든 경(玉磬). 악기 중에 경만이 옥으로 만들기 때문에 구(球)라함.

86) 영고(靈鼓) : 지제 지낼 때 치던 북으로, 누런빛의 여덟 모로 된 북.

87) 축(筑) : 거문고 비슷한 대로 만든 악기.

88) 소(巢) : 큰 생(大笙). 여와가 만들었고, 관을 포 위에 배열하고, 안에는 황(簧)이 있다. 소생(巢笙)은 일종 관이 많은 생이다.

사람을 감탄케 할 정도의 지경에 이르렀다. 신분제도를 구현하기 위하여 악대는 공연에서 배열될 때, 엄격한 규정성을 지니고 있었다. 즉 "왕은 궁현(宮懸)하고, 제후는 헌현(軒懸)하며, 경대부는 판현(判懸)하고, 사는 특현(特懸)한다."[89] 이러한 신분에 따른 배열은 참월(僭越)할 수 없고, 그렇지 않으면 형률의 엄벌을 받게 된다.[90]

축 : 팔음 중 목제 격타악기로, 주대에 이미 출현하였다. 이 악기는 방두형(方斗形, 상자모양)이고, 위가 넓고 아래가 좁으며, 목봉으로 내벽을 두드려 소리를 내며, 주로 궁정 아악을 시작할 때 사용한다.

어 : 팔음 중 목제 격타악기로, 장방형(長方形)이고, 위에 엎드린 호랑이 형상을 새겼고, 호랑이 등에는 27개의 톱니 모양의 목편이 있고, 목봉(木棒) 혹은 죽추(竹帚)로 목편을 긁어 소리를 내며,[91] 이 악기는 주대의 궁정 아악에서 사용하였으며, 악곡의 끝남을 표시한다.

금 : 이 시기에 항상 보이는 탄현악기로, 사광·사양·사문·백아 등 춘추시대에 저명한 금가(琴家)가 출현하였으며, 〈고산(高山)〉·〈유수(流水)〉 등 천고유방(千古流芳)의 금곡(琴曲)이 출현하였다. 고고학 자료는 이 시기의 고금(古琴)의 형체에 있어 일종 긴 꼬리를 가진 반(半)상자 형태이며, 탄주

---

89) 궁현(宮懸) : 궁현(宮縣)이라고 한다. 고대 종과 경 등 악기를 시렁에 매다는 것으로, 그 구조는 신분에 따라 분별이 있었다. 제왕은 사방에 걸어 궁실의 사면 벽을 상징하기에 '궁현'이라 했다.

헌현(軒縣) : 고대 제후들이 악기를 삼면에 진열하여 걸었다. 남면을 피하였다.

판현(判懸) : 경대부들은 양면에 악기를 걸었다.

특현(特懸) : 고대에 사(혹은 대부)는 한 면에만 악기를 진열하였다.

90) 참월(僭越) : 참람하다. 분수에 넘쳐 지나치다. 명의나 직권을 참용하다.

91) 죽추(竹帚) : 대나무로 만든 비.

(彈奏)하고 명현(鳴弦)하는 악기로, 5~10개의 근현(根弦)을 지니고 있음을 보여준다. 대표적인 금으로는 1978년 호북 수현의 전국 초기 증후을(曾侯乙)묘에서 출토된 오현금·십현금과 1980년 호남 장사(長沙) 오리패(五里牌)의 전국 말기 초묘(楚墓)에서 출토된 오리패 채회금(彩繪琴)이 있다.

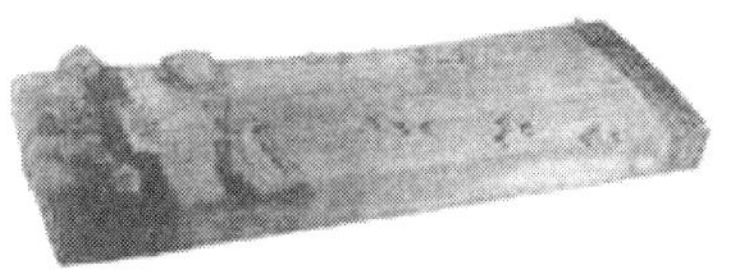
마왕퇴 금슬

슬 : 고고학에서 발견한 현악기 중 점유비중이 비교적 큰 악기 종류로, 호북·호남·하남 3성의 동주와 초(周楚)나라 묘에서 집중적으로 출토되었다. 25현이다.[92) 『의례』의 기록에 의하면, 슬은 주로 향음주례·향사례와 연례의 반주에 사용되었다. 고문헌에 기록된 슬의 각 부분 명칭은 주(株)·악(岳)·월(越)·현(弦)·은간(隱間) 등으로 나눌 수 있다.[93) 형식상으로는 Ⅰ식·Ⅱ식·Ⅲ식·Ⅳ식의 4종 유형으로 나눈다. 1984년 호북 당양 조가강(當陽趙家崗)에서 출토된 춘추 말기의 슬, 1978년 하남 고시후 고퇴(固始侯古堆)에서 출토된 춘추전국시기의 슬, 호북 수현 증후을(曾侯乙) 묘에서 출토된 슬은 모두 전형성을 띠고 있다.[94) 1956년 하남 신양 장대관(信陽長臺關)에서 초기 전국시대 묘에서 3구(具, 도구를 세는 단위) 21현의 금슬(錦瑟, 비단으로 문양을 만든 슬)이 출토되었다.

92) 최초에는 50현이어서, '오십현'이라 불렀다.

93) 주(柱) : 기러기 발(雁足). 현을 걸 수 있고, 현의 길이를 조절할 수 있다.
악(岳) : 악산(岳山)이라고도 함. 가야금의 머리부분을 '액(額)'이라 하고, 액 아래에 양쪽에 현을 걸 수 있는 단단한 나무가 있는데, 이를 '악산'이라 한다.
월(越) : 가야금 밑에 있는 구멍(孔洞).
은간(隱間) : 가야금 위의 장식을 은이라 하는데, 그 사이를 말함.

94) 증후을(曾侯乙) : 아래의 증후을 편종 참조.

순우 : 형태는 박(鎛)과 비슷하며, 전체 모습은 대략 타원형 통형(筒形)이다.[95] 어깨부분은 확대되고, 허리주위가 축소되어 있고, 평평한 머리 부분에는 꼭지(鈕)가 있다. 꼭지는 호랑이 형태가 많지만, 짐승모양의 꼭지·봉황 모양의 꼭지·말 모양의 꼭지와 뱀모양의 꼭지도 있다. 출토된 지점은 사천·호북·호남·안휘·산동·섬서·귀주·운남·광서·강서·광동 등 11개 성에 골고루 퍼져 있고, 그 중 사천·호북·호남·귀주 4개 성 경계지역에 가장 집중되어 있다. 최초에는 춘추전국시기 오나라와 진나라의 전쟁 중에 사용되었다. 선진시기 고문헌 중에서는 『국어·진어』에 가장 먼저 보이는데, "순우·정녕에서 전쟁을 하였다."고 했다.[96] 이 시기에 출토된 유물 순우에 관해서는, 산동 기수 유가점자(沂水劉家店子)의 춘추시기묘·안휘 숙현 로고성자(宿縣蘆古城子) 의 춘추말기에서 전국초기에 이르는 시기의 묘·강서 수수증가선의 춘추말기에서 전국초기에 이르는 묘에서 순우가 출토되었다. 1972년 사천 부릉 소전계(涪陵小田溪, 지금의 중경) 전국(戰國시기) 2호갱묘에서 기본이 잘 보존된 순우가 출토되었다. 그 순우는 타원추(橢圓錐, 원추형 원뿔) 통형으로, 어깨부분이 돌출하고, 윗부분이 넓고 아랫부

부릉소전계 순우

95) 순우(錞于) : 순우(錞釪), 순(錞), 순우(錞於)라고도 함. 옛날 동제 타악기의 일종. 통 모양인데 윗쪽이 크고, 어깨부분이 넓으며 정상부는 접시 모양이고 위에 범 모양의 장식이 붙는다. 음악을 합주할 때 북과 함께 리듬악기로 사용되고 군대에선 전쟁 중 진퇴를 지휘하는데 사용했다. 춘추전국시대에 시작되어 진한시대에 성행했다. 저패기(貯貝器)로서 묘에 부장된 예도 있다.

96) 『國語·晉語五』: 戰以錞於, 丁寧, 儆其民也. ([참고] 『周書·斛斯徵傳』에 "악기에 순우가 있는데, 근래에 이 악기가 끊어졌다. 혹자가 촉나라로에서 이것을 얻었는데, 모두 그것을 알아보지 못했다. 곡사징이 그것을 보고 이것은 순우라 했다. 대중들은 그말을 믿지 못하였다. 곡사징이 간보에 의거하여 그것을 두드리니, 소리가 지극히 울리자. 사람들이 모두 탄복하였다.")

분이 좁으며, 입부분이 평평하고 곧게 되어 있다. 중앙에는 호랑이 꼭지가 서있는데, 들고 있는 머리, 살짝 엎드리고, 네모진 입에, 귀가 달려 있고, 꼬리부분은 곧추세우고 뒷부분은 곧바로 아래로 쳐져있고, 끝은 위로 말려 있어 조형이 매우 생동적이다.

생 : 울림이 자유로운 황(簧, 악기의 혀)을 엮어 만든 관악기이다.[97] 초기의 생은 머리 부분은 박(匏)을 재료로 만들어, 고대 팔음의 한 종류가 되었다. 생의 응용은 가장 먼저 『시경·소아』와 『묵자·비악』에 보인다. 그러나 팔음의 하나로서 포류는 『국어·주어하』와 『초어』에 가장 먼저 보인다. 생의 출토는 두 지역에 집중되어 있다. 하나는 호남 장사 임풍에서 호북 강릉 당양·수현과 하남 신양 일대 동주와 초나라의 지역이고, 다른 하나는 운남 강천·진영 등 전지(滇池) 지역이다.[98] 출토된 생은 형식상 두 종류, 즉 부리가 곧고 박과 나무로 만든 것(直嘴匏木斗), 부리가 굽었고 동으로 만든 것(彎嘴銅斗)이다. 1978년 호북 수현 뢰고돈(隨縣擂鼓墩) 1호묘 동실에서 18개의 황이 달린 생이 출토되었는데, 그 형태는 지금의 로생(蘆笙)과 매우 비슷하고, 머리부분(頭)·대롱(苗, 笙管)·혀(簧)로 구성되어 있다.[99] 고대의 신화 전설에, 생의 제작은 인류의 번식을 위하여 만든 것이고, 생존을 위한 형상으로 만든 것인데, 후세에 곧바로 혼인의 신 "여와(女媧)가 생황을 만들었다"는 전설이 있게 되었다. 지금 중국 남방에서는 짝을 구하는 것과 관련 있는 로생(蘆笙)악무 같은 춘계민속활동이 보존되어 내려오고 있다.[100]

---

97) 황(簧) : 관악기의 부리에 장착하여 그 진동으로 소리를 내는 엷은 조각.

98) 전지(滇池) : 또는 곤명호(昆明湖)·곤명지(昆明池)·진남택(滇南澤)이라고도 함. 운남 곤명 서남지역.

99) 로생(蘆笙) : 중국 묘(苗), 이(彝), 동(侗)족 등이 사용한 황관악기로, 일반적으로 6근 6관으로 조성. 매 관은 밖에 구멍이 있고, 하단에 동으로 만든 황을 안치하고, 장형의 나무 혹은 호로(葫蘆, 조롱박과 갈대)를 안에 삽입한다. 매 관은 하나의 음을 내고, 5성음계로 하나의 조를 구성한다.

건고(建鼓) : '팔음' 중 혁류에 속하는 격타악기로, 다양한 종류의 북 악기 중에서 가장 대표성을 갖는다. 건고 같은 악기는 일찍이 황제시기에 외발짐승의 가죽(夔皮)으로 덮어써서 전쟁 중에 사용하였다. 하·상·주 시기의 궁정음악에서 건고(비록 구조는 다르지만)는 매우 중요한 타격악기였다. 서주와 춘추전국시기의 건고는 국가의 대형제사활동에서 중요 예기였을 뿐만 아니라, 궁정연향활동의 중요 악기였고, 동시에 아래와 같은 장소에서 응용되었다. 즉 "쇠로 만든 순우는 북소리와 조화하고, 쇠로 만든 촉은 북소리를 절제하고, 쇠로 만든 뇨는 북소리를 멈추고, 쇠로 만든 탁은 북소리를 서로 통하게 한다."는 전쟁용 고,[101] 소송하는데 사용한 등문고(登聞鼓, 신문고), 황제 순행에 사용된 '계리고거(計里鼓車)',[102] 보고할 때 사용한 '신종모고(晨鐘暮鼓)' 등이다.[103] 현존하는 중국 최초의 건고 실물은 2005년 4월 발굴하기 시작한 섬서 한성(韓城)의 서주 말기에서 동주 초기에 이르는 대형 제후묘장품에서 출토되었다. 지금으로부터 약 2,800년의 역사가 있다. 1978년 호북 수현 뢰고돈 증후을묘에서 대략 2,400년이 넘는 건고가 출토되었는데, 중국에서 현재 볼 수 있는 비교적 이른 시기의 건고 실물이다. 그 건고는 고강(鼓腔, 북울림통)·고좌(鼓

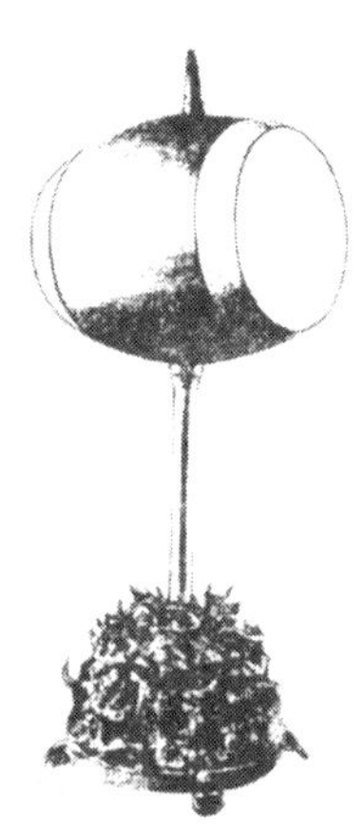
증후을 건고

100) 로생악무(蘆笙樂舞) : 묘족 등 소수민족이 하계, 추계의 달 밝은 밤에 로생을 울리며 남녀노소가 한 곳에 모여 춤을 추거나 담론을 하면서, 진정 노동 후의 환락을 향수하는 축제.

101) 『周禮·地官·鼓人』: 以金錞和鼓, 以金鐲節鼓, 以金鐃止鼓, 以金鐸通鼓.
화고(和鼓) : 북 소리와 서로 조화를 이룸.
통고(通鼓) : 한 사람이 먼저 북을 치면, 다른 사람들이 그에 따라서 북을 친다. 전달한다는 의미.
지(止)와 절(節)은 멈추고 절제한다는 의미이다.

102) 계리고거(計里鼓車) : 거리를 계산하는 데 사용한 북과 수레.

103) 신종모고(晨鐘暮鼓) : 절에서 새벽을 종을 치고 저물녘에 북을 두드려 때를 알렸다.

座, 북을 얹는 자리) 두 부분으로 나뉘는데, 고강의 둥근 목주를 세로로 청동 고좌 위에 꽂아 넣어 만들었다.

편종(編鐘) : 크기가 다른 한 계열의 동제의 종을 나무시렁에 걸어 나무망치(木槌)로 두들겨 연주한다. 그 명칭은 가장 먼저 『주례』에, "경사가 경을 두드리고, 편종을 두드리는 교육을 관장한다."는 기록이 보인다.[104] 시대에 따라 편종의 수도 달랐다. 고고학에서 발견한 주대 편종은 많은 것은 8개로 이루어졌고, 춘추전국시기에 이르면 편종의 수는 9개, 12개로 점점 증가하였고, 심지어 26개, 36개, 40여개 등 같지 않았으며, 이는 편종 발전의 가장 전성기로, 당시 광물을 채굴하고 야금하는 산업의 발전과 경제적 번영과 불가분의 관계에 있다. 서한 이후에는 금석의 악기를 점점 사죽의 악기가 대신하게 된다. 상층통치계급이 보유하는 예악기로 만드는데, 편종은 음악을 조화하는 데에 쓰였을 뿐만 아니라, 동시에 통치자의 신분계급과 권위 혹은 재산과 부호의 상징이기도 하였다. 소위 '종고관경우약간척'에서 편종을 첫머리에 배열하는 까닭이다.

증후을(曾侯乙) 편종 : 1978년에 호북 수현(지금 수주(隨州))성 교외 동단파 뢰고돈 1호묘장에서 출토되었다. 증후을은 춘추전국 사이에 남방 대국 초나라의 보호를 받던 증(曾)나라의 군주이다. 그가 주조한 편종은 '세계 제8대 기적'이라 부를 수 있는데, 중국에서 출토된 천개의 편종 중에 비할 바가 없을 뿐만 아니라, 그 한 묶음의 악기로는 그것과 서로 논할 것이 세계상으로도 없다. 출토된 편종 65개는 뉴종(鈕鐘)·용종(甬鐘)·박종(鎛鐘) 3종류로 나눌 수 있다.[105] 3층8조는 하나의 구리와 나무(銅木)구조로

104) 『周禮·春官·宗伯』: 掌敎擊磬, 擊編鐘.

105) 뉴종(鈕鐘) : 합와형으로, 종의 상단 평면 부분(舞部)에 장방형의 고리형 꼭지(뉴)가 있다.

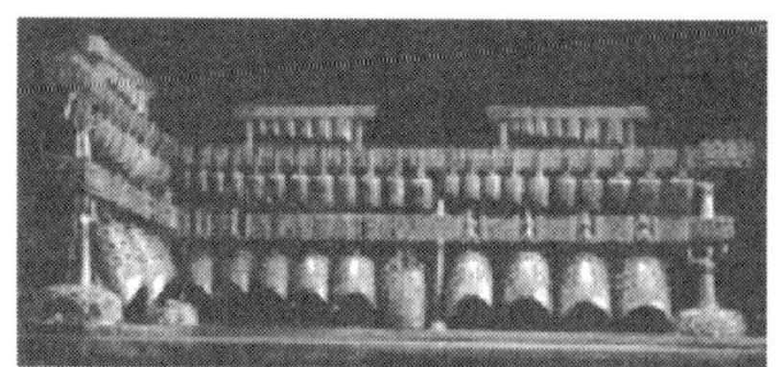
증후을 편종

된 종을 거는 시렁(鐘架)위에 걸려 있다. 전체는 곡척(曲尺, 곱자)의 형상이다. 종을 매다는 가로로 된 들보(橫梁)는 모두 7대인데, 중·하층에 4대의 횡량이 있고, 상층에 3대의 횡량이 있다. 전체 편종은 8조로 나눌 수 있는데, 상층의 뉴종은 모두 19개이고, 중층의 3조는 33개이고, 하층의 2조는 대형 용종 12개이고, 그밖에 박종 1개가 있다. 성학과 음악학적 시각으로 고찰하면, 증후을 편종의 가장 기묘한 곳은 종마다 쌍음(雙音)을 낼 수 있어 '하나의 종이 두 개의 음을 내고 삼도의 음정(一鐘二音三度音程)'을 갖춘 종악의 특징에 있다. 전체 편종의 음색은 대단히 좋고, 음역은 넓으며, 5개 팔도(八度) 또는 1개 대2도(大度)를 넘어 완벽한 5성, 6성, 7성의 음계를 연주할 수 있다. 중층 용종의 정면과 하층 용종의 뒷면과 뉴종의 윗면에는 12개 반음관계를 표시한 음 명칭이 있다. 즉 궁·우각·상·치증(徵曾)·궁각·우증·상각·치·궁증·우·상증·치각 등이다. 9건의 뉴종 위에는 악률 명칭을 곧바로 주조하였는데, '고선지궁'·'황종지궁'·'목음지궁(穆音之宮)'·'태주지궁'·'오탁지궁(五鐸之宮)'·'타빈지궁(妥賓之宮)' 등이다. 중층 용종의 뒷면과 하층 용종의 정면에는 연속된 명문이 주조되어 있는데, 악률 간의 관계를 논급하였다. 예를 들어 율명의 대응관계·계명의 대응관계·팔도음의 대응관계 등이다. '증후을 편종'은 중국 청동기시대 음악과학기술이 도달한 고도의 수준을 보여준다.

용종(甬鐘) : 합와형으로, 종의 상단 평면 부분에 용주(기둥)가 있다.
박종(鎛鐘) : 타원형 혹은 합와형으로, 그 특징은 고리형 꼭지와 평평한 입구이다.

5. 악률(樂律)

서주에서 춘추전국에 이르는 시기에 전문적 음악의 실천과 발전에 따라 음계(音階)·조(調)·조식(調式)·전조(轉調, 조 바꿈)·고정음고(固定音高) 등에 관한 옛 악리(古樂理 음악이론)관념이 형성되었다.[106] 서주(기원전 11~기원전 8세기)의 초기시대에 편종의 명문에는 이미 '타빈(妥賓, 즉 蕤賓)'·'오호(吳昊, 즉 無射)' 등 삼분손익(三分損益)의 율명이 나타났다.[107] 『국어·주어』의 기록에 의하면, 기원전 522년, 즉 주나라 경왕(景王)23년에 악관 령주구(伶州鳩)가 종을 주조하면서 주나라 경왕의 물음에 답할 때, "궁(宮)은 음의 주인이고, 다음으로 우(羽)에 이른다."는 이론을 제출하였다.[108] 그는 황종(黃鍾)·대려(大呂)·협종(夾鐘)·태주(太族)·중려(仲呂)·고선(姑洗)·이칙(夷則)·유빈(蕤賓)·임종(林鍾)·무역(無射)·응종(應鐘)·남려(南呂)의 12율명을 열거하고, 동시에 궁(宮)·상(商)·각(角)·치(徵)·우(羽)·변치(變徵)·변궁(變宮)의 7음계를 열거하여, 각 음계와 음률의 음고(音高, 음의 고저)의 관계를 설명하였다.

령주구는 12율의 순서에 따라 홀수·짝수로 배열하였는데, 후세에 그 중 홀수의 각 율을 육양률(六陽律)이라 부르고, 짝수의 각 율을 육음률(六音律)이라 불렀다.(령주구는 '육간(六間)'이라 불렀다)

육양률 : 황종·태주·고선·유빈·이칙·무역

106) 조식(調式) : 일반적으로 악곡은 모두 약간의 기본적인 음으로 구성되고, 그 같은 기본적인 음으로 조성된 음의 배열로 귀납되는 그것을 조식이라 한다. 즉 음계이다.

107) 삼분손익(三分損益) : 황종율관(黃鍾律管)을 삼분손일 또는 삼분익일 하여 나머지 11율관을 계산해내는 방법.

108) 『國語·周語』: 宮 音之主也. 第以及羽.
령주구(伶州鳩) : 伶은 악관명이고, 州鳩는 이름이다.

육음률 : 대려 · 협종 · 중려 · 임종 · 남려 · 응종

『예기 · 예운』에는 “5성 · 6율 · 12관은 돌아서 궁이 된다.”는 전조(轉調) 이론이 있다.[109] 5성은 궁 · 상 · 각 · 치 · 우 5음을 말하고, 변궁 · 변치를 더하여 7성을 형성한다. “돌아서 궁이 된다”는 말은 오늘날의 전조에 해당되고, 12율의 각 1율이 모두 궁음이 될 수 있다는 것을 말한다. 그리고 12개의 다른 음고의 궁조를 형성함을 말한다. 예를 들어 황종으로 궁음을 삼으면 ‘황종궁’이 되고, 대려로 궁음을 삼으면 ‘대려궁’이 된다. 그 나머지도 마찬가지이다.

이 시기에 조식의 운용은 특히 보편적이었다.[110] 『주례 · 대사악』에는 “원종(圜鐘, 즉 협종)이 궁이 되고, 황종이 각이 되고, 태주가 치가 되고, 고선이 우가 된다.”, “함종(函鐘, 즉 임종)이 궁이 되고, 태주가 각이 되고, 고선이 치가 되고, 남려가 우가 된다.”, “황종이 궁이 되고, 대려가 각이 되고, 태주가 치가 되고, 응종이 우가 된다.” 등의 견해가 있다.[111] 이같은 “궁이 된다” · “각이 된다” · “치가 된다” · “우가 된다” 등이 말하는 것은 곧 궁조식 · 각조식 · 치조식 · 우조식 등이다.

춘추시기에 중국 고대는 수학 연산방법을 채용하여 악률 관계를 구하는 방법을 만들어 냈다. – 삼분손익법(三分損益法)은 『관자 · 지원편』에 처음으로 보이는데, 이런 까닭에 이 법을 ‘관자법(管子法)’이라고도 부른다.

---

109) 『禮記 · 禮運』 : 五聲 六律 十二管, 旋相爲宮.

110) 조식(調式, mode) : 일반적인 악곡은 약간의 기본음으로 구성되고, 이런 기본적인 음을 귀납하여 조성한 음렬을 ‘조식’이라 한다. 중심음(主音)이 항상 처음과 끝을 이룬다.

111) 『周禮 · 大司樂』 : 圜鐘爲宮, 黃鐘爲角, 太簇爲徵, 姑洗爲羽. 函鐘爲宮, 大蔟爲角, 姑洗爲徵, 南呂爲羽. 黃鐘爲宮, 大呂爲角, 大蔟爲徵, 應鐘爲羽.

> 무릇 5음을 음의 가장 첫머리로 삼는다. 먼저 일을 주로 하여 삼을 더하면 사가 되고, 사를 오에 합치면 구가 되고, 구와 구는 팔십일이 된다. 그렇게 하여 황종의 근본(81)을 만들어 궁으로 삼는다. 삼분하여 그것을 더하면 108이 되는데, 그것을 치로 삼는다. 삼분하여 그 나머지를 덜어내어 상(72)을 만든다. 삼분하여 다시 그것을 더하면 우(96)가 되고, 삼분하여 그 나머지를 버리어 각(64)이 된다.[112)]

『음악백과사전』의 삼분손익법에 관한 해석은 다음과 같다. 발음체(예를 들어 현(弦)을 3등분하여 그 하나를 덜고(즉 '損') 혹은 하나를 더하여(즉 '益') 생기는 율이다. 그 하나를 더는 것은, 즉 "아래로부터 위로 생기는 것"(예전에는 '下生'이라 불렀다)은 위로 순5도음을 얻는데, 계산식으로 하면 2/3이다. 그 하나를 더하는 것은, 즉 "위로부터 아래로 생기는 것"(예전에는 '上生'이라 불렀다)은 아래로 순4도음을 얻는데, 계산식으로 하면 4/3이다. 이와 같이 순환하며 서로 만들어 그 나머지 각각의 율을 얻는다(율을 만들 때 일반적으로 황종으로부터 시작한다). 『관자』는 이 법을 이용하여 4차에 걸쳐 율을 만들어 5성을 얻었다. 낮은 음으로부터 높은 음을 순차적 배열하여 치·우·궁·상·각이 된다.

『여씨춘추·계하기·음률편』에 기록된 삼분손익법은 『관자·지원편』에

---

112) 『管子·地員篇』:

凡將起五音 凡首(凡首謂音之總先也)

先主一而三之 四開以合九九(一而三之卽四也以是四開合於五音九也又九九之爲八十一也)

以是生黃鍾小素之首 以成宮(素本宮八十一數 生黃鍾之宮而爲五音之本)

三分而益之 以一爲百有八 爲徵(黃鍾之數本八十一 益以三分之一二十七通前爲百有八是爲徵之數)

無有三分而去其乘 適足以是生商(不無有卽有也 亦三分之一也三分百八而去一餘七十二是商之數也)

有三分而復於其所以是成羽(三分七十二而益其一分二十四合爲九十六是羽之數)

有三分去其乘適足以是成角(三分九十六去其一分餘六十四是角之數)

기록된 것과 일치하지만, 12개 반음(半音)으로 계산하였다. "황종은 임종을 만들고, 임종은 태주를 만들고, 태주는 남려를 만들고, 남려는 고선을 만들고, 고선은 응종을 만들고, 응종은 유빈을 만들고, 유빈은 대려를 만들고, 대려는 이칙을 만들고, 이칙은 협종을 만들고, 협종은 무역을 만들고, 무역은 중려를 만든다. 삼분하여 만드는데, 하나를 더하여 상(上)이 생기고, 삼분하여 하나를 덜어 하(下)가 생긴다. 황종·대려·태주·협종·고선·중려·유빈은 상(上)이 되고, 임종·이칙·남려·무역·응종은 하(下)가 된다."[113)]

6. 음악사상

춘추전국시기에 예악이 붕괴됨에 따라 정치적 상황과 학술 분위기는 더욱 활발해져, 학술 면에서는 '백가쟁명(百家爭鳴)'·'백화제방(百花齊放)'의 국면이 나타났고, 그것은 사상의 대해방과 문화의 진일보한 발전을 보여주었다. 이 시기에 수립된 학파는 총괄하여 말하면, 유(儒)·도(道)·묵(墨)·법(法)·명(名)·음양(陰陽)·농(農)·종횡(縱橫)·잡(雜)·소설(小說) 등 10가(家)이다. 그 중 유·도·묵·법 4가는 후세에 가장 큰 영향을 미쳤다. 비록 각 학파가 가진 기본관점은 다르지만, 그 상호 논박과 상세한 해석의 이치의 중심은 '내성외왕(內聖外王, 즉 수신과 치국)'에 있다.[114)] 이로써 '수신치국평천하(修身治國平天下)'는 춘추전국시기 문화의 정수가 되었다.

113) 『呂氏春秋·季夏紀·音律篇』: 黃鐘生林鐘, 林鐘生太簇, 太簇生南呂, 南呂生姑洗, 姑洗生應鐘, 應鐘生蕤賓, 蕤賓生大呂, 大呂生夷則, 夷則生夾鐘, 夾鐘生無射, 無射生仲呂, 三分所生, 益之一分以上生, 三分所生, 去其一分以下生, 黃鐘 太呂 太蔟 夾鐘 姑洗 仲呂 蕤賓爲上. 林鐘 夷則 南呂 無射 應鐘爲下.

114) 내성외왕(內聖外王) : 고대 수신위정의 최고이상으로, 안으로 성인의 덕을 준비하여 밖으로 베풀어 왕의 정치를 한다는 말이다.

1) 유가학파의 음악사상

제자백가 중에서 유가가 최고 윤리도덕의 표준으로 제기한 것은 '인(仁)'이다. 유가가 인애(仁愛)의 덕과 사회를 다스릴 수 있는 '인인(仁人)' · '군자(君子)'와 '성인(聖人)'을 형상화하면서 주장한 그 표준은 '효제(孝悌)' · '애인(愛人)' · '자기가 바라지 않는 바를 남에게 베풀지 말라(己所不欲, 勿施於人)' · '극기복례(克己復禮)' 등이다. 대표적 인물에 공자(孔子) · 맹자(孟子) · 순자(荀子) 등이 있다.

(1) 공자의 음악사상

공자(기원전 551~기원전 479) : 이름은 구(丘), 자는 중니(仲尼)로, 춘추 시대 노나라 추읍(陬邑) 출신으로, 유가학파의 대표인물이고, 저명한 사상가 · 정치가 · 교육가 · 음악가이다. 공자는 대단히 깊은 음악적 수양을 지니고 있어, 그는 일찍이 사양(師襄)에게서 금을 배웠으며, 노담(老聃, 노자)에게 예를 물었으며, 장홍(萇弘)에게 악에 관해 물었다.[115] 그는 노래를 부를(歌) 줄 알았고, 또 금을 뜯을(彈) 줄 알았고, 슬을 탈(鼓) 줄을 알았고, 생을 불고(吹), 경을 칠(擊) 줄 알았다.

공자 문화사상의 정수는 '인(仁)'으로, 『논어』에서 공자는 여러 차례 '인'을 언급하였다. 그가 언급한 '인'은 윤리와 정치의 이중함의를 지니고 있다. 공자가 생각한 '인'은 일종 자아수양으로, 장중 · 관후 · 성실 · 겸공 · 근면 · 용감 · 지혜 · 효제 등의 미덕을 지니고 있어, '인'이란 일체의 완벽한 인격의 구현이다. '악(樂)'의 활동은 인정(人情)을 감동시키고, 인성(人性)을 도야하고, 또 '인'의 정신을 배양하는 가장 아름다운 행위방식이다. 공자는 인성과

115) 장홍(萇弘) : 자는 숙(叔). 주나라 경왕(景王)의 대신으로, 주나라 사람에게 피살되었는데, 전설에 그의 몸은 홍옥(紅玉)으로, 피는 벽옥(碧玉)으로 변했다고 한다. 그래서 '장홍지벽', 혹은 '장홍벽'은 단심의 충성과 정의를 뜻하게 되었다.

인격을 완전케 하는 과정에서 시·악·문(詩樂文)의 작용을 매우 강조하였다. 그는 군자의 완벽함은 "시에서 흥기되고, 예에서 서며, 악에서 이룬다."를 통하여 실현되는 것이라 생각하였다.[116] 그리고 군자의 인성의 풍부함은 곧 "도에 뜻을 두고, 덕에 근거하며, 인에 의지하여, 예에 이룬다."라고 생각하였다.[117] 그는 일체의 예술의 경계를 인간의 최후의 완벽함으로 보았고, 음악의 작용을 가장 높은 것으로 평가하였으며, 음악은 한 개인의 완벽한 인격이 아주 적게라도 빠뜨릴 수 없는 부분으로, 다방면의 수양을 갖춘 이후에 음악적 수양을 더하여야 비로소 인격의 완벽함에 도달할 수 있다고 생각하였다. 따라서 '악교(樂教)'는 공자가 사람을 교육하고 육성하고 감동시키는 데 있어 하나의 중요한 내용이다.

정치와 교육에 있어 음악 작용의 긍정은 예·악의 결합을 강조하는 것이다. '주례(周禮)'의 회복은 공자 필생의 정치목표이었고, 그것으로써 그가 당시에 생각한 '예악붕괴(禮崩樂壞)'와 '천하무도(天下無道)'의 혼란한 국면을 개변시키는 데 도달하고자 하였다. 그는 '예'를 이용하여 인간들의 행위, 즉 '군군(君君)·신신(臣臣)·부부(父父)·자자(子子)'의 신분제도를 규범해야 한다고 생각하였다. 그리고 이러한 신분제도의 유지는 반드시 '인정(仁政)'과 '덕치(德治)'를 추진해야 하고, '악' 등의 수단을 통한 교화가 사회풍조를 개변시킨다고 생각했다. 공자는 "풍속을 옮기고 바꾸는 데 악보다 좋은 것은 없다. 윗사람을 안정시키고 백성을 다스리는데 예만큼 좋은 것은 없다."고 생각했다.[118] 그는 정치에서의 예·악의 작용이 대단히 크다고 생각했다. "예악이 일어나지 않으면 형벌은 적중하지 못하고, 형벌이 적중하지 못하면 백성은 수족을 그만두지 못한다."고 했다.[119] 동시에 공자는

116) 『論語』: 興于詩, 立于禮, 成於樂.

117) 『論語』: 志于道, 據于德, 依于仁, 成于禮.

118) 『論語』: 移風易俗, 莫善於樂. 安上治民, 莫善於禮.

119) 『論語』: 事不成, 則禮樂不興, 禮樂不, 興則刑罰不中, 刑罰不中, 則民無所措手足.

예악의 계급성을 강조하였다. 그는 덕이 있는 사람이어야 비로소 예악을 지을 수 있는데, 예를 베풀고 악을 사용하는 데 신분이 뒤섞인 행위는 용인할 수 없다고 생각하였다.

음악의 사상정감을 중시하는 내적함의는 예술이 도덕관념으로 구속되어야 하고 단순한 향락을 반대해야 한다는 것이다. '사무사(思無邪)'·'락이불음(樂而不淫), 애이불상(哀而不傷)'은 공자의 마음 속 이상적 음악이다. 공자는 음악의 내용과 형식은 마땅히 전체적으로 통일되어야 한다고 주장하면서, '진미진선(盡美盡善)'을 예술작품을 평가하는 준칙으로 삼아야 한다고 가장 먼저 제안한 것은, 예술의 미를 요구하고, 동시에 사상정감에 있어서의 선을 요구한 것으로 획기적인 시대적 의의를 지닌다. 공자는 삼대(三代, 하 상 주)의 전장(典章)제도와 예악문명을 동경하여, 고대의 시간으로 돌아가야 한다고 주장했다. 〈소〉·〈무〉는 그가 가장 숭앙한 예술작품이다. 그는 〈소〉는 "진미하고, 또 진선하다."고 평가하였다. 그리고 무왕이 주왕을 친 것을 표현한 〈무〉를 "진미하지만, 진선하지는 않다."고 평가하였다.[120] 그리고 당시 유행한 신악(新樂), 혹은 민간음악에 대하여 특히 반감을 가져서, "정나라 소리(鄭聲)는 음란하여 아첨하는 사람은 위태롭다."고[121] 생각하여 아악을 적극적으로 숭앙하였다. 따라서 그는 사람은 지혜·고상·무용·다예를 막론하고 반드시 "예악으로써 꾸며야"[122] 비로소 완전한 사람이라 부를 수 있다고 강조하였다.

『논어』는 유가경전의 하나이고, 어록을 담는 방식의 저작으로, 공자의

120) 『論語』: 盡美矣, 又盡善也, … 盡美矣, 未盡善也.

121) 『論語』: 放鄭聲遠佞人, 鄭聲淫, 佞人殆. 遠去聲.

122) 『論語』: 子路問成人, 子曰若臧武仲之知, 公綽之不欲, 卞莊子之勇, 冉求之藝, 文之以禮樂, 亦可以爲成人矣.

후인들이 공자의 언론을 정리·편집 기록한 책으로, 책이 이루어진 시기는 대략 전국시기이다. 공자는 춘추 이전의 음악미학 사상을 총결하여 유가학파의 음악미학 이론을 형성하였다. 그는 음악의 사회적 효능을 중시하여 정치와 교육에 있어 음악의 작용을 강조하였고, 악교를 중시하여 '예'와 '악'을 동일하게 두고, 철학·사회학·윤리학·심리학 등의 각도에서 음악작품을 분석하였다. 더욱이 음악의 교화기능을 강조하였다. 이같은 사상은 전체 봉건시대 음악미학 사상의 발전에 지극히 큰 영향을 끼쳤고, 중국 음악미학 사상의 발전을 위한 기초를 다졌다.

(2) 맹자의 음악사상

맹자(기원전 372~기원전 289) : 이름은 가(軻), 자는 자여(子輿), 추(鄒)나라(지금의 산동 추현) 출신, 전국시기 저명한 사상가이자 교육가이다. 맹가는 일찍이 공자의 제자인 자사(子思)의 문하에서 공부하였다. 맹자는 공자의 '예치(禮治)'와 '덕정(德政)'의 사상을 계승 발양하여, '성선론(性善論)'을 제안하였고, '인정(仁政)'을 주장하였으며, '이덕행인(以德行仁)'과 '여민동락(與民同樂)'의 음악미학사상을 제창하였다.[123] 그 관점은 주로 『맹자(孟子)』에 집중되어 있다. 그 책은 주로 맹자의 정치활동·정치학설 및 철학윤리교육사상 등을 기록하였다.

맹자의 '성선론'은 공자의 '인'의 문화사상 정수를 발전시킨 '인정(仁政)' 사상이고, 그리고 '인'의 공자의 음악미학사상을 학술방면으로 발전시킨 것으로, 심미와 예술 특징에 있어 공자와 서로 비교되고, 또 새로운 특색이 드러난다. 중국 음악미학사상사에서 하나의 새로운 위대한 공적이다.

123) 이덕행인(以德行仁) : 덕으로서 인을 행함. 여민동락(與民同樂) : 백성과 더불어 즐거움을 함께 함.

맹자는 "인간의 본성은 모두 선하다(人性皆善)."고 생각하였다. 인생에는 '사심(四心)'(즉 惻隱之心 · 羞惡之心 · 恭敬之心 · 是非之心)의 선단(善端)이 있기 때문에,[124] 선단으로부터 발전시켜 '사덕(四德)'(즉 仁 · 義 · 禮 · 智)을 이룰 수 있다고 생각하였다. 그는 또 본성의 획득은 천생적인 것이 아니라, 반드시 교육을 통하여 도덕수양을 강화해야 한다고 생각했다. 맹자는 정치에 대한 교육의 작용을 강조하여, 소위 "선정은 선교하여 백성을 얻는 것만 못하다. 선정은 백성이 두려워 하지만, 선교는 백성이 사랑한다. 선정은 백성의 재산을 얻지만, 선교는 백성의 마음을 얻는다."고 했다.[125] 맹자는 동시에 사람은 마땅히 사회책임감과 '사덕'을 지녀야 한다고 강조하였다. 만약 그것을 잃어버리면 금수와 어떤 구별도 없다고 했다. 이러한 기초위에, 그는 "마음을 기르는 것에 욕심을 줄이는 것보다 좋은 것이 없다"고 하고,[126] 이같이 하면 "사람마다 모두 요순이 될 수 있다"고 주장한다.[127] 맹자가 강조한 '사람의 본성은 모두 선하다(人性皆善)'은 실제로는 '내성(內省)' · '진심(盡心)'의 기초위에 자아를 실현하는 것으로,[128] 맹자의 수동 · 소극 · 보수의 심리경향을 표현한다.

'성선'은 맹자의 '인정' 사상의 기초로, 사회생활 · 사회관계의 전제이다. 맹자가 생각한 '인'은 인생 고유의 것으로, 음악은 인성을 도야하는데 이용할 수 있고, 나아가 인간의 행위 · 의식을 규범하고, 따라서 '인정'의 최종목적에 도달할 수 있다. 정치상에 있어서, 맹자는 "백성이 가장 귀하고, 사직이 그 다음이며, 임금은 가볍다"는 중요 사상을 제안하였다.[129] "늙음은

124) 선단(善端) : 선한 언행의 단초.

125) 『孟子』 : 善政不如善教之得民也. 善政民畏之, 善教民愛之. 善政得民財, 善教得民心.

126) 『孟子』 : 養心莫善於寡欲.

127) 『孟子』 : 人人皆可以爲堯舜.

128) 내성(內省) : 자신의 사상과 언행을 내심으로 반성하고, 과실이 없는지를 반성하는 것.

나의 늙음으로써 다른 이의 늙음에 미치고, 어림은 나의 어림으로써 다른 이의 어림에 미친다."라고 하였다.[130] 통치자는 민심을 쟁취할 것을 요구하였는데, '인애지심'으로 민중을 대하고, 덕으로써 사람을 복종시키고, 교화를 중시할 것을 요구하였다. 그는 백성은 폭군을 전복할 수 있다고 생각하여, "인정을 베풀고, 형벌을 줄이고 세금을 가볍게" 하여 계급모순을 완화시킬 수 있다고 강력히 주장하였다.[131] 그러나 동시에 맹자는 또 통치자와 피통치자의 지위는 개변할 수 없다고 주장하면서, "마음을 힘쓰는 자는 사람을 다스리고, 힘을 쓰는 자는 사람에게 다스려진다. 사람에게 다스려지는 자는 사람을 먹고, 사람을 다스리는 자는 사람을 먹인다. 이것이 천하에 통하는 의의이다."고 주장하여,[132] 박탈의 합리성을 긍정하였다. 그 밖에 그는 "덕으로 음악을 행함(以德行樂)"을 요구하였는데, 이는 음악을 이용하여 희락의 정을 표현하고 인의의 덕을 선양하는 것이다.

악무미학사상 중에 맹자는 "백성과 더불어 즐거움을 함께 하여 천하로 하여금 알게 한다."고 주장하였는데,[133] 이는 '인정'과 '성선론'이 음악영역에 반영된 것으로, 후세 유가 음악사상에 대하여 대단히 깊은 영향을 주었다. 그는 "'홀로 악을 즐기는 것'은 '사람과 더불어 악을 즐기는 것'만 못하고,[134] '적은 사람들과 악을 즐기는 것'은 '많은 사람들과 악을 즐기는 것'만 못하다"고 생각하여, 음악심미활동의 사회성을 강조하였고, 공자의 "악으로써 모일 수 있다(樂可以群)"의 사상을 계승하였고,[135] 그리고 그의

129) 『孟子』: 民爲貴, 社稷次之, 君爲輕.

130) 『孟子』: 吾老以及人之老, 幼吾幼以及人之幼.

131) 『孟子』: 行仁政, 省刑薄賦.

132) 『孟子』: 勞心者治人, 勞力者治於人. 治於人者食人, 治人者食於人, 天下之通義也.

133) 『孟子』: 與民同樂, 使天下得知.

134) 『孟子』: 不與民同樂謂獨樂, 其身而不恤其民, 使之窮困也.

135) 『論語』: 可以興, 可以觀, 可以群, 可以怨.

'여민동락'의 정치사상 주장을 부각시켰다. 맹자의 '여민동락'의 사상주장은 그 출발점이 좋지만, 그 계급대립성을 무시하여 결과적으로 통치계급의 입장에 서서 통치계급을 위하여 복무하였다. 따라서 음악미감의 공통성을 강조한 면에서 맹자의 사상은 진보적인 면이 있지만, 사무적(事務的) 개성과 당시의 계급모순의 면에서는 일정 정도 한계성이 있다.

(3) 순자의 음악사상

순자(기원전 313~기원전 238) : 이름은 황(況), 호는 경(卿), 또는 손경(孫卿)이라 부른다, 전국 후기 조(趙)나라 출신, 선진 제가들 중에서 유가와 제자백가를 집대성한 마지막 한 사람 대스승이다. 순자의 음악미학사상은 주로 『악론(樂論)』에 반영되었다.

순자는 '성악(性惡)'으로부터 출발하여 묵자(墨子)의 '비악(非樂)'사상 및 선진 제가들의 절욕·과욕·금욕의 관점을 비판하면서, 양욕(養欲)·양정(養情)을 주장하고, 종욕(縱欲)을 반대하고,[136] 음악의 사회적 효능을 긍정하면서, 통치자는 음악을 인도하고, 또 고아하고 선량한 음악을 창작하여 사람들 마음속의 악한 생각을 감화시켜 사람의 '악'한 본성을 '선'하게 함으로써, 궁극적으로 천하를 통일하고 봉건정권을 공고히 하는 데 복무하기를 요구하였다.

순자는 '예'·'악' 교육이 사람의 '성악' 본성으로 하여금 완전함을 얻을 수 있는 매우 중요한 일환으로 생각하였다. '예'·'악' 관계문제를 언급할 때에, 순자는 음악의 근본목적과 원칙은 조화와 화해에 있어, 사람의 정감

---

136) 양욕(養欲) : 욕망이 자라도록 마음대로 내맡기고 절제를 하지 않음. 종욕과 같다.
양정(養情) : 성정을 함양함.
종욕(縱欲) : 사사로운 욕심에 방종하며 절제를 하지 않음.

의 본원과 변화를 충분히 표현함으로써 사회집난의 화해(和諧) 일치에 도달할 수 있다고 생각하였다. '예'의 가장 근본적 목적과 원칙은 집단 속의 신분차별의 도리와 법률을 유지함으로써, 선을 권장하고 악을 징계하여 신분차이를 구별하는 것이라 생각했다. 다만 예악이 함께 일어나고, 내외가 함께 다스려져야 비로소 인간의 사상을 통일할 수 있고, 온갖 변화를 다스릴 수 있으며 사회의 장치구안(長治久安)을 유지할 수 있다는 것이다.[137] 순자는 변증법적 관점을 이용하여 예와 악의 관계를 바라보았고, 이는 전에 없던 것이다.

순자는 음악의 사회적 효능과 심미표준은 '중화(中和)'라 생각하였고,[138] 동시에 '중화'의 범주를 제안하면서, '예의'는 고도의 통일을 건립하는 근본이라고 특히 강조하였다. 순자의 '중화'사상은 당시 신흥지주계급의 사상 특징을 띠고 있고, 봉건신분제도를 유지하는 데에 목적이 있어 선명한 시대적 특징을 지니고 있다. 그는 "예악을 귀히 여기고, 사악한 음을 천시한다"고 하여,[139] "정위의 소리"를 부정하고 "헌명(憲命)을 닦고, 시상(詩商)을 살피고, 음성(淫聲)을 금지하여 때에 따라 수양하여 오랑캐 풍속과 사악한 음이 아악을 어지럽히지 못하게 하는 것이 태사(太師)의 일이다."고 주장하였다.[140] 이것과 공자의 "정성이 아악을 어지럽히는 것을 싫어한다"·"음

137) 장치구안(長治久安) : 장기간 다스림이 평안하고, 영구히 안정된다는 뜻.

138) 중화(中和) : 중화는 '중용의 도'의 주요 내함으로, 유가는 천지만물이 두루 그 있는 바를 얻어야 화해의 경계에 들어갈 수 있다고 한다. 희노애락이 아직 드러나지 않은 것을 '중'이라 하고, 드러나되 절도에 맞는 것을 '화'라 한다. '중'이란 천하의 대본이요, '화'란 천하의 달도이다. 중화에 이르면 천하는 그 자리에 있고, 만물을 그에서 자란다.

139) 『樂論』 : 貴禮樂而賤邪音.

140) 『樂論』 : 修憲命, 審詩商, 禁淫聲, 以時順脩, 使夷俗邪音, 不敢亂雅, 太師之事也.
헌명(憲命) : 헌법의 명령. 법령
시상(詩商) : 詩章(시의 장과 구)이니, 상은 '章'과 통한다. 혹은 詩는 사방의 가요이고 상은 商聲으로 슬퍼서 생각에 잠기는(哀思)의 음이다. 혹은 공과에 대한 벌과 상(誅

란한 소리를 쫓아낸다"는[141] 사상과는 일치한다.

순자는 아정(雅正)한 악을 이용하여 사람들을 인도하고, 그들로 하여금 "도로써 욕망을 제어하게(以道制欲)" 하여, 심미유열(審美愉悅)을 진정 느끼게 하여, 미(美)의 도야(陶冶)에 이르도록 하여야 한다고 주장한다. 그는 "미와 선은 서로 즐겁다(美善相樂)"을 제안하였지만,[142] '미'·'선'을 함께 중요시한 것이 아니고, '선'이 '미'보다 높다고 생각하여, '미'는 '선'에 복종하기를 요구하면서, '미'의 독립 의의와 가치를 부정하였다. 순자의 "선을 중시하고 미를 경시(重善輕美)"하는 이러한 사상은 중국의 수천년간의 장구한 음악과 미학의 발전에 영향을 주었다.

이 외에 묵자의 "악은 천하를 다스리는 까닭이 아니다"는 관점에 반대하여,[143] 음악의 사회적 효능을 부정하는 묵자를 천박하고 착오라고 생각하였다. 그는 음악이 사람들에게 오락을 제공할 뿐만 아니라, 동시에 사회정치와 밀접한 관계를 갖고 있어 중요한 사회적 효능을 지니고 있다고 생각하였다. 순자는 사람 삶의 특점은 사회성('群')에 있음을 지적하면서, 음악은 시대의 발전 흐름에 적응해야하고, 시대의 전진과 끊임없이 변화발전하는 것을 따라야 한다고 주장하였다. 이는 음악사상에 있어 비교적 선진적인 점이다. 그러나 순자는 이어서 사람의 성분을 둘로 나누어, "예의는 서민들로 내려가지 않고, 형벌은 대부로 올라가지 않는다."는 전인들의 관점을 계승하여,[144] "선비는 위로 말미암으니 반드시 예악으로 절제하고,

---

賞)으로 해석하기도 한다.

이속(夷俗) : 주변 외국 민족인 만이(蠻夷)의 음악.

141) 『論語』: 惡鄭聲之亂雅樂也. 放淫聲.

142) 『樂論』: 故樂行而志淸, 禮修而行成, 耳目聰明, 血氣和平, 移風易俗, 天下皆宁, 美善相樂. 故曰 : 樂者, 樂也.

143) 『墨子』: 樂非所以治天下也.

뭇 백성은 반드시 법으로써 절제하여야 한다."고 주장함으로써,[145] 상층계급의 사람들만이 예악교육을 받을 수 있다고 생각하였다. 이는 음악사상에 있어 아악을 숭상하고 속악을 폄하하는 경향이다.

2) 도가학파의 음악사상

도가(道家)는 춘추전국시기 하나의 중요한 학파이다. '무위이치(無爲而治)'는 도가사상의 정수로,[146] 인성의 자연(自然)과 진실(眞實)의 추구를 주장하여 '반박귀진(返璞歸眞)'을 제창하였고,[147] 세속을 끊고 초월하여(超世絶俗)·몸을 오로지 선하게 하고(獨善其身)[148]·명리를 위하여 움직이지 않는 '진인(眞人)'과 '은자(隱者)'를 형상하는 것을 주장한다.[149] 노자(老子)와 장자(莊子)는 그 주요 대표인물이다.

---

144) 『禮記』: 禮不下庶人, 刑不上大夫.

禮不下庶人 : 예는 서인들에 닿지 않는다는 말이니, 즉 서인들에 대하여 반드시 완전한 예를 찾을 책임이 없다는 뜻이다.

刑不上大夫 : 중국 고대 대부 이상의 귀족들이 향휴하던 특권의 하나로, 종법신분제도가 법률상에 반영된 것이다. 대부 이상의 귀족의 범죄는 속박하여 구인하지 않고, 사형도 저장거리 등에서 하지 않는 등의 특권.

145) 『荀子·富國』: 由士以上, 則必以禮樂節之, 衆庶百姓, 則必以法數制之.

146) 무위이치(無爲而治) : 『道德經』에서 나온 말로, 도가의 치국이념이다. 노자가 군왕에게 경계를 고한 말이다. 노자는 "내가 행함이 없으면 백성은 절로 변화하고, 내가 고요하면 백성은 절로 바르게 되고, 내가 일이 없으면 백성은 절로 부유하게 되고, 내가 욕심이 없으면 백성은 절로 순박해진다." 했다. 그리고 "無爲無所不爲(무위는 하지 않는 것이 없는 것)"를 강조하였다.

147) 반박귀진(返璞歸眞) : 모든 가식을 버리고 애초의 순박함과 순진함으로 돌아가다. 도교의 교의와 수도의 목적은 자신의 수행과 수련을 통하여 성명이 태초의 상태로 돌아가는 것이다. 이를 '반박귀진'이라 한다. 인간의 본성은 본래 순박하고 순진한 것이고, '도'의 본성에 가까운 것이라 한다.

148) 독선기신(獨善其身) : 자신의 수양에 집중하여 절조를 지키는 것을 지칭, 나중에는 시비에 말려들까 걱정하여 단지 자신이 좋아하는 것만을 돌아보고, 자신 이외의 일에 관심이 없는 것을 지칭하게 됨.

149) 진인(眞人) : 도가에서 우주와 인생본원은 통찰하여 진정으로 각성한 사람을 지칭한다.

(1) 노자의 음악사상

노자 : 성은 이(李), 이름은 이(耳), 노담(老聃)으로 불리고, 자는 백양(白陽)이다. 춘추말기의 저명한 사상가, 도가학파의 창시자로, 공자와 동시대인이며, 공자보다 나이가 많고, 공자가 일찍이 그에게 도를 묻기도 하였다. 노자의 사상은 그의 저작 『노자(老子)』에 집중적으로 구현되어 있다. 『노자』는 또 『도덕경(道德經)』이라 부르고, 모두 81장 5천자로, 중국 고대 비교적 이른 시기의 변증법(辨證法)사상의 저작물이다. 『노자』는 '도(道)'를 논술의 주류로 삼았다. 노자는 '도'의 특성을 마땅히 "도는 자연을 본뜬 것"[150]·"비어 있으되 고요하고, 부드럽되 약하고, 먼저 하지 않고 다투지 않는다."고 생각했다.[151] 노자의 '도'는 기실 3개방면의 내용을 포함한다. 즉 '도'는 천지 만물의 근원이고, 사물발전의 규율이고, 인류생활의 준칙이라는 것이다. 사람은 응당 자연스러운 상태에서 '도'를 파악해야 한다는 것이다.

노자는 '도'의 철학사상에 근거하여, 음악을 두 종류로 나누었음을 알 수 있다. 한 종류는 즉, '도'의 음악으로, 무위의 자연(自然)의 음악이다. 이러한 음악은 '도'의 특성에 부합되는 것으로, 일체의 유성(有聲)음악의 근본이고, 없는 곳이 없고, 포함하지 않은 바가 없고, 받아들이지 않은 바가 없다. 그러나 이러한 음악의 극치극미(極致極美)는 소리가 없는 것(無聲)이고,[152] 따라서 그것이 음악의 최고경계이다. 다른 한 종류는 세속의 음악으로, 그것은 인위(人爲)의 비자연의 음악이다. "오음(五音)이 사람으로 하여금 귀멀게 한다."는 말은 일체의 사람이 만든 소리의 악을 부정하는 것이다.[153]

---

150) 『老子』: 道法自然.

151) 『老子』: 虛而靜, 柔而弱, 不先不爭.

152) 극치극미(極致極美) : 도달할 수 있는 최고의 아름다움.

153) 『老子』: 五色令人目盲; 五音令人耳聾; 五味令人口爽.

노자는 '도'의 본질 특징에 근거하여 '대음희성(大音希聲)'의 이론을 제안하였다.[154] 이 이론은 노장 음악미학사상의 핵심이다. 그리고 '대음희성'의 이해에 관하여, 고금 이래로 대체로 다음과 같은 몇가지 견해가 있다. 하나는 최대의 음악은 성음이 없는 것이라 생각한다. 둘은 최대로 아름다운 음악은 듣기가 오히려 희소하다고 생각한다. 셋은 '희성'은 곧 '무성'이라 생각한다. 넷은 '희성'은 곧 천악(天樂)이라 생각한다.[155] 다섯은 '대음'은 '도'에 합치되는 음이고, '희성'은 음악정감의 소리에 대한 초월을 의미한다는 생각이다.

'대음희성'은 노자가 추숭한 '도'의 특성에 부합되는 음악이다. 노자는 "보되 보이지 않는 것을 이(夷)라 하고, 듣되 들리지 않는 것을 희(希)라 하고, 잡되 얻지 못하는 것을 미(微)라 한다."고 말했다.[156] '이'·'희'·'미' 세 글자는 모두 '무(無)'의 의미를 지닌다. 상세히 해석한 바의 의미는 가장 좋고 가장 아름다운 음악은 소리가 없다(無聲)는 것이다. 이같은 듣되 보이지 않고, 듣되 다다르지 못하고, 보되 보이지 않는 음악은 일체의 소리가 있는(有聲) 음악의 본원이고, 음악의 최고 경계이다. 노자는 '대음'으로 일체의 '유성지악'을 배척하고, '대음'과 상대되는 '오음'을 배척하고, '무성지악'으로 '유성지악'을 배척하여, 마지막에는 일체의 '유성지악'을 없애는 목적에 도달하고자 하였다. '대음희성'은 노자 음악미학사상의 정수가 있는 곳이고, 그의 제안은 음악의 현묘한 의경(意境)을 탐구하는 데 중요한 작용을 하였다. 그것이 내포한 '무위자연'을 추구하는 사상은 음악의

154) 『老子』: 大音希聲. 大象無形. 들어도 듣지 못하는 것을 '희(希)'라 하고, 들을 수 없는 음을 말한다. 왕필(王弼)은 '소리가 있으면 나눔이 있고, 나눔이 있으면 궁이 아니면 상이다. 나누면 뭇 소리를 통제할 수 없으니, 소리가 있는 것은 대음이 아니다'라고 했다.

155) 천악(天樂): 천도에 순응 적용한 음악. 『莊子·天道』: 與人和者, 謂之人樂; 與天和者, 謂之天樂.

156) 『老子』: 視之不見名曰夷, 聽之不聞名曰希, 搏之不得名曰微.

자연스런 발전에 도움이 되었다. 그러나 그는 일체의 인위적 유성음악을 없앨 것을 주장함으로써 인간들이 음악을 향유할 권리를 박탈하였으니, 음악의 존재와 발전에 이롭지 못하여, 후세의 음악미학사상에 소극적 영향을 주었다.

(2) 장자의 음악사상

장자(약 기원전 369~기원전 286) : 이름은 주(周), 전국 중기 송(宋)나라 몽(蒙, 지금의 하남 상구서북) 출신으로, 저명한 철학가, 사상가이다. 그 사상은 주로 『장자(莊子)』에 집중되어 있다.

장자가 자연의 악(自然之樂), 즉 '도'의 악, '천(天)'·'진(眞)'의 악을 추숭한 것은 음악미학에서 가장 특색 있는 면이다. 그는 '인뢰(人籟)'·'지뢰(地籟)'·'천뢰(天籟)'('인뢰'는 사람이 합성한 음악, '지뢰'는 대지만물, 예를 들어 동혈(洞穴)·공혈(空穴) 등에서 나오는 항상 들을 수 있고 볼 수 있는 성음, '천뢰'는 천지간에 나는 성음으로 어떤 외부적 힘의 작용을 받지 않고 스스로 울고 스스로 숨 쉬는 자연본성과 객관규율에 합치되는 울림)의 세 종류 음악층위를 제안하였다.[157] 장자는 천연(天然)을 제창하여 자연적 성형(成形)을 주장하였고, 인공적 조탁(雕琢)을 반대하였다. 따라서 그는 '천뢰'가 '도'의 특성에 부합되는 음악이고, 음악의 최고 경계라 생각하였다.

장자는 음악의 본질이 '백성의 항상된 본성(民之常性)'이며, 음악심미의 준칙은 소박자연(素朴自然)이지 교유조작(矯揉造作)이 아니라 생각했다.[158]

---

157) 뢰(籟) : 구멍에서 나오는 성음으로, 울림이나 소리를 뜻함. 고대의 구멍이 세 개인 퉁소.를 말하기도 함.
동혈(洞穴) : 깊고 넓은 동굴. 공혈(空穴) : 커다란 구멍.

158) 교유조작(矯揉造作) : 일부러 너무 꾸며 몹시 부자연스럽다.

음악의 기능은 성정을 펼치어 드러내는 것(抒發)이고, 사람의 마음을 즐겁게 하는 것이라 했다. 장자는 유가가 창도한 예악을 분명하게 반대하여, 음악이 '예'의 속박으로부터 벗어나기를 요구하였고, 음악이 정치적 부속품이어서는 안 된다고 했다. 그는 '인뢰'는 "오음은 귀를 어지럽히고, 귀를 총명하지 못하게 하는 것"이라고 분노하며 견책하면서,[159] "육률을 교란하고, 우슬(竽瑟)을 훼손하고, 악관 사광의 총명한 귀를 막음으로써",[160] 천하의 사람들이 "귀의 총명을 품는데"[161] 도움이 되게 하여, 그 "법천귀진(法天貴眞)"[162] · 인성의 해방 · 음악의 해방 · 자연이상의 악을 제창하는 사상을 충분히 구현할 것을 주장하였다.

장자의 사상은 노자에 근원하지만, 그는 '도'의 허무성을 강조하였고, '제물론(齊物論)'사상, 즉 만물을 가지런히 하고 시비를 가지런히 하는 사상을 제안하였다. 장자는 세계만물은 모두 본질적 구별이 없고, 어떤 사물도 그렇게 되는 소이(所以)의 이치가 있고, 그 자신의 원인이 있으며, 동일한 사물은 어떤 하나의 각도로 말할 수 있고, 또 다른 각도로도 말할 수 있다고 생각했다. 동시에 그는 어떤 사물도 모두 발전변화하고, 발전변화의 결과는 또 다른 하나의 사물로 변성되고, 이 사물은 이전의 사물과 완전 다른 것이 될 수 있다고 했다. 그런 까닭에 우리들이 응당 세계상 본래 어떤

---

159) 『莊子』: 故五色亂目, 使目不明. 五音亂耳, 使耳不聰. 五味亂口, 使口生創趣.

160) 육률(六律) : 고대 악음의 표준명. 전설에 황제(黃帝)가 영윤(伶倫)에게 대나무로 관(管)을 만들라 하고, 관의 장단으로 성음의 고저청탁을 분별하여 악기의 음조의 표준으로 삼았다고 한다. 악률에 12가 있고, 음양 각각 6이니, 양을 율, 음을 려 한다. 육률은 곧 황종(黃鍾) · 태주(大蔟) · 고선(姑洗) · 유빈(蕤賓) · 이칙(夷則) · 무역(無射).
우슬(竽瑟) : 피리와 큰 거문고. 여기서는 각종 악기의 뜻.
고광(瞽曠) : 춘추 시대 진나라 맹인 악관 사광(師曠).

161) 『莊子』: 擢亂六律, 鑠絶竽瑟, 塞瞽曠之耳. 而天下始人, 含其聰矣.

162) 법천귀진(法天貴眞) : 하늘을 본받고 참을 귀하게 여김. 『莊子』: 故聖人法天貴眞, 不拘於俗, 愚者反此, 不能法天而恤於人.

생존과 훼멸도 없다고 보는 것은 마땅히 하나의 총체로 돌아가야 한다는 것이다. 장자의 '제물론'은 사물의 관계·발전·변화를 보았지만, 사물 관계변화의 원인을 보지 않았기 때문에 계급적 한계성을 지니고 있다.

장자의 사상은 후대의 혜강(嵇康)[163]·이지(李贄)[164] 등에게 커다란 영향을 주었고, 하나의 학파와 통치 지위를 점하고 있는 유가 예악사상에 대치되는 사상을 형성하였고, 중국 음악미학사상에 심원한 영향을 주었다.

(3) 묵가학파의 음악사상

묵자(墨子, 기원전 486~기원전 576)는 묵가학파의 창시인이고, 이름은 적(翟), 송(宋, 일설에는 盧)나라 출신으로, 춘추전국시기 저명한 사상가이자 정치가이다. 어린 시절에 유학을 배우고, 후에 다른 새로운 학파를 세워 유가학설에 반대되는 '현학(顯學)'을 만들었다.[165] 사상은 『묵자(墨子)』에 집중적으로 구현되어 있다. 『묵자』는 원래 71편이나, 현재는 53편이 존재한다. 묵자 제자들의 필기정리에 근거하여 이루어졌기 때문이다. 그 중 〈비악(非樂)〉·〈삼변(三辨)〉에 음악미학사상이 구현되어 있다.

---

163) 혜강(嵇康, 223~262) : 자가 숙야(叔夜), 삼국시대 위 초군(譙郡, 지금 안휘)출신. 박학하고 기재가 있었고, 세속과 어울리지 않았다. 벼슬이 중산대부에 이르러, 세칭 '혜중산(嵇中散)'이라 함. 노·장의 학문을 좋아하였고, 산도(山濤)·완적(阮籍) 등과 교유하여 세칭 '죽림칠현(竹林七賢)'이라 했다. 나중에 사마소(司馬昭)에게 죽음을 당했다. 저서에 〈養生論〉, 〈聲無哀樂論〉, 〈琴賦〉 등. ([참조] 제4장 제9절 음악사상.)

164) 이지(李贄, 1527~1602) : 자는 굉보(宏甫), 호는 탁오(卓吾). 복건 천주(泉州) 출신. 명대의 사상가·문학가. 중농억상의 정책을 비판하고, 상고(商賈)를 양양한 공적이 있다. 중요 저작에 『藏書』·『焚書』 등이 있다. 또 그는 일찍이 『水滸傳』·『西廂記』 등을 평론하였다. ([참조] 제7장 제8절 음악미학사상)

165) 현학(顯學) : 저명한 학설 혹은 학파, 학문. 한비자는 세상의 현학에 유가와 묵가가 있다고 했다.

음악미학 면에서 묵자는 '비악'의 사상을 제안하였다. 그는 음악이 이미 백성의 '삼환(三患)', 즉 "굶주린 자가 먹을 것을 얻지 못하고, 추위에 떠는 자가 옷을 얻지 못하고, 일에 지친 자가 휴식을 얻지 못하는 이 세 가지가 백성의 커다란 근심"을 해결하지 못하고,[166] 또 "대국이 소국을 공격하고, 대가가 소가를 치고, 강한 자가 약자를 겁탈하고, 대중이 소수를 폭압하고, 귀한 자가 천한 자를 엽신 여기고, 왜구와 도적이 함께 일어나는" 국면을 전화시킬 수 없고,[167] 또 "천하의 이로움을 흥기시키고, 천하의 해로움을 없애는 데" 도움이 될 수 없고,[168] 반대로 천하의 화가 되니, 그 근본원인은 "시간의 낭비(費時)"·"재물의 낭비(費財)"에 있다고 생각하였다. 그는 첫째 음악활동을 하면서 먼저 대종·대고·금·슬·간·생 등 악기를 제조하는 이는 통치자들이 백성의 세 부담을 가중시키는 것이고, 둘째 연주를 담당하는 악공은 비록 왕궁귀족의 귀와 눈의 욕망을 만족시키지만, 농사경작과 사회재부의 축적은 할 수 없고, 셋째 음악은 사람들의 사상을 퇴폐시켜 "창고는 부실하고"·"콩·밤은 부족"하여[169] 국가질서는 문란해지고, 사직의 안위는 위협에 빠지게 된다고 생각했다.

묵자는 비록 '비악' 사상을 제안하였지만 음악의 미감을 인정하였다. 묵자는 음악의 작용이 '휴식(息)'에 있어, 사람들로 하여금 휴식하게끔 하지만, 당시 백성들은 '삼환'의 존재 때문에 사람들은 '악'을 만들거나 향유하거나 감상할 수 없다고 생각했다. 백성들의 '식(息)'은 "일이 이루어지고 공적이 서는 것이 커다란 근심이 없는 것"이 전제이다.[170] 따라서 그는 "천

166) 『墨子』: 饑者不得食, 寒者不得衣, 勞者不得息, 三者民之巨患也.

167) 『墨子』: 大國卽攻小國, 有大家卽伐小家, 强劫弱, 衆暴寡, 詐欺愚, 貴傲賤, 寇亂盜賊並興, 不可禁止也.

168) 『墨子』: 興天下之利, 除天下之害.

169) 『墨子』: 倉廩府庫不實, 菽粟不足.

하의 이로움을 흥기시키고 천하의 해로움을 없애고자 한다면 마땅히 악을 위해 쓰이는 물(物)을 금지하지 않을 수 없다."는 결론을 얻었다.[171)]

묵자는 노동자의 입장에 서서 통치자들의 향락을 반대하였으니, 그 '비악'사상은 일정한 합리성과 정의성을 지닌다. 그러나 묵자는 음악의 위해성을 극도로 과장하여 어떤 면에서는 음악이 망국의 유일한 원인이라 생각하였다. 그래서 대사회적 물질생산의 작용을 보면서도 정신문화의 작용을 홀시하였다. 그는 유가의 "예악으로 천하를 다스린다(以禮樂治天下)"는 주장을 극력 반대한 것은 처세태도가 소극성을 넘어선 것이다. 그러나 최저생활요구를 만족시키는 것만 찾았기 때문에 음악의 사회작용에 대한 인식은 전면적이지 못하다. 그의 '비악'사상은 소생산자 입장으로부터 출발하였고, 특히 음악의 낙후하고 불합리한 일면만을 단편적으로 보고 있어 계급적 한계성을 지니고 있다.

(4) 법가학파의 음악사상

한비자(韓非子, 기원전 약 280~기원전 233), 전국말기의 저명한 사상가, 법가의 주요 대표인물이다. 그의 사상은 『한비자(韓非子)』에 집중적으로 구현되었다. '법(法)'·'술(術)'·'세(勢)'를 서로 결합하되, '법'을 중심으로 하는 봉건군주 통치관을 제안하였다.[172)] 한비자는 음악에 대하여 매우 적게 언급하였는데, 그 음악미학사상은 〈해로(解老)〉·〈외저설좌상(外儲說左上)〉

170) 『墨子』: 天下自立以爲王, 事成功立, 無大後患.

171) 『墨子』: 將欲求興天下之利, 除天下之害, 當在樂之爲物, 將不可不禁而止也.

172) 법·술·세(法術勢) : 한비자 법치 이론의 기본 내용. 한비자는 앞 시기의 법가들의 실천경험을 총결하면서, 상앙(商鞅)은 "법은 많지만 술책이 없고(徒法而無術)". 신불해(申不害)는 "술책은 많지만 법이 없고(徒術而無法)". 신도(愼到)는 "자연의 형세(自然之勢)"에 너무 치우 모두 편면적, 불완전하다고 생각했다. 그는 이 학설을 총결하여 법술세가 유기적으로 결합하였다.

에 거론되었을 뿐이다. 음악방면에서 한비자는 '문(文)'·'질(質)'을 대립적으로 파악하여 "질을 중시하고 문을 경시(重質輕文)"하였고, 객관사실의 진실감을 믿어 진실미(眞實美)·본색미(本色美)를 강조하고 후천적 예술가공과 조탁을 반대하였다. 그는 조잡하고 간단한 형식이 정미하고 고급한 형식에 비하여 좋다고 생각하였다. 한비자는 '신성(新聲)'을 반대하고, '신성'은 미미지음이고 망국지음이라 생각했다. 그는 민간음악을 반대하였는데, 이점에서 유가의 관점과 서로 일치한다. 그는 음악이 무용할 뿐만 아니라 유해하다고 생각하여 음악망국론을 펼치기도 했다. 한비자는 백성이 음악을 향유할 권리를 박탈하였지만, 제왕은 정·성·색(情聲色)을 쫓을 특권이 있다고 생각하였고, 이것은 그가 절대군권사상과 문화전제주의의 정치주장을 음악에 구현한 것이다.

상앙(商鞅)은 법가의 다른 대표인물인데,[173] 정치상 그는 체계적으로 '우민(愚民)'정책을 극력 주장하였는데, 이 '우민'사상은 음악상에 구현된 바가 있다.[174] 상앙은 '예악'을 부정하여 예악은 백성들로 하여금 황음(荒淫)에 빠지게 하고, 농전(農戰)에 종사할 마음이 없게 한다고 생각하였다.[175] 그는 악을 만드는 전제로 "나라 안에 해가 없고, 천하가 크게 안정" 되어야 하고,[176] 악이란 통치자를 위하여 공덕을 가송하는 데 이용할 뿐이라고

---

173) 상앙(商鞅, 약 기원전 390~기원전 338) : 전국시기 정치가. 위나라 출신. 秦나라 효공(孝公) 때 임용되어 변법(變法)을 실행하였다. 경직(耕織)을 장려하고, 귀족들의 세습을 폐지하고, 연좌법을 추진하고 정전법을 폐지하고, 도량형을 통일하는 등 두 차례의 신법을 시행하였다. 변법은 진나라를 강성하게 한 기초였다. 봉지가 상(商, 지금 섬서 상현)이어서 호를 상군(商君)이라 하고, 상앙(商鞅)이라 부른다. 효공이 죽자, 무함에 걸려 수레에 찢어져 죽었다. 저서에 『商君書(商子)』이 있다.

174) 우민(愚民) : 우매한 백성이란 뜻으로, 통치자들은 백성들의 비판정신을 박탈하려는 정책을 우민정책이라 한다.

175) 농전(農戰) : 경전(耕戰)이라고도 함. 상앙 등 선진 제가들이 농업과 전쟁을 중시하고, 양자의 결합을 주장한 경제, 군사사상과 정책이다.

생각했다. 음악의 작용은 천하를 통일하는 전쟁에 복무하는 것이라 하여, 그는 일상생활 속 음악의 작용과 음악의 교화작용을 부정하고, 백성들은 음악을 향유할 수 없다고 생각하였다. 상앙의 이러한 음악주장은 모두 그 '우민'정책으로 십분 구현되었다.

(5)『여씨춘추』의 음악사상

여불위(呂不韋, 기원전 약 300~기원전 약 236), 전국 말기 저명한 정치가이자 사상가이다.[177)]『여씨춘추(呂氏春秋)』는『여람(呂覽)』이라고도 하는데, 여불위와 그의 문객들이 함께 엮은 것이다. 책 전체는 12기(紀)·8람(覽)·6론(論)으로 나뉘고, 모두 26권, 160편, 20여만 자로 10대 잡가 중의 대표작이다. 그 사상은 '음양오행설'로 통섭되는데, 유·도가의 사상을 위주로 명가·법가·묵가·음양가·농가·종횡가 등 제가 사상의 정수를 모은 것이다.

『여씨춘추』 중 〈대악(大樂)〉·〈치악(侈樂)〉·〈적악(適樂)〉·〈고악(古樂)〉·〈음률(音律)〉·〈음초(音初)〉·〈제악(制樂)〉·〈명리(明理)〉 8편은 음악미학 사상을 두루 다루고 있고, 음악의 근원과 음악과 정치의 관계 및 음악심미 주·객체의 관계문제 등을 포괄하고 있고, 유·도가의 사상을 남김없이 다 표현하여 원래의 기초위에 더욱 확대 발전시켰다.

음악근원 문제에 있어『여씨춘추』는, "무릇 악은 천지의 화(和)이고, 음

---

176)『商子』: 海內無害, 天下大定.

177) 여불위(呂不韋) : 전국 시기 진나라 출신. 본래는 상인이었으나, 진나라 장양왕(莊襄王)에게 공이 있어 재상이 되었고, 후에 문신후(文信侯)에 봉해졌다. 일찍이 임신한 여인을 장양왕에게 바쳐 아들 정(政), 즉 진시황을 낳게 하였다. 진시황이 중부로 받들었고, 후에 태후와 사통하고 죄가 두려워 자살하였다. 재상에 있을 때, 문객들로 하여금『여씨춘추』를 짓게 하였다.

양의 조(調)이다",[178] "음악의 유래는 멀어서 도량(度量)에서 생기어 태일(太一)에 근본한다.[179] 태일은 양의(兩儀)를 낳고, 양의는 음양(陰陽)을 낳았다.[180] 음양의 변화는 하나는 위로 올라가고 하나는 아래로 내려가 합하여 장(章)을 이룬다."고[181] 생각한다.[182] 즉 음악은 자연의 소리이고, '태일'은 '음양'을 낳고, '음양'은 '만물'을 낳고, '만물'은 형체와 소리가 있다는 것이다. 음악의 제작과정은 "봉황의 울음소리를 듣고, 12율을 구별하여 수컷의 울음소리를 6으로, 암컷의 울음소리를 6으로 나누어 차례로 황종의 궁을 만든다."라고 했다.[183] 이것은 음악기원설 중 자연모방설이다.

음악과 정치 관계에 있어,『여씨춘추』는 음악과 정치의 관계는 대단히 크다고 생각하였다. 그 책은 "치세지음은 편안하여 즐거워하니 정치가 태평하고, 난세지음은 원망하여 분노하니 정치가 괴리되고, 망국지음은 슬퍼서 애달아 하니 정치가 위태롭다."고 말한다.[184] 그리고 정치작용 아래에 음악은 정치의 좋고 나쁨을 반영할 수 있어, 소위 "그 음을 살피어 그 풍속을 안다. 그 풍속을 살피어 그 정치를 안다. 그 정치를 살피어 그 군주를 안다."고 했다.[185] 그 책은 정위지음(鄭衛之音)은 망국지음이라 생각하

---

178)『呂氏春秋』: 凡樂天地之和, 陰陽之調也.

179) 도량(度量) : 사물의 장단이나 용적을 계량하는 표준, 혹은 사물의 장단 대소 등의 특징을 말함. 여기서는 음률도수의 증감에 말미암아 생긴다는 뜻.
태일(太一) : 도가에 서 말하는 '도'. 우주만물이 나고 만들어지는 근원, 본체.

180) 양의(兩儀) : 천과 지, 즉 양과 음.

181) 장(章) : 형체가 있는 어떤 것, 악곡, 혹은 문장 따위.

182)『呂氏春秋』: 音樂之所由來者遠矣. 生於度量, 本於太一, 太 一出兩儀, 兩儀出陰陽, 陰陽變化, 一上一下, 合而成章.

183)『呂氏春秋』: 聽鳳皇之鳴, 以別十二律, 其雄鳴爲六, 雌鳴亦六,以此黃鍾之宮.

184)『呂氏春秋』: 治世之音, 安以樂, 其政平也, 亂世之音, 怨以怒, 其政乖也, 亡國之音, 悲以哀, 其政險也.

185)『呂氏春秋』: 觀其音而知其俗矣, 觀其俗而知政, 觀其政而知其主矣.

여, 음악이 치국치민의 도구임을 강조하고, 민중의 교화에 있어 음악의 작용에 대한 홀시를 용납하지 않는다고 강조한다.

『여씨춘추』는 '욕망(欲)'이 곧 인간의 본성임을 긍정하지만, '욕'은 '즐거움(樂)'을 얻기 때문에 중화(中和)를 구하되, 지나치지 말 것을 요구하면서, 하나의 '도(度)'자, 즉 '적(適)'과 '치(侈)'의 대립으로 파악한다.[186] '적악'은, 즉 "크기는 균(鈞)을 넘지 않고, 무거움은 석(石)을 넘지 않는 것이 대소경중의 충(衷)이다.[187] 황종의 궁은 음의 근본이니 청탁의 충이다."[188], '치악'은, 즉 "힘써 서로 지나치는 것은 도량을 사용하지 않는다."이니[189], '과(過)'라고 말할 수 있는 것은, 즉 도량에 부합되지 않는 것이다. 책에서 '화심(和心)'은 "악이 곧 이루어질 수 있고", 그러나 '화심'은 반드시 "4욕이 모두 그 마땅함을 얻어야",[190] "천하가 태평하고 만민이 안녕하다"고 생각하였다.[191] 이는 치신의 도리와 치국의 이치가 있는 곳이고, 단지 '절욕(絶

---

186) 도(度) : 철학에 있어, 일정한 사물이 보유한 자신의 질적 수량의 안정적 경계를 말함. 여기서는 사물이 도달할 수 있는 경계를 의미함.

적(適) : 적합, 부합의 뜻과 절제, 조절의 의미가 있음. '적악'은 중화에 적합한 음악을 말함.

치(侈) : 지나침, 초과함. 한도를 벗어남. 방종 등의 의미. '치악'은 성음이 지나치게 크고, 악조가 신기하고 기괴하여 위배되는 음악을 말함.

187) 균(鈞) : 서른 근. 석(石) : 120근. 한대에 30근을 1균, 4균을 1석, 1석은 1곡(斛)이라 했다.

충(衷) : 적합, 부합의 적(適)과 같다.

188) 『呂氏春秋』: 大不出鈞, 重不過石, 小大輕重之衷也. 黃鍾之宮, 音之本也, 淸濁之衷也.

189) 『呂氏春秋』: 務以相過, 不用度量.

190) 화심(和心) : 심경이 화평함을 말함. 『여씨춘추』는 마음이 반드시 화평한 연후에 마음에 즐거움이 있고, 연후에 이목구비의 욕심이 있게 된다. 따라서 악의 임무는 화심에 있고, 화심은 적을 행함에 있다고 했다.

191) 『呂氏春秋』: 故樂之務, 在於和心, 和心在於行適. … 聲出於和, 和出於適. 和適先王定樂, 由此而生. 天下太平, 萬物安寧, 皆化其上, 樂乃可成.

欲)'·'승리(勝理)'가 있어야 '적심(適心)'할 수 있고,[192] 비로소 최후에 '욕'이 '락'을 얻는 목적에 도달할 수 있다는 것이다.

『여씨춘추』, 이 책은 중국역사상에서 '음악' 이란 말을 가장 많이 사용하였다. 그 내용은 전국 말기 문화의 대융합 대총결의 추세를 반영한다. 그것은 유·도가의 '중화'사상을 융합하여 '도'의 문제로 귀결하였다. 인생리(人生理)·심리(心理)에 대하여 음악은 일정 정도 영향이 있다는 독특한 견해를 제안하였고, 동시에 '천인합일(天人合一)'·'천인감응(天人感應)'·'이욕설(理欲說)'·'동정설(動靜說)' 등의 제안은 후대의 『악기(樂記)』에 지대한 영향을 주었고, 그 책의 "적으로써 적을 들으면 화하다(以適聽適則和矣)"의 논술은 혜강의 '성무애락론(聲無哀樂論)'에 사상자료를 제공하였다.[193]

192) 『呂氏春秋』: 장수와 편안함과 영광과 편안함의 사욕(四欲)을 얻는 것은 '승리(勝理)'에 있다. 승리로써 몸을 다스리면 생명이 온전하고, 생명이 온전하면 장수하고, 승리로써 나라를 다스리면 법이 서고, 법이 서면 천하가 복종한다. 고로 적심(適心)의 힘씀은 승리에 있다. '적심'은 심정을 화평하고 쾌락하게 하는 것을 말함. '승리'는 사물의 도리를 따름. 혹은 사물의 규율을 통제 혹은 자제를 의미함.

193) 『呂氏春秋』: 以適聽適則和矣.

제3장
진秦·한漢 시기

(기원전 221~220년)

기원전 221년 진시황(秦始皇)은 6국을 통일하여 중국 역사상 첫 번째 전제주의적 중앙집권 봉건왕조-진(秦)왕조를 세웠다. 강력한 사상통치를 위하여 기원전 212년~기원전 211년 진시황의 분서갱유(焚書坑儒)로 『악경(樂經)』의 유실에 더하여 많은 선진 음악작품·악보·연주기록 등이 전부 소실되었다.[1] 예를 들어 선진 〈육대악무〉는 진왕조 시기에 〈소〉·〈무〉 2부뿐만 아니라, 예의음악 부분도 선진(先秦)형식은 쓸 수 없게 되었고, 내용상

1) 분서갱유(焚書坑儒) : 진시황 34년(기원전 213)에 순우월(淳于越)은 옛제도에 근거하여 자제들에게 분봉을 건의 하였다. 승상 이사(李斯)는 유생들이 옛것으로 지금을 비난하고, 사학으로 조정을 비방하는 것을 반대하여 진기(秦記)·의약·복서(卜筮)·종수서(種樹書)를 제외한 민간이 소장한 『시』·『서』와 제자백가의 책을 모두 불살라 없앴을 것을 건의하였다. 또 『시』·『서』를 담론하는 자를 사형에 처하고, 옛것으로 지금을 비난하는 자는 가족을 주살하고, 법령을 학습하는 자는 벼슬아치라도 스승으로 삼도록 건의하였다. 진시황은 이 건의를 받아들여 방사와 유생으로 하여금 선약을 구하도록 명하였는데, 얻지 못하였고, 노생(盧生) 등이 도망가자 노하여 함양에서 460여명의 유생을 죽였다. 이를 '분서갱유'라 한다.

『악경(樂經)』: 6경의 하나로 진나라 분서갱유로 망실되었다고 하고, 혹은 본래 그 책은 없다고 한다.

에 있어서도 질적 변화가 생겼다. 진시황은 일체의 금속기물을 거두어 불태워 부수라는 명령을 하여, 선진 이래 금속으로 제조한 종고악기는 심한 타격을 입었고, 이후의 음악예술 발전에 엄중한 영향을 주었다.

한(漢)왕조는, 서한(西漢)과 동한(東漢)을 포함하여,[2)] 진왕조를 이어 나타난 하나의 전제주의적 중앙집권 봉건왕조이다. 음악 상, 중국역사상 유명한 악무(樂舞)관리기구 – '악부(樂府)'를 만들었고, 이연년(李延年)은 지도자로서 악부시를 많은 신(新)곡조에 배치하였다. 악무 풍격은 선진 시기의 초성(楚聲) · 초무(楚舞)를 기조로 하고, 동시에 기타 민족과 외국민족의 악무예술을 융합하여 이루어졌다. 사죽(絲竹)음악은 점점 금석(金石)음악으로 대체되었고, 적 · 공후 · 비파 등 악기는 중앙아시아로부터 계속하여 중원으로 들어와 중국악기를 풍부하게 하였다. 동시에 민간 '상화가(相和歌)' 예술형식은 끊임없이 풍부해지고 발전하여, 창가 · 무도와 악기연주가 있는 '상화대곡(相和大曲)'이 되었다. 대표작품으로는 〈광릉산(廣陵山)〉 · 〈동문행(東門行)〉 · 〈백두음(白頭吟)〉 등이 있다. 악률 상으로는 '경방60율(京房六十律)'이 나타났고, 그리고 상화가의 기초위에 생산된 '상화삼조(相和三調)'이론이 출현하였다.

2) 서한(西漢) · 동한(東漢) : 유방이 한왕조를 세운 뒤부터 왕분의 난으로 도읍을 장안에서 낙양으로 옮기기 전까지를 서한(기원전 202~기원후 8)이라 한다. 장안이 낙양의 서쪽에 있기에 서한이라 하고, 또는 전한(前漢)이라고도 한다. 동한은 광무제부터 헌제까지(25~220)까지 낙양을 도읍으로 한 왕조이고, 낙양이 장안의 동쪽에 있기에 동한이라 하고, 후한(後漢)이라고도 한다.

1. 악무 관리기구

‘태악서(太樂署)’와 ‘악부(樂府)’는 진·한 시기 악무와 백희를 관장하던 전문관리기구이다. 태악서는 태상(太常)에 예속되어 있다. 진왕조(기원전 221~기원전 206) 때에는 ‘봉상(奉常)’이라 하였는데, 한나라 경제(景帝)6년(기원전 151)에 ‘태상’으로 고쳤다. 주로 교묘제사와 춘추 향사(饗射) 및 조정에서 거행하는 각종 전례의식에 사용하는 아악을 관장한다. 악부는 소부총관(小府總管)에 속하는 데, 주로 궁정연향에 사용되는 속악을 관장한다. 비록 제도에 의하여 양한(兩漢)시기의 교묘제사 등 의식에는 아악을 사용하지만, 실제적 음악활동에 있어 아악은 항상 유명무실하고, 속악이 중요한 주도적 지위를 점하였다. 따라서 속악을 관장하는 전문기구로서의 악부는 그 작용과 지위가 더욱 돌출적이고 중요하다.

‘악부’는 진왕조에서 함양에 처음 세워졌다. 1977년 섬서 임동 진시황릉에서 은으로 도금된 작은 종이 출토되었는데, 꼭지(鈕) 측면에 ‘악부’ 2자가 새겨져 있어, 이 기구의 설립시기에 실물증거를 제공하였다. 『진한문화사대사전』의 기록에 의하면 그 종은 고(高)가 13.3cm, 양선(兩銑) 사이 7.2cm, 고(鼓)의 간격은 5.8㎝, 무(舞)의 넓이는 6×4.8cm이다.[3] 정(鉦)과 고(鼓) 부분에 금으로 서려 있는

진나라 악부종

3) 통고(通高) : 종의 높이. 양선(兩銑) : 종의 입구의 양각(모서리). 고간(鼓) : 종이나 경의 두드리고 치는 부분을 고라 한다. 선(銑) 간격을 우(于)라 하고, 우의 윗부분을 고라하고, 고의 윗부분을 정(鉦)이라 한다. 전(篆)은 정(鉦)부분에 새기는 전문. 무(舞)는 종의 정수리 부분. 대(帶)는 종 본체위에 전문(篆文)으로 조성된 종횡으로 융기한 선.
착금(錯金) : 금속 도자기 등의 표면에 여러 가지 무늬나 글자를 파서 금 은 동 등을 넣어 채우는 것.

교룡(蟠螭)문양을 착금(錯金) 장식하였고, 전(篆)과 전 사이에는 금으로 흐르는 구름문양(流雲紋)을 착금 장식하였다. 종의 대(帶)는 은으로 구름문양(雲紋)을 착금 장식하였고, 무(舞)부는 구름과 번개 문양(雲雷紋)을 가는다란 선으로 가득 주조하였다. 종의 안쪽에는 가느다란 양각의 구름문양을 만들었다. '악부종' 벽의 내측에는 조음대(調音帶) 4조가 있고, 조음대 위에는 있는 수 가닥의 흔적은 이미 음의 조정, 음의 시험, 종성(鐘聲)이 C조에 속하면 흥겹고 듣기 좋으며, 음조가 명확함을 설명한다. 악부는 진·한시기 관방의 음악기구로, 주요 관원은 악부 령(令)과 악부 승(丞) 및 그 아래에 악부 음감(音監)·악부 부사(仆射) 및 악부 유요(游徼) 3개의 관원이 있다. 그밖에 협률도위(協律都尉)가 있는데, 이연년이 담당하였다.

이연년(李延年)은 악공 집안 출신으로 중산(中山, 지금의 하북 定縣) 사람이고, 음률을 알고 가무를 잘하였으며 작곡에 뛰어났다.[4] 음악재능으로 한나라 무제(武帝)의 극찬을 받아, 원정(元鼎)5년(기원전 112) "이천석의 인장을 가슴에 다는" 협률도위에 임명되어 악부의 일을 주관하였다. 그 음악활동은 『사기』·『후한서』·『진서』 등 고문헌에 연관된 기록이 있다. 그의 공헌은 주로 아래의 3개 방면으로 표현된다. 하나. 장건(張騫)이[5] 서역으로부터 가지고 돌아온 〈마가두륵(摩訶兜勒)〉 일곡의 곡조풍격에 근거하여,[6] 28수

---

4) 이연년(李延年) : 생졸년 미상. 서한의 악관. 누이 이부인(李夫人)이 무제의 총애를 받아 비가 되었다. 일찍이 범죄를 저질러 남자의 생식기를 자르는 가혹한 부형(腐刑)을 받아 궁중의 개를 기르는 관리(狗監)에 임명되었으나, 음악재능으로 무제의 총애를 받았다. 〈佳人曲〉, 〈新聲二十八解〉 등의 악곡이 있다. 〈가인곡〉은 그의 누이가 무제의 비가 되는 데, 결정적 역할을 하였다. 〈가인곡〉 : 「北方有佳人, 絶世而獨立. 一顧傾人城, 再顧傾人國. 宁不知傾城与傾國? 佳人難再得!」

5) 장건(張騫, ?~기원전 114) : 서한의 장수로, 자는 자문(子文). 성고(成固) 출신. 무제 때 서북의 여러 나라와의 문화·경제교류에 공이 큼.

6) 〈마가두륵(摩訶兜勒)〉 : 범어 Mahadur의 음역. 마하는 크다, 위대함, 훌륭함의 의미. 두륵은 옛 나라이름으로, 서역에 있다. 혹은 토화라(吐火羅, Tukhara), 즉 대하(大夏)국

의 신곡 즉 소위 〈신성28해(新聲28解)〉를 창작하여 군악으로 사용하게 하였고, 이 악곡은 당시에 대단히 환영받았다.[7] 그리고 곧바로 후세에까지 연속하여 수백년 뒤의 진(晉)나라 시대에도 그 악곡 중 〈황곡(黃鵠)〉·〈농두(隴頭)〉·〈출관(出關)〉·〈입관(入關)〉 등의 악곡을 연주할 수 있게 하였다.[8] 둘. 한나라 무제 원정5, 6년(기원전 112~111), 이연년은 사마상여(司馬相如) 등 문인들이 창작한 19수의 교사(郊祀) 가사의 악보를 만들었다.[9] 특기할 만한 것은 이연년이 작곡할 때에 대부분 민간 음악소재를 사용하였고, 동시에 중국음악사상 첫 번째 외국음악소재를 이용하여 창작을 한 음악가라고 할 수 있다. 셋. 각지의 민간가곡을 수집 정리하여 궁정 조회·군례·주연·제사에 쓰이는 악곡으로 창작하여 각종 음악오락 활동 등에 조직하고 배열하였다.

악부의 기능은 주로 아래의 몇 개 방면으로 표현된다.

(1) 악기 제조 : 1983년 6월 광주(廣州) 남월왕(南越王) 묘에서 출토된 동정(銅鉦)에는,[10] "문제(文帝)9년 악부공조(樂府工造)"라는 명문이 있어 한나라 악부에 악기제조에 전문으로 종사하는 악공이 있음을 알 수 있다. 한나

을 말하기도 한다. 〈마가두륵〉은 대하국의 횡취곡이다.

7) 〈신성(新聲)28해(解)〉 : 〈마하두륵〉을 고취악으로 바꾸어 악부 의장대에 사용하였다. 중국 역사문헌상 최초로 작자의 성명이 명확한 악곡이며, 외래음악을 가공하여 창작한 새로운 곡이다.

8) 이연년의 〈신성28해〉는 위진 이래로 10곡이 전해졌는데, 모두 가사를 잃었다. 〈황곡〉은 누런 고니, 〈농두〉는 변방, 〈출관〉·〈입관〉은 국경이나 요지에 있던 검문소를 의미함.

9) 사마상여(司馬相如, 기원전 179~기원전 117) : 자는 장경(長卿), 촉군(蜀郡) 성도(成都) 출신. 서한의 사부가(辭賦家), 작품은 도가사상과 신선색채를 띠었다. 대표작품으로는 〈子虛賦〉가 있고, 작품은 사조가 부려하고 결구는 굉대(詞藻富麗, 結构宏大)하였다. 탁문군(卓文君)과의 애정 일화는 널리 유전되었다.

10) 남월왕(南越王) : 서한 초기 남월왕국의 제2대 조말(趙眜, ?~기원전 122). 조호(趙胡)라고도 함. 기원전 137년에서 122년까지 재위. '文帝' 인이 나와 능의 주인을 알 수 있다.

라 애제(哀帝)가 악부의 관직을 면직할 때 있었던 829명의 악공 중에는 악기제조와 수리에 전업으로 종사한 '종공원(鐘工員)'·'경(磬)공원'·'주(柱)공원'·'승현(繩弦, 현악기의 줄)공원' 등 악공이 19명이 있었다.

(2) 교묘제사와 옛 병법무악(古兵法武樂)의 관장 : 주로 한대에 새롭게 창작된 아악, 예를 들어 묘당제사에 사용된 〈대풍가(大風歌)〉[11]·〈파투무(巴渝舞)〉[12]·〈영성무(靈星舞)〉[13] 등을 말한다. 이들 음악은 한나라 애제 이전에는 신선하고 활발한 민족민간음악을 사용하였지만, 곧바로 악부가 관장하고 연주하였다. 한나라 애제 때에 이르러 비로소 정식으로 아악이 되었고, 그래서 아악을 전문으로 관장 관리하는 기구인 태악서에 속하게 되었다.

(3) 속악의 관장 : 민간음악을 주로 수집·정리·개편하고, 창작·음곡가사의 개편, 악기를 배분하여 연창과 연주를 하였다. 이것은 악부의 주요 기능이다. 『한서·예문지』에 〈오초여남가시(吳楚汝南歌詩)〉15편·〈연대구안문운중롱서가시(燕代謳雁門雲中隴西歌詩)〉9편·〈감단하간가시(邯鄲河間

---

11) 〈대풍가(大風歌)〉 : 『사기』에 한 고조 유방이 돌아갈 때, 패(沛)를 지나가게 되었는데, 술자리를 마련하여 예전에 알던 노인과 자제들을 불러 모았다. 어린아이 120명을 모아 노래를 가르쳤고, 술자리가 무르익자, 고조가 축(筑)을 들고 노래지어 불렀다고 한다. 가사는 「大風起兮雲飛揚. 威加海內兮歸故鄕. 安得猛士兮守四方!」

12) 〈파투무(巴渝舞)〉 : 고대 파투지역의 민간 무무(武舞). 파투는 촉의 옛 지명. 『후한서』에 고조가 한왕이 되어 이인(夷人)들을 뽑아 진나라를 쳐서 안정시키고, 다시 파투로 돌려보냈다. 파투는 풍속에 가무를 좋아하였는데, 고조가 그것을 보고는 무왕이 주왕을 정벌한 노래라 하고는 악공들로 하여금 익히게 하였다. 이 노래가 〈파투무〉이다. 〈파투가〉, 〈파투〉라고도 함.

13) 〈영성무(靈星舞)〉 : 농사의 신 후직(后稷)을 제사하는 악곡으로 농경노동을 가송하고 풍년을 기원. 『후한서』에 유방이 영성사를 건립하여 후직을 제사하도록 명령하여, 제사에 〈영성무〉를 채용하였다. 농부가 농사짓는 동작을 모방한 춤으로, 농사의 전 과정을 내용으로 한다. 그래서 〈象教田〉이라고도 함.

歌詩)〉4편·〈제정가시(齊鄭歌詩)〉4편·〈좌풍익진가시(左馮翊秦歌詩)〉3편[14) 등 대량의 민간악가와 기타 악가 28(家) 314편은 한대 악부 음악활동의 범위가 매우 넓고 성과가 현저하였음 보여준다. 악부가 민간음악을 채집하는 목적은 주로 두 가지이다. 하나는 민풍(民風)을 살펴 통치자에게 참고를 제공하는 것이고, 다른 하나는 통치계급에게 향락을 제공하는 것이다. 서한 시대 악부의 '채시(采詩)' 전통은 곧바로 동한 시대에 이어졌고, 민간시가의 보존에 대하여 문인들의 창작을 촉진하는 매우 중요한 작용을 하였다.

한나라 성제(成帝) 때에는 악부 악공이 천여 명에 달했고, 무제(武帝)가 악부를 확대한 이래로 더욱 고조되었다. 한나라 애제 수화(綏和)2년(기원전 7) 악부를 폐지할 때 악부 악공은 829명이었는데, 교묘제사 악대·궁정연악 악대·조하의례 악대 등 전문악대가 있었고, 각 지방의 민가를 연창하는 전문연예인·잡기백희의 연예인이 있었고, 또 악기제작·음률교정 등을 담당하는 인원이 있었다. 한나라 애제는 악부 인원 441명을 파면시키고, 388명을 남겨 태악서에 돌려보내 악부는 점점 쇠락해졌다. 이후 동한의 '고취서(鼓吹署)'는 물론이고,[15) 조조의 위나라 때 청상서(淸商署)[16)와 후대의 유관 음악기구는 규모와 음악활동 범위에 있어 서한 악부와 비교할 수 없을 정도가 되었다.

음악기구로서 악부는 비록 쇠락했지만, 중국 민간음악의 보존과 발전에

14) 한대 악부에서 모은 민가로, 오, 초, 여남, 연, 대구, 안문, 운중농서, 한단, 하간가, 제, 정, 좌풍익, 진 등 지역의 노래이다.

15) 고취서(鼓吹署) : 동한의 속악 악무기구. 악곡명으로는 '황문고취(黃門鼓吹)'라고 한다. 천자가 군신을 위해 베푸는 연회에 사용하는 악이기도 하다.

16) 청상서(淸商署) : 위진 시기에 '청상악'이 매우 성행하였는데, 조조가 청상악을 전문적으로 관리하는 기구로 설립하였다. '청상악'은 예부터 있어왔던 〈상화가〉와 남방지역 민가에서 발전한 '오성(吳聲)과 서곡(西曲)이 결합된 것이다.

대한 걸출한 공헌은 후대에 비상하고 심원한 영향을 주었다. 위진시대 이후 '악부'의 함의는 더욱 광범위 해져서, 악부시가와 후대 사람들이 의작(擬作, 모방하여 만듦)한 민간시가도 악부라 칭하였고, 이후 음악과 유관한 음악·문학작품으로 진일보 확대되어 악부에 들어갔든 들어가지 않았든 모두 '악부'라 통칭하였다. 역대로 많은 문인들이 진·한 이래의 악부작품을 수집 정리하였는데, 북송(北宋)의 곽무청(郭茂倩)이 편찬한 『악부시집(樂府詩集)』은 가장 먼저 나왔고,[17] 가치가 가장 높다. 『악부시집』은 모두 100권으로, 선진(先秦)에서 수·당(隋唐)·오대(五代) 시기의 역대 악부작품을 보존하고 있다. 그는 악부가사를 12종류로 나누었다. 즉 교묘(郊廟)가사·연사(燕射)가사·고취가사·횡취가사·상화(相和)가사·청상곡사·무곡(舞曲)가사·금곡(琴曲)가사·잡곡(雜曲)가사·근대곡사(曲辭)·잡가요사(謠辭)·신악부사(新樂府辭) 등이다.

2. 고취(鼓吹)

고취는 서북 소수민족의 '마상지악(馬上之樂)'에서 기원하였는데, 일종 취주악기와 타격악기의 조합으로 이루어진 연주형식이다. 중국음악사에서 일종 특이하고 중요한 음악종류(曲種)이다. 이 음악이 중원으로 들어온 이후, 가장 먼저 조정에 채용되어 주로 조회(朝會)·행로(行路)와 군대의 의장대오에 사용되었다. 이외에도 궁정의 연향과 오락활동에 사용되었다. 후대에 각 지방 민간음악과 결합하여 점점 각종 다른 풍격의 고취악이 형성되었다. 예를 들어 한나라 애제 시기 악부의 한단고원(邯鄲鼓員)·강

17) 곽무청(郭茂倩, 1041~1099) : 자는 덕찬(德粲). 북송 운주 수성(鄆州 須城, 지금 산동 동평(東平)출신. 『樂府詩集』 100卷이 세상에 전함. 해제가 고증에 근거하고 정밀하고 넓어 학계에서 중시한다.

남(江南)고원 · 회남(淮南)고원 · 초엄(楚嚴)고원 · 임회(臨淮)고원 · 동해(東海)고원 · 초(楚)고원 등등은 모두 다른 지역에서 온 고취악공이다.[18]

악대배치와 응용하는 장소에 따라 고취악은 몇 종류의 다른 명칭이 있다.

(1) '횡문(橫門)고취' : 황제의 근시들이 장악하였기 때문에 천자의 전용 의장이고, 혹은 궁전에 진열되어 주연 중에 사용되기 때문에 '횡문고취' 혹은 '식거악(食擧樂)'이라 한다. 주요 악기는 배소(排簫)와 가(笳, 갈잎피리)이다.

(2) '횡취(橫吹)' : 또는 '고각(鼓角)횡취'라 부른다. 주요 악기는 고 · 각 · 횡적(橫笛)이다. 때로는 관(管) · 필률(篳篥)과 배소를 함께 연주한다. 주로 군악에 사용되고, 말 위에서 연주하며, 조정은 항상 변방 요새의 장군과 병사들에게 하사 한다.

(3) '기취(騎吹)' : 주로 노부(鹵簿)에 사용되고,[19] 제왕이나 귀족의 거가 수행에 사용되는데, 봉건제왕과 귀족의 의장음악이다. 주로 악기는 고 · 가 · 소 · 도(鞉, 路鼗) 등이 있고, 말 위에서 연주한다.

(4) '단소요가(短簫鐃歌)' : 주로 사(社) · 묘 · 개악(凱樂)교사 · 교렵(校獵) 등 중대한 장소에서 사용되고,[20] 주로 연주하는 악기는 고 · 배소 · 가 · 뇨(鐃) 등이 있다.[21] 말 위에서 연주하는 군악이다. 가 · 배소 등 선율성 악기를 사용하기 때문에 선진 시기 군악연주가 단지 고 · 종 · 뇨 등을 사용한 것에

18) 고원(鼓員) : 고사(鼓師). 즉 북을 치는 악공. 금사(琴師)는 가야금을 연주하는 악공.

19) 노부(鹵簿) : 임금이 거동할 때의 의장 혹은 그 행렬.

20) 개악(凱樂) : 승리를 표시하는 악곡인 동시에, 환락을 표현하는 악곡이다.
교렵(校獵) : 울타리를 쳐서 짐승을 막고 사냥하는 것.

21) 요가(鐃歌) : 군중의 악가이다. 전설에 황제와 기백이 만들었다고 한다. 한대 악부 중에 고취곡에 속하고, 마상에서 연주하여 사기를 격려하는데 사용한다. 대가 출행하거나 공신을 연향할 때, 개선하는 군대에 사용한다.

비하여 음향효과에 있어서는 진일보하였다. 현존하는 한대 요가18편은,[22) 〈주로(朱鷺)〉[23)] · 〈사비옹(思悲翁)〉[24)] · 〈애여장(艾如張)〉[25)] · 〈상지회(上之回)〉[26)] · 〈옹리(翁離)〉 · 〈전성남(戰城南)〉 · 〈무산고(巫山高)〉 · 〈상릉(上陵)〉 · 〈장진주(將進酒)〉 · 〈군마황(君馬黃)〉 · 〈방수(芳樹)〉 · 〈유소사(有所思)〉 · 〈치자반(雉子班)〉 · 〈성인출(聖人出)〉 · 〈상사(上邪)〉 · 〈임고대(臨高臺)〉 · 〈원여기(遠如期)〉 · 〈석류(石榴)〉이다. 문학가치로 말하면 18곡 중 〈상사〉의 애정선언은 독보적이다.[27)]

(5) '소고(簫鼓)' : 배소와 고를 합주하기 때문에 붙인 이름이다. 연주할 때에 악공은 루거(樓車)에 앉아 연주할 수 있다.[28)] 위에 하나의 건고(建鼓)가 있어 두 명의 악공이 두드린다. 망루 아래의 수레 칸에는 4명의 악공이 앉아 배소를 연주할 수 있다.

고취악의 주요 작용은 군대의 위세가 웅장한 군악과 전례음악을 연주하

22) 〈요가십팔곡(鐃歌十八曲)〉 : 한대 악부의 교사가(郊祀歌)이다. 북적(北狄) 서역의 신성으로 만들었다. 매우 복잡하고, 시의를 알기 어렵고, 자구(문장)가 지루하고 무기력하며, 풍격이 다양하다.

23) 〈주로(朱鷺)〉 : 고대 조정에 세운 한 면이 커다란 북으로, 윗면에 홍색의 해오라기를 장식하였다. 이 면을 두드려 황제를 대면할 때 사용하였다. 조정의 신하는 황제에게 간언을 할 때, 반드시 먼저 북을 쳤다. 이 시는 가차하여 북을 노래함으로써 진언하는 자를 면려함으로서 황제에게 과감하게 진정으로 충언을 토로하게 하는 것이다.

24) 〈사비옹(思悲翁)〉 : 자구 이해가 어렵다.

25) 〈애여장(艾如張)〉 : 쑥은 제초하고, 장은 포망(布網)이다. 사냥하는 내용이다.

26) 〈상지회(上之回)〉 : 회는 진나라 회중궁이다. 흉노에 의해 불살라졌다. 무제가 회중으로 가는 길을 다시 열어 수차례 그곳으로 갔다. 가사는 이 일을 찬미한 것이다.

27) 〈상사(上邪)〉 : 한대에 만들어진 악부민가. 이 노래는 한편의 정가(情歌)이고, 여주인공이 충절애정을 스스로 맹세하는 노랫말이다. 다섯 번에 걸쳐 불가능한 사정으로 자신의 생사에도 변함없는 애정을 표명하고, 바위 같은 확고한 신념과 불같은 격정적인 열정이 충만하다. '상사'에서 상은 하늘(天)이고, 사는 어기조사로 감탄을 표시한다. "하늘이여!"의 뜻이다.

28) 루거(樓車) : 옛날 성을 공격할 때 쓰던 기구로, 적을 망보는 망루를 설치한 차.

는 것이다. 일반적으로 가사가 있고, 가곡성질의 음악작품형식을 띠고 있다. 일반적으로 말해서 이같은 가곡은 마땅히 장엄하고 엄숙하고 경건하고 신성하다. 그러나 다른 점은 고취악은 민간에서 유래하였기 때문에, 어떤 것은 심지어 원시민가를 모방하였기 때문에, 많은 경우 가사의 내용과 군대의 위세가 웅장한 군악과 혹은 전례음악의 장엄하고 신성한 분위기와는 매우 조화되지 않고, 때로는 심지어 상대적이기도 하다. 〈상사〉와 〈전성남〉을 예로 들어보면,

〈상사(上邪)〉

상사! 나는 그대와 더불어 서로 알고자 합니다. 긴 수명은 절대로 쇠약해지지 않을 것입니다. 산에는 언덕이 없고, 강물이 마르고, 겨울 우레는 진진하고, 여름비가 눈이 되고, 하늘과 땅이 합해지면 곧 그대와 헤어지겠습니다![29]

〈전성남(戰城南)〉

성의 남쪽에서 전쟁을 하고, 성곽의 북쪽에서 죽었네, 들판의 시신은 매장하지 않아 까마귀들이 와서 먹을 수 있네, 나를 위해 까마귀에게 말해다오. "타향에서 죽은 전사를 위해 크게 외쳐다오! 들판에서 죽었는데 당연히 매장되지 못하였고, 이 썩은 고기가 어찌 그대로부터 도망칠 수 있겠는가! 물은 깊고 맑고, 부들과 갈대는 무성하여 어두운데, 싸움을 잘하는 말은 전투 중에 죽고, 피로에 지친 말들은 배회하며 울부짖는구나. 교량위에 집을 지으니, 어찌 남에서 북에서 오고 가겠는가? 벼와 기장을 수확하지 못하였는데, 그대는 무엇을 먹을 것인가? 충신들은 어찌 얻을 수 있는가? 양장은 어찌 생각하겠는가? 양신은 진실로 충성스러워, 아침에 나가 공격을 하고, 저물어 밤이 되었는데 돌아오지 못하는구나![30]

29) 「上邪! 我欲与君相知, 長命無絶衰. 山無陵, 江水爲竭, 冬雷震震, 夏雨雪, 天地合, 乃敢与君絶.」

30) 「戰城南, 死郭北, 野死不葬烏可食. 爲我謂烏 : 且爲客豪! 野死諒不葬, 腐肉安能去子逃? 水聲激激, 蒲葦冥冥; 梟騎戰斗死, 駑馬徘徊鳴. 梁筑室, 何以南? 何以北? 禾黍不獲

이 고취악 중 〈상사〉는 한편의 격렬한 애정가곡으로, 나이 어린 소녀의 충정이 변하지 않는 애정을 표현하였다. 그러나 당시의 통치자는 그 곡을 신하가 군왕을 향해 충심을 표현한 한편의 가곡으로 해석하고, 나아가 그것을 황실 의식의 요가나 고취악으로 수용하였다. 그 풍격은 당연히 군악의 엄숙성과는 매우 조화롭지 못하다. 〈전성남〉은 고취악 요가 중 하나인데, 묘사한 것은 백성들이 물이 깊고 불이 뜨거운 전쟁에 처하고, 병사들이 죽은 곳에는 시신을 매장할 사람이 없는 비참한 풍경이다. 이 가곡은 당시에 매우 유행하였고, 나아가 농후한 반전 정서를 띠고 있다. 그러나 당시 통치자는 변함없이 고취악으로 수용하였으니, 그 만드는 법은 실재 매우 기이하고 특이하여 사람들이 알기 어렵다.

고취악이 비록 조정의 연찬이나 군악 등 전례음악이지만, 그 가사내용과 고취의 전례의 효용 사이에는 큰 관계가 없음을 알 수 있다. 그 중 주연, 오락, 슬플 때 감회. 애정을 말하고 호탕하고 의협심 있는 사람에 관한 제재의 작품이 적지 않다. 이러한 가사는 민간곡조에 연동되어 있고, 최초의 가사는 모두 민간으로부터 왔다. 해마다 정복전쟁을 하였기 때문에 많은 하층민들은 군대에 끌려갔다. 그들 중 많은 사람들이 가곡을 군중에 갖고 왔고, 연후에 차츰 전해져 노래 불렸다. 통치자는 군악이 필요할 때 군중에서 수집한 가곡을, 심지어 구별하거나 개편함이 없이 전체를 흡수하였다. 이런 까닭에 〈상사〉와 〈전성남〉 같은 고취곡이 출현하게 되었다. 후대에 이같은 상황은 대단히 크게 바뀌는데, 곡조의 선택에서 통치자는 원래의 모습을 그대로 답습하지 않고, 원래의 곡조를 기초로 하여 새로운 가사를 다시 써 넣어 군악과 전례음악으로 사용하면서 통치자의 공덕과 통치 질서를 송찬하였다.

君何食? 愿爲忠臣安可得? 思子良臣, 良臣誠可思 : 朝行出攻, 暮不夜歸!」

진·한(秦漢) 시기의 고취악과 상화가, 청상악의 관계는 매우 긴밀하다. 『악부시집』 '고취곡사'의 서문에 "장소, 단소는 『기록(伎錄)』도 함께 언급하였고, 손사죽(孫(絲)竹)이 함께 연주되며, 절(節)을 잡은 자가 노래한다."고 했고,[31] 청상곡사 〈황곡곡(黃鵠曲)〉의 서문에 "〈황곡〉은 본래 한나라 횡취곡의 이름이다."고 했고,[32] 이와는 다르지만 고취악 중의 '횡취'는 서역 음악 〈마가두륵(摩訶兜勒)〉에서 소재를 취한 것이라는 기록도 있고, 육조(六朝)시기에는 또한 '북적악(北狄樂)'·'북방소고(北方簫鼓)'와 관계가 있다. 고취곡 대부분은 가사가 있고, 가창할 수 있으며, 그 내용은 풍부하여 노동인민의 애정생활을 대담하게 반영한 〈상사〉, 전쟁의 죄악을 폭로하고 전쟁을 반대한 〈자류마(紫騮馬)〉[33]·〈전성남〉의 악곡이 있다. 『악부시집』에 현존하는 고취곡사의 형식과 내용은 모두 양한(兩漢) 위진(魏晉) 이래의 고취악과 민간음악의 밀접한 관계를 설명한다.

3. 상화가(相和歌)

상화가는 '상합(相合)'이라고도 한다. 그것은 길거리에서 부르는 노래(街陌謠謳)인 민가의 기초 위에 선진 시대의 '초성(楚聲)' 등 전통을 계승하여 형성된 일종 음악형식이다. 연주장소는 비교적 광범위하여 조정의 원단(元

---

31) 『樂府詩集』: 長簫短簫. 『伎錄』幷云: '孫竹合作. 執節者歌.'
『技錄』: 『원가정성기록(元嘉正聲技錄)』으로, 남조 송대(424~453) 장영(張永)이 찬하였다. 전서는 이미 잃어버렸고, 瑟調·清調·平調·楚調와 相和四引·相和十五曲·吟嘆四曲·四弦一曲 등이 단편적으로 현존한다.
'손죽(孫竹)': 사죽(絲竹)의 오기인 듯. 『송서·악지』: 〈相和〉漢舊曲也. 絲竹合作, 執節者歌.

32) 『樂府詩集』: 按〈黃鵠〉本漢橫吹曲名.

33) 자류(紫騮): 고대의 준마. 자류마의 용감하고 사나운 기세를 통해 변방에 출전한 병사들의 영웅적 기개를 가송한 것으로, 후대 당나라 시인들이 많은 작품을 남겼다.

旦, 새해 첫날) 조회로부터 귀족관인의 연향·오락·제사에 이르기까지, 그리고 민간의 풍속활동 등의 장소에서도 연주되었다. 상화가의 발전은 주로 3단계를 거쳤다.

첫째는 '도가(徒歌)'(혹은 '요(謠)'라고 부른다)로, 반주가 없는 청창곡(淸唱曲)이고, 상화가의 최초 형식이다.[34] 진·한 시기 도가는 만간에서 성행하였고, 그것은 백성의 마음의 소리와 풍습을 말하였다. 『후한서·오행지(後漢書五行志)』에 일부 도가 형식을 이용하여 연창한 동요·가요 등이 남아 있다.

둘째는 '단가(但歌)'로, '도가'의 기초 위에 화성(和聲), 즉 방강(幫腔)을 더하여 형성된 일종의 연창 형식이다.[35] 연창 할 때에 비록 악기 반주가 없지만, 상고시대 선민집단이 노동할 때 서로 창화하는 음악 특징이 남아 있다. 주창자가 먼저 한 단락을 노래 부르면, 반창자가 다시 한 단락을 노래 부른다. 따라서 성음의 음량과 음색에 있어서는 '도가'에 비하여 디욱 풍부하다. '단가' 곡식은 일반적으로 비교적 간단하게 구성되어 있어, 대부분 하나의 '곡(曲)' 조성으로 되어 있다. '곡'은 민가의 '소리와 노랫말이 있는(有聲有辭)' 본질을 유지하고 있고, 노랫말은 시가이고, 소리는 친강(襯腔) 부분으로 예를 들어 양(羊)·오(吾)·이(夷)·나(那)·하(何) 따위이다.[36]

셋째는 '상화가(相和歌)'로, 이 예술형식은 '단가'가 진일보한 발전한 것이다. 『송사·악지』에는 "〈상화〉는 한나라의 옛 음곡이다. 사와 죽이 서로 조화하고 절(節)을 잡은 자가 노래한다."고 했다.[37] 『악부시집』 권26에는

---

34) 도가(徒歌) : 악기의 반주가 없는 노래 혹은 반주 없이 노래 부르는 것.

35) 방강(幫腔) : 무대에 한 사람이 노래를 부르면 여러 사람이 무대 뒤에서 노래로 화답(唱和)하는 것을 말한다. 중국 전통극의 가창 형식의 하나.

36) 친강(襯腔) : 민가의 가사 중에 노래의 사상과 내용을 직접적으로 표현한 정사(正辭) 이외에 항상 어기사(語氣辭) 혹은 형용사 혹은 구성을 돋보이게 하는 사구가 삽입되는데, 이들은 정사와는 직접적 관계도 없고, 정사의 기본 구조와도 관계가 없다. 단지 한편의 노래를 완성하는데 있어 선명한 정감을 표현한다. 이를 '친사(襯詞, 여음구)'라 한다. 친사의 곡조를 '친강'이라 한다. 친사와 친강은 반드시 일치하지는 않는다.

"무릇 〈상화〉는 그 악기에 생·적·절가(鼓)·금슬·비파·쟁 등 7종이 있다."고 했다.[38] 이 시기의 상화가는 형식이나 성음효과는 물론이고, 음색의 변화에도 더욱 풍부해졌음을 알 수 있다. 연창할 때에 사현악기로 구성된 반주악대가 반주하기 때문에 연창자와 연주가의 관계는 협조적이다. 한명의 가창자의 손에는 '절(節)'이라 부르는 일종의 악기가 들려 있어, 한편으로는 박자를 치고 한편으로는 노래를 부르며, 동시에 악대의 연주와 통일한다. 상화가는 〈상화곡(相和曲)〉·〈사현(四弦)〉·〈육인(六引)〉으로 소분류할 수 있다. 한대 상화가는 역사적으로 오래되었지만, 금곡 가운데 상존하는 적은 수의 상화구곡(舊曲)의 잔존과 『악부시집』 등 책 속에 보존된 가사를 제외하고는 대부분은 이미 잃어버렸다. 현재 있는 소량의 자료로 보건데, 그 곡목 일부는 전국 시대 '초성'의 옛곡이고, 일부는 한대 '가맥요구'에 근거하여 정리 혹은 새로운 노랫말을 더한 것이고, 다른 일부분은 문인들이 스스로 창작한 것이다. 내용은 진·한 시대 인민의 애정·전쟁·사회생활의 각 방면을 반영한다. 『송서·악지』에는 〈상화곡〉이 본래 17곡인데, 청상서(淸商署) 음악가 주생(朱生)·송식(宋識)·열화(列和) 등이 13곡으로 만들었다고 하고, 『악부시집』 권26에는 『고금악록』의 다음과 같은 기록을 인용하였다.

『고금악록』曰 : "장영(張永)의 『원가기록』에 상화가 15곡이 있다. 〈기출창(氣出唱)〉, 〈정열(精列)〉, 〈강남(江南)〉, 〈도관산(度關山)〉, 〈동광(東光)〉, 〈십오(十五)〉, 〈해로(薤露)〉, 〈호리(蒿里)〉, 〈근가(覲歌)〉, 〈대주(對酒)〉, 〈계명(鷄鳴)〉, 〈오생(烏生)〉, 〈평릉동(平陵東)〉, 〈동문(東門)〉, 〈맥상상(陌上桑)〉. 13곡에는 노랫말이 있다. 〈기출창〉·〈정열〉·〈도관산〉·〈해로〉·〈호리〉·〈대주〉는 위나라 무제의 노랫말이고, 〈십오〉는 문제의 노랫말이고,

37) 『宋史·樂志』: 〈相和〉漢舊曲也. 絲竹合作, 執節者歌.

38) 『樂府詩集』: 其器有笙·笛·節歌·琴·瑟·琵琶·箏七种.

> 〈강남〉·〈동광〉·〈계명〉·〈오생〉·〈평릉동〉·〈맥상상〉는 옛노랫말이다. 2곡은 노랫말이 없으니, 〈근가〉·〈동문〉이 그것이다. 그 노랫말은 〈맥상상〉의 노래는 슬조(歌瑟調)이고, 옛노랫말 〈염가라부행(艷歌羅敷行)〉「日出東南隅」 편이다. 〈근가〉는 장영의 책에는 노랫말이 없지만, 무제 〈왕고편(往古篇)〉이 있다. 〈동문〉은 장영의 책에는 노랫말이 없지만, 무제 〈양춘편(陽春篇)〉이 있다. 혹은 슬조 옛노랫말 〈동문행〉「入門悵欲悲」라 한다. 예전에는 17곡이 있었는데, 〈무릉(武陵)〉·〈곤계(鵾鷄)〉 2곡은 망실되었다.[39]

문헌의 기록을 분석해보면, 주생·송식·열화는 원래 17수의 〈상화곡〉에서 〈무릉〉·〈곤관〉 2수를 없애고, 이미 가사를 잃어버린 〈근가〉·〈동문〉 2수를 없애 13수로 만들었음을 알 수 있다. 그 중 〈강남(江南)〉과 〈오생〉은 특히 주의할 만한 가치가 있다.

> 〈강남〉
>
> 강남은 연밥따기 좋은 곳이고, 연잎은 얼마나 무성한가! 물고기는 연잎 사이에서 노니네,
>
> 물고기는 연잎 동쪽에서 노닐고, 물고기는 연잎 서쪽에서 노닐고, 물고기는 연잎 남쪽에서 노닐고, 물고기는 연잎 북쪽에서 노니네.[40]

---

39) 『樂府詩集』:『古今樂錄』曰:"張永『元嘉技錄』: 相和有十五曲, 一曰〈氣出唱〉, 二曰〈精列〉, 三曰〈江南〉, 四曰〈度關山〉, 五曰〈東光〉, 六曰〈十五〉, 七曰〈薤露〉, 八曰〈蒿里〉, 九曰〈覲歌〉, 十曰〈對酒〉, 十一曰〈鷄鳴〉, 十二曰〈烏生〉, 十三曰〈平陵東〉, 十四曰〈東門〉, 十五曰〈陌上桑〉. 十三曲有辭, 〈氣出唱〉·〈精列〉·〈度關山〉·〈薤露〉·〈蒿里〉·〈對酒〉幷魏武帝辭, 〈十五〉文帝辭, 〈江南〉·〈東光〉·〈鷄鳴〉·〈烏生〉·〈平陵東〉·〈陌上桑〉幷古辭是也. 二曲無辭, 〈覲歌〉·〈東門〉是也. 其辭〈陌上桑〉歌瑟調, 古辭〈艷歌羅敷行〉'日出東南隅'篇. 〈覲歌〉, 張錄云無辭, 而武帝有〈往古篇〉. 〈東門〉, 張錄云無辭, 而武帝有〈陽春篇〉. 或云歌瑟調古辭〈東門行〉'入門悵欲悲'也. 古有十七曲, 其〈武陵〉·〈鵾鷄〉二曲亡."

『古今樂錄』: 남조 진대 스님 지장(智匠)이 편찬한 것으로, 모두 12권인데, 망실되었고, 여러 문헌에 그 문장이 인용되어 있다. 한위 육조시대의 악부시의 일부를 연구하는데 중요한 문헌이다.

이 노래는 매우 질박하고 자연스럽고 시원스러운 민가로, 물고기가 연잎과 연꽃이 가득한 강남의 긴 밭 사이를 자유롭게 노니는 생동한 장면이다.

〈오생〉[41)]

……

아아!

탄알 하나가 곧바로 발사되어 까마귀 몸에 적중하니, 까마귀 혼백이 하늘로 날아 가버렸네.

어미가 새끼를 낳을 때, 종남산 바위 사이에 있었는데,

아아! 백성들은 어찌 까마귀 새끼들이 있는 곳을 알겠는가?

오솔길 그윽하고 깊으니 어찌 통하겠는가? …[42)]

이 노래는 예언과 풍자의 의미를 띠고 있는 새들이 말을 하는 시(禽言詩)이다. 작자는 새의 입을 빌어와 상해를 입은 뒤의 고통을 말하고 있다.

한위 시기의 '상화대곡(相和大曲)'은 상화가의 기초 위에 점점 발전하여 일종 악기 연주를 겸한 가무곡으로,[43)] 그 중 부분 성악곡과 '단곡(但曲)'이라 불리는 악곡의 합주곡을 포함한다. 『송서·악지』에는 15수의 상화대곡의 가사가 기록되어 있다. 〈동문(東門)〉 고사(古詞)·〈절양류행(折楊柳行)〉 문제사(文帝詞)·〈염가라부행(艷歌羅敷行)〉 고사·〈서문행(西門行)〉 고사·〈절

---

40) 「江南可采蓮, 蓮叶何田田, 魚戲蓮叶間. 魚戲蓮叶東, 魚戲蓮叶西, 魚戲蓮叶南, 魚戲蓮叶北.」

41) 〈오생〉 : 본래 〈오생팔구자(烏生八九子)〉이다.

42) 「… 唶我! 一丸即發中烏身, 烏死魂魄飛揚上天. 阿母生烏子時, 乃在南山岩石間. 唶我! 人民安知烏子處? 蹊徑窈窕安從通? …」

43) 상화대곡(相和大曲) : 한대에 북방에서 흥기한 전통음악형식으로 북방에서 유행한 전통민가를 포함하고, 그 중 원시적 민가와 민가를 개편한 예술가곡이 있다. 그 특징은 한사람이 창을 하고 여러 사람이 창화하며, 기악반주가 들어가는 것이다. 상화가 발전의 최고형식이며, 이 대형가무곡은 3단식 가무곡을 기본구조로 한다.

양류행(折楊柳行)〉 고사·〈황황경락행(煌煌京洛行)〉 문세사·〈염가하상(艶歌何嘗)〉(일명 〈비곡행(飛鵠行)〉) 명제사·〈보출하문행(步出夏門行)〉 무제사(武帝詞)·〈염가하상행(艶歌何嘗行)〉 고사·〈야전황작행(野田黃雀行)〉 동아왕사(東阿王詞)·〈만가행(滿歌行)〉 고사·〈보출하문행(步出夏門行)〉(일명 〈농서행(隴西行)〉) 명제사(明帝詞)·〈도가행(棹歌行)〉 명제사·〈안문태수행(雁門太守行)〉 고사·〈백두음(白頭吟)〉 고사로 나뉜다. 그 중 중복하여 기록된 3곡이 있어 〈대곡〉은 실제로 12곡이다. 이 대곡 중에는 〈만가행〉은 어떤 곡조에 속하는 지 알 수 없고, 〈백두음〉은 초조(楚調)에 속하고,[44] 나머지는 모두 슬조(瑟調)에 속한다.

상화대곡의 곡식구성은 일반적으로 '염(艶)−곡(曲)−추(趨) 혹은 난(亂)' 3부분을 포괄한다.

'염'은 악곡의 서곡 혹은 도입부이다. 일반적으로 악곡의 전면에 사용하거나 악곡의 후반부에 사용된다. 악곡 중에 화려하고 구성진 서정의 악단(樂段)으로 악기반주가 많고, 때로는 가창에 사용될 수 있다.[45]

'곡'은 악곡의 주체부분이다. 몇 개의 '해(解)'로 나누어지는 중소형의 성악곡으로 구성되기 때문에 이 성악곡에는 음탄조(吟嘆調)와 제조곡(諸調曲) 두 종류가 있다.[46] '해'는 매 양절가곡 사이의 기악연주 혹은 무도 부분으로, 상화대곡에는 '해'가 있을 수 있지만, 규정은 없다. 제조곡에는 '사

---

44) 초조(楚調) : 초나라의 곡조. 상화곡조(淸調, 平調, 瑟調, 楚調, 側調)의 하나. 항상 오현(吳弦)과 연가(燕歌)와 함께 상대적으로 거론된다.
슬조(瑟調) : 상화곡조의 하나. 청, 평, 슬조를 '상화삼조'라 한다. 황종을 궁으로 삼는 궁조식에 해당됨.

45) 악단(樂段) : 악곡의 최소 단위인 악소(樂素)가 있고, 이것이 모여 악절(樂節)이 되고, 악절이 모여 악구(樂句)가 되고, 악구가 모여 악단(樂段)이 되며 악단이 모여 악곡(樂曲)이 됨.

46) 음탄조(吟嘆調) : 한대 악부의 시가의 한 종류로, 음탄곡이라고도 함. 독특한 연주형식과 예술풍격을 지니고 있다.

(辭)'와 '성(聲)' 두 개의 서로 다른 부분이 있는데, 사는 가사이고, 성은 친자(襯字, 여음구)이다. 일반적으로 기악반주가 있다. 성악곡으로 만든 상화가는 일반적으로 하나의 곡으로 이루어지기 때문에, 개별적인 곡은 '염-곡' 혹은 '곡-난'이라 하고, 이어서 부른다.

'추' 혹은 '난'은 대곡의 고조 부분으로 속도가 비교적 빠르고, 악곡의 결말 부분에 자주 나타난다. 상화대곡의 이같은 곡식구성은 수·당 시기의 가무대곡에 매우 중대한 영향을 주었다.

그러나 실제적 음악구성에서 형식은 다양하여, 어떤 악곡은 단지 '곡'만을 사용하는 가장 간단한 형식으로 구성되고, 어떤 악곡은 '염-곡' 혹은 '곡-난' 두 부분으로 구성되기도 한다. 예를 들어 〈백곡(白鵠)〉은 단지 '추'만을 사용하고, 〈백두대곡(白頭大曲)〉은 '난'만을 사용하고, 〈맥상상〉은 '난'을 제외한, '해'·'염'·'추'를 두루 사용하고, 〈동문〉·〈서행〉·〈낙양행〉 등 대곡은 '해' 이외에 나머지 부분은 사용하지 않는다.

4. 백희(百戲)

'백희'라는 말은 한대(기원전 206~기원후 220)에 나왔다. 내용은 대체적으로 잡기·무술·환술과 일부 민간의 가무잡악·잡희를 포함한다. 한대 이전의 백희는 '산악(散樂)'이라고도 불렀으니, 기원은 매우 오래 되었다. 하나라 걸왕 시기에 이미 이 직업에 전문적으로 종사하는 창우(倡優)·주유(侏儒)가 출현하였고,[47] 주나라 시기에는 부로(扶盧, 攀援矛柄)[48]·농환(弄丸)[49]

---

47) 창우(倡優) : 고대 가무잡희에 종사는 예인으로, 창은 음악인이고 우는 연희하는 사람이다.

주유(侏儒) : 본래는 난장이를 뜻했으나, 고대에 권력 있는 귀족들이 주유를 창우로 삼아 즐거움을 탐하였다. 그래서 주유는 기예가 있는 자, 혹은 음악인을 뜻하게 되었다.

48) 부로(扶盧) : 창의 자루를 잡고 오르는 놀이.

등 백희의 절목이 매우 유행하였으며, 진나라 2세 때 감천궁(甘泉宮)에서는 각저(角觝)배우의 연기를 항상 관람하였다고 전해진다.[50] 한대의 백희는 절목이 더욱 풍부해졌고, 유행지역도 더욱 광범위해졌고, 또 당시 백희의 중요 장소인 '평락관(平樂觀)'이 출현하였다. 평락관은 한나라 상림원(上林園)에 있었던 문화 오락활동의 장소인데, 한나라 무제는 이곳에서 백희의 연기를 두 번 관람하였는데, 성대한 백희의 연기로 외국 사절과 변방의 소수민족 인사를 초대하였다. 이우(李尤)의 〈평락관부(賦)〉와 장형(張衡)의 〈서경부(西京賦)〉는 한 왕조의 백희를 연구하는데 중요한 문헌이다. 문헌과 고고자료를 통한 연구에서 한대의 백희연기 항목은 대략 20여종이 있고, 대체로 다음과 같이 4분류할 수 있다.

(1) 가창 주악의 분장 연기 - "신선으로 분장한 예인들이 모두 모였고, 놀이는 표범같고 춤은 큰곰 같고, 백호가 슬을 연주하고, 푸른 용이 지를 부는 듯하다. 여인이 앉아서 노래를 길게 하는데, 소리가 맑고 환하며 마치 뱀이 지나가듯 구불구불 멀리 이어진다. 넓은 물가에 서서 대장깃발을 가리키는 데, 털과 깃으로 만든 섬시(襳襹)를 쪼개는 듯하다."[51]

(2) 각저희와 고사정절이 있는 각저희. 각저희 중 〈동해황공(東海黃公)〉이 가장 이름이 성했다.[52] 그에 관하여 장형의 〈서경부〉에는, "칼을 삼키

---

49) 농환(弄丸) : 양손으로 여러 개의 구슬을 던지고 잡는 기예.

50) 각저(角觝) : 각저(角抵), 각희(角戲)라고도 함. 두 사람이 서로 맞잡고 힘을 겨루거나, 활쏘기 등 기예를 경쟁을 하는 것.

51) 장형(張衡) : 總會仙倡, 戲豹舞羆, 白虎鼓瑟, 蒼龍吹篪, 女娥坐而長歌, 聲淸暢而蝼蛇, 洪厓立而指麾, 被毛羽而襳襹.

52) 〈동해황공(東海黃公)〉 : 잡기 환술 연기자를 동해인 황공이라 했고, 한대에는 각저희 이름이다. 민간고사에서 소재를 취하였다. 어린 나이부터 법술을 익혀, 뱀과 호랑이 등을 제어할 수 있고, 항상 붉은 단도를 갖고 다니며 붉은 주단으로 머리를 감싸고,

고 불을 토해내고 구름과 안개가 일어 아득히 어두워진다. 땅에 그림을 그리면 문득 냇물이 되고, 위수로 흘러들어간다. 동해황공은 붉은 칼로 은근히 빌어 백호가 되기를 바라면 문득 찾을 수 없게 된다. 요사스럽게 벌레로 변하면 이에 보이지 않는다."고 했다.[53] 이 놀이는 비록 짧지만, 인물·도구·장면경물·동작의 묘사가 있기 때문에 희극 연구자들은 중국 희극(戲劇)의 기원으로 보는 사람도 있다.

(3) 잡기 '심동(尋橦, 竿戲)'[54]·'충협(冲狹, 鉆圈)'[55]·'도환검(跳丸劍)'[56]·'주색(走索)'[57]·'탄도(呑刀)'·'토화(吐火)'.

(4) 무술 '강정(扛鼎)'[58]·'웅돌섬봉(熊突銛鋒)'[59]·근투(筋鬪)·궁전(弓箭)과 마희(馬戲)·순수(馴獸)·마술(魔術) 등.

그밖에 『남제서·악지』에 기록된 잡기 절목인 '자록(紫鹿)'·'기행(跂行)'·'별식(鱉食)'·'착아(笮兒)'·'제왕권의(齊王卷衣)'와 『위서·악지』에 기록된

운무를 일으킬 수 있다. 노년에 이르면 기력이 쇠약해져 음주를 너무 과도하게 하여 법술이 영험을 잃게 된다.(갈홍 〈서경잡기〉)

53) 장형(張衡) : 呑刀吐火, 雲霧杳冥, 畫地成川, 流渭通涇, 東海黃公, 赤刀粵祝, 冀厭白虎, 卒不能救, 挾邪作蠱, 於是不售.

54) 심동(尋橦, 竿戲) : 동은 긴 장대(竿)로, 한 사람이 손 혹은 머리 위에 잡고 있는 장대에 여러 사람들이 장대를 따라 올라가는 것.

55) 충협(冲狹, 鉆圈) : 협은 고리(環)이니, 사방에 칼을 삽입하고, 기인이 그 가운데로 뛰어 들어가 가슴이 칼에 부딪힌다.

56) 도환검(跳丸劍) : 연기자가 두 손을 빠르고 연속적으로 둥근 구슬을 던져 잡는 놀이를 '도환'이라 하고, 도환검은 둥근 구술 대신 칼을 던져 잡는 기예.

57) 주삭(走索) : 답삭(踏索)·리삭(履索)·주승(走繩) 등으로 불림. 연기자가 밧줄 위에서 각종 동작을 연기하는 기예. 한대에 시작되었다고 전함.

58) 강정(扛鼎) : 무거운 솥을 드는 기예.

59) 웅돌섬봉(熊突銛鋒) : 곰이 날카로운 날이 있는 도구 위에 서는 기예.

'녹마선거(鹿馬仙車)'·'장교(長趫)' 등의 잡기절목은 한 왕조 시기에 이미 출현하였다.[60] 한대 백희는 연기 과정 중에 통상 음악반주가 있었고, 소용되는 음악은 민간속악이 많았다. 예를 들어 『후한서·중장통열전』에 "눈을 모아 각저의 놀이를 보고, 귀를 세우고 정위의 소리를 듣는다."고 했다.[61] 동한의 『한궁전직』에는 "종과 경이 더불어 울리고"·"황문고취가 세 번 통한다"를 백희와 함께 기록하고 있다.[62] 동한 시기에 출토된 화상석이나 화상전에는 사현 반주가 따르는 백희의 연기를 그린 도상이 많이 출현한다.[63] 예를 들어 산동 기남 동한(혹은 위진) 묘실의 벽면에 있는 백희 화상석에는 반주하는 악대의 도상이 있고, 사용된 악기가 견적·배소·우·훈·슬·고·소고·탁·편종·편경·건고 등이 있다.

5. 악기

진·한 시기의 악기 종류는 매우 복잡하고 많지만, 대체로 타격악기·취관악기와 탄발악기 3종류로 나눌 수 있다.[64]

60) 이들 잡기는 어떠한 내용인지 자세히 알 수 없다.

61) 『後漢書·仲長統列傳』: 目極角觝之觀, 耳窮鄭衛之聲.

62) 『漢官典職』: 鍾磬幷喝, … 黃門鼓吹三通.

63) 화상전(畫像磚) : 고대 사당이나 묘실을 장식한 그림이 있는 벽돌. 공심과 실심으로 나누는데, 공심화전은 전국 말기에, 실심화전은 동한 시기에 성행하였다. 사천, 산동 등지에서 비교적 많이 발견되었다. 표현형식은 선각 혹은 평면·부조 등을 양각한다. 형틀을 이용하여 찍는 방법 혹은 직접 벽돌에 새기는 방법으로 하고, 때로는 색채가 있기도 한다. 내용은 벼를 베거나, 소금을 만들거나, 연밥을 따거나, 주살을 쏘거나, 음주 가무 잡기 말과 수레를 타고 돌아다니거나, 신선고사 등이다. 구도는 변화가 풍부하고, 조형은 간단하지만 생동적이다. 후대에 궁중의 동산 건축물에 많이 사용되었다.
화상석(畫像石) : 고대 사당이나 묘실에 장식 그림을 새긴 돌. 서한에서 시작하여 동한 시기에 성행하였다. 내용은 역사인물·신선고사·사회생산과 일상생활 등이다. 표현형식은 면을 양각하고, 선을 음각 혹은 양각한다. 구도는 변화가 풍부하고 조형과 선은 질박 생동하다. '무량사화상(武梁祠畫像)'이 유명하다.

고·종·요·경 등은 진·한 시대 주요 타악기이다. 진·한 시기 악대 조합에서 '고'는 절주를 제어하고 전국면을 지휘하는 작용을 하여 지위가 매우 중요하였다. 고에는 또 건고(建鼓)·비고(鼙鼓)·도고(鼗鼓) 등이 있다.[65] 악대에서 도고는 악을 인도하고, 건고와 비고는 음악의 절주를 담당하고, '요'를 울리면 악곡의 종결을 표시한다. 고취악·상화가 등 속악형식이 진·한 시기에 왕성하게 발전함에 따라 궁정아악 중 주도적 지위를 차지하고 있는 종고의 음악은 점차로 쇠미해졌고, 배소·가·적 등으로 대표되는 취관악기와 공후·비파·고금 등으로 대표되는 사현악기가 전에 없이 발전하였다.

배소(排簫) : 길이가 다른 약간의 취관을 음고의 순서에 따라 한데 묶었다. 관자(管子)의 수는 대략 큰 것은 23관이고, 작은 것은 16관으로, 마치 새의 날개 형상이다.[66] 『석명·석악기』는 "소는 숙(肅)이다. 그 소리가 소슬하고 맑다."고 했다.[67] 소는 그 발성으로 이름붙인 것임을 알 수 있다. 그 형태는 허신(許愼)의 『설문해자』에서 "서로 길이가 다른 관악으로, 봉황의 날개를 본떴다."고 했다.[68] 호북 수현의 증후을 묘에서

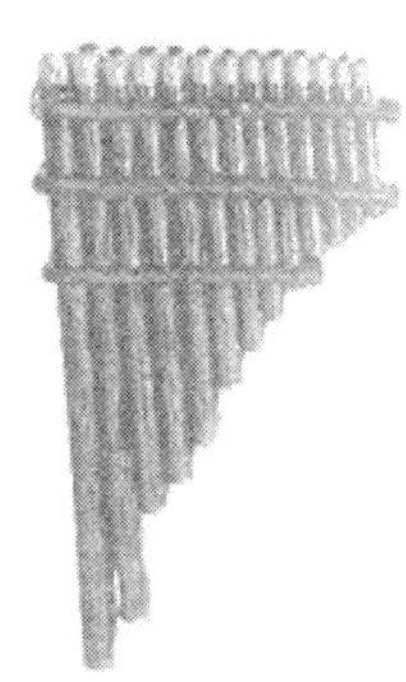
증후을 묘 출토 배소

64) 취관(吹管)악기 : 관을 불어 소리를 내는 악기.
탄발(彈撥)악기 : 손이나 발자(撥子)를 이용하여 줄을 뜯어서 소리를 내는 현악기. 또는 금죽(琴竹)으로 현을 쳐서 소리를 내는 악기의 총칭. 횡식(橫式; 가로식)과 수식(竪式; 직립식) 두 종류가 있다. 횡식은 쟁·고금·양금 등이고, 견식은 비파·완·월금 등이다.

65) 비고(鼙鼓) : 고대 군대에서 사용한 전투용 소고. 한 대 이후에는 기고(騎鼓)라 했다. 고대 악대에서 사용하였다.

66) 관자(管子) : 관(管), 대나무로 만든 대롱.

67) 『釋名·釋樂器』: 簫, 肅也. 其聲肅肅而淸也.

68) 『說文解字』: 參差管樂, 象鳳之翼. 허신(許愼) : 동한의 경학가, 문자학자. 자는 숙중(叔重)으로, 여남 소릉(지금 하남) 출신. 경적에 박학하여 당시 사람들이 '五經無雙許叔

성도 악무백희 화상전

13관의 배소가 출토되었는데, 길이에 따라 배열되었고, 세 줄의 대나무 껍질을 이용하여 테를 둘러 묶었다. 지금까지 고고학적 발견 연대가 가장 이른 실물이다. 한대 고고학에서 발견한 화상전·화상석·벽화·도용(陶俑) 등에 의하면, 한나라 시기의 소는 독주·합주에 사용되었을 뿐만 아니라 가무·백희 등의 반주로도 사용되었고, 일반 음악 활동에 사용되었을 뿐만 아니라 노부(鹵簿, 임금의 의장행렬)의 기취(騎吹)에도 사용되었다.[69] 1954년 사천 성도(成都) 양자산(羊子山) 2호묘에서 출토된 '악무백희 화상전'에는 두개의 자리에 꿇어 앉아 배소를 들고 취주하는 그림이 출현하였다.

적(笛) : 서한 시기의 '적'은 횡취(橫吹)와 수취(竪吹) 두 종류 형식이 있다. 장사 마왕퇴 3호 한나라 묘(馬王堆 漢墓)에서 출토된 죽간(竹簡)의 "견책(遣冊)"에 "적(篴, 笛)"이 나열되어 있는데,[70] 그 실물은 두 줄 6개의 구멍이 있고, 가로로 부는 하나의 관으로 된 악기이다. 그리고 한나라 화상석에 새겨진 '적'은 세워서 부는 수적(竪笛)이 많이 보인다. 또 항상 건고·악무백희·포주도(庖廚圖) 등과 함께 한곳에 그려지고,[71] 또 악무기인이 단독으로 적을 부는 그림도 있어서, '적'의 사용 형식이 다양했음을 볼 수 있다. 이는 다른 방면으로 보면 이러한 취주악기가 한대에 매우 성행하였음 알 수 있다.

重'이라 했다. '부수(部首)'를 창안하여 글자의 체계를 만들었다.

69) 기취(騎吹) : 고대 군중에서 말을 타고 연주하는 기악합주.

70) 견책(遣冊) : 부장품 기물을 전문적으로 기록한 죽간.

71) 포주도(庖廚圖) : 칼을 이용하여 단단한 돌이나 벽돌에 주방의 일상생활을 새긴 그림.

강적(羌笛) : 이 악기는 대략 한나라 무제가 서남실크로드를 개통한 이후에 중원에 들어와 서남 소수민족 지역에 유행한 취관악기이다.[72] 동한 문학가 마융(馬融)은 『장적부(長笛賦)』에서 강적의 기원·재료·구조 등을 설명하였다.[73] 이 악기가 최초 중원에 들어올 때 구멍이 4개였는데, 그 후 한대 음률가 경방(京房)이 개조한 이후 구멍이 하나 늘어 5개가 되었다.[74] 허신의 『설문해자』에는 "강적은 구멍이 3개"라는 견해가 있다. 이는 진·한 시기에는 3공, 4공, 5공의 강적이 두루 유행하였음을 말한다. 강적의 음색은 우미(優美)하여 비애·유원(悠遠) 혹은 쾌의(快意)의 정조를 표현하는 데 적당하다. 그래서 중원에 이 악기가 들어 온 이후로 자못 사람들의 사랑을 받았고, 고시문(古詩文)에서 여러 번 언급되고, 후세의 음악생활에 특히 심원한 영향을 주었다.

가(笳) : '호가(胡笳)'라고도 한다. 원래 서역과 서북 흉노족이 좋아하고 사랑하던 악기로, 장건(張騫)이 서역을 지날 때와 한나라 무제 시기 서역에 대한 수차례 정벌을 할 때, 점차로 중원에 들어와, 한족의 음악생활에 광범위하게 응용되었다. 응소(應劭)가 편찬한 『풍속통의』는 "가는 호인들이 갈대 잎을 말아서 불어 음악을 만들었다. 그래서 호가라 한다."고 했다.[75] '가'에는 '대호가(대고, 大箛)'와 '소호가(소고, 小箛)'가 있고, 곡조는 매우 강렬하고 혹은 슬프고 처량하여, 이역(異域)의 정조를 농후하게 띠고

---

72) 강적(羌笛) : 중국 사천성 북부에 거주하는 강족이 주로 사용하는 적.

73) 마융(馬融, 79~166) : 자는 계장(季長). 무릉(茂陵, 지금 섬서 興平) 출신. 동한시기 문학가, 경학가.

74) 경방(京房, 기원전 77~기원전 37) : 서한 학자, 자는 군명(君明). '경방60율'의 창시자. 아래의 제6절 음악이론과 금학서 참조.

75) 응소(應劭) : 자는 중원(仲遠). 동한 여남(汝南, 지금 하남) 출신. 생졸년 미상. 박학다문하였다. 헌제 때 천도하여 전장(典章)이 모두 없어졌는데, 응소가 궁정의 예의고사를 지어 조정의 제도를 회복하였다. 저서에 『풍속통(風俗通)』이 있다.

있다. 한·위 시기에는 고취악의 주요 악기의 하나가 되었고, 항상 연악과 군악에 사용되었다.

각(角) : 진·한 시기 고취악에서 항상 보이는 악기로, 그것은 '가'와 마찬가지로 중국 서북 유목민족에서 기원하였고, 그 재료는 처음에는 동물의 천연의 뿔, 예를 들어 소뿔·양뿔 같은 것을 사용하였기에, 이름을 '각'이라 한다. 후대의 '각'의 재료는 점점 발전하여 죽·목·피혁 혹은 구리를 사용하여 만들었다. 그 형태는 한·위 시기에는 굴곡진 각이었다. 양한시기의 각은 항상 고취악·단소요가와 기취곡(騎吹曲)에 사용되었다. 출토된 한나라 용(俑)에는 말을 타고 각을 부는 형상이 있고,[76] 한나라 화상석 고취악도에는 각을 부는 형상이 많이 발견된다. 단지 각의 형체는 대단히 커서 예술적 가공을 더하여 만들어진 호각(號角)임이 분명하다.[77]

축(筑) : 중국에서 일찍이 전국시기에 유행하였던 일종의 격현(擊弦)악기로,[78] 그 기록이 『사기·자객열전·형가전』과 『전국책·연삼(燕三)·연태자단질우진(燕太子丹質于秦)』에 보인다. 전국시기 '축'은 지금까지 출토되지 않았다. 한나라 '축'은 두 종류의 예가 발견되었다. 1973년 장사 마왕퇴3호 한나라 묘에서 출토된 '명기축(明器筑)'이 있고,[79] 1976년 광서 귀현 라박만 서한 초기 묘에서 출토된 '명기월축(明器越筑)'이 있다. 자료에 따르면

76) 용(俑) : 고대 장례에 사용한 목제 혹은 도제의 우인(偶人, 인형). 도용(陶俑).

77) 호각(號角) : 원래는 군대에서 명령을 전달하기 위한 취주악기인데, 후에 제왕의 출행할 대 의장에 사용되고, 나중에는 일반적인 나팔을 가리킴.

78) 축(筑) : 중국전통현악기. 형체는 금과 유사하고, 13현이고, 현 아래에 기러기발이 있다. 연주할 때, 왼손으로 현의 일단을 누르고, 오른손으로 죽척을 잡고 현을 쳐서 소리를 낸다. 초나라에서 기원하였으며, 그 소리가 슬프고 격월하여, 진나라 때 광범위하게 유전하였다.

79) 명기(明器) : 장사 지낼 때 시신과 함께 묻기 위하여 만든 기물.

한나라 축은 목제로, 긴 손잡이가 달린 반판(半板)의 상자형태이고, 죽봉으로 두들겨 연주하는 오현(五弦)악기이다. 그 외형은 고대 건축에 쓰이던 나무공이(杵)와 매우 비슷하다. '축'의 이름은 이로부터 왔을 것이다. 전국시기의 고점리(高漸離)와[80] 한나라 고조 유방은 모두 축의 연주(擊筑)에 뛰어나 이름을 떨쳤다.

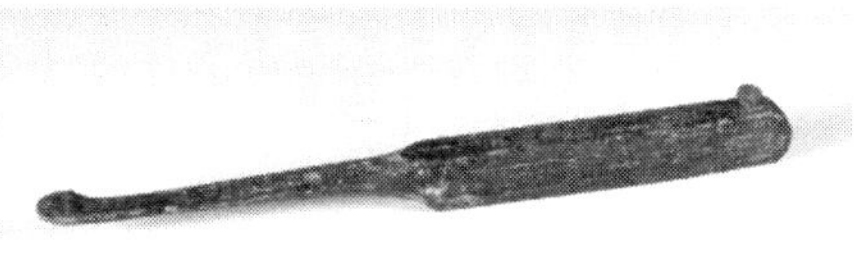

마왕퇴 한축

공후(箜篌) : '공후(空侯)'·'감후(坎侯)'라고도 한다. 와식(臥式)과 수식(竪式) 두 종류가 있다. 『석명·석악기』는 와공후는 한나라 무제 때 악공 후조(侯調)가 금에 의지하여 제작했고, 모양은 슬과 비슷하지만 조금 작고, 칠현이고, 발(撥)을 이용하여 탄주한다고 설명하였다. 혹은 사연(師延)이 만들었고, 나라에 임금이 없게 하는 악기(空國之侯)이기 때문에 '공후'라고 한다고 했다.[81] 수공후는 대략 한나라 영제(靈帝) 시기에 서역으로부터 중원에 들어왔다. 몸체는 굴곡지고 길며, 22현으로 가슴에 단단하게 안고서, 두 손으로 가지런하게 연주하기 때문에, 호(胡)공후라고 하는데, 속칭 벽(擘)공후라고 한다. 한나라 영제가 특히 이 악기를 좋아하였다.

80) 고점리(高漸離) : 전국말기 연(燕, 지금 하북 정흥현) 출신. 진왕을 암살하러 떠나는 형가(荊軻)의 친한 벗. 축 연주(擊筑)에 뛰어났다. 형가가 역수 가에 이르자, 고점리가 격축하자 형가가 그에 노래로 화답하였다. 진시황이 통일한 이후에, 고점리의 격축연주를 매우 좋아하여 그를 불러 연주케 하려 했다. 그러나 형가와 매우 친한 벗임을 알고, 혹시 고점리도 자신을 해할까 염려해서 그의 눈을 멀게 하였다. 고점리가 축 안에다 무기를 숨기고 들어가 연주하였다. 진시황이 연주에 빠져 있을 때, 그를 찌르려 하였으나, 실패하고 말았다.

81) 공국지후(空國之侯) : 당나라 단안절(段安節)의 『악부잡록·공후』: 공후는 곧 정위의 음의 권여(權輿, 시초)이다, 그 망국지음이기 때문에 '공국지후'라 부르고, 또 '감후'라고도 한다. '공국지후'는 공후의 별칭이다.

비파(琵琶) : 서역으로부터 들어온 악기로, 말 위에서 연주하는 악기이다. '비파(批把)'·'비파(枇杷)' 혹은 '비파(鼙婆)'라 부른다. 동한 시기 류희(劉熙)의 『석명』은 "비파는 본래 이민족(胡中)에서 나왔는데, 말 위에서 연주하는 것이다. 손을 앞으로 밀기 때문에 비(批)라하고, 손을 뒤로 당기기 때문에 파(把)라 하니, 그 연주하는 때를 형상하여 이름 붙인 것이다."고 했다.[82)] 진·한 시기에서 남북조 시기에 출현한 비파는 구조가 다양하여, 장병(長柄)·단병(短柄)·평면(平面)·목면(木面)·원형(圓形)·이형(梨形) 등은 모두 '비파(批把)'라 통칭한다. 이 시기에 중국에는 일찍이 두 종류 비파가 출현하였다. 하나는 기원전 214년, 진시황이 장성을 쌓을 때, 중국인민이 '도고(鼗鼓)'에 근거하여 제작한 간단한 탄발악기인 '현도(弦鼗)'이니, 후에 '진비파(秦琵琶)'라 불렀다. 다른 하나는 기원전 105년 한나라가 공주를 오손(烏孫)에게 시집을 보내는 길에,[83)] 중국의 악공이 금·슬·쟁·축·공후 등 악기를 참조하여 원형의 공명상자에 목질로 덮은 면과 4현 12주를 지닌 것을 만들었는데, 이를 '한비파(漢琵琶)'라 부르고, 위진 시기에는 '완(阮)'이라 불렀다. 후대에 월금(月琴)과 진금(秦琴)의 전신이니, 죽림칠현의 한사람인 완함(阮咸)이 이 악기 연주를 잘하였다. 그래서 '완함(阮咸)'이라 부른다. 1940년 낙산 호두만 동한시기 애묘(崖墓)의 묘문 방(枋) 위에서 중국 현존 최초의 진비파 기악(伎樂)도상이 발견되었다.

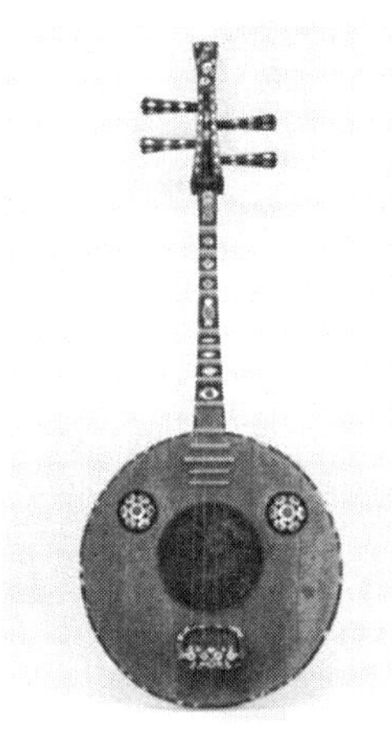
완함-진비파

금(琴) : '칠현금' 혹은 '고금(古琴)'이라고도 한

82) 『釋名』: 批把本出胡中, 馬上所鼓也. 推手前曰批, 引手却曰把. 象其鼓時, 因以爲名.
83) 오손(烏孫) : 고대 서역 오손국. 곤미(昆彌)라고도 함.

다. 주왕조 시기 후원(侯原)이 만든 오현은 후대 주문왕과 주무왕 때 칠현으로 증가되는데, 이 때 증가된 2현을 '문무현(文武弦)'이라 부른다. 진 · 한시기에 칠현금은 날로 발달하여 중국의 대표성과 상징의의를 지닌 발현악기로 점차 발전하였다. 동한시기 응소의『풍속통 · 성음』에 금은 길이가 4척5촌이고, 사시와 오행을 상징하고, 칠근현(七根弦)이 있다고 설명했다.[84] 장사 마왕퇴 한나라 묘에서 하나의 칠현금이 출토되었는데, 이는 한나라 초기에 이미 칠현금이 사용되었음을 말하여 준다. 양한 시기에 사마상여(司馬相如) · 류향(劉向) · 사중(師中) · 왕정군(王政君) · 환담(桓譚) · 채옹(蔡邕) · 양웅(揚雄) 등 저명한 금 연주가와 많은 금학(琴學) 전문서적이 출현하였다.

6. 음악이론과 금학서(琴學書)

성곡절(聲曲折) : 기원전 2세기의 한대에 이미 한자를 이용하여 음성을 표명하는 기보법 – '성곡절'이 출현하였다. 『한서 · 예문지』에 한대에 존재했던 가곡 곡목 〈하남주가시(河南周歌詩)7편〉 · 〈주요가시(周謠歌詩)75편〉이 기록되어 있고, 동시에 '하남주가성곡절'과 '주요가시성곡절75편'이 기록되어 있다. '가시'는 가곡의 가사이고, '성곡절'은 가곡 곡조를 기록한 악보이다. 이같은 기보방식은 대체로 어떤 한자로 다른 음계를 대표하여 그 성운의 높고 낮음과 빠르고 느림을 표시하는 것이다. 성곡절이 한대에 출현한 이후, 오래지 않아 세상이 인정하였고, 사람들은 동시에 '곡절' 두 글자를 이용하여 성곡절이 표기하는 곡조를 대신 부르게 되었다. 이같은 기보방식은 '공척보(工尺譜)'의 발명에 대하여 특히 중요한 계발과 영향을 주었다.[85]

84) 칠근현(七根弦) : 칠현금

85) 공척보(工尺譜) : '공척'으로 표시된 악보. '공척'은 중국 고유 음악의 음계부호로, 合 ·

상화삼조(相和三調) : 상화가를 연창할 때 항상 슬(瑟)·청(淸)·평(平)삼조를 사용하고, 후대에 초조(楚調)와 측조(側調)를 더하여 '상화오조'라 부른다. 『구당서·음악지』에, "평조·청조·슬조는 모두 주나라 방중악의 유성으로, 한대에 삼조라 불렀다. 또 초조·측조가 있다. 초조는 한나라 방중악으로, 고제(高帝)가 초나라 소리(초성)를 좋아했기 때문에 방중악이 모두 초나라 소리였다. 측조는 초조에서 생겼다. 앞의 삼조와 함께 총칭하여 상화조라 한다."고 했다.[86) 『위서·악지』에 기록된 신구(神龜) 2년(기원전 519) 진중유(陳仲儒)가 슬·평·평 삼조를 해석한 말에 근거하면,[87) 슬조는 각음을 위주로 하고, 청조는 상음을 위주로 하고, 평조는 궁음을 위주로 한다. 초조·측조는 정론이 없다. 평·청·슬·초·측조는 진·한 시기 상화가의 궁조체계를 구성함을 알 수 있다. 남북조 시기에 상화가는 '청상악(淸商樂)'으로 개칭되고, 상화삼조는 청상삼조로 개칭된다.

경방(京房)의 60율 : 경방(京房, 기원전 77~기원전 37)은 성은 이(李), 이름은 군명(君明)으로, 서한 시기의 저명한 율학가이다. 위로는 선진을 이었고 아래로는 남북조를 연 중요 인물이다. 율학상 그는 삼분손익법을 추단 연역하여 만든 변율(變律)을 확대 적용하여 '60율' 학설을 제안하였다.[88) 경방60

四·一·上·尺·工·凡·六·五·乙의 10가지로, 이는 솔·라·시·도·레·미·파·솔·라·시에 해당됨.

86) 『舊唐書·樂志』: 平調淸調瑟調, 皆周房中曲之遺聲. 漢世謂之三調. 又有楚調側調, 楚調者漢房中樂也. 高帝樂楚聲, 故房中樂皆楚聲也, 側調者生於楚調, 與前三調總謂之相和調.

87) 진중유(陳仲儒) : 생몰년대 미상. 북위 선무제(500~515년) 때 악을 의론하였고, 효명제(519년) 때 악에 관한 물음에 답변을 하였다. 즉 경방의 율의 기준을 사용하는 방법과 선율의 문제를 해석하였다.

88) 변율(變律) : 정률에 상대되는 말. 삼분손익법에 의해 정률 중려 이후에 만들어지는 각각의 율.

정률(正律) : 악률 중 주조. 양률(律)과 음률(呂)을 말함. 율에는 정률, 배율, 반율(半律), 배율반율이 있다. 반율은 그 음 길이(長度 관과 관사이의 길이)가 정률의 반이다.

율의 율을 만드는 법은 12율 정률의 마지막 율인 '중려'로부터 삼분손익을 계속해 써서 제13율인 '집시(執始)'를 만들고, 동일한 방법으로 각 율을 만들어 60번째 율인 '남사(南事)'에서 그친다. 그 중 제54번째 '색육(色育)'을 빌어 황종의 높이 보다 3.61푼(分)을 더하면 '색육'균의 칠음이 청각상에 있어 황종균칠음의 선궁처럼 들리는 난제를 해결할 수 있다. 경방의 60율의 견해는 비록 주관적으로 어느 정도 팔괘·역법에 부회한 바가 있지만, 객관적으로 보면 악률학의 정밀함을 보여준다. 더욱 중요한 것은 후세의 적지 않은 율학가가 경방의 율법의 합리적 핵심을 받아들였고, 나아가 그의 창조성에 계발되어 중국 율학사상 다방면의 탐구를 진행하였다는 점이다.

그 외에 경방은 관정률(管定律)을 부정하고, 현정률(弦定律)을 채용하는 이론과 방법을 제안하였다.[89] 경방은 관구교정(管口校正)을 하지 않은 율관의 길이는 정확한 데이터로 사용하기에 부족하다고 생각했다.[90] 즉 황종 하나의 관이 음고 표준으로 사용할 수 있는 것을 제외하고는, 황종률에 내재한 비율 데이터를 포함하여, 율의 표준인 현의 길이를 표준으로 하는 것을 모두 채용해야 한다는 것이다. 이는 율학사상에 있어, 현율(弦律)과 관율(管律)의 문제를 천명한 중대한 성취이다.

이 시기에 출현한 저명한 금학서에는 다음과 같은 것들이 있다.

배율은 정률의 배가 된다.

89) 관율(管律) : 관의 길이 수에 근거하여 율을 계산하는 체계. 정률을 내는 악기로는 현과 관 두 종류가 있다. 현은 일정한 율제에서 각 율 간의 상대적 비율로 정한다. 정확성에서는 관율보다 낫다. 그러나 현은 장력에 따라 일정하지 않다. 그래서 관을 사용한 관율의 계산체계가 표준이 되었다.

90) 관구교정(管口校正) : 기주(氣柱)의 길이와 실제 관의 길이의 차이를 '관구교정수(數)'라고 한다. 명대 주재육(朱載堉)은 12평균율로 율관을 계산할 때 '이경관율(異徑管律)'을 이용하여 교정하였다.

『신론(新論)·금도편(琴道編)』: 동한 환담(桓譚)이 지은 금학서이다.[91] 환담은 자가 군산(君山)으로, 일찍이 왕망(王莽)의 새로운 조정에서 장악대부를 역임하였고, 동한 광무제 중원(中元) 원년(기원56년)에 그는 유수(劉秀)의 미신참휘(迷信讖諱)를 대담하게 반대하여 육안 군승(六安 君丞 태수의 보좌관)으로 귀양가게 되었고,[92] 부임 도중에 죽었다. 그가 지은 『신론』은 『환담신론』·『환자신론』이라 부르기도 하는데, 『금도편』은 『신론』의 제16편으로, 내용은 금론·금사(琴史)와 금곡 소개 등을 포함하고 있다. 금론 부분은 환담의 전통적 유가음악사상을 구현하였고, 금사에서는 금의 기원·구조를 논술하였고, 또 전해져 오는 금곡명의 함의를 해석하였고, 사광·옹문주(雍門周)[93] 등 고대로부터 한대의 저명한 금가(琴家)·금곡·금가(琴歌)작품과 사상내용을 소개하였다. 〈요창(堯暢)〉·〈순조(舜操)〉·〈우조(禹操)〉·〈문왕조(文王操)〉·〈미자조(微子操)〉·〈기자조(箕子操)〉·〈백이조(伯夷操)〉 7수 등 주대 이전의 역사 인물 사적을 제재로 한 금곡을 함께 논술하였다.

〈금설(琴說)〉: 서한 유향(劉向)이 편찬한 금학논저이다. 명대 장극겸(蔣克謙)이 편찬한 『금서대전(琴書大全)』에 유향의 〈금설〉 한편이 실려 있다.[94]

---

91) 환담(桓譚, 기원전 23년 전후~기원후 56년 전후): 동한 철학가·경학가·금사·천문학가. 자가 군산(君山). 패국(沛國) 출신. 서한 왕망 동한 삼조에서 벼슬살이를 했다. 음률을 좋아하였고, 금 연주를 잘하였고, 박학다통하여 오경에도 정통했다.

92) 미신참휘(迷信讖諱): 미신적인 풍속을 맹신하다.

93) 옹문주(雍門周): 전국시대 제국의 금가로, 이름은 주. 제나라 수도 서문에 살았는데, 당시 '옹문'이라 했다. 일찍이 맹상군에게 금을 연주하였는데, 곡이 끝나자 맹상군이 눈물을 흘리고 땀을 흘리며 말하기를 금 연주가 자신을 마치 파국망읍한 사람처럼 만들었다고 하자, 다시 금을 끌어 연주하였다. 다시 맹상군은 눈물을 흘렸다고 한다. 후세에 옹문주는 최초로 금보를 발명한 사람이라 전한다.

94) 장극겸(蔣克謙): 생졸년 미상. 서주(徐州) 출신. 대대로 학자풍의 집안에서 자람. 일찍부터 독서와 금 연주를 배웠다. 선인들의 유지를 받들어 『琴書大全』을 완성하였다. 그 책은 〈성률〉·〈금제〉·〈지법〉·〈곡조〉·〈탄금성현〉, 〈금보〉, 〈금곡〉 등이 포함되어 있다.

유향은 자가 자정(子政)으로, 패현(沛縣, 지금 강소)출신이고, 서한의 대유(大儒)이다. 〈금설〉에서 금의 발전, 금곡 창작방법과 금곡 표현기교 등 각 방면에 대하여 유향은 자신의 독특한 견해를 발표하였다. 그는 '명도덕(明道德)' · '감귀신(感鬼神)' · '미풍속(美風俗)' · '묘심찰(妙心察)' · '제성조(制聲調)' · '유문아(流文雅)' · '선전수(善傳授)' 등 일곱가지 점으로 금곡 연주에서 마땅히 주의해야 할 사항을 간단한 말로 개괄하였다. 그는 유가미학관념으로부터 출발하여 금가가 우선 중요하게 주의할 것은 음악의 교화기능이고, 다음으로 연주에 있어 연주자의 독특한 음악주관느낌을 표현해야 하고, 마지막으로 금예를 전수하는 방면에서 방식과 방법에 주의해야 하고, 광범위하게 음악미의 범위를 확대 발전시킬 것을 강조하였다.

〈금청영(琴淸英)〉: 서한 문학가이며 음악가인 양웅(揚雄)이 지은 금학서이다.[95] 이 책은 모두 잃어버렸지만, 청대 엄가균(嚴可均)이 편집하여 기록한 일문(佚文, 산실된 작품) 중에,[96] 일부 금곡의 소개와 금가의 저록이라 말하는 부분이 있고, 또 금계(琴界)의 사연이 있는 금사(琴史) 성질의 저작이다. 〈금청영〉의 현존 일문은 한대에 유전한 금곡 〈자안지조(子安之操)〉와 〈치조비조(雉朝飛操)〉를 소개하고 있고,[97] 선진 시기의 금가 손식(孫息)

---

95) 양웅(揚雄, 기원전 53~기원후 18) : 자가 자운(子雲). 서한 성도(成都) 출신. 어려서부터 배우기를 좋아하여 밥을 먹을 때도 여러 책을 보았다고 함. 사부(辭賦)에 뛰어나 사마상여(司馬相如)의 뒤를 이은 서한 시기 가장 저명한 사부가이다. 노자의 도인 '玄'을 최고범주로 보고, 또 宇宙生成圖式을 구축하고, 사물발전규율을 탐색할 때 '玄'을 중심사상으로 하였다. 이는 한왕조 도가사상의 계승과 발전이며, 후세에 의의가 중대하다.

96) 엄가균(嚴可均, 1772~1843) : 청대 문헌학가. 자는 경문(景文). 호는 철교(鐵橋). 박문하고 정밀한 고증으로 천문 · 산술 · 지리류. 초목 · 조수 · 충어류. 성류(聲類) 등에 관한 저술을 남김. 『說文長篇』과 『說文聲類』 등이 있다.

97) 〈자안지조(子安之操)〉 : 계모에게 학대받아 강에 몸을 던져 죽었는데, 신선이 구해주자, 소리를 내어 슬프게 노래 불렀다. 어부들이 이 노래를 배워 부르자, 사람들이 감동하였고, 그의 부친과 계모는 벌을 받았다. 이후 이 노래는 죽은 이의 영혼을 위로 하는

과 축목(祝牧)의 조예 깊은 금예와 창작의 사연을 서술하고 있어,[98] 한대와 이전의 금학발전을 고찰하고 생각하는 데 진귀한 사료를 제공하고 있다.

〈금조(琴操)〉 : 채옹(蔡邕)이 지은 일부 금곡제목을 해제한 저작이다.[99] 채옹은 자가 백개(伯喈)이고, 진유어(지금 하남 기현) 출신이다. 〈금조〉는 상하 양권으로 나뉜다. 4류 47수의 금곡이 실려 있다. 제1류는 "가시(歌詩)5곡", 즉 〈녹명〉·〈벌단〉·〈추우(騶虞)〉·〈작소〉·〈백구〉이고, 제2류는 "12조(操)", 즉 〈장귀(將歸)조〉·〈의란(猗蘭)조〉·〈구산(龜山)조〉·〈월상(越裳)조〉·〈구유(拘幽)조〉·〈기산(岐山)조〉·〈이상(履霜)조〉·〈별학(別鶴)조〉·〈치조비(雉朝飛)조〉·〈잔행(殘行)조〉·〈수선(水仙)조〉와 〈회릉(懷陵)조〉이고, 제3류는 "9인(引)", 즉 〈백희(伯姬)인〉·〈열녀(烈女)인〉·〈정녀(貞女)인〉·〈사귀(思歸)인〉·〈벽력(霹靂)인〉·〈주마(走馬)인〉·〈공후인〉·〈금(琴)인〉·〈초(楚)인〉이고, 제4류는 "하간(河間)잡가 21장"으로, 제재가 대부분 민간 전설과 역사 인물사적 혹은 한대의 사회정치생활로부터 온 것이다. 소수의 금곡은 제목이 있으나 해제가 없는데, 예를 들어 〈작소〉와 마지막의 〈유시인(流澌引)〉·〈쌍연리(雙燕離)〉 등이다.

데 불려졌다. 견정(堅貞)한 애정을 상징한다.

〈치조비조(雉朝飛操)〉 : 정절이 있는 여인이 사랑으로 죽자, 그의 보모가 평소 그녀가 연주하던 금을 슬프게 연주하자. 홀연히 무덤속에서 아름다운 치조(꿩) 두 마리가 짝지어 날아올랐다.(*뒤에 기술되는 목독자의 〈치조비〉와는 내용이 다르다.)

98) 축목(祝牧) : 축목이 일찍이 땔나무를 하러 산에 들어갔는데, 그 형상이 마치 금과 같은 이상한 나무를 얻었다. 인하여 금을 만들고, 태고(太古)라 이름하였다. 처와 함께 산에 들어가 숨어 살았다.

99) 채옹(蔡邕, 132~192) : 동한의 문학가·서법가. 자는 백개(伯喈). 진유어(陳留圉, 지금 하남 기현)출신. 동탁(董卓)이 집정하였을 때, 중랑장 벼슬을 하여 채중랑이라 하고, 동탁이 주살되자, 옥에 갇혀 죽었다. 사부로 통치자의 부후사치를 폭로한 〈述行賦〉가 가장 유명하다. 음률에 정통하였고, 사부와 서법, 특히 예서(隸書)에 뛰어났다.

금곡 예술이 고도로 발전한 한 왕조에 금가는 이 시기 중국 음악발전사상 하나의 특별한 단계를 이루었다. 따라서 중국을 관통하는 몇 대의 왕조 음악과 가시를 결합하는 조류를 개창하였고, 한왕조의 금가는 당시(唐詩)와 송사(宋詞)에 이르게 되었다. 고금의 반주를 이용하여 스스로 연주하고 스스로 노래부르고 스스로 짓는 금가는 한왕조의 특유의 것이고, 이후 몇 개의 왕조에서 이같은 정형은 비록 존재하지만, 반주악기에 있어 점차 비파·공후 등의 악기가 대신하였다. 아래는 진·한시기 특히 성행한 금가 몇 수이다.

鹿 鳴

《诗经·小雅》 词
《自远堂琴谱》卷十二
许健 译谱

〈봉구황(鳳求凰)〉 : 사마상여(司馬相如, 기원전 179~기원전 117), 자는 장경(長卿), 사천 성도 출신. 그는 한 대 저명한 사부가일 뿐만 아니라, 음악방면에 있어서도 매우 높은 조예를 지녔다. 그는 '녹기(綠綺)'라 부르는 고금을 갖고 있었는데, 대단히 유명하고 진귀하여 제나라 환공의 '호종(號鍾)' · 초나라 장왕의 '요량(繞梁)'과 채옹의 '초미(焦眉)'와 더불어 중국 4대 명금이다.[100] 사마상여는 중국고금예술 반전에 중요한 공헌을 한 사람이다. 그는 고금예술로 후세에 재자가인에 관한 천고의 아름다운 이야기를 남겼으니, 곧 〈봉구황〉의 고사이다. 사마상여가 부호 탁왕손(卓王孫)의 빈객으로 있을 때, 탁왕손의 여아 탁문군(卓文君)이 과부가 되어 우연히 만났는데, 탁문군은 아름다웠을 뿐만아니라, 재능이 매우 출중하여 사마상여가 매우 사랑하게 되었다. 이에 금가 〈봉구황〉을 지어 탁문군을 향한 자신의 애모의 정감을 호소하였다.

100) 호종(號鍾) : 주대의 명금으로, 음색이 굉장히 커서 마치 종소리의 격렬하고 호탕하여 사람의 귀를 멀게 할 정도였다. 고대 걸출한 금가 백아가 이 호종금을 탄주하였다고 전한다. 나중에 제나라 환공의 손에 들어갔다. 그는 부하들에게 우각(牛角)을 두드리게 하고, 가창을 돕게하고, 자신은 호종을 연주하였는데, 처량하고 슬픈 선율로 옆에 있던 시종들의 눈물이 얼굴에 가득 하였다고 한다.

요량(繞梁) : 송 화원이 초 장왕에게 요량의 금을 바쳤다. 연주하자, 소리가 가늘고 길게 이어져 대들보 사이를 감싸고 그치지 않았다. 초 장왕이 그것을 좋아하여 7일간이나 조회를 보지 않았다. 이에 번희(樊姬)가 걸주의 예를 들어 진언하자, 장왕이 쇠를 금에 박아 깨뜨려 버렸다.

초미(焦眉) : 채옹(蔡邕)이 오나라 땅에 있을 때, 한덩이 나무가 불 속에서 폭렬하는 성음을 듣고는 좋은 목재임을 알아채고, 그것으로 금을 만들었다고 함. 음색이 매우 미묘(美妙)하였지만, 나무 머리 부분의 꼬리가 마치 눈썹에 불을 붙은 듯하였다. 그래서 사람들이 '초미금'이라 불렀다.

녹기(綠綺) : 몸체가 흑색인데, 은은하게 그윽한 녹색을 띠고 있어 '녹기'라 한다고 함.

鳳求凰

原出《梅庵琴谱》

〈호가18박(胡笳18拍)〉: 채염(蔡琰)은 자가 문희(文姬)이고, 채옹의 여식으로, 박학하여 말재변이 뛰어났고, 음악에 정통하였다. 그러나 운명이 험난하고 평탄하지 않아 고난이 많았다. 문희는 일찍이 남편을 잃고, 나중에 흉노와 한족의 전쟁 중에 흉노 좌현왕(左賢王)에게 포로가 되어 잡혀가 10여년을 생활하면서 두 명의 자식을 두었다. 조조는 채옹과의 우정을 생각하여 채옹의 유작을 정리하고 보존하려 하였고, 이에 사자를 흉노에 보내 금을 주고 문희를 데려왔다. 문희가 한나라로 돌아온 이후에, 심정이 매우 복잡하였다. 집에 돌아왔다는 기쁨이 있었지만 또 골육을 그리워하는 감정도 있었으며, 전쟁에 대한 저주도 있었지만 또 자신의 비참한 신세에 대한 슬픈 탄식도 있었다. 만감이 교차하는 가운데, 〈호가18박〉을 지었고, 천고절창이 되었다.

胡笳十八拍

〈소군원(昭君怨)〉 : 왕소군(王昭君)은 한나라 원제 때 선발되어 궁에 들어간 재능과 외모가 출중한 미려한 여자였다. 세력이 강대한 흉노가 곧바로 한왕조를 넘보자, 전쟁이 몰고 올 백성의 도탄을 피하고 한족과 흉노족 사이의 화목을 촉진하기 위하여 한 왕실은 흉노에게 '화친(和親)' 정책을 채택하였다. 왕소군은 대의를 깊이 알고, 개인의 바람을 돌아보지 않고 흉노로 멀리 시집갔다. 결국 한족과 흉노족의 관계는 좋아졌다. 〈소군원〉은 왕소군이 내심 깊은 곳에 쌓인 정감을 드러낸 작품으로, 오랜 동안 사람들의 사랑을 받았다.

昭君怨

王昭君 词
车皋琴 谱
王迪 总谱
管林 配歌

〈유춘(游春)〉: 〈유춘〉·〈녹수(淥水)〉·〈유거(幽居)〉·〈좌수(坐愁)〉·〈추사(秋思)〉는 동한 채옹이 지은 5수의 금곡으로, 후세 '채씨오롱(蔡氏五弄)'이라 부른다. 북송 말기 곽무청의 『악부시집』에 그 가사가 기록되어 있다. 『갈석조(碣石調)·유란(幽蘭)』 권말에 또한 '오롱'의 곡목이 수록되어 있다. 〈유춘〉은 '오롱'의 첫 번째 곡으로, 가사는 후대사람이 곡조에 의거하여 메운 것이다.

游　春

王涯　词
《风宣玄品琴谱》
管平湖　订谱

〈치조비(雉朝飛)〉: 목독자(牧犢子)는 춘추시기 제나라 사람으로,[101] 집안이 가난하여 70세가 다되도록 고단한 몸은 가난과 고통을 벗어날 날이 없었다. 어느 날 야외에 가서 땔감을 찾다가, 꿩 한쌍이 날아가는 것을 보았다. 금슬이 매우 좋아 보였다. 자신의 외롭고 고되고 의지할 바 없는 것에 생각에 이르자, 마음 속 아픔을 느꼈다. 이에 이 노래를 지어 금을 어루만지며 노래 불렀다. 이 작품은 진실하게 당시의 사회현실을 반영하기 때문에 대가들의 공명을 불러일으킬 수 있었다.

雉朝飛

101) 목독자(牧犢子) : 춘추 제나라 처사 민선(泯宣)으로, 오십이 다되어도 처가 없었다.

7. 민족 관계와 음악문화 교류

진·한 시기 정부는 중원과 변경 각 소수민족지역의 정치 경제 문화발전에 더욱 힘을 가하는 동시에, 음악문화방면의 교류를 촉진하였는데, 주로 두 방면으로 나타난다. 하나는 소수민족의 악무백희는 한 왕조에 바치는 '조공품'으로, 소수민족 악무백희가 중원에 전파되는 것을 촉진하였다. 둘은 한나라 문헌에 적지 않은 각 민족 전통풍속 악무활동과 관련된 기록의 출현이다.

1) 서역과의 음악문화교류

장건(張騫)이 서역으로 출사하였을 때, 〈마가두륵(摩訶兜勒)〉 한 곡을 가지고 돌아왔다. 이연년은 이 곡을 근간으로 '신성28해'를 만들어 무악(武樂)에 사용하였다. 서한 해우(解憂)공주와 그 하녀들은 중원과 서역문화의 교류를 촉진하는데 중요한 공헌을 하였다. 한나라 선제 원강(元康) 원년(기원전 65)에 해우공주의 하녀들은 구자(龜玆)왕과 협동하여 한 왕조에 조하를 하였고, 한나라 선제는 그들에게 궁인과 완대(緩帶)를 하사하였고, 또 "수레와 말, 깃발과 북, 노래 부르는 수십 인"을 하사하였고, 후에 수차례 조하하였다. 건무(建武) 26년(기원 50) 남흉노 단우(單于)는 아들을 한나라에 보냈고,[102] 광무제는 "악기와 북과 수레"를 하사하였다. 건무 28년(기원 52) 북흉노는 조하하러 왔고, 말과 가죽옷을 보내오고, "화친을 구하면서 음악을 요청하였다." 한나라 원제(元帝)는 왕소군을 흉노 단우에게 멀리 시집보낼 때, 호한사(呼韓邪)를 불러 하사한 악기 우·슬·공후 등은 흉노에서는 보기 힘든 악기이다.[103] 동한 영제(靈帝) 시기에 호무(胡舞)·호풍(胡風)은

102) 단우(單于) : 흉노족 수장의 호칭. 이 칭호를 처음 사용한 사람은 모둔(冒頓)단우의 부왕인 두만(頭曼)단우이고, 이후 흉노가 멸망할 때까지 사용하였다. 동한 삼국 시대에는 오환, 선비의 부락도 이 칭호를 사용함.

103) 호한사(呼韓邪, hūhányé, ?~기원전 31) : 서한 후기의 흉노 단우. 처음으로 중원에

중원에서 대단히 성행하였고, 사천 중강탑(中江塔) 양자(梁子) 동한 말기의 애묘(崖墓 M3)에서 출토된 호인들을 새긴 벽화와 신도(新都) 동한묘에서 출토된 낙타가 북을 지고 있는 화상전은 증거가 될 수 있다.

2) 동방 이웃국가와의 음악문화교류

한나라시기 중국은 조선·일본과 경제 문화방면 교류가 빈번하였다. 한나라 무제시기 중원의 악무기인들은 '진품(珍品)'을 만들어 고구려에 주어, 중원 악무가 동북 소수민족 지역에 전파하는 것을 촉진하였다. 동시에 조선의 음악작품 〈공후인〉은 한 왕조에 전해져 널리 유전되었다. 동한 시기 동한정부와 왜국(지금 일본)의 적지 않은 정권은 특별한 우호관계를 유지하였고, 양국은 경제 문화 등에서 교류가 줄곧 매우 빈번하였다. 그리고 왜국의 어느 풍속·관습과 한 왕조는 특히 서로 유사하였는데, 예를 들어 왜국이 장례할 때, "가무를 즐거움으로 여기는" 습속은 호북·호남 등에서 유전되는 오래된 풍속무 〈도상무(跳喪舞)〉와 매우 비슷하다.[104)]

3) 동남아 제국과의 음악문화교류

동한 시기 월남과 면전(緬甸, 미얀마)은 중서 해상교통의 중요 통로였다. 동한 초기 중국과 월남은 경제와 문화의 교류를 하였고, 특별히 교통에 있어 서아시아와 기타 지역의 인원들이 항해하여 중국으로 올 때 대부분

조하한 흉노단우로, 왕소군이 시집간 인물로 유명하다.

104) 도상무(跳喪舞) : 달리 〈타상고(打喪鼓)〉라 부르고, 지방어로는 '撒爾嗬'라 한다. 파인(巴人) 후예들의 지방토속적 특유의 오랜 된 장례의식무도로, 지방색채가 농후하다. 주로 청강(淸江) 유역의 지방토속족 지역에 유행하고, 인류기원·민족이동·전설고사를 주요내용으로 한다. 한 사람이관 주변을 북을 치며 노래를 부르고, 그 후에 고사와 춤추는 무리들이 소리를 합쳐 노래 부른다. 곡조는 관광하고 음역은 분방하며, 절주는 명쾌하여 파투민가와 매우 비슷하다. 부모가 상을 당하면 북을 치면서 슬픔을 토하고, 그 노래는 반드시 외침이 있고, 무리들이 함께 뛰면서 노래한다.

월남을 경유하였다. 면전은 중서 해상교통의 중요 거점으로 서방 사절과 상인들이 벵갈만(孟加拉)에 이르러 면전에서 육지에 올라, 이후에 중국 익주 영창군에 진입하였다. 영원(永元) 9년(기원 97) 동한 정부는 탄국(撣國, 지금 면전) 국왕 옹유조(雍由調)의 사신을 접대하여 진귀한 예품을 받았다. 영녕(永寧) 원년(기원 120) 옹유조는 다시 동한 정부에게 일종의 악곡을 배치한 환술과 잡기예술을 보냈다. 영건(永建) 6년(기원 131)에 탄국은 재차 사신을 낙양에 파견함으로써 한 왕조와 동남아 제국의 음악문화교류는 극대로 강화되었다.

8. 음악사상

1) 『악기(樂記)』의 음악미학사상

『악기』는 한나라 무제 시기 하간헌왕(河間獻王) 유덕(劉德)이 지은 것이고,[105] 일설에는 전국초기 공손니자(公孫尼子)가 지은 것이라 한다.[106] 23편, 24편의 두 종류 판본이 전해지고, 지금은 앞부분 11편이 있고, 『예기』 권11과 『사기·악서 제2』에 〈악본(樂本)〉·〈악론(樂論)〉·〈악례(樂禮)〉·〈악시(樂施)〉·〈악정(樂情)〉·〈악언(樂言)〉·〈악상(樂象)〉·〈악화(樂化)〉·〈위문후(魏文侯)〉·〈빈모고(賓牟賈)〉과 〈사을(師乙)〉로 나뉘어 보존되어 있다.[107] 『악기』의 그 나머지 12편명은 유향(劉向)의 『별록(別錄)』에 보이는데,[108] 〈주악

105) 유덕(劉德, 기원전 171~기원전 130) : 하간(지금 하북)왕에 봉해짐. 고문헌의 수집과 정리에 필생을 바침. 한 무제가 그 공을 인정하여 '헌왕(獻王)'의 시호를 내림.

106) 공손니자(公孫尼子) : 전국 초기의 인물. 공자의 재전(再傳) 제자. 세석 등과 더불어 본성에 선도 있고, 악도 있다'는 설을 제안함.

107) 위문후(魏文侯) : 전국시기 위나라의 창시자. 이름은 사(斯). 기원전 445~396년 재위. 농경과 전쟁을 겸하는 정책을 장려, 수리를 관리, 개력을 진행하여 위나라를 강국으로 만듦. 자하(子夏)·전자방(田子方)·단간목(段干木) 등을 중용하여 전국칠웅의 하나가 됨.

(奏樂)〉·〈악기〉·〈악작(樂作)〉·〈의시(意始)〉·〈악목(樂穆)〉·〈설율(說律)〉·〈계찰(季札)〉·〈악도(樂道)〉·〈악의(樂義)〉·〈소본(昭本)〉·〈소송(昭頌)〉·〈두공(竇公)〉으로 주로 음악창작·연주·악률과 악기 등과 관련된 연구 저작인데 애석하게도 전해지지 않는다.

『악기』는 중국 전통 유가 음악사상을 반영한다. 비교적 완벽한 체계를 갖춘 중국 최초의 음악이론 전문서이다. 『악기』에서 논술한 문제범위는 매우 광범위하여 음악의 본질·음악과 현실의 관계·음악과 정치의 관계·음악의 심미작용·음악의 사회기능과 음악의 감상기준 등 다방면을 언급하고 있다.

(1) 음악의 근원문제

『악기』는 음악의 근원 문제에 관하여 중국 최초의 '타율론(他律論)'에 속한다. "무릇 음이 일어나는 것은 사람 마음으로부터 생긴다. 사람 마음이 움직이는 것은 물(物)이 그렇게 하는 것이다. 물에 느낌이 있어 마음이 움직이고, 그런 까닭에 소리로 형체를 갖는다."로 시작하여,[109] 음악 생산의 마음(心)과 물(物)의 관계를 말하였다. "물에 느낌이 있어 마음이 움직인다."는 말은 고대 소박한 유물주의를 지닌 논점의 명운(命運)을 반영한다. 그것은 음악이 인간들의 감정을 표현 전달하는 예술임을 긍정하는 것이고, 인류사회생활이 인간두뇌(心)에 반영된 산물임을 긍정하는 것이다. 『악기』는 어떤 정감의 표현이든지 음악이라 부를 수 있고, '성(聲)'은 반드시 규율화된 절주변화를 지니고 있어야 하며, 귀를 조화롭고 기쁘게 하는 선율이 있어야 비로소 음악('音')이라 부를 수 있다고 생각했다. 그래서 『악기』는

108) 류향(劉向) : 자는 자정(子政). 서한의 문학가. 『별록』은 중국 최초의 도서공류목록이다. 아들 흠(歆)과 함께 『山海經』을 편찬했다.

109) 『樂記』: 凡音之起. 由人心生也. 人心之動. 物使之然也. 感于物而動. 故形于聲.

"무릇 음이란 사람 마음에서 생긴다. 정은 마음속에서 움직이어 소리로 형체를 갖는다. 소리가 꾸밈을 이루면 음이라 한다."고 말한다.[110] 소위 "꾸밈을 이룬다(成文)"는 말은 형식미의 규율에 합치되는 것이고, 이같은 심미가치를 지닌 '음'은 발로 뛰고 손을 움직이는 것을 도와 마침내 '악(樂)'이 된다. 따라서 '성'·'음'·'악' 세 개념은 명확하게 구분된다. 음악은 형식미의 규범이 있어야 할 뿐만 아니라, 반드시 사회윤리규범에 부합되어야 한다. 그래서 『악기』는 "악이란 윤리와 통한다."고 했다.

(2) 음악과 정치의 관계

『악기』는 음악이 정치상황과 사회기풍을 반영할 수 있다고 생각한다. 『악본』에서 "이런 까닭에 치세의 음은 편안하여 즐거워 그 정치가 조화롭다. 난세의 음은 원망하여 분노하여 그 정치가 괴리된다. 망국의 음은 슬퍼서 생각에 빠져 그 백성이 고달프다."고 말한다.[111] 따라서 "성음의 도리와 정치는 통한다."는 논점을 내놓았다.[112] 이같은 관점은 유가학파의 음악 문체(文體)에 대한 일관된 주장과 부합하며, 동시에 당시의 "오로지 유술만을 존중한다(獨存儒術)"는 역사적 요구와 부합된다. 『악기』의 "성음의 도리와 정치는 통한다."는 후세에 대단히 큰 영향을 주었다. 역대 왕조 통치자들은 모두 음악을 대단히 중시하였고, 관심을 가졌다. 적극적으로 말하면, 음악은 "풍속을 살피고, 득실을 알 수 있어",[113] "당시의 정치를 살피는" 작용을 일으킨다.[114] 소극적으로 말하면, 그들의 음악에 대한 관

110) 『樂記』: 凡音者. 生人心者也.情動于中. 故形于聲. 聲成文. 謂之音.

111) 『樂記』: 是故. 治世之音 安以樂. 其政和. 亂世之音 怨以怒. 其政乖. 亡國之音 哀以思. 其民困.

112) 『樂記』: 聲音之道. 与政通矣.

113) 『樂記』: 觀風俗, 知得失.

114) 『樂記』: 補察時政.

심은 백성들이 '망국지음'과 '난세지음'에 접촉하는 것을 방지하고, 따라서 그들은 음악에 대한 통제를 더욱 강화하고, "성음의 도리는 정치와 통한다."는 말은 그들이 통제를 더욱 강화하는 이론적 근거가 되었다.

(3) 사회생활에서의 음악의 지위와 작용

이는『악기』가 천명한 핵심문제의 하나이다.『악기』는 선왕이 '악'을 제정하는 목적이 바로 음악의 미감을 이용하여 서로 다른 사회 등급과 계층 간에 화해일치된 연계를 유지하고 비교적 안정된 질서를 형성함으로써, 상호 원망을 방지하고 사회기풍을 단정하게 하는 작용에 도달하는 것이라 생각한다.『악기』는 "같으면 서로 친하고, 다르면 서로 공경하고, 서로 공경하면 다투지 않고, 서로 친하면 원망하지 않는다."고 했고, 이에서 천하는 안정된다고 생각하였다.[115] 이는 일종 예와 악이 결합된 사상을 강조한 것이다. 예악의 결합은, 곧 정리(情理, 인정과 도리, 감정과 이성)의 결합으로 계급통치의 기초이다.『악기』에서는 "예악형정이 사방으로 통달하고 어그러지지 않으면 왕도가 다스려진다."고 하여,[116] 음악과 도덕·법률·정치 등을 함께 말하였다. 동시에『악기』는 음악이 반드시 정치와 윤리의 제약을 받아야 한다고 생각함으로써, 당시 통치계급의 문치·무공의 필요에 적응하여 형성된 음악관은 일정한 적극적 작용을 지니고 있었다.

(4) 음악미감에 대한 인식

『악기』의 음악미학사상은 정감(情感)미학에 속한다. 그것은 "무릇「악」이란 즐거움이니, 인정이 피할 수 없는 것이다."를 반복하여 강조한다.[117]

---

115)『樂記』: 樂者爲同. 禮者爲異. 同則相親. 異則相敬. 相敬則不爭, 相親則不怨.

116)『樂記』: 禮·樂·刑·政. 四達而不悖. 則王道備矣.

117)『樂記』: 夫樂者樂也. 人情之所不能免也.

음악은 인간 사상감정의 언어로, 그것은 심미주체의 내심에 정감공명을 발생하여 사람들로 하여금 희열의 느낌을 생기게 할 수 있어, 인류생활에 없어서는 안 될 하나이고, 음악의 미감을 이용하여 사람의 마음을 선으로 나아가게 교육한다는 것이다. 그러나 역사의 제한성으로 말미암아 그것은 명확한 계급적 낙인을 띠게 되었다. 그것은 단지 윤리표준에 합치되는 음악만이 비로소 미적 음악이라 생각하였고, 때문에 '아악'을 숭상하고 '정위지음'과 같은 민간 속악을 배척할 것을 힘써 주장하여, 중국 고대음악문화에 어느 정도 소극적 영향을 생산하였다.

2)『회남자(淮南子)』의 음악미학사상

『회남자』는『회남홍렬(淮南鴻烈)』이라고도 한다. 서한 황노학(黃老學, 노자학)의 음악미학의 대표작이다. 서한 회남왕 유안(劉安)과 그 문객들이 편찬하여 만든 것이다.[118]『회남자』의 음악미학은 고대 도가의 유물주의세계관을 반영하였고, 그 음악미학사상과 동중서(董仲舒)의 '천인합일(天人合一)'의 사상과는 기본적으로 대립된다. 유안은 음악이 마땅히 인간의 사상감정을 여실하게 표현해야 한다고 생각했다. 따라서 유안은 통치자의 공덕을 가송한 허위의 아악을 극력 반대하고, 동시에 통치계급의 향락음악을 반대하였다. 그는 음악의 보급과 확충은 마땅히 인민의 생활상황을 두루 고려해야 한다고 생각했다.

『회남자』의 사상에서 음악은 '유성지악(有聲之樂)'과 '무성지악(無聲之樂)'의 형태로써 출현한다. 유성지악은 순수 무욕의 음악·예악교화의 음악·감관의 음악과 민간의 음악을 포괄한다.『회남자』는 유성지악은 무성

118) 유안(劉安, 기원전 179~기원전 122) : 한고조 유방의 손자. 회남 려왕 유장(劉長)의 아들. 재주가 민첩하였고, 독서를 좋아하였으며, 문사를 잘 지었고, 금 연주를 즐겼다.

지악에 근원한다고 생각한다. 그러나 그것은 또 『노자』처럼 '대음희성(大音希聲)'을 극력하게 추숭하지도 않고, 또 『장자』처럼 황제의 〈함지〉의 음악을 송찬한 것도 아니지만, 많은 편장에서 무성지악을 천명하였다. 유성지악과 무성지악의 관계를 다루는 데 있어서 모순과 통일이 있다. 모순의 하나는 『회남자』와 노장은 하나같이 유성지악과 무성지악의 대립에서 유성지악을 부정하였다. 음악은 '기쁨을 꾸미고(飾喜)'·'즐거움을 마땅히 하며(宜樂)'·'화합에 이를 수(致和)' 있어, "군신으로 하여금 화목하게 하고, 부자로 하여금 친하게 하는 것"이라 생각하여,[119] 유성지악에 대하여 긍정적 태도를 취하였다. 다른 면에서 오락생활로써 감관 향락을 만족시키는 성색(聲色)의 음악, 즉 과분한 생리적 쾌감이 있거나, 성색오락과 상관된 음악, 동시에 '혜(慧)'·'원(怨)'의 정감 특징을 겸유한 '음악(淫樂)'을 강렬하게 반대하였다. 『회남자』는 음악을 부정하였고, 유성지악을 극력하게 폄하 배척하였지만, 이치를 따라 움직일 수 있고, 외욕에 따라 움직이지 않고, '청정염유(淸淨恬愉, 깨끗하고 편안하고 즐거운)'한 자연본성을 지닌 유성지악은 긍정하였다. 음악교류 문제에 있어 무성지악이 본이고, 유성지악은 말이라 생각하였다. 음악심미 문제에 있어 '본성을 얻는 것(得性)'이 본이고, '욕망을 얻는 것(得欲)'이 말이라 보았다. 인간의 사상감정을 인도하는 면에서는 '욕망이 없는 것(不欲)'이 본이고, '욕망을 금하는 것(禁欲)'을 말이라 보았다.

『회남자』는 하늘과 사람이 서로 통한다는 사상과 연관되어 있다. 유성지악은 사람에 속하고, 무성지악은 하늘에 속한다. 『회남자』는 음악과 천도 사이에는 수(數)의 관계가 존재한다고 하면서, 음악은 구천(九天, 하늘의 중앙과 팔방)과 통할 수 있고, 하늘과 사람은 교통하는 관계이고, 사람은 자연으로 나와 자연계와 더불어 화해 통일한다고 생각하는 사상은 "율력의 수

119) 『淮南子』: 君臣以睦, 父子以親.

는 천지의 도"라는 명제이 기초를 낳았다.[120] 『회남자』는 자연현상과 사회현상 사이에 우연히 합치되는 과대한 인과 관계를 농후한 신비색채를 띠고 있는 것으로 보고, 그것을 '천인감응론(天人感應論)'이라 불렀다.[121]

음악심미관념에 있어 아래의 세 가지 점에 주의할만한 가치가 있다.

(1) 미에 관한 객관성 판단에 있어서 『회남자』는 사물의 미와 추는 모두 객관존재이고, 사람의 주관의지가 개변할 수 없는 것이라 생각한다. 사물의 미추와 사람의 판단 각도, 판단 전제는 서로 관련이 있고, 그래서 이같은 판단은 종종 상대성을 띠고 있다.

(2) 주체에 대한 음악의 영향은 주체의 인식능력에 따라 결정된다. 음악감상이 심미주체에 따라 결정되는가의 여부는 '사광(師曠)의 귀'를 지니고 있는가에 있지 않고, '지음(知音)'인가에도 있지 않다. 심미주체에 대한 음악의 영향은 주체의 문화수양에 따라 다르다. 『회남자』는 심미주체의 인식능력은 한번 이루어지면 불변하는 것이 아니라, 음악 학습과 훈련을 통하여 제고된다고 생각한다. 이는 곧 '지음'이 후천적 훈련에서 오는 것임을 말한다.

(3) "사람의 마음을 감동시키는 것은 정의 지극함이다(感人心, 情之至)"라는 말은 음악미의 체현이다. 『무칭훈(繆稱訓)』에서, "꾸밈(文)이란 사물에 접촉하는 까닭이니, 정은 마음에 연계되어 밖으로 드러나고자 하는 것이다. 꾸밈으로 정을 없애면 실정(失情)이고, 정으로 꾸밈을 없애면 실문(失文)이니, 문과 정은 이치가 서로 통한다. 곧 봉황과 기린의 지극함이다."고

120) 『淮南子』: 律曆之數, 天地之道也.

121) 천인감응(天人感應) : 중국 철학에서 천과 인에 관한 일종 유심주의학설로, 하늘의 뜻(天意)과 사람의 일(人事)이 교감하고 상응한다는 사상. 하늘은 사람의 일을 간여할 수 있고, 재앙으로 미리 보여줄 수 있고, 사람의 행위는 하늘에 감응할 수 있다고 생각한다.

했다.[122] 문은 정의 음악 표현형식인데, 내재된 정은 단지 외재의 문(음악형태)을 통하여 완전하게 표현된다. 예를 들어, 음악의 '가(歌)' · '곡(哭)' 등 정감의 표현에 있어, "한번 소리를 내어 사람의 귀에 들어갈 수 있고", "사람의 마음을 감동시킬 수" 있는 것은 일반적 정감과는 다른 것을 지닌다.[123] 이는 곧 "정의 지극함"이니, 음악정감의 표현에 있어 사람을 감동시켜 지극히 깊은 곳에 이르게 하는 것이다. 그래서 정감의 표현은 자의적이고 즉흥적인 것이 아니라, 마음에 근거한 자신의 체험 · 파악이 분수 있게 드러나는 것이다.

『회남자』의 음악미학사상은 도교사상을 기초로 하여 유가 · 음양가의 사상을 융합하여 이루어진 서한의 새로운 도가상의 산물이고, 후세 특히 위진 시기의 음악미학사상에 비교적 커다란 영향을 주었다.

3) 동중서(董仲舒)의 음악미학사상

동중서(기원전 176~기원전 104)는 서한 유심주의 철학 대가이고, 한대 관방(官方)철학사상의 기초를 닦은 사람으로, 광천(廣川, 지금 하북성 경현 서남) 출신이다.

동중서는 유가학설에 법가 · 음양학설을 결합하여 봉건사회제도에 복무하기 위한 신학(神學)체계를 건립하였고, 한 왕조의 장구한 통치를 위한 이론적 근거를 제공하였다. 그는 황제는 '천(天)'이 내려보내 인민을 통치하고, 황제의 행위는 '천'의 기쁨과 분노를 일으킬 수 있고, 자연계의 각종 재난은 모두 신의 일종 경고에서 나온 것이라 생각했다. 동중서는 이같은 신비주의 관점을 진일보시켜 음악을 '음양(陰陽)' · '오행(五行)' 등과 결합하

---

122) 『淮南子 · 繆稱訓』: 文者所以接物也, 情繫於中, 而欲發外者也, 以文滅情則失情, 以情滅文則失文, 文情理通, 則鳳麟極矣.

123) 『淮南子』: 一發聲, 入人耳. … 感人心.

였고,[124] 이같은 것들은 모두 신의 손바닥에 있어 자연계와 사회의 운명을 주재할 수 있다고 생각하였고, '천인합일(天人合一)'·'천인감응'을 선양하였으며, '삼강(三綱)'·'오상(五常)'의 윤리도덕을 선양하였고,[125] 흑·백·적의 '삼통(三統)' 역사순환론과 상·중·하 '삼품(三品)'설을 선양하였다.[126] 그리고 "제자백가를 모두 몰아내고, 오직 유술(儒術)만을 존중한다."고 주장하여,[127] 한나라 무제의 의견수용을 얻었고, 따라서 유가학설을 봉건왕조의 통치사상으로 확립하였다.

동중서의 음악 이론은 대체로 네 가지 점이 있다.

(1) 통치계급의 시각으로부터 출발하여, 음악은 봉건통치를 유지하는 작용이 있음을 긍정하였다. 그는 "자손이 수 백세를 안녕한 것은 모두 예악교화의 공이다."고 명확하게 지적하여,[128] 예악이 나라를 안정시키고 제후국을 흥성케 하는 반드시 거치는 길임을 특히 강조하였다. 예악은 인간의 성정에 적응하고, 인간의 성정에 자극을 주어 인도할 수 있고, 교화와 감화를 통하여 유도를 강제하여, 백성들이 달갑게 여기고 기꺼이 원하도

124) 오행(五行) : 중국 고대 도교철학의 계통관으로, 수·금·지·화·토를 말함. 이로써 만물의 형성과 그 상호관계를 설명함. 사물의 운동형식과 변화 관계를 묘사하는 데 있다. 음양은 고대의 이 학설의 대립 통일학설이다.

125) 오상(五常) : 유가의 오상은 仁·義·禮·智·信으로, 사람(人)은 사회 속의 독립개체이고, 자신의 발전과 사회적 진보를 위하여 갖고 있는 다섯 종류의 기본적 품격과 덕행을 마땅히 행하여야 한다. 맹자는 인의예지를 제안하였고, 동중서는 인의예지신 오상을 제안하였다.

126) 삼통(三統) : 주, 은, 하나라의 역력의 정삭(正朔, 정월 초하루)으로, 천통(주나라 11월), 지통(은나라 12월), 인통(하나라 13월)을 말함.
삼품(三品) : 정치에 있어 왕자(王者), 패자(霸者), 강자(彊者)의 정치를 말함.

127) 『漢書』 : 罷黜百家, 獨尊儒術.

128) 『前漢書』 권56 : 子孫長久安寧數百歲, 此皆禮樂敎化之功也.

록 하여 통치에 복종하게 할 수 있다.

(2) 음악은 마땅히 통치자가 지어야 한다. 그는 "음악을 짓는 사람은 반드시 천하에 악에서 시작한 바로 돌아가는 것을 근본으로 삼아야 한다."고 생각했으며,[129] 황제는 하늘로부터 명을 받아 하늘 아래 백성들을 통치하고, 음악은 마땅히 황제의 공덕을 본질내용으로 한다고 생각했다. 이는 곧 음악을 이용하여 군권은 신으로부터 받는다는 이론을 융합한 것이다.

(3) 음악은 "사람 마음의 움직임이고", 반드시 "내심에 가득차야" 비로소 "밖으로 움직여 드러난다."를 강조하는 것은,[130] 음악 주체성의 원칙을 체현한 것이다. 동중서는 『춘추번로·초장왕』에서 "천하가 아직 화합하지 못하였을 때, 왕은 헛되이 음악을 짓지 않았다. 음악이란 내심에 가득차서 밖으로 움직여 드러나는 것이다. 그 다스려 지는 때에 응해서 예를 제정하고 악을 짓는 것이 이루어진다."고 하여,[131] 반드시 천하에 대치가 실현되고, 인심이 화락하여야 비로소 '악'을 짓는다고 했다. 이는 의심할 바 없이, 왕에 대한 약속이고, 백성에게 유리한 것이고, 어느 정도 민주주의 사상을 지니고 있다. 이는 동중서 음악미학의 진일보한 면이다.

(4) 문(文)과 질(質)의 상호의존과 조금도 결함이 있을 수 없음을 강조하여, "문과 질은 치우쳐 행해지면 너와 나의 이름을 얻지 못한다."고 생각하였고, 또 문과 질은 선후의 나뉨이 있다고 생각하였고, "질을 먼저하고 문을 나중에 한다."는 것을 주장하였다. 그는 음악은 "질과 문이 모두 갖추

129) 『後漢書·祭祀』: 作樂者, 必天下之所始于樂已以爲本.

130) 『淵鑑類函』 권184 : 人心之動, 盈于內, 動發于外.

131) 『春秋繁露·楚莊王』 권1 : 天下未遍合和, 王者不虛作樂, 樂者, 盈于內而動發于外者也, 應其治時, 制禮作樂以成之.

어져야, 그 후에 예가 이루어진다."고 생각하였다.[132] 이는 곧 『초장왕』에서 말한 "이루어진다는 것(成)은 본·말·질·문이 모두 갖추어지는 것" 이고, 또한 공자가 말한 "문과 질이 빛난 연후에 군자라 한다."이다. 동중서와 공자는 하나같이 문과 질의 통일, 문과 질의 상부상조를 요구하였지만, 동중서는 진일보하여 "질을 먼저하고, 문을 나중에 한다."고 제안하였으며, 이 사상은 분명하게 공자에 비하여 진일보 완벽한 것이다.

동중서는 예악이 나라를 다스리는 반드시 거쳐야만 하는 길임을 강조하였고, 음악은 마땅히 하늘로부터 명을 받은 '왕자'가 스스로 지은 것이고, 그 내용은 마땅히 '왕자'의 공덕을 위주로 하고, 주요 작용은 천하를 다스림에 있어 백성들로 하여금 "자손이 오래도록 안녕"하는 것이라 생각했다. 이는 봉건대통일 시대에 적응한 음악미학사상이다.

132) 『春秋繁露·楚莊王』 권1 : 文質偏行, 不得有我爾之名. … 先質而後文. … 質文兩備然, 後其禮成.

제4장

삼국三國·양진兩晉·남북조南北朝 시기

(기원 220~589년)

위진 남북조는 사회의 대동요, 민족 대융합의 시기이고, 각 민족음악문화는 이러한 시대배경 아래 집대성되고 융합하였다. 외국음악의 융입으로 전통궁정예의음악은 지극히 커다란 충격을 받았고, 문화성질상 단일성에서 다원화로의 전변이 일어났다. 그러나 중원의 전통궁정예의음악은 여전히 이 시기 궁정예의음악의 주축이었다. '강남오가(江南吳歌)'와 '형초서곡(荊楚西曲)'의 융입에 따라 청상악의 내용은 더욱 풍부하고 다채로워졌고, 점차로 북방으로 퍼졌다. 그리고 이 시기 북방의 '상화가'·'호융악(胡戎樂)'은 잇달아 중원으로 들어와 전통 한족음악과 상호교융하면서 음악생산에 거대한 영향을 끼쳤다. 이 시기 가무희(歌舞戲)는 이미 일정한 고사정절·인물표현·복식·분장·가무·대백(對白, 대사)·관현반주를 갖춘 희극원형(戲劇雛形)으로 발전하였다. 금곡예술은 이미 상당히 발전하여, '금'의 구조는 중대한 진전이 있었고, 금의 면판에 금휘(琴徽)가 출현하였다.[1] 혜강(嵇康)·완적(阮籍)·대규(戴逵)·대우(戴隅) 부자 등은 이 시기 출현한 저명한

1) 금휘(琴徽) : 금 위의 현을 묶는 줄. 현의 음의 위치를 나타내는 표지, 고금의 면판 좌방에 있는 둥근 별점을 말한다. 조개껍질이나 도자기 혹은 금속성 물질로 만든다.

금가이고, 〈주광(酒狂)〉·〈광릉산(廣陵散)〉·〈갈석조(碣石調)·〈유란(幽蘭)〉·〈매화삼롱(梅花三弄)〉 등 유명한 금곡이 나왔다. 악률상으로는 전악(錢樂)의 '삼백육십율'·하승천(何承天)의 '신율(新律)', 순욱(荀勖)의 '적률(笛律)'이 출현하였다. 비파·공후·필률(篳篥)·발(鈸, 방울, 동발, 바라보다 작은 악기)·쇄눌(嗩吶; 호적, 태평소)·호각·횡적 등 서역 악기가 잇달아 중원에 들어와 크게 되었다.

1. 궁정예의음악

삼국·양진·남북조 시기는 정권이 빈번하게 바뀌었고, 정국은 대단히 불안정하였다. 그러나 바로 이러한 조건 아래, 중국북방과 남방·소수민족·외국문화와 중원문화의 대교융이 촉진되었다. 서방 각 소수민족과 외국음악은 서역(西域, 지금 신장)과 서량(西涼, 지금 감숙 서북)을 중심지역으로 교융 발전하였고, 구자악·서량악·고창악·강국악·소륵악·천축악·안국악·고려악 등이 잇달아 중원으로 들어와 대단히 빠르게 전파되고 발전되었고, 한족음악문화 속으로 녹아들었다.

외국음악의 삼투(滲透, 스며듦)는 전통궁정예의음악에 강대한 충격을 주었지만, 계승과 발전에 있어서는 궁정예의음악 전통의 기초 위에 이역의 음악특색을 융합하여 나아갔다. 새로운 사회형세의 발전에 적응하기 위하여, 문화성질상 단일성에서 다원화로의 전변이 일어났다. 위(魏) 왕조 시기의 궁정예의음악은 기본적으로 한 왕조의 옛 제도를 따라 헌현(軒懸)의 설치를 회복하였고,[2] 또 "교습하고 연구하고, 악기를 만들어 선대 고악을 이어받고 회복하였다."[3] 궁정예의음악을 위하여 만든 고취악은 위 왕조

2) 헌현(軒懸) : 고대 제후들이 악기를 삼면에 진열하여 걸었다.

이후에도 계속 발전하여 남북조 시기에 이르러서는 고취악은 이미 대량의 외래 요소가 융합되었다. 남조 양(梁)나라 무제는 음률에 정통하여 스스로 예의음악을 만들었는데, 그는 일찍이 송·제 양대의 원래 옛 음악을 이어받아 개조를 하여 교사·종묘·연회예의음악을 다시 새롭게 제정하였다.

남조 궁정음악이 비록 외족 음악의 영향을 받았지만, 주축에 있어서는 중원 전통예의음악의 체제를 여전히 유지하였다. 북조는 장기간에 걸쳐 외족의 통치를 받았지만, 후대에 점차로 한족에 동화되어 궁정예의음악면에서도 주(周) 왕조의 궁정예의음악을 회복하려고 시도하였다. 북위(北魏)의 도무제(道武帝) 시기의 궁정예의음악은 주 왕조 때 설치한 악현(樂弦)을 모방하여, '팔일(八佾)'을 이용하여 〈황시(皇始)〉의 춤을 추었다.[4] 북제(北齊)의 궁정예의음악은 주로 북위를 답습하였다. 서량의 비고(鼙鼓)·청악·구자악 등 궁중 잡곡은 특별한 호감을 받았고,[5] 동시에 서역에서 온 조묘달(曹妙達)·안미약(安未弱)·안마구(安馬駒) 등의 연기는 대단히 환영을 받았고,[6] 또 통치자에게 중용되었다. 무성제(武成帝) 고담(高湛 561년) 때에는 사교(四郊)·종묘·삼조(三朝)의 음악을 정했고,[7] 〈복주(復幬)〉·〈소열(昭烈)〉·〈선정(宣政)〉·〈광대(光大)〉·〈수덕(修德)〉의 악곡이 있었다. 북주는 주례를 모

---

3) 『三國志卷·魏書·方技傳』第二十九 : 教習講肄, 備作樂器, 紹復先代古樂.

4) 도무제(道武帝) : 북위 황제로, 재위기간은 396~398년, 년호가 황시(皇始)이다.

5) 비고(鼙鼓) : 고대 군대에서 사용한 전고(戰鼓, 전투할 때 사용한 북)로 소고이며 악대에서 사용.

6) 조묘달(曹妙達) : 안국(安國)의 북제에서 수(隋) 문제(文帝) 시기의 궁정음악가로, 구자(龜玆)비파연주를 잘했다.
안미약(安未弱) : 안국(安國)의 속특인(粟特人, 아무르강 일대에 살던 민족). 북위에서 북제에 이르는 시기의 음악가. 가무에 뛰어나, 북제 문선제(文宣帝) 고양(高洋)의 총애를 받았고, 왕에 책봉되기도 했다.
안마구(安馬駒) : 안국의 저명한 음악가.

7) 삼조(三朝) : 고대 천자·제후와 군신들이 회견하는 것. 외조, 내조, 연조(燕朝)를 말함.

방하여, 천화(天和) 원년(566)에 〈운산악(雲山樂)〉을 창작하여 육대(六代)의 '악'을 다 갖추었으며, 또 교묘제사에 사용하였다. 우문태(宇文泰)가 여섯 궁을 지을 때 사용한 '악'에 포함된 〈운문〉·〈함지〉·〈소〉·〈대하〉·〈대호〉·〈대무〉 등은 기본적으로 주대(周代) 예악을 다시 공연한 것이다.[8] 북조 소수민족 정권은 한족 전통예의문화가 민족결집의 측면에서 만들어 내는 적극적 작용을 인식하였다. 정권의 안정으로 장치구안(長治久安)하기 위하여 음악문화방면에 있어서 그들은 민심에 순응하고, 중국전통궁정예의에 교화되어 정통의식을 만들도록 하였고, 따라서 이민족 통치자들로 하여금 한족문화에 대하여 내심으로부터 흡수하여 변해서 인식을 같이 하도록 하였다.

2. 상화가와 청상악(淸商樂)

상화가(相和歌) : 삼국시기, 북방 위나라 조조(曹操)는 특히 '상화가'를 좋아하였다. 그는 일찍이 두기(杜夔)를 태악령(太樂令)으로 임용하여 옛 악곡의 발굴과 정리작업을 담당하게 하였다.[9] 조조가 죽은 이후에, 220년 위나라 황초(黃初) 원년에 똑같이 상화가를 좋아하였던 조비(曹丕)가 정권을 담당하자, 그는 전문적 음악기구—'청상서(淸商署)'를 설립하여 서한 이래로 전해지는 상화 구곡을 수집 정리하고, 신곡을 창작하는 작업에 종사토록 하였다. 서진 시기에, 진나라 무제는 순욱(荀勖)을 임명하여 청상서를 관장하도록 했다.[10] 순욱은 대단히 높은 음악적 조예가 있어서, 작곡

8) 우문태(宇文泰, 507~556) : 자가 흑달(黑獺)이고, 선비족으로, 남북조 시기 걸출한 군사이며 개혁가로, 서위의 실제 권력자이며, 북주 정권의 기초를 마련하였다.

9) 두기(杜夔) : 자는 공량(公良), 하남 출신. 음률에 정통하고, 관현 등 각종 악기에 능하여 오랫동안 가무음악을 총괄하고 마음을 다하여 연구하여 전대의 고악을 계승하고 부흥시켰고, 또 창신한 바가 있었다.

10) 순욱(荀勖, ?~289) : 자는 공증(公曾). 서진 영천(潁川, 지금 하남 허창) 출신. 처음에

가 손(孫)씨, 가창가 진좌(陳左), 박자를 맞추는(擊節) 송식(宋識), 적(笛, 篪)을 부는 열화(列和), 쟁을 연주하는 학색(郝索), 비파(阮)를 연주하는 주생(朱生) 등 악공을 이끌고 상화가의 가공과 개편 작업에 종사하였고, 따라서 상화가를 하나의 새로운 예술발전 단계로 끌어 올렸다.

예술성의 끊임없는 진전으로 작품은 곡식과 곡조에 있어서도 그에 상응한 변화를 하였다. 우선, 곡식은 구성에 있어 더욱 확대되었고, 기악과 성악과 무도가 종합적으로 발전된 '대형 상화가' 곡식이 이루어졌다. 이 시기의 상화가 기악부분의 비중은 특히 커져서, 왕왕 가창부분이 시작하기 전에 생과 적의 연주가 있었고, 그 연주된 선율은 고저와 화강(花腔)에 있어 상응한 변화를 하였으며,[11] 그런 다음에 다른 악기와 함께 합주되었다. 악기연주부분에 통상 4~8단(段)이 사용되었는데,[12] 매 단이 끝날 때에 하나의 끝소리(尾聲)가 더해졌다.[13]

이 시기의 상화가에는 '전조(轉調)'가 출현하였다.[14] 『악부시집』 권45 〈상성가(上聲歌)〉 소서(小序)에,[15] "『고금악록』에서 '〈상성가〉는 상성이 기러기발을 빠르게(促柱)함으로써 이름을 얻은 것이다. 혹은 하나의 조를 사

위나라에서 벼슬을 시작하여 서진의 개국공신으로 이후에 광록대부가 되어 악사(樂事)를 관장하여, 율려를 수정하였다.

11) 화강(花腔) : 기본창강에 화(花)를 더한 일종 특정한 화려하게 꾸민 강조이다. Coloratura. 중국 전통극이나 성악에서 기본 곡조를 일부러 굴절, 변화시키는 창법(唱法).

12) 단(段) : 곡예 중의 한 번의 연행으로 완성되는 작은 절목. 단자(段子).

13) 미성(尾聲) : 마지막으로 연주되는 곡, 결론, 에필로그, 결미의 뜻. 설창문학(희곡)에서는 각본 속에 다수의 투곡 중의 마지막 한 곡을 말함.

14) 전조(轉調) : 악곡(樂曲)의 진행 중 지금까지 계속 되던 곡조에서 딴 곡조로 바꾸어 진행시키는 일.

15) 〈상성가(上聲歌)〉 : 남조 악부로, 고가사에서 말하는 바 애사지음(哀思之音)과 같아 중화(中和)에 미치지 못하고, 양나라 무제가 그 가사를 개사하였는데, 아구(雅句)가 없다.

용하고 혹은 조의 이름이 없는 것을 사용한다."고 했다.[16] 또 진·송·제나라의 〈상성가〉 가사에는 "조를 바꾸어 쟁을 빠르게 울린다"는 말이 있다.[17] 이로써 소위 고성롱(高聲弄)·하성롱(下聲弄)이 선율의 고저 변화를 말하는 것임을 알 수 있고,[18] 또 이 같은 고저 변화는 고저 8도의 변화에 국한되지 않고, 전조의 관계가 내재해 있음을 알 수 있다.

성악부분에서는 '연창(聯唱)'·'적창(摘唱)' 등 형식이 출현하였다. "염(艶)-곡(曲)-해(解)-추(趨)"는 상화대곡의 기본구조이다,[19] '곡'은 상화대곡의 핵심으로, 가창부분은 많은 단(段)들이 연달아 이루어졌다. 적창은 상화대곡 가사 중에 어떤 하나의 단을 적취(摘取)하여 연창(演唱)을 진행하는데, 적취된 부분은 항상 '해'로써 단위를 삼는다. 예를 들어 〈불무곡제제사(拂舞曲濟濟辭)〉에서 적창은 바로 〈진제제가무(晉濟濟舞歌)〉 6해 중의 가장 끝에 있는 하나의 '해'이다.[20] 또 〈배반무제세창사(杯槃舞齊世唱辭)〉의 적창은 〈진배반사(晋杯槃辭)〉10해 중 첫 번째 '해'(첫 번째 句를 개사한 것)과 10번째 '해'이다.[21]

---

16) 『古今樂錄』: 上聲歌者. 此因上聲促柱得名. 或用一調. 或用無調名.

17) 〈상성가〉의 노랫말에 「初歌〈子夜〉曲. 改調促鳴箏」가 있다. 처음에는 〈자야〉곡을 부르고, 다시 조를 바꾸어 쟁을 빠르게 울린다는 뜻이다.

18) 고성롱(高聲弄)·하성롱(下聲弄): 『악부시집』에 상화삼조는 적(笛)으로 연주하는 하성롱, 고롱, 유롱(游弄)의 기법이 있다고 했고, 이는 후대 〈매화삼롱〉의 기본 구성이 되었다고 했다.

19) 도가(徒歌, 清唱으로 반주가 없음)에서 단가(但歌, 伴唱이 있으나 반주가 없음)로, 다시 상화가(絲竹의 악기가 서로 조화를 이룸, 절을 잡은 자가 노래 부름)로, 상화가는 상화대곡(해·염·추·난(亂)의 4개 부분으로 구성되고, 가창·무도·악기 3종 예술이 결합된 종합적 가무대곡)으로 변천하였다.

20) 불무(拂舞): 『晉書·樂志』에 "불무는 강좌(江左)에서 나왔는데, 예전에는 '오무(吳舞)'라 했다. 진나라 악곡에 〈백구〉·〈제제〉·〈독록〉·〈갈석〉·〈회남왕〉 등 5곡이 있었다. 〈불무곡제제사(拂舞曲濟濟辭)〉는 불무곡으로 제제사를 담고 있고, 〈진제제가무(晉濟濟舞歌)〉는 진대의 제제무가를 말한다.

청상악(淸商樂) : 위진 남북조 시기 중국 정치 중심이 남쪽으로 옮겨감에 따라, 북방의 '상화가'와 남방의 '오가(吳歌)' · '서곡(西曲)'이 서로 결합하여 생산된 일종 새로운 민간음악이다.[22] 그 이름은 위나라 황초(黃初) 원년(220년)에 조비가 설치한 '청상서'와 관계가 있다.

위 왕조가 건립된 이후에, 악부관서는 동한의 옛 제도를 이어받아, 태악(太樂)과 황문고취(黃門鼓吹) 두 부분으로 나뉜다. 조조 · 조비 · 조예 등 통치 집단의 청상악에 대한 사랑과 창도(唱導)로, 청상악은 고취악에서 독립하였고, 또 청상악을 전문적으로 하는 관청을 설립하여 관리하였다. 당시 청상서는 여악(女樂)을 전문으로 하는 관청으로, 청상령(令) · 청상승(丞) 등의 직급을 설치하였다. 서진(西晉) 통일 후, 오나라 지역의 많은 여악이 청상서에 진입하여, 청상악의 대오는 빠르게 장대해졌다. 진나라 무제 시기에 순욱에게 악률을 관장하게 하였고, 순욱과 그 수하의 일대 저명한 음악인들은 청상악에 대하여 전면적인 정리를 진행하였고, 청상악을 위(魏)씨 왕조의 기초 위에 고상하고 우아하게 진일보 변화시켰고, 따라서 비교적 크게 발전을 하였다. 동진과 이후의 송 · 제 · 양 · 진 · 오대에 청상악은 조야의 보편적 사랑을 받아 점차로 정통적 지위를 얻게 되었다. 더욱이 양나라 무제와 진나라 후주 시기에는 악공에게 악보를 짓게 하거나 혹은 스스로 많은 신곡을 창작하였다. 『악부시집』에 수록된 〈청상곡사〉 중 〈오성가(吳聲歌)〉 · 〈서

21) 배반무(杯盤舞) : 진대의 무 이름. 손으로 잔을 뒤집으며 추는 춤.

22) 〈오가(吳歌)〉 : 오나라 지역의 민가와 민요의 총칭. 오나라 방언 지역의 광대한 민중의 입으로 창작된 문학으로, 강남 태호(太湖) 유역에서 발원하였다. 남녀 간의 애정 표현을 위주로 한다.

〈서곡(西曲)〉 : 『악부시집 · 청상고사』에 수록된 주로 장강 중류와 한수 양안에서 생산된 노래. 강릉을 중심지역으로 그 주변 일대의 도시를 포함한 남조 민가. 대부분 상인 부인들의 상상과 이별과 노동자의 애정생활을 묘사하였다. 제재는 〈오가〉와 비교하여 넓고, 풍격은 더욱 명쾌하다.

곡가(西曲歌)〉·〈신현곡(神弦曲)〉 세종류는 도가(徒歌) 혹은 분명히 민가의 영향을 받아 나온 것이다.[23] 〈강남롱〉·〈상운악(上雲樂)〉·〈아가(雅歌)〉 세 종류는 양나라 시대 혹은 양나라 시대 이후의 문인이 지은 것이다. 『고금악록』은 "양나라 천감(天監) 11년 겨울, 무제는 〈서곡〉을 개작하여 〈강남상운악〉14곡, 〈강남롱〉7곡을 만들었다."고 했다.[24] 그러나 양나라 무제, 진나라 후주와 그 문인들이 개작한 청상곡은 대부분 "말은 전아하고 음은 우아(辭典而音雅)"하여, 전시대 청상곡의 청신자연(淸新自然)이 다함과는 다르다. 이것이 청상악이 고상하고 우아하게 변화하는 표지이다. 북위 효문제 시기, 남방의 청상악은 북방에 전해져, 궁정에서 '화화의 정성(華夏正聲)'이 되어 비교적 크게 중시되었다. 이후 청상악은 중국 남방의 중요 음악의 종류로 성행하였다.

'오성'과 '서곡'은 청상악의 중요 구성성분이다. '오성(吳聲)'은 건강(健康, 지금 강소 남경) 일대에 유행한 민간 도가로, 일찍이 선진 시기에 이미 존재했었다. 동진 남북조 시기에 정치·경제·문화 중심이 남쪽으로 옮겨감에 따라 점차로 통치계급의 사랑과 관심을 받았다. 이 시기에 오성은 또 '오가(吳歌)' 혹은 '강남오가'라 부르기도 하였다. 현존 오성은 대부분 진·송나라가 가사를 만들었고, 『송서·악지』·『악부시집』 등의 책에 수록되어 있고, 〈자야가(子夜歌)〉·〈봉장추(鳳將雛)〉·〈화산기(華山畿)〉·〈전계(前溪)〉·〈환문가(歡聞歌)〉·〈아자가(阿子歌)〉[25]·〈단선(團扇)〉 등 십 수곡이 있고, 내용은 대부분 부녀의 입을 빌어 애정의 환락·상사의 고통 혹은 부자유한

23) 도가(徒歌) : 노래 부를 때 반주가 없는 것, 즉 청창(淸唱)이다.

24) 『古今樂錄』: 梁天監十一年冬, 巫祭改西曲制江南上雲樂14曲, 江南弄7曲.

25) 〈아자가(阿子歌)〉: 아자는 어린 아이, 아동들이 길에서 홀연히 노래 부르는데 〈阿子聞〉이라 하고, 곡이 끝나자 문득 「어린아이들아 너희들은 듣지 않았느냐(阿子汝聞不)」라 하였다. 얼마있지 않아 목제가 죽었고, 태후가 곡을 하면서 말하기를 「阿子汝聞不」라 했다. 후대 사람들이 그 소리로 〈아자〉·〈환문〉 두 곡을 만들었다.

혼인의 고민 등을 묘사하였다. 이 외에 민간에서 신을 제사하는 노래(祀神曲) 〈신현가〉 11곡과 진나라 후주의 궁정생활을 반영한 오성 〈춘강화월야(春江花月夜)〉·〈옥수후정화(玉樹後庭花)〉 등이 있다. 반주 악기로는 초기에는 호·비파(阮)·공후를 사용하였고, 후대에는 생과 쟁 두 악기를 더하였다. 아래는 몇 수의 오가의 가사로, 곽무청 『악부시집·청상곡사·오성』에서 뽑은 것이다.

난초 잎은 비로소 땅에 가득 한데
매화는 이미 가지에서 떨어져
이 가련한 마음을 붙잡았다가
이 심정 알아줄 이에게 따서 보내리
蘭葉始滿地 梅花已落枝
摘以寄心知 持此可憐意

– 〈자야사시가〉 7수 중 하나.[26)]

아이야! 아이야!
너의 아름다운 용모 생각해보
풍류 세상 속 드물 뿐이라
요조숙녀 짝될 이 없다네
阿子複阿子 念汝好顏容
風流世希有 窈窕無人雙

– 〈아자가〉 3수 중 하나.[27)]

26) 〈자야사시가(子夜四時歌)〉: 〈자야가〉는 남조 악부민가로, 진(晉)나라 음곡이다. 진나라 여자 자야가 이 소리를 만들었는데, 소리에 슬픔과 고통이 있는 정가(情歌)이다. 후대 사람들이 사계절의 행락의 가사를 더하여 〈자야사시가〉가 되었다. 또는 〈吳聲四時歌〉 혹은 〈子夜吳歌〉라 부르고, 간략히 〈四時歌〉라 부른다. 인용한 노래는 〈자야사시가〉 중 춘가(春歌)2로, 양나라 고조 무황제 소연(蕭衍, 464~549)이 지은 것이다.

27) 〈아자가(阿子歌)〉: 아자는 어린 아이, 아동들이 길에서 홀연히 노래 부르는데 〈阿子聞〉이라 하고, 곡이 끝나자 문득 「어린아이들아 너희들은 듣지 않았느냐(阿子汝聞不)」

푸른 구슬이 오이를 깨뜨렸을 때
낭군은 정 때문에 넘어지셨지
연꽃은 서리 이기고 활짝 피어선
가을인데도 짐짓 더욱 아름답구나
碧玉破瓜時 郎爲情顚倒
芙蓉陵霜榮 秋容故尙好

－〈벽옥가〉 6수 중 하나.[28)]

화산 땅
당신 이미 저 때문에 죽었으니
홀로 남은 생 누굴 위하여 꾸미겠습니까
만약 나를 가엾게 여기신다면
나를 위하여 관을 열어주세요
華山畿
君旣爲儂死 獨生爲誰施
歡若見憐時 棺木爲儂開

－〈화산기〉 25수 중 하나.[29)]

날 저문 강가 잔잔하고
봄날 온갖 꽃 피어나

라 하였다. 얼마 있지 않아 목제(穆帝)가 죽었고, 태후가 곡을 하면서 말하기를 「阿子汝聞不」라 했다. 후대 사람들이 그 소리로 〈아자〉·〈환문〉 두 곡을 만들었다.

28) 〈벽옥가(碧玉歌)〉 : 송나라 여남왕(汝南王)이 지은 것으로, 벽옥은 여남왕의 첩의 이름으로, 총애가 있어 노래지었다.

29) 〈화산기(華山畿)〉 : 『古今樂錄』에, 〈화산기〉는 사랑을 위해 자살을 한 연인을 위해 부른 노래이다. 한 선비가 있어 화산기로부터 운양으로 가는 도중에, 객사에서 18,9세의 여인을 보았는데, 까닭 없이 그녀를 좋아하여 마침내 마음에 병이 생겨 죽었다. 장례를 치르고, 수레가 화산을 지날 때, 그녀의 집에 이르자, 소가 움직이지 않았다. 여인이 나와서 노래를 부르자, 관이 소리에 응해 열리고, 여인도 마침내 관으로 들어갔다. 이에 합장을 하고, '신녀총(神女冢)'이라 불렀다.

달빛은 물결 따라 흐르고
파도는 별을 싣고 오가네
暮江平不動 春化滿正開
流波將月去 潮水帶星來

꽃은 밤이슬 머금었고
봄 연못엔 달빛 일렁이어
한강에서 유람하는 여인을 만나니
상수의 아황과 여영을 만난 듯하네
夜露含花氣 春潭漾月暉
漢水逢遊女 湘川值兩妃

–〈춘강화월야〉 2수[30)]

아름다운 집 높은 누각 향기나는 숲 마주하고
본디 경국지색에 새로 화장 더하고선
희미한 빛 속에 교태로이 서 잠시 멈추었다가
미소 띄고선 휘장을 나와 맞이하는데
이슬 머금은 꽃 같은 요염한 여인의 뺨
정원 속 옥으로 깎은 듯한 나무에 햇살 흐르네
麗宇芳林對高閣 新妝艶質本傾城
映戶凝嬌乍不進 出帷含態笑相迎
妖姬臉似花含露 玉樹流光照後庭

–〈옥수후정화〉[31)]

30) 〈춘강화월야(春江花月夜)〉 : 『唐書·樂志』에, 〈春江花月夜〉·〈玉樹后庭花〉·〈堂堂〉은 모두 진나라 후주(陳后主)가 지은 것이다. 후주는 궁중의 여학사와 조신들과 서로 시를 지었는데, "태상령(太常令) 하서(何胥)가 글에 뛰어나 그 아름답고 고운 것을 골라 이 곡을 만들었다."고 했다.

31) 〈옥수후정화(玉樹后庭花)〉: 진후주가 지은 노래로, 그 노랫말이 화려하고 아름다우며, 지극히 가볍고 음탕하며, 남녀가 창화하는데, 그 음이 매우 슬프다. 남조 마지막 황제인 진후주는 나라가 멸망할 때, 궁중에서 애첩들과 환락을 즐겼다고 하고, 멸망

'서곡(西曲)'은 또 '형초서성'이라 부르는데, 고대에 형(荊)·영(郢)·번(樊)·등(鄧) 지역(지금 호북)에 유행한 민간 도가이다. 음악성은『악부시집』 권47중에서 다음과 같이 말하고 있다. "그 소리의 절조와 송성(送聲)과 화성(和聲)은 〈오가〉와 또한 다르니, 그 지방풍속에 따라 〈서곡〉이라 한다." 현존 서곡 가사는 대부분 제나라·양나라 시기에 지어졌고,『송서·악지』·『악부시집』 등의 책에 수록되어 있다. 〈삼주가(三洲歌)〉·〈채상도(采桑度)〉·〈나가탄(那呵灘)〉·〈석성악(石城樂)〉·〈막수악(莫愁樂)〉·〈오야제(烏夜啼)〉·〈여아자(女兒子)〉 등 30여곡이 있고, 내용은 대부분 떠돌아다니는 장사꾼이 부인을 그리워하는 이별의 슬픔과 괴로움을 묘사하였고, 어떤 것은 봉건통치자에 대한 백성의 불만을 드러내었다. 이외에 양나라 무제가 가사를 지은 서곡 〈강남롱〉 7곡과 사신곡 〈강남상운악〉 14곡이 있다. 반주악기로는 취관악기와 령(鈴)·고 등 타격악기를 이용하였다. 아래는 몇 수의 서곡의 가사로,『악부시집·청상곡사·서곡』에서 뽑았다.

석성 아래에서 자라,
창을 열면 성루를 대하네,
성 안 뭇소년들은,
드나들며 의탁할 곳을 찾네.
生長石城下 開窓對城樓
城中諸少年 出入見依投

—〈석성악〉 5수 중 하나.[32)]

과정에 궁중에서 이 시가 성행하였다고 한다. 그래서 망국지음으로 불린다.

32) 〈석성악(石城樂)〉: 송(宋)나라 장질(臧質)이 지은 것이다. 석성은 경릉(竟陵)에 있고, 성 위에는 멀리 바라볼 수 있는 조망대가 있어 뭇 소년들이 노래 부르는 것을 볼 수 있다. 그래서 이 곡을 지었다. 석성은 옛날 영이라 불렀다. 초나라 문화의 발상지의 하나.

막수는 어느 곳에 있는가?
막수는 지금 석성의 서쪽에 있네.
뱃꾼은 힘써 배를 발동하여,
막수 보내기를 재촉하네.
莫愁在何處 莫愁石城西
艇子打兩槳 催送莫愁來

–〈막수악〉 3수 중 하나.[33)]

「길거리의 원정 가는 사람,
규방의 여인은 베틀을 내려놓네.
정을 머금고 말을 할 수 없으니,
이별에 눈물이 비단옷을 적시네.
陌頭征人去 閨中女下机
含情不能言 送別沾羅衣

–〈양양답동제〉 6수 중 하나.[34)]

강변의 밧줄을 끌고,
느리게 배 한턱을 묶네.
물을 거슬러 간 낭군은 상앗대 지고,
어느 때 강릉에 이르려나
沿江引百丈 一濡多一艇
上水郎担篙 何時至江陵

–〈나가탄〉 6수 중 하나.[35)]

33) 〈막수악(莫愁樂)〉 : 『唐書 · 樂志』에, 〈막수악〉은 〈석성악〉에서 나온 변곡이다. 석성에 막수라는 여자가 있어 노래를 잘했다. 〈석성악〉의 화성 중에 근심을 잊어버리라는 소리가 있어 이 노래가 있게 되었다고 했다.

34) 〈양양답동제(襄陽蹋銅蹄)〉 : 양나라 무제 소연이 지은 작품. 남북조 전쟁 중의 남녀간의 상사와 이별의 괴로움을 묘사한 작품.

35) 〈나가탄(那呵灘)〉 : 나가는 물가 혹은 여울 이름으로, 배들이 정박하는 곳이다. 〈나가탄〉은 일찍부터 형성된 무곡으로, 노래에 '화성(和聲, 합창)'이 있는데, 노래가 끝나는

오호에서 노닐다 연을 따서 돌아오는
꽃 핀 밭의 향내 옷에 젖네.
그대 위해 노래부는 것 세상에 드문데,
세상에 드문 것 옥과 같네.
강남롱, 채련곡.
游戲五湖采蓮歸 發花田葉芳襲衣
爲君儂歌世所希 世所希. 有如玉
江南弄. 采蓮曲

-〈강남롱〉 7수 중 하나.[36)]

봉대 위. 유유한데. 구름 끝자락.
신광이 조천에 닿네.
화려한 덮개 연주를 막고.
우의는 더욱 밝게 빛나네,
봄에 가버리고 여름에 머무네.
鳳台上. 兩悠悠. 雲之際
神光朝天极 華盖遏延州
羽衣昱耀 春吹去夏留

-〈상운악〉 7수 중 하나.[37)]

파촉 동쪽 삼협에 원숭이 슬피 우는데,
밤에 우는 세 번의 소리 눈물이 옷을 적시네,
촉에 가고자하나 촉의 강물이 어려워,
빙빙 두른 머리장식 허리에는 고리모양.

부분에 이어서 '郎去何当還'라고 한다. 강가에서 일어나는 남녀 간의 이별의 고사를 내용으로 한다.

36) 〈강남롱(江南弄)〉: 『古今樂錄』에, 남조 양나라 천감 11년에 무제가 〈서곡〉을 재작하여 〈강남상운악〉 14곡과 〈강남롱〉 7곡을 만들었다. 〈江南弄〉·〈龍笛曲〉·〈采蓮曲〉·〈鳳笙曲〉·〈采菱曲〉·〈游女曲〉·〈朝雲曲〉. 모두 산뜻하고 아름답고 매혹적(輕艶綺靡)이다.

37) 〈상운악(上雲樂)〉: 양나라 무제 소연의 작품. 〈봉대곡(鳳臺曲)〉.

巴東三峽猿鳴悲 夜鳴三聲泪沾衣
我欲上蜀蜀水難 蹋蹀珂頭腰環環

-〈여아자〉[38)]

오성과 서곡은 일반적으로 가곡과 무곡 두 종류로 나뉜다. 오성은 대부분 한편 혹은 여러 편의 5언4구의 단시 구성이고, 곡 후반에 항상 한 단의 미성(尾聲)이 있어, '송(送)' 혹은 '송성(送聲)'이라 한다. 오성에는 일종의 변가(變歌) 혹은 변체(變體)라 부르는 것이 있는데, 그것은 동일한 곡조 변화로부터 나왔다. 예를 들어 오성 〈자야가〉에는 〈대(大)자야가〉 · 〈자야사시가〉 · 〈자야경가(警歌)〉 · 〈자야변가〉 4종류의 변체가 있다. 그 밖에 일종 '삼롱(三弄)', 즉 상성롱(上聲弄) · 하성(下聲弄) · 유롱(游弄)이 있는데, 양음류(楊蔭瀏)는 상성롱 · 하성롱이 선율의 고저변화를 말하는 것이고, 이 같은 고저변화는 고저 8도의 변화에 국한되지 않고, 전조(轉調)의 관계가 내재되어 있다고 생각했다.[39)]

서곡의 가곡은 '의가(倚歌)'라 부르는데, 〈청양도(靑陽度)〉 · 〈여아자〉 등 17수가 있다. 의가의 결구는 짧고, 가사는 대부분 5언4구의 단시이고, 매 수는 상하 두 구 사이에 항상 '화성(和聲)'을 사용하여 방강을 한다.[40)] 때로는 시 후반에 '송성(送聲)'을 겸하기도 한다. '화성'과 '송성'의 장단은 하나 같지 않고, 일정한 표준도 없다. 생 · 령 · 고 등 취주악기와 타격악기 반주를 많이 사용하고, 현악 반주를 사용하지 않는다. 무곡에는 〈오야제〉 · 〈막수악〉 등 16곡이 있고, 무곡 가사의 편폭(篇幅, 문장의 길이)은 비교적 크고,

38) 〈여아자(女兒子)〉 : 『古今樂錄』에 의가(倚歌)라 했다. 의가는 물체에 의지하여, 혹은 악기로 노랫소리를 반주하는 것.

39) 양음류(楊蔭瀏, 1899~1984), 음악교육가, 자는 량경(亮卿). 중국 민족음악학의 선구자이다. 『中國古代音樂史稿』가 있다.

40) 방강(幫腔) : 무대에서 한 사람이 노래를 부르면 여러 사람이 무대 뒤에서 창화하는 것을 말함.

연출할 때 무도인 여러 명이 각기 다른 역할을 하고, 일반적으로 8~16인으로 구성된다. 〈맹주(孟州)〉·〈예악(翳樂)〉 두 곡은 의가이고, 또 무곡이다.

3. 가무희(歌舞戲)

위진 남북조 시기의 가무희(歌舞戲)는 이미 일정한 고사 줄거리를 지니고 있고, 인물의 연기가 있고, 특정한 복식과 분장이 있고, 가와 무가 있고, 인물의 대사가 있고, 관현악기 반주가 있는 희극원형(戲劇雛形)이 있었다.[41] 중국 근대 저명한 희극사가 왕국유(王國維) 선생은 『송원희극고(宋元戲劇考)』에서 중국 희극의 기원에 대하여 다음과 같이 논급하였다.[42] "예전의 배우는 단지 가무와 희학을 주로 하였다. 한나라 이후에, 민간 고사를 주로 하였다. 가무와 연기를 하나로 합친 것이 실제로 북제(北齊)에서 시작되었다. 그러나 그 합친 것이 지극히 간단하여 희(戲)라 부르는 것은 그것을 여전히 그것이 옳다고 여기는 것만 못하다. 그러나 후대에 희극의 근원은 실제로 이로부터 시작되었다." 왕국유의 견해에 근거하면, 중국 희극은 한대의 '민간고사'에 근원하고, 가무 형식에 하나의 고사 줄거리를 합치어 연기하는 것은 북제에서 시작되었다. 한 왕조의 〈동해황공(東海黃公)〉은 바로 희극화된 각저희(角抵戲)이고, 일반적으로 그것은 중국 희극의 최초 원형이라 인식한다.[43]

---

41) 추형(雛形) : 사물이 정해지기 이전의 형식(embryonic form), 실물의 축소된 모형(prototype).

42) 왕국유(王國維, 1877~1927) : 자는 정안(靜安), 호는 관당(觀堂), 청나라 말기 절강(浙江) 출신. 어린 시절부터 신학(新學)을 추구하여, 자산계급과 개량주의사상의 영향을 받아, 서방철학과 미학사상을 중국고전철학과 미학에 융합하여 독특한 미학사상체계를 형성하였다. 이어서 사곡과 희극을 연구하였고, 후에 사학·고문자학·고고학 등을 연구하였다.

43) 〈동해황공(東海黃公)〉 : 고대 잡기 환술 등의 연기자. 제3장. 제4절 백희(百戲) 참조.

삼국 시기에, 중국 초기의 '골계희(滑稽戲)'는 이미 출현하였다. 『삼국지·촉서·허자전(許慈傳)』의 기록에 의하면, 유비(劉備) 수하의 두 명의 학사 허자와 호잠(胡潛)은 매우 화목하지 못하여, 자신의 학식이 높다고 생각해서 항상 악독한 말로 공격하였고, 상대방을 비방하고, 때로는 심지어 크게 싸우기도 하였다. 유비는 이 때문에 골치가 아팠다. 이에 그는 군료(群僚)대회를 기회로 이용하여 창가(倡家)에게 그들 두 사람의 모양을 분장하도록 해서 칭송하고 다투는 형상을 모방하게 하였다. 먼저 말로 곤란하게 한 다음에 서로 마주보며 싸우게 하니, 줄거리가 핍진하였다. 나중에 술이 거나하게 취하여 음악을 연주할 때에 희학으로 이용하였다. 이로부터 골계희가 나왔는데, 줄거리는 비록 간단하였지만, 이미 각본, 배우, 연희의 신성(新聲)을 열었다.

이 시기에 '참군희(參軍戲)'가 출현하기 시작하였다. 참군희는 후조(後趙)에서 나왔다.[44] 『예문유취·조서(趙書)』에 "석륵의 참군(參軍, 참모군사) 주아(周雅)는 도관령이 되어 관청의 명주 수백필을 훔쳐, 옥에 갇혔다. 나중에 매번 대회를 열 때마다 배우들과 함께 머리띠(介幘)를 쓰고, 명주로 만든 홑옷(絹單衣)을 입었다. 배우가 묻기를 '너는 어떤 벼슬아치냐? 우리 배우 중에 있느냐?' 하면, 대답하기를 '본인은 도관령으로 20벌 단의를 입었다.'고 했다. 배우가 말하기를 '정좌(政坐)일 따름이니, 이런 까닭에 우리들 속으로 들어왔다.'고 하자, 크게 웃었다."라 했다.[45] 동위 시기에 또 고환(高歡)이 배우들을 이용하여 탐관위를 조롱하고 희롱하는 사건이

---

44) 후조(後趙, 319~351) : 16국 시기 갈족(羯族)의 수령 석륵(石勒)이 건립한 정권. 석륵이 전국 시기 조나라 옛 땅을 통치하자, 류요(劉曜)가 조나라 왕으로 그를 봉하였고, 나라를 세우자 이로써 국호를 삼았다. 건국 이전의 조나라와 구별하여 역사에서 '후조'라 부른다.

45) 『藝文類聚·趙書』: 石勒參軍周雅. 爲館陶令. 盜官絹數百疋. 下獄. 後每設大會. 使與俳兒. 著介幘. 絹單衣. 優問曰 : 汝爲何官. 在我俳中. 曰 : 本館陶令. 計二十數單衣. 曰 : 政坐耳. 是故入輩中. 以爲大笑.

출현하였다.[46] 그 줄거리와 내용은 상술한 고사와 대부분 서로 비슷하다. 이로부터 이러한 골계희는 점차로 일종 고정된 격식을 형성하게 되었고, 그 중 하나는 '범관(犯官)'으로 분장하고 연기하여 조롱의 대상이 되어 '참군'이라 부르고, 그 외에 범관을 조롱하고 희롱하는 배우를 '창골(蒼鶻)'이라 불렀다. 이것이 참군희 명칭의 유래이다.

〈대면(大面)〉·〈발두(拔頭)〉·〈답요낭(踏搖娘)〉은 당시 대단히 유행한 가무희이다.

〈대면〉은 〈대면(代面)〉이라고도 한다. 원래 〈난릉왕입진곡(蘭陵王入陳曲)〉이라 하는데, 북제 명장 난릉왕 고장공(高長恭)이 흉악한 가면을 쓰고 적들과 전쟁을 하였는데, 매번 전쟁에서 반드시 승리하였다는 고사로, 군사들이 그의 영웅적 기개를 노래로 칭송(歌頌)하여 〈난릉왕입진곡〉을 편성하였다.

〈답요낭〉은 북제의 못생기고 술만 마시면 주정하는 성격의 소(蘇)씨라는 남자가 항상 술을 마시면 아름답게 생기고 노래를 잘하는 아내를 구타하였고, 그 아내는 맞은 후에 마을 다스리는 관리에게 가서 울면서 고소하였다는 고사이다. 연기할 때에 한 남자가 부인으로 분장하여 걸으면서 노래를 부르고, 또 가창하는 박자를 따라 몸을 흔든다. "그녀(남자가 분장한 여자)"가 한 단락을 노래 부르면, 옆에 있는 사람들이 일제히 「踏搖和來, 踏搖娘苦, 和來!」라고 따라 부른다. 이어서 장부가 무대에 들어오고, 아내를 때리는 동작을 연기하는데, 골계로 웃을 수 있다.[47]

〈발두〉는 〈발두(鉢頭, 撥頭)〉라고도 부르는데, 서역으로부터 전래된 일종 민간 무도희이다. 줄거리는 한 호인이 호랑이게 잡혀 먹혔고, 그 아들이 부친의 시신을 찾아 산에 올라가 맹호를 잡아 죽였다는 것이다. 산에는

46) 고환(高歡, 496~547) : 자는 하육혼(賀六渾), 동위(東魏)의 권신. 북제 왕조의 창시자로, 역사에서는 북제신무제(北齊神武帝)라 부름.

47) 답요(踏搖) : 여주인공이 고통을 호소할 때 끊임없이 몸을 흔드는데서 '답요'라 했다.

8개의 굽이가 있고, 음곡에는 8개 단락이 있다. 연기자는 흰 옷을 입고, 머리는 산발하고, 얼굴은 고통스러운 상을 띠고 있다.

이 세 종류 가무희는 일정한 고사 줄거리를 지니고 있기 때문에 적지 않은 학자들은 그것들이 실질적으로 후대 희극의 선단(先端, 앞쪽의 끝)을 개척하였다고 생각한다.

4. 금곡(琴曲)예술

위진 남북조 시기에 고금(古琴)예술은 크게 발전하였다. 음역이 확장되고, 음악 표현력이 제고되어, 고금은 적·생·쟁·슬·비파(阮) 등의 악기와 합주에 적응할 수 있게 되었다. 금의 구조에 있어서도 중요한 개량이 있었다. 즉 면판(面板)은 평평하고 곧고, 왼손은 면판위에서 자유롭게 미끄러지듯이 연주하며, 미부(尾部, 꼬리부) 나무 부분과 본체 공명상자는 서로 이어져 있고, 면판 외측에는 13개의 음의 위치를 표시하는 '휘(徽)'라 부르는 소원점이 있다. 혜강의 『금부』에는 "휘는 종산의 옥"·"현을 길게 하는 까닭에 휘가 운다."는 기록이 있다.[48] 1960년 남경(南京) 서선교(西善橋) 육조(六朝) 고묘에서 출토된 죽림칠현 화상전에는 〈혜강조금도(嵇康操琴圖)〉가 있다. 그림 속에서 혜강이 연주하는 금에서 13개의 휘의 위치를 분명하게 볼 수 있다. 이는 현존하는 가장 오래된 금휘도상 자료이다. 아쉬운 것은 화상전을 불에 구워 만드는 과정에서 도상이 반치(反置, 거꾸로 놓다)하였기 때문에 금 자체가

혜강조금도

48) 『琴賦』: 徽以鐘山之玉. 弦長故徽鳴.

반치되었다는 점이다. 혜강·완적·대규(戴逵)·대옹(戴顒) 부자(父子) 등은 이 시기에 출현한 유명한 금가(琴家)이다.[49)]

혜강 : '죽림칠현'의 한 사람으로, 사마(司馬)씨 집단의 통치에 불만으로 살해되었다.[50)] 금곡 〈장청(長淸)〉·〈단청(短淸)〉·〈장측(長側)〉·〈단측(短側)〉이 있는데, 세상에서는 '혜씨 4롱'이라 부른다. 그 중 〈장청〉·〈단청〉은 『신기비보』에 수록되었고,[51)] 〈장측〉·〈단측〉은 『서록당금통』에 수록되었다.[52)] 그 외에 금곡 〈현묵(玄默)〉·〈풍입송(風入松)〉·〈고관우신(孤館遇神)〉 등의 작품을 지었다. 『금부(琴賦)』는 그가 완성한 금학 전문서로, 이 책에서 작자는 좋은 재료를 잘 선택하여 정교하고 아름다운 악기의 제작을 먼저 강조하였다. 그 다음으로 금곡연주의 예술기교를 논하고, 금곡연주의 풍부한 예술감동력을 묘사하였다. 세 번째로, 매우 진귀한 금사(琴史) 자료를 보존하였는데, 그 중에는 채옹(蔡邕)의 『금조(琴操)』에 수록된 금곡, 〈장귀조((將歸操)〉·〈월상조(越裳操)〉·〈별학조(別鶴操)〉 등이 포함되어 있고, 또 한대 상화가에 근거하여 개편한 금곡, 〈태산양보음(太山梁甫吟)〉·〈음마장성굴행(飮馬長城窟行)〉·〈초비탄(楚妃嘆)〉 등이 포함되어 있어, 한대 금곡창

49) 대규(戴逵, 326~396) : 동진의 저명한 미술가·조소가. 자는 안도(安道)이고, 초군(譙郡, 지금 안휘) 출신. 고금을 잘 연주하였으며, 인물화와 산수화에 능하였고, 불상 제작에 있어 칠공예에 뛰어났다.

50) 사마(司馬)씨 : 혜강은 조조의 증손녀를 처로 맞아 위나라 종실의 사위였다. 벼슬이 중산대부에 이르렀지만, 나중에 은거하여 누차 벼슬을 거부하며 나아가지 않았다. 나중에 사마소(司馬昭)에게 죽음을 당했다.

51) 『神奇秘譜』 : 명나라 태조 아들 주권(朱權)이 편찬한 고금보집으로, 명나라 초기 홍희(1425)에 완성되었고, 현존하는 최초의 중국 금곡집이다.

52) 『西麓堂琴統』 : 중국고대 금보로, 전서 25권으로, 명대 가정(嘉靖) 년간(1522~1566) 금가 왕지(汪芝)가 편집하였다. 주로 남송의 서리(徐理)의 『琴統』과 송대 이래 전해져 오는 『太古遺音』 양서에서 취하여, 성률·금제(琴制)·자보(字譜)와 잡설 등으로 나누어 논하였다.

작을 연구하는데 중요한 사료라고 생각한다.[53)]

대옹(378~441) : 남북조 시기 저명한 금가이고, 자는 중약(仲若)이며, 조상들은 초군(譙郡) 질(銍, 지금 안휘 숙현 서남)에 적을 두었는데, 회계 섬현(剡縣)으로 옮겼다. 금학예술상 그 형(戴勃)과 함께 그 아버지 대규로부터 수혜를 받았다. 그가 살았던 시대는 전란이 그치지 않았기 때문에 그와 부형은 하나같이 공명이록에 무심하여, 산림에 자취를 감추고 금으로 스스로 즐긴 은일인물이다. 396년 그 부친이 세상을 떠나자, 그는 매우 비통하여 부친이 전수한 악곡을 차마 다시 연주하지 못하고, 마침내 신곡 15수와 대형악곡 1수를 만들어 순식간에 전해졌지만, 지금 악보가 없다. 그가 창작한 신곡 〈삼조유현(三調游弦)〉·〈광릉지식(廣陵止息)〉 등은 모두 당시 전해지던 같은 이름의 악곡과는 서로 다르다. 이 외에 그는 한대 가곡 〈하상(何嘗)〉·〈백곡(白鵠)〉을 하나의 곡으로 합하여 〈청광(淸曠)〉이라 이름 하였는데, 현학(玄學)의 의미를 띠고 있다.

완적(210~263) : 자가 사종(嗣宗)이고, 삼국 위나라 시기의 진류위씨(陳留尉氏, 지금 하남 개봉) 출신이다. 일찍이 보병교위에 임명되어 '완보병(阮步兵)'이라 부르기도 하고, 완함(阮咸)의 숙부이다.[54)] '죽림칠현'의 한 사람이다. 저술은 매우 많아 후대인들이 편집한 『완보병집』에는 그가 지은 〈악론(樂論)〉 한 편이 있다. 그 글에서 작자는 "완선생"으로 자칭하며 유자(劉

53) 채옹(蔡邕, 133~192) : 자는 백개(伯喈). 진류군(陳留郡) 어현(圉縣(지금 하남성) 출신. 동한 시기 저명한 문학가·서법가이다. 음률에 정통하고, 재능이 넘쳐흘렀고, 저명한 학자 호광에게 사사하였다. 서법에도 능하여 '비백(飛白)'이란 서체를 만들어 후세에 심대한 영향을 주었다.

54) 완함(阮咸) : 생졸년 미상. 자는 중용이고, 진류위씨 출신. 위진 시기의 명사로, 완적의 조카. 완적과 더불어 죽림칠현으로 불림. 음률에 정통하고, 비파를 잘 연주하여, 당시 '妙達八音'이라 불렸다.

子)의 물음에 답하는 방식으로 한나라 이전의 음악사료와 음악사상을 개괄적으로 서술하였다.[55] 금곡 〈주광(酒狂)〉이 그가 지은 곡이라 전한다. 그의 조카 완함과 조카 손자 완첨(阮瞻)은 모두 유명한 음악가이다.[56]

〈광릉산(廣陵散)〉[57] : 〈광릉지식(止息)〉이라고도 하는데, 전국시기 섭정(聶政)이 한(韓)나라 재상을 찔러 죽인 사건을 제재로 하는 대형 기악의 서사곡이다.[58] 동한 말기 채옹의 〈금조〉에 가장 먼저 보이는데, 또한 혜강의 〈혜씨4롱〉의 하나이고, 가장 광범위하게 전해지는 음곡의 하나이다. 명대 주권의 『신기비보』의 기록에 근거하면, 전곡이 45단(段)이고, 그 중 개지(開指, 1단)·소서(小序, 3단)·대서(大序, 5단)·정성(正聲, 18단)·난성(亂聲, 10단)·후서(後序, 8단)이다. 정성 부분은 전곡의 정수이다. 적지 않은 단락은 자한(刺韓)·충관(沖冠)·노발(怒發)·투검(投劍) 등의 소표제가 표시되어 있다. 전곡은 압박에 대한 불만과 반항의 정신으로 가득 차 있고, 숭고한 경계를 추구함으로써 대단히 높은 예술가치를 지니고 있다.

정성 제8 "순물(循物)"이 표현한 것은 일종 억눌린 분노의 정서이다.

---

55) 류자(劉子) : 자는 공소(孔昭)이고, 발해(渤海) 부성(阜城) 출신. 북제 시기의 도가, 사상가. 그 평생은 자세히 알 수 없다.

56) 완첨(阮瞻) : 자는 천리이고, 완함의 아들.

57) 〈광릉산(廣陵山)〉에서 '산(散)'은 산악의 의미로, 궁중 아악과 다른 민간음악이다.

58) 섭정(聶政) : 전국 시기의 협객으로 춘추전국시기의 4대 자객의 한 명. 의협심이 있으며 도살로 업을 삼고 있던 섭정은 자신의 모친을 보살펴 준 한나라 대부 엄중자를 위해 그와 원수지간인 한나라 재상 협루를 죽였다. 얼굴생김새가 비슷한 그의 누이가 잡힐까 두려워 얼굴을 칼로 긋고, 눈을 파고, 할복자살하였다. 누이는 한나라 저자거리에서 동생의 시신을 찾아 통곡하다 죽었다고 한다.

정성 제10 "장홍(長虹)"이 표현한 것은 쇠로 만든 창과 철로 만든 말의 전투 장면이다.

〈주광(酒狂)〉: 완적이 지은 것이라 전해진다. 곡보는 주권의 『신기비보』에 처음 보인다. 표제는 당시 암흑 정치에 대한 작자의 증오를 표현한다. 고민과 방황하는 심정에서 술을 빌어 거짓으로 미쳐 현실에 대한 불만의 정서를 발설하였다. 악곡은 짧고 정밀하며, 결구는 치밀하게 잘 짜였다. 악곡은 다섯 차례의 주제 음조의 순환 변주를 거치고, 보기 드문 삼박자를 채용하고, 또 약박(弱拍)에서는 대단히 심한 저음 혹은 장음이 출현하여 일종 머리는 무겁고 발은 가벼운, 오락가락하는, 단단히 서있지 못한 형상을 조성하였다.

〈매화삼롱(梅花三弄)〉: 〈매화인(梅花引)〉·〈옥비인(玉妃引)〉으로도 부른다. 원래 한편의 적곡(笛曲)이다. 『신기비보』는 환이(桓伊)라 부르는 사람이 왕휘(王徽)를 위하여 적곡 〈매화삼롱〉을 취주(吹奏)하였다고 설명하였다.[59] 남조에서 수·당에 이르는 시기에 이 곡이 비교적 유행하였다. 금곡 〈매화삼롱〉은 범성(泛聲)으로 주된 곡조(主調)를 연주하고,[60] 같은 곡조를 다른 휘위(徽位, 기러기발의 위치)에서 세 번 연주하기 때문에 '삼롱'이라 한다. 『악부시집』권30 평조곡(平調曲)과 권33 청조곡(淸調曲) 중에는 각각 하나의 해제가 있는데,[61] 상화삼조 악기 연주 중에 적으로 '하성롱·고롱·유롱'의 기법으로 연주한다고 언급하였다.[62] 지금의 금곡 중 '삼롱'의 곡체(曲體)구성은 이같은 표현형식의 잔존이라고 할 수 있다. 이 때 〈매화삼롱〉의 악곡 내용은 원망과 슬픔과 이별의 정감을 표현하였다. 이점은 대부분의 매화가 능상방설(凌霜放雪)하고 고결불굴(高潔不屈)한 정조를 표현내용으로 하는 고금곡 〈매화삼롱〉과는 분명하게 다른 점이다.

59) 환이(桓伊, 생졸년 미상) : 자는 숙하(叔夏). 초국(譙國) 질현(銍縣, 지금 안휘) 출신. 동진의 장군이며, 명사, 음악가이다. 적을 잘 불었으며, '적성(笛聖)의 칭호가 있다. 금곡 〈梅花三弄〉은 그의 악보를 근거로 하여 개편한 것이다. 환이가 부르는 만가(挽歌)와 양담(羊曇)이 부르는 악가(樂歌), 그리고 원산송(袁山松)이 부르는 〈行路難〉을 당시 사람들은 '삼절(三絶)'이라 불렀다.

왕휘(王徽) : 삼국시기 위나라 왕기(王基)의 아들.

60) 범성(泛聲) : 범음. 연주할 때, 악음(樂音)을 조화롭게 하기 위하여 절주(節奏, 리듬)에 합치게 하여, 가볍고 느리게 연주한 허성(虛聲)을 배합한다. 그래서 '泛聲'이라 하고, 혹은 '散聲' 혹은 '和聲'이라 함.

61) 평조곡(平調曲)·청조곡(淸調曲) : 한대 악부 〈상화가〉의 곡조에 평조, 슬조, 청조를 삼조라 하고, 청상삼조라고도 한다. 후대에는 청아한 악곡을 가리킨다. 고대 사죽악기의 합주형식을 뜻한다. 슬조는 宮을 위주로, 청조는 商을 위주로, 평조는 角을 위주로 한다. 그러나 그 구성의 해석은 여전히 다른 견해가 있다. 일반적으로 宮·商·角 세 종류의 조식(調式)을 말하고, 또 금(琴)의 세 종류 조현법(調弦法)에 나타나는 세 종류 음계(音階)구조라 생각한다.

62) 삼롱(三弄) : 삼롱은 실제 3개의 변주이다. 주제를 고금의 다른 휘위의 범음(성) 위에 세차례(上准·中准·下准三个部位演奏) 탄주하기 때문에 '삼롱'이라 한다.

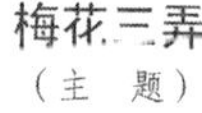

〈갈석조(碣石調)·유란(幽蘭)〉: '의란(猗蘭)'이라고도 한다. 곡보는 처음으로 보이는 남북조 양대 구명(丘明)의 전문악보는,[63] 탄주수법을 문자로 기술한 현존하는 최초의 금곡이고, 현존하는 보식(譜式)의 원본은 당나라 사람의 손으로 필사한 권자보(卷子譜)인데,[64] 일본 경도 서하무의 신광원(神光院)에 보존되어 있다. 통계에 의하면, 전체 악보는 4단, 224행, 4954자이고, 악보 중에 볼 수 있는 순율(純律)은 고금 연주를 실행하는 데에 응용된다.[65] 악곡은 심산에 은거한 경지를 표현하였다. 옛날에 금곡 〈의란조(猗蘭操)〉가 있었는데, 공자가 뜻을 얻지 못하여 답답한 심정을 서발한 것이다. 공자가 열국을 주유하던 중, 낙담하여 돌아갈 때, 노나라 길에서 계곡 사이의 난이 홀로 무성하게 피어 있는 것을 보고, 개탄함이 일었다. 유란이 잡초와 함께 떼를 이루고 있는 것이 마치 성현이 비천한 사람들 사이에 빠져 있는 듯하여, 이에 〈의란조〉를 지었다.

63) 구명(丘明) : 남조 양나라 은사(494~590).

64) 권자보(卷子譜) : 권자는 족자로 된 서화, 혹은 말아서 소장할 수 있는 옛날 필사본, 두루마리 책자.

65) 순율(純律) : 범음(泛音)을 배열한 기초위에 생성되는 음률, 자연 5도와 3도로 기타 음정을 생성하는 음회(音准, 음의 정확도)체계와 조음체계이다.

幽 蘭

5. 불교음악

약 1세기 중엽의 동한 초기에 불교가 중국에 들어오기 시작했다. 동한 말기에 낙양 일대에는 안식(安息, 지금 인도)·천축(天竺, 지금 인도)·월씨(月氏) 등에서 온 불교승려들이 많이 모였다. 이들 불교승려들은 불교이론을 가지고 오는 동시에 불교음악을 갖고 왔다.

불교가 중국에 들어 온 이후, 확고하게 중국전통의 유가·도가 등 학파와 서로 결합하는 길로 달려가기 시작했다. 동시에 음악·무도예술 역량을 이용하여 대중이 불교를 받아들이게 하였을 뿐만 아니라, 대중들이 불교를 전파하기에 이르게 되었다. 불교도들이 가장 먼저 사용한 불교음악은 서역으로부터 왔고, 모두 범음(梵音, Sanskrit어)과 범문(梵文)을 사용하였다. 그래서 결코 중국 군중들, 특히 중하층 노동 군중들의 이해로 확대되지 않았다. 이 때문에 불교의 중국전파는 일정 정도 제한되었다. 불교교의의 선전과 창경(唱經, 불경을 노래로 부름)활동의 진행을 잘하기 위하여 민간음악이 인민들에게 접근한다는 특성을 이용하여 창립된 '개범위진(改梵爲秦)'의 불교음악이 출현하였다.[66)]

중국의 '개범위진'의 첫 번째 사람은 삼국시기의 조식(曺植)이다. 당나라 도세(道世)는 『법원주림』에서,[67)] "관(關) 내외에서 오나라·촉나라 패사(唄辭, 찬불 가사)는 각기 좋아하는 바를 따랐고, 패찬(唄贊, 부처의 공덕을 찬송하는 것)은 종류가 많았다. 그러나 한나라 범성은 이미 달랐고, 음운은 서로 통용될 수 없었다. …… 위나라 시기에 이르러 진사왕 조식은 …… 마침내 불찬을 변화시켜 칠성(七聲)을 만들어 승강과 곡절의 울림이 있었다. 세속에서 그것을 풍송(諷誦)하니 그에 모두 빛남이 있었다."고 했다.[68)] 궁정과 귀족으로부터 나이가 들어 쇠약해지거나 혹은 주인 죽어서 흩어진 악무기인들이 대량으로 사원으로 계속해서 들어왔다. 이들 악무기인들은 대부분 일정 정도의 전문적 수양이 있었고, 각종 악기와 민간음악에 정통하였다. 그들이 사원에 진입한 이후에 사원음악의 대오는 이미 장대해졌고, 동시에 사원음악의 내용은 충실해졌다. 예를 들어 『낙양가람기』는 528년 북위 귀족 고양왕(高陽王) 옹(雍)이 죽은 후에,[69)] "기녀오백"이 있었고, "(사원에)

66) 개범위진(改梵爲秦) : 인도적인 것을 중국화 하다.

67) 도세(道世) : 당나라 시대 스님.

68) 『法苑珠林』: 然關內關外吳蜀唄辭. 各隨所好. 唄贊多种. 但漢梵旣殊. … 又至魏時, 陳思王曺植 … 遂制轉贊七聲, 乘降曲折之響, 世之諷誦, 咸賓章焉.

들어온 가희 무녀들이 축을 두드리고 생을 불고, 현악기와 관악기를 갈마들며 연주하니 밤을 이어 낮까지 다하였다.", "옹이 죽은 후에 뭇 기녀들은 명령에 따라 불도에 들어가거나, 혹은 시집을 갔다."고 기록했다.[70]

남북조 시기에 불교음악은 끊임없이 발전하여 완전히 갖추어져 갔다. 송나라 때 불승 요선(饒善)은 불곡(佛曲) 〈삼본기(三本起)〉와 〈수대노(須大拏)〉를 지었다. 소제(蕭齊)의 제실(帝室)은 불교를 숭상하고 믿었는데,[71] 소자량(蕭子良)은 불교교리 강론에 종사하면서 〈정주자정행법문(淨住子淨行法門)〉·〈유마의략(維摩義略)〉 등 불교를 선전하는 글을 지었다.[72] 『악부시집』 권78 잡곡가사에 제나라 왕융(王融)의 〈법수악가(法壽樂歌)〉 12수가 있다.[73] 가본처(歌本處)·가영서(歌靈瑞)·가하생(歌下生)·가전유(歌田游)·가재궁(歌在宮)·가출가(歌出家)·가득도(歌得道)·가보수(歌寶樹)·가현중(歌賢衆)·가학도(歌學徒)·가공구(歌供具)·가복응(歌福應)이다. 매 수는 오언 팔구로, 석가여래의 일생을 가송하였다. 남조 양나라 무제는 불교를 국교로 정하였다. 양나라 무제 본인은 불교에 돈독하여 불법을 선양하였다. 『수서·음악지』 기록에 의하면, 그는 불교음악 "〈선재(善哉)〉·〈대악(大樂)〉·〈大歡〉·〈천도(天道)〉·〈선도(仙道)〉·〈신왕(神王)〉·〈용왕(龍王)〉·〈멸과악(滅過惡)〉·〈제애수(除愛水)〉·〈단고륜(斷苦輪)〉 등 12편을 직접 제작하였

---

69) 고양왕(高陽王) : 고양왕은 고양군왕(郡王)으로 부른다. 중국고대 왕의 작위. 고양왕 옹(雍)은 사치와 호사를 좋아하였다고 함.

70) 『洛陽伽藍記』: 妓女五百. … 入則歌姬舞女擊筑吹笙. 而絲管迭奏. 雍薨后, 諸妓悉令入道, 或有嫁者.

71) 소제(蕭齊) : 남제(479~502)를 '소제'라고 함. 남북조 시기 남조의 두 번째 왕조로, 소도성(蕭道成)이 건국하였고, 역사에서는 북조의 북제와 구별하여 남제 혹은 소제라 부른다.

72) 소자량(蕭子良, 460~494) : 자는 운영(雲英)이고, 남제 무제(武帝)의 둘째아들.

73) 왕융(王融, 466~493) : 남제의 문학가.

고, 정악(正樂)이라 명명하였는데, 모두 불법에 속한다. 또 법악(法樂) 동자기(童子伎)가 있는데, 동자가 범패를 노래 부르는데, 무차대회를 설치하여 행한다."고 했다.[74] '동자기'는 양나라 무제 소연(蕭然)이 불법을 선전하기 위하여 전문적으로 설립한 소년악기조직으로, 이 악기조직의 성립은 불교음악이 중국전통음악과 서로 융합하는 길에 들어서기 시작했고, 일종 "그 음이 맑고 '아(雅)'에 가깝다"는 음악 – 법곡(法曲)으로 점차 형성되고, 수·당의 연악(燕樂)에 중요한 구성성분이 되었다는 표지이다.[75]

북조 시기에는 불교음악은 거의 어디서나 보고 들을 수 있었다. 불법을 널리 선양하기 위하여 불교도들은 많은 종교적 절기를 정하였고, 이러한 종교적 절기에 대량으로 민간음악·잡기·환술 등 많은 군중들이 기쁘게 듣고 즐겁게 보는 형식을 운용하여 사람들을 끌어 모아 불교를 믿게 하였다. 이 때문에 확대된 불교사원은 불교이론의 선전 장소일 뿐만 아니라, 각종 민간예술의 활동장소가 되었다. 예를 들어 북위 시기에 단지 낙양 일대에만 불교사원이 6개나 있었다.『낙양가람기·성내(城內)』장추사(長秋寺) 석가상이 출토되었을 때, '벽사사자'·'탄도토화' 등 잡기 연기가 있었다.[76] 같은 책『성남(城南)』은 경명사(景明寺) 일천불상륜이 유출되었을 때, "백희(百戲)가 비등하여 줄지어 늘어서 있었고", "큰 재를 올릴 때, 여악(女樂)을 항상 설치하여 노랫소리가 높이 맴돌아 오래도록 멈추지 않았고, 춤추는 소매는 천천히 회전하고, 줄로 하는 악기와 불어 소리를 내는 악기(絲管)의 밝고 맑은 소리가 멀리까지 들렸고, 조화롭고 신묘하여 신의 경지

74)『隋書·音樂志』:〈善哉〉·〈大樂〉… 名爲正樂, 皆屬佛法. 又有法樂童子伎, 童子倚歌梵唄, 設無遮大會則爲之.

75) 연악(燕樂) : 수·당 이후에 연악은 속악, 궁정의 연향이나 오락에 사용되는 악을 말한다.

76) 벽사사자(辟邪獅子)·탄도토화(呑刀吐火) : 벽사는 요사스러운 것을 물리친다는 의미. 탄도는 칼을 삼킨다는 의미, 토화는 입을 불을 뿜어낸다는 의미.

에 들어갔고",[77] 여남(汝南)왕 열(悅)은 "모든 음악을 초대하여 절 안에서 기(伎)를 바치도록 하였고, 기이하고 괴이한 금수들이 궁전에서 춤추고 손뼉을 치며 하늘을 날고 환상적이어서 세상에서 본 적이 없는 이단의 기이한 기술이 모두 그곳에 모였다."고 기록하였다.[78] 비록 주관적 의도에서는 불교음악의 주요 목적이 불법을 선양하는 것이지만, 객관적으로는 민간음악과 예술을 보급·보존·전수한다는 면에서는 일정한 작용을 하였다.

불교가 중국에 들어온 이후에 하나의 매우 중요한 작용이 있었는데, 불경 번역의 필요에 의하여 중국 문인들은 외래 자모(字母)를 참고하여 한어의 '자모'체계를 초보적으로 세웠고, 한어에 있는 고저 승강의 요인을 분석한 이후에 평·상·거·입(平上去入)의 사성체계를 세웠다. 대략 5세기 말기에 중국음운학은 하나의 독립된 학과를 이루기 시작하였고, 중국 가창기술의 발전과 작곡방법에 대하여 오랜 기간 보조작용을 시작하였다.

6. 음악교류

위진 남북조 시대는 한족의 정치중심이 남쪽으로 옮겨짐에 따라 북방에 동진(東晉) 16국·남조(宋·齊·梁·陳)과 북조(北魏·東魏·西魏·北齊·北周)가 대치하는 국면이 연속하여 형성되었고, 문화교류가 빈번하였다.

384년, 여광(呂光)이 구자에 들어간 이후에, 구자악(龜玆樂)을 가지고 장안으로 돌아왔다. 그 즐겁고 유쾌하고 선명한 절주(節奏, 리듬)로 당시 사람

77) 『洛陽伽藍記』: 至于大齋. 常設女樂. 歌聲繞梁. 舞袖徐轉. 絲管寥亮. 諧妙入神

78) 『洛陽伽藍記』: 后汝南王悅夏修之. 召諸音樂. 逞伎寺內. 奇禽怪獸. 舞抃殿庭. 飛空幻惑. 世所未睹. 異端奇術. 總萃其中.

들의 사랑을 받았고, 북주 이래 수·당의 허다한 무곡(舞曲)은 모두 구자악을 채용하였다. 436년 북위 태무제(太武帝) 시기에는 소륵(疏勒, 지금 신강 카슈카르와 소륵 일대)·안국(安國, 安息國, 지금 체첸공화국 Bukhara 일대)의 악무가 잇따라 중원에 들어왔다. 568년, 북주 황제는 돌궐의 여인 아사나(阿史那)씨를 취하여 황후로 삼았는데, 그녀는 구자·소륵·안국·강국(康國, 지금 체첸공화국 Samarkand 일대)의 음악을 가지고 장안에 왔다. 함께 따라온 구자 음악가 소지파(蘇祇婆)는 구자악을 기조로 하여 중국전통음악을 개조하였다.[79] 그밖에 영향이 비교적 큰 서량악(西凉樂)이 남북조 시기에 중원에 수입되었다. 4세기 전기에 천축국음악이 중원에 들어왔다. 5세기 북위가 북연(北燕) 빙(馮)씨를 멸하였을 때, 고려악이 들어왔고, 동시에 백제악도 들어왔다. 이웃 민족과 외국으로부터 온 이런 악무로 수·당 악무는 고도로 번영한 칠부악(七部樂)·구부악(九部樂)·십부악(十部樂)의 기초가 되었다.[80] 북제의 〈난릉왕입진악(蘭陵王入陳樂)〉·북주의 〈성무(城舞)〉(당나라 때는 〈안악(安樂)〉이라 함) 등에 기원한 악무는 당대에까지 전해졌고,[81] 새로운 발전이 있었다.

서역과 외국 악무가 들어오는 동시에 대량의 서역과 외국의 악기가 중국 내지로 분분하게 들어왔다. 이러한 외래악기의 수입은 중국악기의 종류를 대단히 풍부하게 하였다. 전진(前秦)의 부견(符堅)은 〈청악(淸樂)〉에 종·경·금·슬·격금·비파·공후·축·쟁·절고·생·적·소·호·훈 등 15종류를 사용하였다. 여광이 구자국을 공격하여 점령한 이후 얻은 구자악을

79) 소지파(蘇祇婆) : 신강(新疆) 출신. 북주에서 수대에 이르는 시기의 저명한 음악가. 비파연주가, 가전하는 구자악의 '오단칠성'의 궁조체계를 가지고 중국으로 들어왔다.

80) 제5장 수·당·오대 시기 참조.

81) 성무(城舞) : 고대 무의 이름. 후주 무제가 지은 것으로 행렬이 방정하고, 성곽의 모습을 하고 있어, 〈성무〉라 했고, 당나라 때는 〈안악〉이라 했다.

개량하고, 편제를 거듭 새롭게 하고, 또 "진성의 소리가 섞여 있는 것"은 중원의 한족 음악과 서로 융합케 하여 악대 편제를 더욱 풍부하게 하였다.[82) 『통전(通典)』 권146 『악』6 기록에 근거하면, 이 시기의 구자악대의 편제는 공후·비파·오현·비파·생·횡적·소·필률·달랍고(達臘鼓)[83)·요고·갈고·모원고(毛員鼓)[84)·계류고(鷄類鼓)·동·발·패 등 악기이다. 그리고 소륵·고창·안국·강국·천국 등의 음악은 대체로 구자악대의 축소된 형식이었다. 이같은 외래악기의 수입은 한족 악기의 종류를 풍부하게 하였고, 음향을 더욱 풍부하게 하였으며, 진(秦)비파·한(漢)비파와 구별되는 곡항(曲項)비파와 오현(五弦)비파가 350년을 전후하여 인도를 통하여 중국에 들어왔다.[85) 구자음악가 소지파의 '오단칠조(五旦七調)'는 중국 악률의 거대한 변전을 이끌었다.[86)

'융화겸채(戎華兼采)'는 당시 각 민족 음악교류가 융회하는 중요 현상이다.[87) 496년 북위 효문제(孝文帝)는 일찍이 "북방 언어를 끊고 하나같이 정음을 따르라"고 조서를 내려,[88) 악가 가사는 반드시 한어를 사용하고,

82) 진성(秦聲) : 진나라 땅의 음악.

83) 달랍고(達臘鼓) : 랍고(腊鼓)라고 함. 매년 납월제에서 구나할 때 두드려 연주하기 때문에 납고라 했다. 민간에는 두 종류의 형태가 있고, 남북조 시기에는 세요형고(細腰型鼓)가 많이 사용되었다. 이 풍속은 선진시기가지 소급되고, 송대에 이르러서는 돈을 구걸하는 자들이 사용하였다.

84) 모원고(毛員鼓) : 부남(扶南)·천축(天竺)으로부터 수입된 악기. 양면을 두드려 치는 요고.

85) 곡항비파(曲項琵琶) : 남북조 시기에 이란(波斯, 페르시아)의 악기로, 구자국을 통해 중원에 들어온 악기로, 4현4주이며, 가로로 안고서 발자(撥子)를 이용하여 탄주한다.

86) 오단칠조(五旦七調) : 일종 구자악의 궁조 체계. 다섯 종류의 각기 다른 조의 높이에, 7성음계를 배열하여 7종류의 조식을 구성한다. 매단은 7조가 있고, 5단은 모두 35조를 이룬다. 5단은 즉 5균(五均)이니, 黃鐘, 太簇, 姑洗, 林鐘, 南呂의 오균에 상당하고, 매 균은 7성이 있다.

87) 융화겸채(戎華兼采) : 음악 등에 있어 이민족과 한족이 함께 채용하여 사용한다는 의미.

궁정의 음악활동에 있어서도 심지어 "우아한 옛 음악(雅古)에 마음을 내려놓고 성음의 소리에 힘쓰라"고 요구하였다.[89] 그러나, 실제상 사이(四夷) 가무는 "태악에 더 많이 세워졌고", "수시로 노래 불려졌으며", "관현에 베풀어 졌으며", "악장이 되었다."[90] 남북조 정권은 서로 교체하고, 각 민족 백성의 빈번한 교류 가운데, 당시의 중국 악단에는 『통전 · 악전3』에서 말한 바처럼 "진 · 양나라 구악은 오초의 음을 섞어 사용하였고, 주 · 제나라의 구악은 호융(胡戎)의 기(伎)가 많이 연루"된 국면이 있었다.[91] 북조 시기의 씨(氐) · 강(羌) · 선비(鮮卑) 등 소수민족의 허다한 악가 가사는 지금까지 『악부시집』에 보존되어 있다. 칙륵천(勅勒川) 민가인 〈칙륵천〉은 원래 선비어를 사용하여 연창하던 것인데,[92] 북제에 전해진 이후에 북제어를 사용하여 연창하였다. 돈황 벽면과 운강석각에는 중원 악기 비파를 연주하는 것과 서역 악기인 공후 · 비파 · 요고 · 횡적 · 취패 등을 공동으로 연주하는 도상이 있는데, 위진 남북조 시기의 호한(胡漢) 음악이 완전하게 하나로 융합하였음을 설명해 준다.

7. 악기

위진 남북조 시기에 공후 · 비파 · 필률 · 발 · 횡적 · 성(星) · 쇄눌(嗩吶) · 달렵고 · 도단고(都壇鼓) 등 서역과 외족 악기는 넘실거리며 동쪽으로 와서, 중국음악 연주의 음향효과를 풍부하게 하였고, 중국 악기의 종류를 충실하

88) 『資治通鑑』 권140 : 孝文帝曰 : 今欲斷諸北語, 一從正音.

89) 『魏書 · 樂志』 第十四 : 垂心雅古, 務正音聲.

90) 『魏書 · 樂志』 第十四 : 增立于太樂 … 隨時歌謠 … 宣之管弦 … 并爲樂章.

91) 『通典 · 樂典』 : 孝孫以陳梁舊樂, 雜用吳楚之音, 周齊舊樂, 多涉胡戎之伎.

92) 〈칙륵천(勅勒川)〉 : 칙륵인들이 부르던 민가로, 유목민들의 생활의 장려한 경관을 노래함. 칙륵인들은 레나강에서 바이칼호수 부근에 걸쳐 생활하던 민족.

게 하였다. 이같은 외래 악기와 음악은 점차로 사용과 개조를 통해 화하음악의 일부분이 되었고, 이 시기 음악문화상 거대한 성취를 이루었다.

공후(箜篌) : 위진 남북조 시기에 공후는 서북 실크로드를 통하여 중원에 전래됐다. 『수서·음악지』에 "지금 곡항비파, 수(竪)공후를 지닌 무리들이 서역으로부터 왔다."고 기록하였다.[93] 위나라 조식과 양나라 문제는 모두 〈공후인(箜篌引)〉를 지었는데, 이 악기가 당시 상층 귀족의 깊은 사랑을 받았음을 알 수 있다. 위진 남북조 시기에 주로 서량악·구자악·소륵악 등 호악 연주에 사용되었다. 북위 경명제 시기에 처음으로 세워져 효창제 말년에 완성된 하남 공의(鞏義) 석굴사 제3굴 서벽에는 공후를 왼쪽 무릎에 놓고, 좌우 손은 하나는 앞으로 하나는 뒤로 하고, 바로 현을 튕기는 악무기인(伎人)이 있다. 1980년에 호북 악주(鄂州) 남쪽 7리 4호묘에서 삼국 후기의 와공후(臥箜篌) 악용(樂俑)이 출토되었다.[94] '악용'은 꿇어 앉아 있는데, 그 높이가 19.5㎝이고, 악기는 장방형(長方形)을 갖추었고, 슬과 비슷하며, 위에는 악산(岳山)과 현주(弦柱, 기러기발, 안주, 금휘) 6조가 있고,[95] 기러기발 위에 조소(彫塑)로 강조되고 충분히 눈에 띄게 한 현의 흔적이 있다. 금은 무릎 위에 놓여 있고, 용인(俑人)의 오른손은 현을 튕기는 모습이고, 왼손은 현을 어루만지고 있어, 그 연주방식은 슬을 연주하는 것과 유사하다. 이 악기는 한·당 사이에 성행한, 지금은 이미 전하지 않는 와공후라고 생각된다. 이 문물은 이같이 전하지 않는 고악기의 형제(形制, 구조)·연주자세·연주수법과 고(鼓)와 합주하는 조합방식 등을 지니고 있기 때문에

93) 『隋書·樂志』: 今曲項琵琶·竪頭箜篌之徒, 并出自西域, 非華夏之樂器.
수공후(竪箜篌) : 세워서 가슴에 안고 두 손으로 켜는 23현의 옛 악기.

94) 악용(樂俑) : 음악(악기, 연주 혹은 무도하는 기인 들 등)과 관련된 내용을 흙이나 나무, 돌, 구리 등으로 만든 모형.

95) 악산(岳山) : 금의 머리 부분에 현을 거는 가로 지른 나무. 고금에는 하나의 악산이 있다.

하남공의석굴 기악도

진귀한 문물가치를 지니고 있다. 그 외에 신강성 키질(克孜爾; Kijal) 벽화에서 봉황머리 공후(鳳首箜篌)의 도상이 출현하였다. 봉황머리 공후는 346년 천축악을 따라 중국에 전해졌고, 이같은 악기의 공명체는 배모양(船形)이고, 활 모양(弓形)의 금 머리부분에는 봉황머리 장식이 새겨져 있어, 인도·면전(緬甸, 미얀마)·간포채(柬埔寨, 캄보디아) 체계의 공후에 속한다.

비파(琵琶) : 위진 남북조 시기에 상당히 보편적으로 사용되었고, 한쪽으로 눈을 쏠릴 정도로 통치자의 사랑을 깊이 받았다. 소무(昭武) 9성(姓)의 조국(趙國) 사람 조승노(曹僧奴), 조묘달(曹妙達) 일가 3대 사람들은 비파를 잘 타서 북위에서 북제에 이르는 시기에 이름을 가지런히 하였다.[96] 진(秦) 비파를 제외하고, 이 시기에 곡항비파와 오현비파가 동시에 서역으로부터 중원에 전래됐다.

곡항(曲項)비파[97] : 원래 페르시아(波斯) 제국, 인도, 중앙아시아 지역의 중요 악기이다. 이 악기의 곡항·이형(梨形, 서양배 모양, pyriform)의 음상자·사현(四弦)은 현재 중국에서 통용되는 비파의 전신이다. 『남사(南史)·양간문제기(梁簡文帝紀)』에 이 악기를 수차례 언급하고 있다. 곡항비파가

---

96) 조승노(曹僧奴), 조묘달(曹妙達) : 북제 수문제 시기의 궁정 음악가로 비파 연주를 잘 했다. 조라파문(曹婆羅門)은 상인으로부터 구자 비파를 배워, 조승노에게 기예를 전수하였고, 다시 조묘달과 조소의(曹昭儀)에게 전수하였다. 그래서 '사조(四曹)'라 한다. 조묘달은 이 넷 중에서 기예가 가장 뛰어났다.

97) 곡항(曲項)비파 : 곡경(曲頸)비파, 옛날 목이 굽은 비파. 형상은 비파와 같으나, 자루가 되는 부분이 구부러져 있음, 5세기 후에 유행했으며 페르시아·인도로부터 전래됐다고 함.

중원에 전래된 이후, 구자악대의 주요 악기의 하나가 되었고, 남북조 시기의 궁정 악무에 여러 차례 사용되었다. 돈황의 북위 벽화와 성도 539년 양석각(梁石刻) 관음조상에는 그 악기의 도상이 있다.

삼목새모 기악도

오현(五弦)비파 : 구조상 곡항과 유사하며, 자그맣고, 이형의 음상자에 오현이고, 곡항비파와 동시에 전래되었으며, 구자악대의 주요 악기의 하나이다. 『통전』 권142의 기록에 의하면, 이 비파는 북조 시기에 가장 먼저 유행하였다. 인도 중부에 약 170년의 불교 고적 아모랍(阿牟拉)의 기와에 조각된 오현비파의 도상과 구자에서 발견된 오현비파의 도상은 서로 같은데, 따라서 이 악기는 인도에서 기원하여, 연후에 구자를 거처 중원에 전래되었을 것이다. 신강 삼목새모(森木塞姆) 제48굴 주실의 기악천인도(伎樂天人圖)에는 오른손으로 현을 어루만지고 왼손으로 튕기는 오현비파의 도상이 나타난다.

필률(篳篥) : '관자(管子)'라고도 하고, 연한 갈대를 혀(舌)로 삼는데,[98] 가관(笳管, 갈잎피리)과 같은 종류이다. 당대 단안절(段安節)의 『악부잡록』에 필률은 "본래 구자국 악기이고, 비율(悲篥)이라고도 하고,[99] 가(笳)와 같은 종류이다."고 했다.[100] 필률은 페르시아에 기원하는데, 384년에 "여광이

98) 설(舌) : 관악기의 부리에 장치하여 그 진동으로 소리를 내는 엷은 조각(簧), 혹은 동탁의 내부에 달린 추(錘).

99) 비율(悲篥) : 성음이 낮고 가라앉고 슬프고 우는 듯하여 비가(悲笳) 혹은 비율(悲篥)이라 했다. 처음에는 양의 뿔이나 뼈로 만들었고, 나중에 대나무, 갈대, 나무, 버드나무, 복숭아껍질(도피(桃皮) 등 다양한 재료로 만들었다.

100) 『樂府雜錄』 : 篳篥者 本龜兹國樂也. 亦曰悲篥, 有類于笳.

구자를 무너뜨리고 그 소리를 얻었고," 다시 중원에 들어왔다. 북위 시기에 구멍을 뚫기 시작한 운강석굴에 필률을 부는 대량의 악무 기인들이 조각되어 있다. 남북조 시기의 필률의 구조는 다양해져, 대필률 · 소필률 · 도피(桃皮)필률 · 쌍필률 등이 있었다. 그 중 대필률의 성음은 슬퍼서 목이 메고, 소필률의 성음은 우렁차고 격앙되고, 도피필률은 성음이 슬퍼서 말을 하지 못하는 듯하다. 이같은 악기는 남북조 시기의 서량악 · 구자악 · 천축악 · 소륵악 · 안국악 · 고려악 등 호악의 주요 악기였다.

횡적(橫笛) : '횡취(橫吹)' · '강적(羌笛)' · '호적(胡笛)'이라고도 한다. 한나라 무제 시기에 장건(張騫)이 서역을 출사하여 그 연주방법을 가지고 장안으로 돌아왔다고 전한다. 중원 전통 한족의 가슴에 안고 부는 소(簫)와 구별되기에 '호악'으로 보았다. 『진서 · 악지』에는 "호각(胡角)이란 본래 호가(胡笳, 갈잎)에 응하여 내는 소리인데, 후에 점점 횡취에 사용되었고, 쌍각이 있어 즉 호악이라 한다."고 했다.[101] 『문헌통고 · 악고5』에 "대횡취 · 소횡취는 대나무로 만드는 적의 한 종류이다."고 했다.[102] 남북조 시기에 출토된 화상석전 벽화도용과 생활용구에는 허다한 횡취의 화상이 있다. 중국전통 퉁소의 성음은 낮으며 가라앉고 오열하는데, 중국에 횡적이 들어오게 되자, 밝고 맑고 높고 우렁차며 애절하여 중국 음악의 표현력이 풍부해졌다. 대나무를 제외하고 옥과 철로 만든 횡적이 있는데, 음색이 대나무로 만든 횡적과 큰 차이가 없다. 이는 중국민족음악이 외래 요소를 받아들인 이후의 창조와 발전이다.

---

101) 『晉書 · 樂志』: 胡角者, 本以應胡笳之聲, 後漸用之橫吹, 有雙角, 卽胡樂也.

102) 『文獻通考 · 樂考五』: 大橫吹小橫吹, 幷以竹爲之, 笛之類也.

등현 횡취화상

호각(胡角) : 고대 강족 유목인들이 소뿔로 만든 악기이다. 『호엄집』의 기록에 의하면, 호각은 "원래 이름은 발랄회(撥邏回)이고, 발량군(發悢軍)의 음"이라고 한다.[103] 한나라 무제시기 장건이 서역에 출사하면서 가지고 왔다. 1958년 하남 등현(鄧縣) 학장촌(學庄村)에서 출토된 남조의 두 덩어리 횡취채색화상전에는 취각(吹角)의 도상이 있다. 위진 남북조 시기에 호각 사용은 매우 보편적이어서, 허다한 인사들이 호각곡에 맞추어 노랫말을 지어 만들었다. 예를 들어 조식은 〈호각 3곡〉을 지었다. 고창악은 호각을 개량하여 소뿔모양(牛角形)의 동각(銅角)을 만들었는데, 성음은 더욱 크고, 더욱 우렁차게 변하였다. 이는 송대 이후 민간 고취악에 사용하는 대나팔(大喇叭)의 원형이다.

방향(方響) : 대략 남북조 시기의 양대(梁代, 502~557)에 시작되었다. 『구당서·음악지』에 "양나라에는 동경(銅磬)이 있는데, 대개 지금이 방향과 같은 종류이다. 방향은 철로 만드는데, 수(修, 길이, 높이) 8촌, 너비 2촌, 위는 둥글고 아래는 모졌다. … 시렁 위에 의지하여 종경을 대신한다."고 했다.[104] 송나라 진양(陳暘)의 『악서(樂書)』에 방향의 도상이 그려져 있다. 16개 덩어리는 크기가 같은 장방형 동판(혹은 철판)으로 조성되어 있고, 상하 둘로 나누어 특별히 나무로 만든 시렁에 끈으로 걸고, 작은 철망치를 두드려 연주한다.

---

103) 『胡儼集』: 호엄(胡儼, 1360~1443)은 자가 약사(若思)이고, 남창(南昌) 출신으로, 천문·지리·율력·점복 등에 정통하였다.

104) 『舊唐書·志』: 梁有銅磬. 蓋今方響之類. 方響, 以鐵爲之. 修八寸. 廣二寸. 圓上方下. … 倚於架上, 以代鐘磬.

발(鈸) : 동으로 만들고, 원형이며, 직경이 30~50㎝이며, 중간 부분은 과형(鍋形, 솥 모양)의 돌기가 있고, 중심에는 천공(穿孔, 구멍)이 있고, 베를 엮은 끈이 있고, 두 조각을 한 짝으로 만들어 서로 충돌하여 소리를 낸다. 발의 역사는 오래되었는데, 원래는 서아시아 북비(北非) 지역(古이집트, 시리아)의 악기인데, 4세기 때 천축악을 따라서 인도로부터 중국에 전래되었고, 북위 시기에 민간에 광범위하게 유행하는 악기가 되었다.

성(星) : 또한 팽령(碰鈴) 혹은 팽종(碰鐘)이라 한다. 모양은 작은 술잔(杯)처럼 생겼고, 동으로 만들며, 일반적으로 통용된다. 연주할 때, 서로 부딪혀 소리를 내고, 성음은 흥겹고 듣기 좋으며, 항상 기악 합주에 사용한다. 북위 시기의 돈황 벽화에 그 악기의 도상이 있어, 북위 시기 이 악기가 이미 매우 유행하였음을 설명해 준다.

쇄눌(嗩吶) : 원래 페르시아, 아랍, 중앙아시아 일대에 속하는 악기로, 위진 남북조 민족 대융합기에 실크로드를 통하여 점차 전래되었다. 양진 시기(265~420)에 굴착하기 시작한 신강 키잘(克孜爾) 석굴사 제38굴의 벽화에 이미 쇄눌을 연주하는 그림이 출현한다. 북위 시기 운강 천불석굴 제10굴의 부조에도 쇄눌을 연주하는 악무기인이 나타난다.

격금(擊琴) : 남조 제·양나라 사이의 저명한 음악가 류운(柳惲)이 창제하였다.[105] 그 만드는 법은 관(管, 대롱)으로써 현을 맡게 하였고, 대나무 줄기로 그것을 묶어, 현이 팽팽해지면 소리가 밝고, 대나무를 들어 그것을 두드리어 곡을 절주하였다. 『남사·류운전』에 "일찍이 시를 짓는데, 나아

105) 류운(柳惲, 465~517) : 자는 문창(文暢)으로, 남조 양나라의 저명 시인·음악가·기수(棋手). 저명한 사학가 심약(沈約) 등과 함께 신율(新律)을 정했다. 금 연주로 유명.

감이 없자, 붓으로 금을 쳤다. 지나가는 나그네가 젓가락으로 두드리는 것을 보고, 그 슬픈 음에 놀라서 이에 아음(雅音)을 만들었다. 후에 격금이 이로부터 시작되었다고 전한다."고 했다.[106)]

8. 악률

위진 남북조 시기는 중국 역사상 동요하고 불안정한 시기로, 음악은 '미(美)'와 '애(哀)' 사이를 왔다 갔다 하며 안정되지 못하였다. 통치자는 정치상의 '장치구안(長治久安)'을 추구하기 위하여, 악무에 있어 각 왕조는 모두 완벽한 '율(律)'을 생각하였고, 그것이 통치자의 정치규범 요구에 도달하도록 하였다. 통치자는 역대 흥망의 경험을 총결하여, 오성·팔음·육률·십이관을 '위지강기(爲之綱紀)'로 정하여 전통 악률, 이른 바 '아악(雅樂)'·'정성(正聲)'을 형성하였다.[107)] 이 시기에 음조·악기·음향 등은 모두 고정 격식이 있어 장소가 다른 곳에서 사용되는 음악은 서로 같지 않았다. 번거로운 예악제도는 각 왕조에서 어느 정도 체현되었고, 이는 전통적 아성(雅聲)이 장기간 보존되는 중요 원인이었다. 남조 시기에 〈오가〉·〈서곡〉으로 대표되는 잡악(雜樂)이 궁정으로 들어와, 전통악률은 엄중한 충격을 받았고, 특히 구자음악가 소지파가 장안에 온 이후, 7음을 북조 왕실에 들어옴으로써 중국 악률의 근본적 변화를 가져왔다.

전락지(錢樂之)의 360율 : 남북조(420~589) 시기, 송나라 원가(元嘉) 년간(438년)에 전락지는 '경방(京房)의 60율'의 기초 위에 손익 추산을 계속하여

106) 『南史·柳惲傳』: 柳惲, 復變體備寫古曲. 嘗賦詩未就, 以筆捶琴. 坐客過, 以箸扣之. 惲驚其哀韻, 乃製爲雅音. 後傳擊琴自於此.

107) 위지강기(爲之綱紀) : 법과 풍속 풍습에 대한 기율, 사람이 지켜야 할 강상과 기율.

곧바로 '360율'로 증가시켰다.[108] 전락지는 삼분손익법이 만들어내는 360율을 12부(部)로 나누었다. 12부는 원래 삼분손익 12율이다. 전락지의 주요 의도는 역수(曆數, 천체의 운행과 기후의 변화가 철 따라 돌아가는 순서)에 끌어다 붙인 것이니, 소위 "하루는 하나의 관에 해당된다(日當一管)", 즉 하나의 율은 하루에 해당된다는 것이고, "일일(一日)"은 즉 "전락지의 음의 차이"이니, 경방의 음의 차이와 비교하면 극소하여, 겨우 1.845푼(音分)이다. 중국 고대악률사상 전락지의 360율은 음률의 세분화의 최고 수준에 이르렀다.

하승천(何承天)의 신율(新律) : 하승천(370~447)은 전락지와 동시대, 남조 동해 담(郯, 지금 산동 담성) 출신이다. 사상에 있어 하승천은 무신론자이고, 그는 여러 차례 이론상으로 반불교적 논쟁을 하였다. 하승천은 율학과 역법에 정통하여 경방(京房)에 반대하여 율수의 작법을 증가시켰고, 12율 자체에 있어서도 각 율의 고도를 조정하여 12율 중 마지막 하나의 율이 출발하는 처음의 율로 돌아 올 수 있게 하여, 12평균율에 충분히 접근하는 '신율(新律)'을 창조하였다. 『송서 · 율력지』의 기록에 의하면 하승천의 신율의 계산법은 전통적인 "3^{11}=177147"를 황종율의 실수로 삼아, 삼분손익법으로 중려율의 실수가 131072가 되게 하고, 만약 삼분익을 더하여 황종율을 만들면 174762⅔를 얻어 2384⅓이 부족하게 된다. 하승천은 이 부족한 차이를 12등분하여 원래의 삼분손익으로 만들어진 12율에 차례로 더하여 각 율의 실수를 "9^3=19683"를 덜어내 황종 9촌과 기타 11율의 상대적 율의 길이를 얻었다.(계산은 촌, 푼, 나머지 수 혹은 부족한 수는 강약으로 표시) 비록 이론상으로 말하면, 하승천의 신율은 명확한 12평균율이지만, 효과에 있어

108) 전락지(錢樂之) : 고대 율력학가. 남조 송의 태사령. 생졸년 미상. 전악지의 360율은 삼분손익법의 율제의 극단으로, 위진 남북조 시기 각종 다른 노선으로 진행된 율제를 탐색하는 시도 중의 하나이다.
경방(京房) : 제3장. 제6절 음악이론과 금학서 참조.

서는 오늘날의 12율에 충분히 가깝다. 왜냐하면 그가 차례로 더한 것은 중려가 황종으로 돌아갈 때 부족한 수를 12등분한 것이니, 진동체 길이의 '차수(差數)'와 '비수(比數)' 사이의 구별을 무시한 것이고, 따라서 주재육(朱載堉)의 '신법밀률(新法密律)'처럼 정밀한 수준에는 도달할 수 없다.[109)]

순욱(荀勖)의 적률(笛律) : 순욱(?~289)은 진대 영양(지금 하남 허창) 출신이다. 악률학의 성취에 있어 주로 두 방면이 있다. 하나는 고대 척도의 고고학 연구로, '율척(律尺)'을 제정하였다. 다른 하나는 '적률(笛律)'의 창제로, '관구교정(管口校正)'의 문제를 해결하였으니, 고대 성학(聲學)사상에 있어 최초의 시도라 할 수 있다.[110)]

『진서·율력지』의 기록에 의하면, 태시(泰始) 10년, 274년에 순욱의 주도 하에 "부랑(部郎) 류수(劉秀)·등호(鄧昊)·왕염(王艶)·위소(魏韶) 등과 적을 부는 악공이 함께 참여"하여 적률의 연구와 제정을 완성하였다. 구조상 지금의 직접 부는 소(簫)처럼 12지(支)가 있고, 매 지는 두루 황종·대려 등 12율의 분별로 주된 일률적 7음을 연주할 수 있다. 계산에 의하면 매 지의 '적률'의 각 구멍의 음의 높이는 통음(筒音, 대롱의 음) '각(角)'이 조금 낮은 것을 제외하고는, 기타 각 음은 7성음계의 삼분손익 관계에 모두 합치된다. 12적(笛)이 내는 각 음은 본질적으로 12율로 균등하게 한 경방의 전(前)18율이다. '적률'이 도달할 수 있는 하나의 특점은 적을 만드는 과정에 원인이었던 관구교정 문제를 해결하였다는 것이다. 그의 관구교정의 수는 매 하나의 지에 해당되는 궁률(宮律)로 각률(角律)의 길이를 덜어내는 것이다.

---

109) 주재육(朱載堉, 1536~1611) : 자는 백근(伯勤)이고, 호는 구곡산인(句曲山人)으로 하남 회경부(怀慶府) 하내(河內, 지금 심양) 출신. 명대 저명한 율학가(律聖)이라 불림·역학가·음악가. 제7장, 제7절 음악이론과 음악논저 참조.

110) 관구교정(管口校正) : 제3장, 제6절 음악이론과 금학서 참조.

9. 음악미학사상

1) 혜강(嵇康)의 음악미학사상

혜강(224~263)은 자가 숙야(叔夜)이고, 삼국 위나라 때 회계 상우(지금 절강 상우현) 출신이고, 죽림칠현 중 한 사람이다. 혜강은 일찍이 중산(中散) 대부를 역임해서, 세상은 혜중산(嵇中散)이라 부른다. 당시 조정 대권을 장악한 사마(司馬)씨 집단에 불만을 가졌기 때문에 "명교(名教)를 뛰어넘어 자연에 맡긴다."는 청담(淸淡)주의를 제기하였고,[111] 나중에 "당(唐), 우(虞)를 가벼이 여기고 대우(大禹)를 비웃고", "탕(湯)·무(武)를 배척하고 주례(周禮)를 싫어한다."는 견해로 말미암아,[112] 262년(위나라 원제 경원3년)에 사마소(司馬昭)에게 살해되었으니, 나이가 겨우 40세였다. 『진서·혜강전』의 기록에 의하면, 혜강이 사형되기 전에 "태학생 삼천 명이 스승을 위하여 청원했다"고 하니,[113] 역사상 유명한 비극적 결말이 되었다.

현전하는 『혜강집』에는 시문 62편이 수록되어 있고, 음악문헌 〈금부(琴賦)〉와 〈성무애락론(聲無哀樂論)〉이 포함되어 있다. 그 중 〈금부〉는 사부 형식으로 쓴 음악논문이고, 〈성무애락론〉은 음악미학 문제를 언급한 한 편의 학술논문이다. 〈성무애락론〉은 가상의 '진객(秦客)'과 '동야주인(東野主人)'의 여덟 차례 토론을 통해 그 '성무애락'의 음악미학사상을 반복적으로 논술하였다.

우선 혜강은 "마음(心)과 소리(聲)는 분명 다른 두 가지 물(物)"이라 생각했다.[114] 즉 사람의 주관 정감과 객관 음악, 두 가지는 직접적 연관이 없

---

111) 명교, 자연(越名教而任自然) : 삼국시대 위나라의 혜강, 완적 등의 철학명제로, 유가의 각종 윤리강상의 속박을 벗어나 인간의 자연본성을 자유롭게 펼침에 맡긴다는 뜻이다. 혜강은 노장을 좋아하여 세속을 멸시하고 산림에 방일하였다. 청담주의는 청고(淸高)와 담박(淡泊)한 생활을 추구하자는 주장이다.

112) 『嵇康集』: 輕賤唐虞而笑大禹, 非湯武而薄周礼.

113) 『晉書·嵇康傳』: 太學生三千人請以爲師.

고, 나아가 '악(樂)'의 본질을 해석하는 문제에 있어서도, 혜강은 "악은 마음으로부터 나온다"는 논단을 부정하였다. 그는 '악'은 단지 일종의 최초 자연적 존재이고, 실제적으로 단지 가공의 개념산물이며, 또 어떤 물질적 기초도 없다고 생각하였다. 그는 오음은 천지자연에서 생산되고, "성음과 자연의 조화", "무미(無味)는 만 가지 다름이 있지만 아름다움(美)에서 크게 같아지고, 음곡은 비록 많이 있지만 또한 조화(和)에서 크게 같아진다", "성음은 화평을 본체로 하고", 성음의 본질은 '화(和)'에 있으며, 음악의 목적은 인심이 '화'에 도달하게 하는 것이며, 인심이 '화'를 얻으면 음악이 없어도 백성은 안락한 생활을 할 수 있으니, 그런 까닭에 "무성(無聲)의 악이 백성의 부모이다"고 생각했다.[115)]

음악과 정감의 관계를 논증할 때에, 혜강은 "성음은 스스로 선악을 위주로 하니, 애락과는 무관하다. 애락은 스스로 정감으로 나중에 드러나니, 성음과는 관계가 없다."고 생각하였다.[116)] 즉 음악 자체의 변화와 미(美) · 불미(不美) · 정감 상의 인간의 애락은 어떤 관계도 없다는 것이다. 그가 볼 때 인간의 감정이 음악의 영향을 받으면, 마치 자연환경의 영향을 받듯이, "방자함에 노닐며 바라보면 곧 눈이 무절제하여 감정이 마음대로 놓여나고, 곡도(曲渡)에 머물며 바라보면 곧 생각이 고요해지고 용모가 단정해진다."고 생각했다.[117)] 총괄하여 말하면, 음악은 "단순하고 복잡하고 높고 낮고 선하고 악한 것(單·復·高·埤·善·惡)을 본체로 하고", 정감은 "떠들고 고요하고 오로지 하고 산만함(躁·靜·專·散)으로 반응한다"는 것이다.[118)]

114) 『嵇康集』: 心之與聲, 明爲二物.

115) 『嵇康集』: 五味萬殊而大同於美, 曲變雖衆亦大同於和. … 聲音以平和爲體. … 無聲之樂, 民之父母也.

116) 『嵇康集』: 聲音自當以善惡爲主, 則無關於哀樂, 哀樂自當以情感, 則無係於聲音.

117) 『嵇康集』: 譬猶游觀於都肆, 則目濫而情放. 留察於曲度, 則思靜而容端.

118) 『嵇康集』: 以單 · 復 · 高 · 埤 · 善 · 惡爲體. … 以躁 · 靜 · 專 · 散爲應.

일체의 애락희로는 모두 음악을 듣는 자신의 느낌이고, 음악의 본체와 관계가 없다는 것이다. 혜강의 음악과 정감의 관계를 부정하는 이러한 견해는 비록 단면성이 있지만, 다른 방면에서 말하면 정치적 득실의 책임을 음악을 창작하는 인사의 어깨 위에서 통치자들에게 돌리는 것이고, 현명한 태도에 상당한다.

혜강이 비록 음악을 윤리정치의 협소한 관점에 종속하는 유학 사인들을 부정하였지만, 그는 또한 "악으로 교화(樂以敎化)"하는 작용을 반대하지 않았다. "받들 수 있는 예를 만들고, 이끌 수 있는 악을 제정 한다"고 말하여 음악이 이풍역속(移風易俗)할 수 있고,[119] 인심에 영향을 줄 수 있다는 점을 긍정하였다. 다만 혜강이 존숭한 것은 "간단하고 쉬운 교화(簡易之教)"이고, 실행하는 것은 '도(道)'의 "무위의 다스림(無爲而治)"이다. 즉 이풍역속의 작용이 믿을 수 있는 것은 개념세계의 음악으로 여기는 '평화(平和)' 정신을 실현하는 것이라 생각했다. 이런 점에서 혜강은 음악에 대하여 반드시 절제를 해야 하고 음악(淫樂)과 정악(正樂)을 구별해야 한다고 생각했다. 평화로운 정악은 이풍역속에 사용할 수 있고, 평화롭지 못한 음악은 이풍역속에 사용할 수 없다는 것이다.

혜강이 '성무애락'을 논증하는 것에는 정치목적이 있다. 그는 이것을 생각함으로써 허위의 '명교(名教, 인류의 명분을 밝히는 가르침)'를 반대하였고, 이같은 형식주의의 '제례작악, 이풍역속'을 반대하였다. 〈성무애락론〉은 대략 정시(正始, 240~249) 초년에 지어졌는데, 위나라 명제 집정기간이니 지금으로부터 1700여 년 전이다. 그러나 그의 인격과 봉건 암흑세력에 대한 반항·진리를 추구하는 정신·그의 독특한 음악미학사상의 빛은 오늘날 까지 곧바로 이어져 우리들에게 심각한 계시를 주고 있다.

119)『嵇康集』: 爲可奉之禮, 制可導之樂. 이풍역속(移風易俗) … 풍속을 옮기고, 변화시킴.

2) 유협(劉勰)의 음악미학사상

유협(465~532)은 자가 언화(彦和)이고, 동완(東莞, 지금 산동 려현) 출신이며, 남북조 시대 저명한 문학비평가이다. 그는 남제 말년에 『문심조룡(文心雕龍)』 상, 하편 10권 50편을 지었다. 상편은 각 문체 작품의 특징과 그 변천을 논하였고, 하편은 창작비평 원칙과 방법을 논하였다. 그 책은 문학비평이론에 있어서는 자못 많은 것을 세웠지만, '징성(徵聖, 성인의 가르침을 증명)'과 '종경(宗經, 경서를 근본)'을 강조한 것은 그 한계성이다. 유협은 문학비평가로서 문학적 각도로 우연히 음악문제에 접하였고, 비록 이와 같지만, 그의 사상은 여전히 매우 중요하다.

『문심조룡·악부』는 '악'을 집중적으로 논하였는데, 선진에서 위진 시기에 이르는 악가(樂歌)의 변천을 주로 서술하였다. 그 주된 음악사상은 주로 세 가지 면에서 드러난다. 첫째, '중화(中和)'를 심미준칙으로 삼아 '중화의 소리(中和之響)'을 추앙하고, "음란함이 넘치는 것을 힘써 막는 것"을 강조하고,[120] 세상 사람들이 "아음은 온화하고 공손함을 읊조리는 것"과 "노랫말이 간절하여 두루 이르는 것"을 좋아하는 심미정취를 부정하고,[121] 따라서 옛 것은 옳고 지금은 틀리며, 아음을 숭상하고 정음(鄭音)을 배척하였고, 양한 악부는 "아름답지만 상규에 맞지 않고"·"유약하여 법도에 부합되지 않는다."[122] 위진 악부는 "뜻이 호탕함에서 나오지 않았고, 노랫말은 슬픈 생각에서 멀어지지 않고, 삼조(三調)의 정성(正聲)을 사용하지만, 실제 〈소(韶)〉·〈하(夏)〉와 비교하면 정나라 음곡(미미지악)이다"고 생각하여,[123] 일부

120) 『文心雕龍·樂府』: 務塞淫濫.
121) 『文心雕龍·樂府』: 雅詠溫恭. … 音辭切至. 절지(切至): 절지는 간절하여 두루 미친다는 뜻.
122) 『文心雕龍·樂府』: 麗而不經. … 靡而非典.
123) 『文心雕龍·樂府』: 志不出於淫蕩, 辭不離於哀思. 雖三調之正聲, 實韶夏之鄭曲也.

음악사는 곧 “아성이 점점 쇠약해진 이후에 음란한 음악이 비등하고. … 중화의 음향이 없어져 돌아오지 못한” 역사라 보았다.[124)]

둘째, 〈성무애락론〉이 ‘성(聲)’과 ‘언(言)’의 구별을 강조한 것처럼 악기, 즉 순수음악의 특수성이 다름을 강조하였다. 여기서 논한 시의 소리(詩聲)은 시와 결합된 악가(樂歌)이고, 따라서 “시는 악부의 핵심이고, 성은 악부의 형식”이니,[125)] “그 악기의 조절”이 필요하고 “그 문장을 바르게 하는 것”이 필요하다는 설이 있게 되고,[126)] 이 두 가지는 어느 한쪽을 소홀히 할 수 없다고 생각했다. 그러나 ‘심(心)’과 ‘체(體)’의 설은 이미 경중의 나뉨이 있어, “악기를 조절하는 것”은 ‘고사(瞽史)’에 돌아가고, “그 문장을 바르게 하는 것”은 ‘군자(君子)’에 돌아간다는 것은 “계찰이 ‘악’을 본 것은 곧바로 소리를 들은 것뿐만 아니다”는 말이고,[127)] 소리(聲)가 아니라 시를 중히 여기는 것을 알 수 있고, 시를 소리보다 중히 여기는 것은 『악기』의 “상과 하가 있고, 선과 후가 있다”는 뜻과 서로 비슷하다.[128)]

셋째, ‘악’에서 시의 작용을 중시하는 것은 음악의 사상성과 사회적 기능을 과장하는 것이고, 음악의 가지성(可知性, 인식가능성)을 과장하는 것이기 때문에, “어찌 악을 보는 것만이겠는가? 그에서 예를 안다”를 강조하였고,[129)] 음악은 나라를 흥성하게 할 수 있고, 나라를 망하게 할 수 있다고 생각하고, ‘관악(觀樂)’함으로써 나라의 흥쇠를 알 수 있다고 생각했다. 이

삼조(三調) : 평조 청조 슬조는 주대 고악의 성조이다.
정곡(鄭曲) : 춘추시대 정나라 악곡으로, 고악 중 미미지음이다. 정음(鄭音).

124) 『文心雕龍 · 樂府』 : 自雅聲浸微, 溺音騰沸. … 中和之響, 闃其不還. 익음(溺音) : 음란함을 탐닉하는 음악.

125) 『文心雕龍 · 樂府』 : 詩爲樂心, 聲爲樂體. 심(心) : 영혼, 정신이고, 체(體) : 형식이다.

126) 『文心雕龍 · 樂府』 : 調其器, 正其文. 고사(瞽史) : 악사 혹은 사관을 칭함.

127) 『文心雕龍 · 樂府』 : 故知季札觀辭, 不直听聲而已.

128) 『樂記』 : 有上有下, 有先有後.

129) 『文心雕龍 · 樂府』 : 豈唯觀樂, 于焉識禮.

는 〈성무애락론〉의 관점과 서로 대립적이다.

〈성률〉편에서, 유협은 음률(音律)과 인성(人聲), 악성(樂聲)과 인심(人心)의 관계를 논하였다. 음률과 인성의 관계에서 유협은 음률은 인성에 근본하기 때문에 "악기는 인성을 묘사하고, 소리는 악기를 모방한 것이 아니다"고 생각하였다.[130] 이것과 도잠의 "사는 죽과 같지 않고, 죽은 육과 같지 않다"와 자연스럽게 뜻이 통한다.[131] 그는 더 나아가 인성은 "혈기로부터 발생한다"고 생각하였다.[132] 이는 『악기 · 악언』에서 말한 "선왕은 성정에 근본하여 도수를 헤아리고, 예의를 제정하였다. 생기(生氣)를 화합케 하고, 오상(五常)의 실행에 이끌고, 양에 흩어지지 않게 하고 음에 모이지 않게 하였고, 강기(剛氣)는 노하지 않게 하고 유기(柔氣)는 두렵지 않게 하였다. 이 네가지가 창달하여 마음에서 교류하고 밖에서 드러나도록 하였다. 이 모두가 그 있는 곳을 편안히 하고 서로 빼앗지 않게 한 것이다."와[133] 〈성무애락론〉에서 말한 "화평한 마음은 안에서 족하였고, 화평한 기운은 바깥에 드러났다. 그러므로 노래로써 뜻을 펼치고 춤으로써 감정을 펼치었다. … 그리하여 마음(心)과 이치(理)가 서로 따르고 '화(和)'와 '성(聲)'이 서로 응하게 하였다. 합치어 회통하게 하여 그 아름다움을 이루게 하였다."와[134] 서로 통하는데, 이들 모두는 소리(성)는 기(氣)의 외관이고, 성의 상태는 기의 상태에 따라

---

130) 『文心雕龍 · 聲律』: 故知器寫人聲, 聲非學(效)器者也.

131) 도연명(陶淵明), 〈晋故征西大將軍長史孟府君傳〉: 絲不如竹, 竹不如肉.(현악기는 관악기와 같지 않고, 관악기는 육악기(人聲)와 같지 않다는 뜻.

132) 『文心雕龍 · 聲律』: 肇自血氣.

133) 『樂記 · 樂言』: 是故先王本之情性, 稽之度數, 制之禮義, 合生氣之和, 道五常之行, 使之陽而不散, 陰而不密, 剛氣不怒, 柔氣不慴, 四暢交于中, 而發作于外, 皆安其位而不相奪也.

134) 〈聲無哀樂論〉: 和心足於內, 和氣見於外. 故歌以敍志, 儛以宣情. … 使心與理相順, 和與聲相應. 合乎會通, 以濟其美.

결정된다고 생각하였는데, 인간의 혈기 또한 내재된 생명의 기로부터 나오고, 인간의 생명의 기는 천지간의 생기로부터 나온다는 '천지합일'의 사상으로, 전통음악미학사상의 특색을 체현한 것이다.

악성과 인심의 관계에서 유협은 '외청(外聽)'과 '내청(內聽)'의 구별을 강조하였다. 외청은 악성이고, 현을 조율하고 악기를 어루만지는 것(조현롱기)은 음과 성의 조화를 쉽게하고, 따라서 음악의 조화는 자주 구할 수 있다고 생각하였다. 또 내청은 심성이고, 악성과 인심의 조화를 어렵게 하고, 따라서 "성과 심은 어지러워", 피아와 주객의 차이가 있게 된다.[135] "성과 심의 어지러움"은 또 다른 의미가 있으니, 하나는 음악을 짓는 것(作樂)으로, 심이 성에 어떻게 표현되고, 성이 어떻게 심과 상응하는가는 그 이치가 "말로 쫓는 것이 어려워",[136] 단지 뜻을 만날 수 있을 뿐, 말로 전할 방법이 없다. 이는 현학(玄學)에서 말한 "말로 뜻을 다하지 못한다(言不盡意)"이다. 다른 하나는 음악을 듣는 것(聽樂)으로, 성에는 은연 중에 강심(降心, 마음을 가라 앉히다)이 있기 때문에 현외(弦外)의 뜻을 구하는데, 똑같이 자주 구할 수는 없고, 말로 쫓을 수도 없다. 이는 현학에서 말하는 "뜻을 얻는 것은 말을 잊는데 있다(得意在忘言)"이다. 범엽(范曄)의 〈옥중여제생질서〉에 "음악에 있어, 음악에 대한 감상식별 능력은 스스로 연주하는 능력에 미치지 못한다. … 그 중의 의취는 확실히 언어가 완전하게 표현할 수 있는 것이 아니다. 현외의 울림, 의외의 소리는 진실로 그 어디서 오는 지 알 수 없다."라고 하였는데, 그 뜻이 바로 〈성률〉과 같다.[137]

---

135) 『文心雕龍 · 聲律』: 聲與心紛.

136) 『文心雕龍 · 聲律』: 難以辭逐.

137) 범엽(范曄, 398~445) : 자는 위종(蔚宗), 순양(順陽, 지금 하남 남양) 출신. 남조 송의 사학가, 문학가. 『후한서(後漢書)』를 저술함.
〈獄中與諸甥侄書〉: 吾於音樂, 听功不及自揮. … 其中体趣, 言之不盡, 弦外之意, 虛響之音, 不知所從而來, 雖少許處, 而旨態無极.

3) 완적(阮籍)의 음악미학사상

완적(210~263)은 자가 사종(嗣宗)이고, 진류위씨(지금 하남성 중부) 출신이다. 삼국 위나라 때 저명한 사상가이자 문학가·음악가이다. 완적은 본래 제세(濟世)의 재주가 있어, 소년 시기에 일찍이 공맹의 경전을 많이 읽었고, 예법과 명교를 유지하고 보호하여 어떤 일을 하고자 하는 바람이 있었다. 그는 일찍이 보병교위에 임명되어 세상에서 완보병(阮步兵)이라 부른다. 후에 사마씨와 합의하지 못한 태도로 말미암아 예법을 조롱하고 풍자하는 선비로 인식되고, 마침내 산양(山陽)에 은거하여 '죽림칠현'의 한 사람이 되었다. 262년(景元3년)에 혜강이 해를 입자, 완적의 정서는 매우 수그러져, 263년(경원4년)에 완적은 우울하게 이승을 떠났으니, 54세였다.

236년(위나라 青龍4년)에 완적은 자신의 음악미학사상을 가장 잘 대표할 수 있는 유명한 문론 〈악론(樂論)〉을 완성하였고, 후대 사람들이 그것을 『완보병집』에 수록하였다. 글 속에서, 작자는 '완선생(阮先生)'으로 자칭하면서 류자(劉子)의 물음에 답하면서, 한대 이전의 음악사료와 음악사상을 개괄적으로 서술하였다. 〈악론〉에서 언급한 음악미학사상은 대체로 세 가지 면의 내용을 포함한다. 우선 '완선생'은 음악의 '자연지도(自然之道)'를 확립하였다. "무릇 '악'이란 천지의 체(體)이고, 만물의 성(性)이다"이라는 말은 완적이 음악은 자연으로부터 나오고, 음악의 '자연지도'는 천지의 정신과 만물의 본성을 드러내는 데 있고, 단지 이 '자연지도'에 부합되어야 음악은 화해하여, "음양이 조화하고"·"만물이 무리를 이루고"·"남녀가 그 있어야 할 곳을 바꾸지 않고 군신이 그 지위를 범하지 않을" 수 있고, 이풍역속의 작용을 일으킬 수 있어 만사만물이 곧 화순해진다고 생각하였다.[138)]

---

138) 〈樂論〉: 夫樂者, 天地之体, 万物之性也. … 陰陽和. … 而萬物類. … 男女不易其所, 君臣不犯其位.

그와 반대로 만약 이 '자연지도'를 등지게 되면, 음악은 화해하지 않아 만물은 화순하지 않는다고 했다. 그 다음으로 음악은 '평화담정(平和淡定, 침착하고 냉정함)'이 심미표준이라 규정하였다. 음악은 '자연지도'에 부합된다는 완적의 생각은 어떤 천지의 정신이 음악의 특성을 결정한다는 말이다. 즉 소위 "건곤은 쉽고 간단하므로 아악은 번거롭지 않고, 도덕은 화평하고 담담하므로 오성은 맛이 없다"는 것이다.[139] 천지의 특성은 쉽고 간단하므로 음악의 특성 또한 마땅히 쉽고 간단하고, 천지의 정신이 화평하고 담담하므로 음악의 특성 또한 당연히 화평하고 담담하다. 그 다음으로, 아송의 소리를 추앙하고, '음성(淫聲, 정위지음)'을 폄하 배척하였다. 그는 〈악론〉에서 말하기를, "초·월나라의 풍속은 용기를 좋아하였기 때문에 그 풍속이 죽음을 가볍게 여겼다. 정·위나라의 풍속은 음란함을 좋아하였기 때문에 그 풍속이 호탕함을 가볍게 여겼다. 죽음은 가볍게 여겼기 때문에 물을 건너고 불로 나아가는 노래가 있고, 호탕함을 가볍게 여겼기 때문에 상간·복상의 음곡이 있다."고 했다.[140] 초·월·정·위나라의 이같은 민간음악은 '음성'으로 배척당했다. '호용(好勇)'·'호음(好音)'은 이른바 '음성'의 주요 특징이다. 그는 이같은 음악은 평화담정의 심미표준에 부합되지 않는다고 생각했다. "각기 그 좋아하는 바를 노래하고, 각기 그 하는 바를 읊조림"에 말미암으면, 마침내 "부자의 친함을 버리고, 군신의 제도를 느슨하게 하고, 가정이 예를 감추고, 농경이 일을 폐지하는" 국면을 조성하게 된다.[141] 이는 아악과 속악·고악과 신성에 대한 완적의 태도를 표명한 것이다. 마지막으로 음악의 효용에 관한 문제로, 완적은 음악의 본질이 천지의 정신과 만물

139) 〈樂論〉: 乾坤易簡, 故雅樂不煩. 道德平淡, 故無聲無味.

140) 〈樂論〉: 楚越之風好勇, 故其俗輕死. 鄭衛之風好淫, 故其俗輕蕩. 輕死, 故有火蹈赴水之歌. 輕蕩, 故有桑間濮上之曲.

141) 〈樂論〉: 各歌其所好, 各咏其所爲. … 棄父子之親, 弛君臣之制, 匱室家之禮, 廢耕農之業.

의 본성을 드러내는 데 있다고 생각하였기 때문에 음악은 천지·만물·음양·군신·남녀·천신(天神)·지기(地祇) 등에게 작용할 수 있고, 또 "사해가 그 기쁨을 함께 하고, 구주가 그 절제를 하나같이 하게" 할 수 있다고 생각했다.[142] 이는 모두 "율려가 화협(律呂協)"하고, "음성이 적합(音聲適)"한 음악이 생산한 작용이다.

완적은 유심주의 음악사상의 대표이고, 그의 사상은 비록 유가를 먼저하고 도가를 뒤로 하는(先儒後道) 발전과정을 거쳤지만, '자연지도'의 음악미학사상을 제안한 것은, 그 본질로 말하면, 유가사상이 그의 음악사상의 주류이고, 그 주요 목적은 음악미학방면에서 유가와 도가를 조화하여, 유가의 예악사상과 도가의 자연악론사상을 합치어 하나로 하는 데 있다. 그의 이같은 음악미학사상은 후세의 북송 주돈이(周敦頤)·청서상영(淸徐上瀛)·왕훤(汪烜) 등의 음악미학사상 형성에 일정한 영향을 주었다.

142) 〈樂論〉: 四海同其歡, 九州一其節.

제5장

수隋·당唐·오대五代 시기

(기원 581~960년)

581년, 북주(北周) 귀족 양견(楊堅)은 정제(靜帝) 우문천(宇文闡)을 폐위하고, 스스로 천자가 되어 국호를 수(隋)라고 고치고, 수왕조를 건립하여 위진 이래 중국의 장기간에 걸친 분열의 국면을 끝냈다. 음악에 있어, '교방(敎坊)'을 창립하여 각 소수민족과 외래민족 음악문화를 계승·흡수한 기초 위에 '칠부악(七部樂)'·'구부악(九部樂)'의 수왕조 연악(燕樂)체제를 건립하여 당(唐)왕조 궁정연악의 발전을 위한 견실한 기초를 다졌다.

당왕조는 수왕조의 제도를 계승하여, '칠부악'과 '구부악'의 기초 위에 당왕조 '구부악'과 '십부악(十部樂)'을 형성하였다. 당 현종(玄宗) 시기에 또 '좌부기(坐部伎)'·'입부기(立部伎)'의 당대 궁정연악을 확립하였다. 궁정연악의 흥성 발전과 동시에, 민간속악 중 '곡자(曲子)'와 '변문(變文)'이 성행하기 시작하였고, 설창(說唱)·잡극(雜劇)·희극(戲劇) 등도 잇달아 성장하기 시작하였다. 당왕조의 사통팔달한 교통망은 당왕조와 국내외 각 민족 간의 장기간 음악문화교류를 촉진하였다. 구자악(龜玆樂)의 영향을 받아 수왕조 '84조(調)'와 당왕조 '연악28조'의 궁조(宮調)이론체계가 출현하였고, 『악서요록(樂書要錄)』·『악부고제요해(樂府古題要解)』·『교방기(敎坊記)』·『갈고록(羯鼓錄)』·『악부잡록(樂府雜錄)』 등 음악이론 논저와 음악미학사상과 관련된 논저가 출현하였다.

1. 궁정아악

수왕조는 중국을 통일한 이후에, 궁정아악(雅樂)을 힘을 다해 부흥하였다. 정역(鄭譯)[1]·우홍(牛弘)[2] 등은 악률을 평정(評定)하고, 악현을 설치하고,[3] 가사를 창제하며, 문무(文武) 2곡을 다시 정하였고, 또 〈청상악(淸商樂)〉을 화하(華夏)의 정성(正聲)으로 명확히 하여 궁정 연찬에 사용에 하였다.[4] 수나라 초기에, 아악가사는 옛 곡조와 외족 혹은 한족 민간 곡조에 근거하여 전사(塡寫, 일정한 양식에 써넣은 것) 하였다. 594년에 이르러, 외족

---

1) 정역(鄭譯, 540~591) : 형양(滎陽) 개봉(開封) 출신. 자는 정의(正義)이고, 말 타기와 활쏘기에 능했고 음률에도 밝았다. 율령을 제정하는 일에 참여했다. 또 음악을 정하는 일에도 참여해 『樂府聲調』 8권을 편찬했는데, 이미 없어졌다. 제8절 참조.

2) 우홍(牛弘, 546~611) : 안정(安定) 순고(鶉觚) 출신. 자는 이인(里仁)이고, 오례(五禮)를 편수했다. 새로운 음악을 정하고 명당(明堂)을 세우면서 그 득실을 논했다. 수 양제의 명령으로 『大業律』 18편을 편찬했다.

3) 악현(樂弦) : 악현(樂懸)의 오기인 듯. 樂縣은 시렁에 매달은 종경 따위의 악기를 말하기도 하고, 종경 종류의 악기를 매달은 시렁을 말하기도 한다.

4) 〈청상악(淸商樂)〉 : 고대 한족의 민간음악으로, 예를 들어 한대의 〈상화가(相和歌)〉따위이다. 평조·청조·슬조(宮調·商調·角調)를 포함한 가곡이다. 그래서 '청상3조(淸商三調)'라고도 한다. 진왕조의 파천으로 성과 기(聲伎)가 나뉘어 흩어져, 그 남조에서 강남오가(吳歌)·형초서성(西聲)으로 발전하였다. 북위 효문제·선무제가 옛 곡과 오가와 서성을 수집하여 〈청상악〉이라 불렀다. 아악·호악으로 구별하는데, 수왕조가 〈청악〉으로 개칭하고, 청상서를 설치하여 그 일을 관장하게 하였다. 당 무종 때 63곡이 있었으나, 당 말기에는 44곡이 겨우 남았다.

청상(淸商) : 상성(商聲)으로, 고대 오음의 하나. 옛날에 그 곡조가 처량하고 애절한(淒淸悲涼) 까닭에 청상이라 했다.

〈청상삼조(淸商三調)〉 : 고대 악곡 이름으로, 〈청악〉 중의 평조·청조·슬. 주나라의 〈방중곡(房中曲)〉의 유성(遺聲, 과거부터 내려온 곡조, 성음)이다. 한대에는 삼조(三調)라 했다.

과 외국음악이 끊임없이 중원에 들어옴으로써 수나라 양제(煬帝) 시기의 궁정아악은 가사는 비록 큰 변화가 없었지만, 곡조의 전사에 있어서는 화화의 정성이 아닌 허다한 다른 민족의 음악곡조가 운용되었다. 당왕조 건립 초기에, 아악은 수왕조의 옛 제도를 이어서 사용하였는데, 당 태종(太宗) 정관(貞觀)2년에, 태상소경 조효손(祖孝孫)과[5] 협률랑 장문수(張文收)가[6] 아악을 새롭게 다시 수정하여 남북조와 수왕조 아악을 본보기로 삼아 '십이화지악(十二和之樂)'을[7] 완성하여, 서로 다른 의례절차에 사용하였다.

예화(豫和) : 천신의 강림
순화(順和) : 지시의 강림
영화(永和) : 조상신의 강림
숙화(肅和) : 등가로 옥백을 바침(奠)
옹화(雍和) : 뭇 제사로 제물을 올림(俎)
수화(壽和) : 술잔을 바치고 음복함(酌獻)
태화(太和) : 행절(行節)로 삼음[8]
서화(舒和) : 문무 2무가 출입하고, 황태자 왕공의 출입을 신하들이 경축(朝賀)
소화(昭和) : 황제 황태자가 술잔을 들어 올림(擧酒)

5) 조효손(祖孝孫, 미상~624) : 유주(幽州) 범양(范陽) 출신. 수 문제(文帝) 개황(開皇) 중에 협률랑(協律郎)이 되어 아악(雅樂)을 정리했다. 또 모상(毛爽)에게 율법(律法)을 배웠다. 무덕(武德) 7년(624) 황명을 받아 아악을 수정(修定)했는데, 남북 간 지역의 차이를 참작하고 고음(古音)을 고려하여 『대당아악(大唐雅樂)』을 지었다.

6) 장문수(張文收) : 조효손과 더불어 당나라 음악과 악기와 악률 등을 정리하였다.

7) 십이화(十二和) : 당대 악명. 당대 초기에 조효손(祖孝孫)이 남북곡을 참작하고, 고음(古音)을 고증하여 아악을 수정하여 만들었다. 대악은 천지와 함께 화하는 것이고, 치세지음은 편안하여 즐겁고 정치가 화한다는 『예기』의 말에 따라 〈십이화〉라 했다. '십이'는 하늘의 수를 따른 것(12월)이다. 그 악은 모두 32曲, 84調이고, 〈大唐雅樂〉이라 한다.

8) 행절(行節) : 걷는 행위의 절도를 말함. 연례에서 빈(賓)이 술을 마시고 취하여 나갈 때, 예를 잃지 않도록 악을 연주하여 행절로 삼는다고 하였다.

휴화(休和) : 황제가 식사(飯) 하고, 삼로(三老)에게 엄숙히 절을 하고, 황태자도 식사를 함
정화(正和) : 황후가 책(冊)을 받고 조하(朝賀)를 받음
승화(承和) : 황태자가 궁에 있고, 모이면 연주를 함.

당나라가 사용한 악무는 문무를 〈치강(治康)〉이라 하고, 무무를 〈개안(凱安)〉이라 했다. 무대(舞隊)는 팔일(八佾) 64인을 썼고, 교묘(郊廟) 제사에 사용하였다.[9] 교묘 제사의 초헌에 문무를 하고, 아헌과 종헌에 무무를 하고, 태묘(太廟, 종묘) 강신에는 오로지 문무를 하였다. 무릇 원정(元正 설날)·대조회(大朝會, 모든 관리가 조정에 나아가 임금을 뵙던 일, 朝禮)·설향(設饗, 대잔치)에는 문문 2무가 함께 궁전에 진설되어 절차에 따라 연기되었다. 당 고조(高祖) 인덕(麟德)2년(665)에 문무는 〈공성경선악(功成慶善樂)〉으로, 무무는 〈신공파진악(神功破陣樂)〉으로 고쳐 사용하였다.

2. 궁정연악

연악(燕樂)은 '연악(宴樂)' 혹은 '연악(讌樂)'이라 하는데, 천자 혹은 제후가 궁정에서 빈객에게 잔치를 베풀 때 사용하는 음악이고, 이러한 음악은 오락감상을 제공하고 예술성이 매우 강한 가무음악이다. 연악의 함의는 두 종류가 있다. 광의의 연악은 선왕으로부터 유전되는 아악과 한족 속악과 외래 음악의 총칭이다. 협의의 연악은 당나라 장문수가 지은 연악, 즉 십부악 중 첫째인 '연악(燕樂)'을 가리킨다. 수·당의 궁정연악은 악부음악의 고도의 성취를 계승하고, 많은 소수민족과 외국민족 음악의 음악요소를 융합한 것으로, 수·당 시기 정치·경제·문화의 고도의 번영의 산물이

9) 교묘제사(郊廟祭祀) : 교묘는 도성 밖에 있는 사당으로, 하지와 동지에 교외에 나가 하늘과 땅에 제사지냈다.

고, 특히 당왕조 초기에서 개원(開元) 시기(618~755)에 이르는 백여 년간은 음악문화예술 발전의 최고봉이었다.

『수서·음악지』 기록에 의하면, 수왕조 개황(開皇) 초년(581~585)에 '칠부악'의 연악체제를 건립하였다. 이 칠부악은 〈국기(國伎)〉·〈청상기(淸商伎)〉·〈고려기(高麗伎)〉·〈천축기(天竺伎)〉·〈안국기(安國伎)〉·〈구자기(龜茲伎)〉·〈문강기(文康伎)〉로 나눈다. 수왕조 대업(大業) 기간(605~608)에, 새로 〈강국기(康國伎)〉·〈소륵기(疏勒伎)〉 두 악부를 더하고, 동시에 〈청상기〉를 첫 번째에 배열하고, 〈국기〉를 〈서량기(西凉伎)〉로 고쳐 완벽한 수왕조 '구부악'의 궁정연악 체제를 완성하였다.

당왕조 초기의 궁정연악은 수왕조의 '구부악'의 연악체제를 계승하였다. 정관(貞觀)11년(637)에 〈예필(禮畢)〉를 폐지하였다.[10] 정관14년(640)에 협률랑 장문수가 당왕조 흥성을 창작 가창한 〈경운하청가(慶雲河淸歌)〉(즉 〈燕樂〉)를 여러 부기(部伎)의 첫 번째에 배열하여 당왕조 '구부악'을 형성하였다. 정관14년에 당나라 태종은 고창(高昌)을 통일하자,[11] 정관16년에 뭇 신하들에게 연회를 베풀며 〈고창악(高昌樂)〉을 더하여 연주함으로써 당왕조 '십부악'을 형성하였다.

10) 〈예필(禮畢)〉: 『隋書·音樂志下』에, "〈禮畢〉은 본래 진나라 태위(晉 太尉) 유량의 집(庾亮家)에서 나왔는데, 그 기예를 사량(思亮)이 이었다. 그래서 가면으로 얼굴을 가리고, 예(翳, 일산 혹은 방패)를 들고 춤을 추었고, 그 용모를 형상하였고, 그 시호로써 이름하여 〈文康樂〉이라 했는데, 매번 〈구부악〉의 끝에 펼쳐졌다. 그래서 〈예필〉이라 불렀다."

11) 고창(高昌): 중국 서역(西域)에 있었던 나라 이름. 오늘날 중국 신강성(新疆省)의 토로번(土魯番, 투루판) 지역 일대임. 한나라 때 서역 36국의 하나였는데, 당나라 때 중국에 망하였음.

〈연악〉: 십부기의 첫 번째. 〈경운무(慶雲舞)〉·〈경선무(慶善舞)〉·〈파진악무(破陣樂舞)〉·〈승천악무(昇天樂舞)〉 4종류 악무를 포함한다. 악기는 28종이고, 아악기·호악기·속악기가 겸비되고, 악기의 수량은 십부기 중 첫째이다.

〈청상기〉: 〈청악(淸樂)〉이라고도 부르고, 수왕조 대업(大業)에[12] 진대(陳代) 궁정이 소장한 악곡에 근거하여 만들어졌다. 가곡에 〈양반(陽伴)〉이 있고, 무곡(舞曲)에 〈명군(明君)〉·〈병계(幷契)〉가 있다. 당나라 무측천(武則天) 시기에 〈백설(白雪)〉·〈공막(公莫)〉·〈파투(巴渝)〉 등 63곡이 여전히 남아 있었다. 악곡 15종은 대부분 사죽(絲竹) 악기를 사용하고, 악공은 25인 이었다.

〈서량기〉: 즉 〈국기〉로, 십부기의 세 번째이다. 일반적으로 지금의 감숙성 일대에 유행하는 음악을 가리킨다. 부진(苻秦) 말기에, 여광(呂光)·저거(沮渠)·몽손(蒙遜)이 양주(涼州)에 있을 때, 구자성(龜茲聲, 구자국의 소리, 음악)을 변화시켜 만들어 〈진한기(秦漢伎)〉라 불렀다.[13] 북위·북주 시기에는 〈국기〉라 불렀다. 그 소리가 청아하여 화하의 소리와 비슷하다. 가곡에 〈영세악(永世樂)〉이 있고, 해곡(解曲)에 〈만세풍(萬世風)〉이, 무곡에 〈우전불곡(于闐佛曲)〉이 있다. 악기에 종·경·생·소의 아악기와 탄쟁(彈箏)·추쟁(搊箏)·와공후·제고(齊鼓)·담고(擔鼓) 등 속악악기가 있고,[14] 그밖에 호

---

12) 대업(大業): 수나라 양제(煬帝)의 연호. 605~617년의 기간에 쓰임.

13) 부진(苻秦): 진(晉)나라 때, 오호 16국 중 전진(前秦)이니, 부씨가 건립하여 부진이라 부른다.

14) 탄쟁(彈箏)·추쟁(搊箏): 어떠한 악기인지 불분명하나, 현악기 쟁의 일종으로 고구려악과 서량악에 사용되었다고 『수서』 및 『북사』 『통전』 등에 보인다. 탄쟁은 손가락으로 줄을 튕겨서 소리를 내는 현악기 쟁이고, 추쟁은 손가락을 타는 것이라 추정된다.
제고(齊鼓): 북 이름. 제(齊)는 배꼽(臍)의 뜻. 『舊唐書·音樂志二』에 "칠통(漆桶)과 같고, 북의 면에 노루배꼽처럼 생긴 것을 늘어놓았기 때문에 제고라 함." 『淵鑑類函·樂部·鼓一』에는 서량과 고려의 악기라 했다.
담고(擔鼓): 한나라 때 행악(行樂)인 고취악에서 연주된 담고는 행진 때 메고 다니면

부악기 9종이 있어 구성이 매우 독특하다. 악공 22~27인, 백무(白舞) 1인, 방무(方舞) 4인이 있다.[15)]

〈천축기〉: 고인도의 음악을 가리킨다. 346~353년에 장중화(張重華)가 전량(前凉)의 왕이 되었을 때,[16)] 천축으로부터 조공된 것으로 남기(男伎)를 사용한다. 가곡에 〈사석강(沙石疆)〉이 있고, 무곡에 〈천곡(天曲)〉이 있고, 악공 12인, 무 2인이다.

〈고려기〉: 지금의 압록강 연안 지역에서 유행하던 음악을 말한다. 그것은 당시 조선의 고려와 백제 고국을 포함하며, 436년 북위가 북연을 평정하였을 때 획득하여 들어왔다. 가곡에는 〈지서(芝栖)〉, 무곡에 〈가지서(歌芝栖)〉가 있고, 악기에 탄쟁·와공후·비파·오현·적·소·생·필률·요고·제고·패(貝) 등 14종이 있고,[17)] 의취적(義嘴笛)이 특색 있는 악기이고,[18)] 악공 18인이다.

〈구자기〉: 오늘날 신강성 고거(庫車) 일대의 음악으로, 385년 후량 정벌

서 연주하던 북이다. 담고의 그림은 안악(安岳) 제3호분의 회랑(廻廊) 대행렬도(大行列圖)에 보인다. 두 사람이 긴 장대에 매달린 북을 메고 가면서 연주하였다. 『구당서』에 고구려기와 서량기에 사용되었다고 기록.

15) 백무(白舞), 방무(方舞): 백무 방무는 당나라 연악의 춤 이름으로, 서량기에 속함. 『북사』에 의하면 위나라 문성문명황후가 효문제와 함께 영천지에서 군신들과 번국의 사신들과 제 지방의 우두머리에게 연향을 베풀 때 각기 그 방무를 하도록 명하였다는 기록이 있다. 이로 보면, 방무는 각 번국의 토속적인 춤으로 보인다. 『신당서·예악지』에 의하면 서량기의 방무는 가짜 상투에 옥비녀를 꽂고, 자색의 바지와 흰색의 입구가 큰 바지와 오색의 소매와 검은 가죽신을 신고 추는 춤이다.

16) 장중화(張重華, 330~353): 중국 5호16국시대 전량의 제5대 왕(재위 346~353). 자는 태림(泰臨), 시호는 환왕(桓王)이며 묘호는 세조(世祖)이다.

17) 패(貝): 악기 이름. 법라(法螺) 혹은 법려(法蠡)라고도 함. 고대에 절악(節樂, 음률, 박자)에 사용, 불교에서 법사에 사용하였고, 용병이나 대중을 모은 데 사용하기도 함.

18) 의취적(義觜笛): 횡적에 부리(嘴, 피리 따위의 악기에 악기를 부는 대나무로 만든 부리, 이 부리에 입김을 넣어 소리를 낸다)를 더한 것이다. 『新唐書·禮樂志十一』: "〈고려기〉에는 또 오현·의취적·생·호로생·소."이 있다. 『文獻通考·樂十一』: "의취적은 횡적에 부리를 더한 것과 같다. 서량악인데, 지금은 고려악에서도 사용한다.

때 얻은 것이다. 가곡에 〈선선마니(善善摩尼)〉, 해곡에 〈파가아(婆伽儿)〉, 무곡에 〈소천(小天)〉·〈소륵염(疏勒鹽)〉이 있다. 악기는 15종으로, 비파·오현·견공후·생·적·필률, 기타 격타악기가 있다. 악공 20인, 무4인이다.

〈안국기〉: 지금의 중앙아시아 포합랍(布哈拉) 일대의 음악이다.[19] 북위 태무제(太武帝) 때 서역을 통해 중원에 들어왔고, 가곡에 〈부살단시(附薩單時)〉가, 무곡에 〈말해(末奚)〉가, 해곡에 〈거화지(居和祇)〉가 있다. 악기는 10종인데, 7종은 〈구자기〉와 같고, 다른 3종은 쌍필률·정고(正鼓)·화고(和鼓)가 있고,[20] 악공 12인이다.

〈소륵기〉: 지금 신강성 객십갈(喀什噶)과 소륵(疏勒, 현 카슈가르 지방에 있던 나라) 일대의 음악이다. 후위가 북연을 평정할 때 얻었고, 수나라 양제가 그것을 '구부악'에 배열하였다. 가곡에 〈항리사상악(亢利死詳樂)〉이, 무곡에 〈원복(遠服)〉이, 해곡에 〈염곡(塩曲)〉이 있다. 악기는 10종이고, 〈구자기〉에서 나왔다.

〈강국기〉: 지금의 중앙아시아 철마이한(撒馬爾罕, 우즈베키스탄 사마르칸트) 일대의 음악이다. 북주 천화(天和) 6년에 아사나(阿史那) 황후의 혼수품으로 따라온 악대가 중화에 들어왔는데,[21] 수나라 양제가 그것을 구부악에 받아들였다. 가곡에 〈집전농화정(戢殿農和正)〉이, 무곡에 〈하란발비시(賀蘭鉢鼻始)〉·〈말해파지(末奚波池)〉·〈농혜발비시(農惠鉢鼻始)〉·〈전발지혜지(前拔地惠地)〉 등 4곡이 있다. 악기는 적·정고·가고(加鼓)·동발 등 4종이 있고, 악공 7인, 무 2인이다.

〈고창기〉: 현재 신강 티베트(吐蕃) 지구의 음악이다. 북위 이래 계속하

---

19) 포합랍(布哈拉): 중앙아시아 우즈베키스탄의 고도 Bukhara.

20) 정고(正鼓)·화고(和鼓): 둘 다 북의 일종으로, 요고이다. 『元史·禮樂志五』에 "화고는 원대 일종의 북인데, 대고와 비슷하게 만들지만 크기가 작고, 왼쪽에 끼고 오른 손으로 치며 소리를 낸다."

21) 아사나(阿史那, Ashina): 돌궐족의 성씨.

여 들어와, 정관14년 '십부기'에 편입되었다. 성당(盛唐) 시기의 대곡 〈성명악(聖明樂)〉은, 곧 이 〈고창기〉로부터 나온 것이다. 악기 13종, 대부분 〈구자기〉와 같다. 무 2인이다.

수나라 '칠부악'·'구부악'과 당나라 '구부악'·'십부악'의 음악 출처는 주로 세 방면이 있다. 하나는 한·위 이래의 전통 옛 음악으로, 예를 들어 〈청악〉 혹은 〈청상기〉이다. 둘은 소수민족 혹은 외국의 음악이다. 셋은 당시 음악가가 창작한 작품으로, 예를 들어 장문수의 〈경운하청가〉(즉 〈연악〉)이다. 어떤 소수민족 혹은 외국의 음악이든, 대부분은 남북조시기에 이미 중원지역에 들어왔고, 선명한 민족 풍격 혹은 지방 색채를 띠고 있으며, 대부분 지명·국명 혹은 음역으로 악부의 명칭을 삼았으며, 따라서 수·당 시기의 각 민족·각 지역 음악이 중원에 모여 점차로 흡수·융합 발전하는 총체적 추세를 반영한다. 당나라 문헌 기록에 의하면, 특별한 영예를 누린 소수 민족 혹은 외래 악곡은 십수기가 있었는데, 〈서량악〉·〈고려악〉·〈백제악〉·〈부남악(扶南樂)〉·〈천축악〉·〈표국악(驃國樂)〉·〈안국악(安國樂)〉·〈구자악〉·〈고창악〉·〈북적악(北狄樂)〉·〈소륵악〉·〈강국악〉 등으로 나누었다.[22)]

'좌부기'와 '입부기'는 다른 많은 부기보다 늦게 형성된 당대의 궁정연악

---

22) 부남(扶南) : 인도차이나 반도 남부, 메콩강 하류역의 코친차이나 지방을 중심으로, 1세기 말경부터 6세기 중엽까지 번영한 왕국.

안국(安國) : 지금의 베트남. 안남이라는 명칭은 679년 중국이 하노이에 안남도호부(安南都護府)를 둔 데서 시작된다. 그 후 중국으로부터 독립한 베트남인(人)들은 대구월(大瞿越)·대월(大越)·대남(大南) 등으로 불렀다.

표국(驃國) : 지금의 미얀마 동부의 퓨(Pyu)족의 표국. 인도와 불교와 관계가 있는 가곡이 전해졌음.

북적(北狄) : 원래는 고대의 적족을 지칭하였으나, 후에는 북방 각 소수민족을 범칭.

으로, 무측천(武則天)과 중종(中宗) 시기에 기초를 다지고, 당 현종(玄宗, 716~756) 시기에 확립되어, 당왕조 궁정연향 음악의 주류가 되었다. 좌 · 입부기는 모두 악무 14부가 있다.

'**좌부기**'는 당상(堂上, 궁안의 대청)에서 연주하며, '등가악(登歌樂)'을 위주로 하며, 금슬 등 음색이 유화(柔和)한 소형악대가 연주한다. 따라서 규모는 비교적 작고, 인원도 비교적 적어 많아야 12인이고, 적으면 3인이다. 악기의 성음은 비교적 맑고 가늘며, 표현은 세밀하고, 악사의 기예에 대한 요구가 자못 높다. 무도(舞蹈)는 관상성(觀賞性)이 대단히 강한 무도이다.[23] 내용은 모두 제왕의 문치무공을 가송(歌頌)하고, 통치자의 천추만세를 축원하는 것이다. 좌부기는 당대 궁정연악 예술의 초고수준을 대표한다. 좌부기 악무는 6부이다.

(1) 〈연악〉 : 〈경운악(慶雲樂)〉 · 〈경선악(慶善樂)〉 · 〈파진악(破陣樂)〉 · 〈승천악(昇天樂)〉 4부의 소형악무를 포함한다. 이 4부 소형악무는 모두 당 태종의 문치무공을 가송한 악무이다. 〈경운악〉은 당나라 장문수가 지은 〈경운하청가〉로, 당왕조의 흥성을 가송한 악무이고, 무 8인이다. 〈경선악〉은 태종의 문덕을 가송한 악무로, 무 4인이다. 〈파진악〉은 태종의 무공을 가송한 악무로, 무 4인이다. 〈승천악〉은 태종이 천명을 받아 제위에 즉위한 것을 가송한 악무로, 무 4인이다.

(2) 〈장수악(長壽樂)〉 : 무측천 장수년(692~694)에 그 장수를 축원하기 위하여 지어졌고, 무 12인이다.

(3) 〈천수악(天授樂)〉 : 천수년(690)에 지어졌다. 그 해에 무후(무측천)가 황제를 칭하고 국호를 주(周)로 바꾸었는데, 이 악무는 무측천이 천명을

23) 관상성(觀賞性) : 취미에 맞는 아름다운 것을 보고 즐김.

받아 황제에 즉위하였음을 선양하는 것으로, 무 4인이다.

(4) 〈조가만세악(鳥歌萬世樂)〉 : 무측천이 집정하던 때 지어졌는데, 궁중에 새가 있었는데, '만세'라고 노래 부를 수 있어서 이 악무를 만들었고, 무 3인이다. 위 세 작품은 모두 구자의 소리(龜玆聲)가 섞여 있는 음악작품이다.

(5) 〈용지악(龍池樂)〉 : 당 현종 때 지어졌다. 이륭기(李隆基)는 원래 숭경방(崇慶坊)에 살았는데,[24] 비가 내린 이후에 그곳이 물이 넘쳐 연못이 되었다. "이 악무를 만들어 그 상서로움을 노래한 것"이고, 무 12인으로, 『통전』에는 72인이라 했고, 아악을 사용하지만 종경은 없다고 했다.

(6) 〈소파진악(小破陣樂)〉 : 태종 때 지어졌다. 대형악무 입부기 〈파진악〉을 개편한 소형악무로, 무 4인이고, 무도의 동작과 풍격은 입부기 〈파진악〉과 같다.

'입부기'는 당하(堂下, 정원 혹은 광장)에 서서 연기하고 연주하는 것으로, 악기는 종·고 등 '헌가악(軒架樂)'을 위주로 하고, 규모는 크고, 인원은 많으면 180인, 적으면 64인이며, 공연장면은 굉장히 크고 호화로우며, 악기성음은 비교적 커서 항상 대단히 시끄러운 합주이며, 때때로 백희(百戲) 등 연기가 첨가되기도 한다. 입부기는 8부가 있다.

(1) 〈안악(安樂)〉 : 북주(北周) 무제 우문옹(宇文邕) 평제(平齊)(577년) 때 지어졌다.[25] 북주 때에는 〈성무(城舞)〉라고 불렀는데, 무공을 송찬하고 선

24) 이륭기(李隆基, 685~762) : 당나라 제8대 황제 현종(玄宗)의 이름으로, 연호가 개원(開元)이다. 숭경방은 제위에 오르기 전에 살던 곳. 연못을 궁으로 바꾸자, 마침 비가 내려 연못물이 넘쳐 수 리에 흘렀다. 이를 상서롭게 여겨 노래를 만들었고, 춤추는 자는 머리에 부용(芙蓉)으로 장식한다.

25) 우문옹(宇文邕, 543~578) : 북주의 황제. 대군(代郡) 무천(武川) 출신. 선비족(鮮卑族)으로, 자는 예라돌(禰羅突)이다. 건덕(建德) 6년(577) 북제를 멸망시키고 황하(黃河)

양하기 위한 악무로, 무 80인이다.

(2) 〈태평악(太平樂)〉: 전통 민간 사자무(獅子舞)로, 〈오방(五方)사자무〉라고도 하며, 무는 대략 70인이고, 음악은 구자의 소리가 섞여 있고, 140인이 〈태평가〉를 소리 높여 부른다. 『악부잡록』은 구자부에 편입했다.

(3) 〈파진악〉: 당 태종 즉위(627년)에 〈진왕(秦王)파진악〉을 연주하였다. 정관7년(633년)에 이세민(李世民, 태종)이 직접 〈파진무〉도(圖)를 만들었고, 여재(呂才)가 그 그림에 의거하여 연습을 하여 비로소 〈파진악〉부가 만들어졌다.[26] 태종의 무공을 송찬한 것으로, 음악은 구자의 소리가 섞여 있다.

(4) 〈경선악〉: 당 태종 때 조성되었다. 태종은 경선궁에서 출생하였다. 그래서 〈경선악〉을 만들었고, 음악은 〈서량악〉 반주를 사용하여 정조가 한아(閑雅)하다. 나중에 교묘제사에 사용되었고, 초장기에는 아동 64인이 춤을 추었는데, 나중에는 성인이 춤을 출 수 있게 고쳤다.

(5) 〈대정악(大定樂)〉: 〈팔현동궤악(八紘同軌樂)〉이라고도 한다. 곡조의 풍격은 구자의 소리가 섞여 있다.[27]

(6) 〈상원악(上元樂)〉: 고종 상원(上元) 원년(674년)에 만들어졌고, 이 해에 고종은 스스로 천황(天皇)이라 부르며, 무측천을 천후(天后)라 고쳐 불렀다. 무 180인으로 교묘제사에 사용되었다. 현종 때 수 백 궁녀가 춤을 추었다.

(7) 〈성수악(聖壽樂)〉: 측천무가 집정하던 때 지어졌다. 무 140인으로, 음악에 구자의 소리가 있다.

(8) 〈광성악(光聖樂)〉: 현종 때 만들어졌고, 현종이 위후(韋后)를 제거하

유역과 장강 상류를 지배했는데, 수나라가 이 지역을 얻어 통일의 기초를 다졌다

26) 여재(呂才, 600년 추정~665): 당나라 초기 박주(博州) 청평(淸平) 출신. 음양과 방기(方伎), 여지(輿地), 역사에 정통했고, 음률에 특히 밝았다. 〈진왕파진악(秦王破陳樂)〉의 음률을 조율했고, 〈백설(白雪)〉 등의 악곡을 수정했다.

27) 〈대정악(大定樂)〉: 당 고종이 요동을 평정하고 지은 악.

고 이(李)씨의 당왕조를 진흥시킨 공적을 가송하였다.[28] 무 80인이고, 구자의 소리가 있다.

입부기의 연기 중에, 때때로 백희 등의 연기가 첨가되기 때문에 기예에 있어 좌부기의 높은 수준만큼을 요구하지 않는다. 좌부기 학습에 불합격한 사람은 왕왕 입부기 학습으로 내려가고, 입부기 학습에 불합격한 사람은 왕왕 아악부에 내려가 교사생(郊祀牲)의식의 연기에 참가하고, 연주가 장엄하고 경건하지만 절주(節奏, 리듬)곡조가 상대적으로 단조롭고 판에 박은 아악을 연주한다. 이점으로 우리는 당왕조 시기의 궁정아악이 이미 점차로 쇠락의 길로 들어서고 있음을 볼 수 있다.

당왕조의 좌·입부기와 십부기의 구별은, 좌·입부기는 악무 내용을 반영한 악곡명으로 악부의 명칭을 삼지만, 십부기는 나라 별로 반영된 악대명으로 악부 명칭을 삼는다. 이는 이부기(二部伎)에 비(非)한족 민족의 각종 음악 사이의 한계가 있고, 악부가 설치되지 않으면 소실되기 때문에, 따라서 이부기는 호속(胡俗) 양 방면 악기가 융합된 이후 조성된 궁정연악을 대표하고, 그것과 십부기는 기능은 서로 같지만, 음악내용은 서로 같지 않음을 설명해준다.

28) 위후(韋后) : 중종의 황후. 현종이 26세(710년) 때 중종(이현(李顯), 이융기의 큰아버지)의 황후였던 위황후가 딸 안락공주와 짜고 중종을 암살한 후, 당시 16세인 중종의 아들 온왕(溫王) 이중무를 제위에 앉히고 정권을 농단하기 위해 현종의 아버지 상왕(相王)까지도 해치려 하였다. 이에 이융기는 태평공주(측천무후의 딸)와 연합하여 당융(唐隆)정변을 일으켜 위황후와 안락공주 일당을 제거한 뒤, 아버지 예종을 제위에 옹립하고 자신은 황태자가 되어 실권을 잡았다.

3. 대곡(大曲)과 법곡(法曲)

'**대곡**'은 일종의 가창·무도·기악이 어우러진 대형 다단계 가무음악이다.[29] 그것은 한·위 시기의 〈상화대곡〉·〈청상대곡〉에 기원한다. 당왕조는 대곡예술 발전이 흥성한 시기로, 수량이 많고, 출처가 넓으며, 예술성도 높다. 그것은 성당(盛唐, 713~755) 시기에 가장 휘황한 예술성취를 이루었다. 대곡은 세 종류로 나눌 수 있다. 교묘제사에 사용하는 아악대곡, 연찬·원단의 조회·중요한 명절에 사용되는 연악대곡, 종교에서 기원한 '도조법곡(道調法曲)'이 그것이다.[30] 그 중 연악대곡과 법곡의 예술 수준이 가장 높은데, 연악대곡은 연악대곡(당나라 장문수가 지은 악곡)·청악대곡·서량대곡·구자대곡·소륵대곡·고창대곡·안국대곡·천축대곡 등을 포함한다. 당나라 최령흠(崔令欽)의 『교방기(教坊記)』 등의 기록에 의하면, 당나라 연악대곡의 주요작품에는 〈파진악〉·〈녹요(綠腰)〉·〈량주〉·〈이주(伊州)〉·〈옥수후정화(玉樹後庭花)〉·〈범룡주(汎龍舟)〉 등 60여곡이 있다. 당나라 대곡의 구성형식은 "산서(散序)－중서(中序)－파(破)"이다.

산서: 가와 무가 없고, 일반적으로 기악은 산판을 이용한 연주음악 약간 편.[31]

---

29) 대곡(大曲): 중국 고대 대형 악무 모음곡. 예를 들면 한위(漢魏)의 〈相和大曲〉, 당송(唐宋)의 〈燕樂大曲〉 등이 있음. 송원(宋元) 희곡 음악에 큰 영향을 끼쳤음. 한(漢)·위(魏) 때의 대곡은 '염(艶)', '추(趨)', '난(亂)'의 삼대단(三大段)으로 구성되어 있다. 당의 대곡은 시구를 노랫말로 하여 여러 번 노래하고, 송의 대곡은 사체(詞體)를 위주로 하는 장편서사가곡으로 가무와 결합한다.

30) 도조(道調): 1. 당대 교방곡명(教坊曲名). 최령흠의 『教坊記』 서문에, "고종(高宗)이 악공 백명규(白明達)에게 도곡 도조를 지으라 명했다."고 했고, 『新唐書·禮樂志十一』에 "고종은 노자의 후손으로, 이에 악공에게 도조를 지으라 명했다."고 했다. 2. 궁조(宮調) 이름. 송대에 오면 임종궁을 도조라 하였다. 송대 왕부(王溥)의 『唐會要·諸樂』에, "林鐘宮, 時號道調·道曲·垂拱樂·萬國歡."

31) 산판(散板): 1. 음악상의 자유로운 박자. 고정된 박자에 대한 상대적인 말. 그러나

중서 : 박시(拍序) 혹은 가두(歌頭)라 부르는데,[32] 음악은 판안(板眼)이 분명하고 절주가 비교적 느린 악곡으로 조성되기 때문에 가대(歌隊)가 가창을 시작하면 무대(舞隊)가 때로는 무대에 나가기도 하고, 때로는 무대에 나아가지 않기도 한다.

파 : 무편(舞遍)이라 부르기도 하고,[33] 가창이 없고, 무대가 입장하면 절주가 점차로 빨라짐에 따라서 춤추는 자들은 빙빙 돌면서 뛰고, 악곡은 흥겨움이 열렬한 분위기 속에서 끝맺는다. 이 일부분은 '입파(立破)'·'허최(虛催)'·'곤(袞, 袞遍)'·'실최(實催, 催拍)'·'곤(袞, 中袞)'·'헐박(歇拍)'·'살곤(煞袞)' 등의 부분을 포함한다.[34]

그 음악은 당나라 이전의 소수 청악의 옛곡에 기원한 것을 제외하고, 주로 그 당시의 신성(新聲)으로부터 왔다. 하나는 청악의 기초 위에 서량·구자·소륵·고창 등 서역 소수민족음악과 천축·고려 등 외국음악의 자

박자가 섞이어 혼란하거나 마음대로 하는 것을 의미하지는 않는다. 2. 희곡 창강(唱腔)의 판식(板式)으로, 이는 일종의 느린 곡조의 창강으로, 비통한 감정을 표현하는데 적당하며, 때로는 일반적인 서술에 사용되기도 한다.

32) 중서(中序) : 고악 〈霓裳羽衣曲〉의 제7편으로, 박자가 있어 시작되고 춤을 춘다. 당 백거이(白居易)의 〈霓裳羽衣歌·和微之〉 : 「散序六奏未動衣, 陽臺宿雲慵不飛. 中序擘騞初入拍, 秋竹竿裂春冰坼.」의 자주(自注)에, "산서 6편은 박자가 없고 그래서 춤이 없다. 중서는 박자가 있어 시작하기에 박서라고도 한다."고 했다.

33) 파(破) : 당·송 무악대곡(舞樂大曲)의 제3단으로, 가무가 함께 행해진다. 무성한 소리와 촉급한 박자로 그 유장함을 깨뜨려 번쇄(繁碎)함으로 들어가기에 이름하였다. 백거이의 〈臥聽法曲〈霓裳〉〉에, 「朦朧閑夢初成後, 宛轉柔聲入破時.」" 송대 왕당(王讜) 『唐語林·補遺一』에, "천보(天寶) 연간에 악장은 변방을 이름 삼았는데, 양주(涼州)·감주(甘州)·이주(伊州) 가 그것이다. 그 곡들은 무성한 소리로 파를 삼았다."

34) 편(遍) : 곡조. 당·송 대곡은 약간의 소곡(小曲)을 일정순서로 연결하여 이루어지기에 대편(大遍)이라고도 부른다. 그 중 각 소곡을 또한 '편'이라 한다. 각 편을 완벽하게 연창하면 대편이라 했다. 송대 왕작(王灼)의 『碧雞漫志』卷3三 : "凡大曲有散序·靸·排遍·攧·正攧·入破·虛催·實催·袞遍·歇指·殺袞, 始成一曲, 此謂大遍."라 하여 대편은 10여 편으로 조성된다.

양분을 흡수하여 생산된 "호이(胡夷)와 이항(里巷)을 섞어 사용한 곡"이다. 둘은 각 소수민족음악과 외국음악이 내지로 들어온 이후에 청악의 자양분과 경험을 흡수하여 형성된 '대곡'이다.

'**법곡**'은 수·당의 대곡에서 매우 중요한 구성성분이다.[35] 법곡은 수왕조에서 시작하여 당왕조에서 성행하였다. 그것은 청악을 기본으로 하여 작은 부분의 외족음악을 뒤섞고, 이 외에 '도곡(道曲)'과 '불곡(佛曲)'이 있다.[36] 법곡의 최초 기원은 불곡이다. 『수서』 권13의 기록에 의하면 양나라 무제(武帝)는 불법을 매우 믿었는데, 불법을 강술하여 만든 악곡 중에는 〈법악(法樂)〉 한 곡이 있다. 당나라 별교원(別敎院) 중의 법곡은 『당회요(唐會要)』에서는 '법곡'이라 하고,[37] 『악부시집』에서는 '법가악(法歌樂)'이라 하고, 『악부잡록』에서는 '법악'이라 불렀다. 당왕조의 법곡은 이원법부(梨園法部)에서 교습한 악곡이다.[38] 개원 초기에, 당 현종은 좌부기에서 우수한 악공을 선발하여 이원에 법부를 설치하였는데, 당나라 법곡은 이로부터 한 시기를 성행하였다. 법부는 한족의 우수한 악곡을 선발하고 연기하는 직책의 고급 음악기구로, 예술성을 제고하는 음악단체이다. 『당회요』 권33의 "제

35) 법곡(法曲) : 고대악곡. 동진 남북조시대에 법악(法樂)이라 했다. 불교법회에서 사용하였기 때문에 이름 하였다. 원래 외래음악 성분과 각지 각 민족을 포함하고 있었는데, 나중에 한족의 청상악과 결합하여 점차로 수왕조의 법곡이 되었다. 그 악기에는 鐃鈸·鍾·磬·幢簫·琵琶가 있다. 당왕조에 이르러 도곡(道曲)이 첨가되어 지극한 발전단계에 이르렀다. 저명한 곡으로는 〈赤白桃李花〉·〈霓裳羽衣〉등이 있다.

36) 도곡(道曲), 불곡(佛曲) : 여기에서의 도곡은 도가의 음곡, 불곡은 불가의 음곡을 지칭함.

37) 별교원(別敎院) : 당나라에서 예악과 교묘사직을 담당하던 태상에 별교원을 두어 법곡을 교습하였다.

38) 이원(梨園) : 당 현종 때 궁정 가무예인을 교습하던 곳. 『新唐書·禮樂志十二』에 "현종은 음률을 알았고, 법곡을 특히 좋아하여, 좌부기의 제자 300명을 선발하여 이원에서 가르쳤다. 소리에 잘못된 음이 있으면 현종은 반드시 알아채고 그것을 바로 잡았다. '황제이원제자'라 불렀다. 궁녀 수백 명이 또한 이원제자가 되어 의춘북원(宜春北園)에 살았다." 나중에는 이원에서 교습하는 예인을, 연희하는 곳을 지칭함.

악(諸樂)"조에는 태상 이원별교원에서 교습한 법곡 악장(樂章)이 기록되어 있다.

〈왕소군(王昭君)악〉1장, 〈사귀(思歸)악〉1장, 〈경배(傾杯)악〉1장, 〈파진악〉1장, 〈성명악〉1장, 〈오경전(五更轉)악〉1장, 〈옥수후정화〉1장, 〈범룡주악〉1장, 〈만세장생악〉1장, 〈음주(飮酒)악〉1장, 〈두백초(頭百草)악〉1장, 〈운소(雲韶)악〉1장.

별교원도 법곡을 교습하였으니. 이원 이외의 법곡 교습의 또 다른 장소였다. 이 12수의 법곡 이외에, 『악부시집』 권96에 곽무천(郭茂倩)이 지은 〈원진법곡시서(元稹法曲詩序)〉에는 고찰할 수 있는 당대 법곡이 기록되어 있다.[39] 법곡이 당나라에서 기원하였기 때문에 법부라 부르는데, 그 뛰어난 곡으로는 〈파진악〉·〈일융(一戎)대정악〉·〈장생악〉·〈적백도리화(赤白桃李花)〉가 있고, 나머지 곡으로는 〈당당(堂堂)〉·〈망영(望瀛)〉·〈예상우의〉·〈헌선자(獻仙者)〉 따위가 있어, 총칭 법곡이라 부른다. 『백거이전(白居易傳)』에 "법곡은 비록 아(雅)를 잃었지만, 대개 하나라의 소리(夏聲, 중국의 소리)가 있다."고 했다.[40]

법곡의 음악적 특점은 주로 두 가지가 있다. 하나는 당시 유행하는 가곡을 위주로 한 것이고, 둘은 법곡은 화하음악계통에 속한다는 점이다. 이는 "법곡은 비록 아(雅)를 잃었지만, 대개 하나라의 소리가 있다."고 한 말에서 알 수 있다. 법부는 황제가 소유한 예술단체이고, 허다한 우수한 음악인들

39) 곽무천(郭茂倩) : 송나라 운주(鄆州) 수성(須城) 사람. 자는 덕찬(德粲)이다. 음률에 정통했고, 한예(漢隸)를 잘 썼다. 『악부시집(樂府詩集)』을 지었는데, 역대의 악부가사를 수록한 책 가운데 가장 정리가 잘 된 저작이다. 해설이 정확하고 고증이 분명해서 악부의 집대성(集大成)으로 평가된다.

40) 『白居易傳』 : 法曲雖已失雅音, 蓋諸夏之聲也.

이 집중되었고, 교방악의 정화를 대표하였으며, 의식음악의 한계를 벗어나 당대에 실제 영향에 있어서는 십부기와 좌·입 이부기를 훨씬 뛰어넘었다.

〈진왕파진악〉: 당나라 초기 3대 악무의 하나로, 규모가 굉장히 크고, 진용이 웅장하고 성대한 악무로 '무악(武樂)'이라 부르고, 전쟁과 군사의 일을 형상하였다. 620년에, 진왕 이세민은 반군 유무주(劉武周)를 물리치고 강건하게 세운 당나라 정권을 공고히 하였다. 이에 그의 장수와 군사들이 옛곡 〈파진악〉에 새로운 가사를 써넣어 이세민을 위하여 찬가를 불렀다. 정관 원년에 이세민은 군신들에게 큰 잔치를 베풀고, 처음으로 〈진왕파진악〉을 연주하였다. 이세민은 이 악곡을 매우 좋아하였다. 633년에, 그는 직접 〈파진무도〉를 설계하고, 여재(呂才)를 불러 그림에 따라 128명의 악공을 가르치게 하여 갑옷을 입고 창을 들고 연습하게 하였다. 〈진왕파진악〉은 당시에 명성이 대단히 커서 멀리 외국에 까지 전해졌다. 현장(玄奘)대사가 인도에 도착하여 인도 계일왕(戒日王)을 알현하였을 때, 계일왕은 〈진왕파진악〉을 연주케 하여 그가 듣도록 하였고, 또 진왕의 근황을 묻기도 하였다. 무측천 때에는 일본 견당사가 속천진인(粟天眞人)이 〈진왕파진악〉을 가지고 일본으로 돌아갔다. 일본에 전해진 이후에, 〈천책상장(天策上將)악〉·〈제왕(齊王)파진악〉·〈대정(大定)파진악〉·〈황제(皇帝)파진악〉·〈산수(散手)파진악〉·〈진왕파진악〉 등의 이름이 있었다. 이것들은 한족의 음조에 기초한 위에 구자의 소리가 섞인 저명한 작품들이다.(『譜例節選』)

秦王破陣樂

（词曲组合稿）

唐·凯乐歌辞　词
唐·石大娘“五弦谱”　曲
译谱并词曲组合：何昌林

〈예상우의곡〉: 특히 일부 낭만주의 색채를 띠고 있는 작품이다. 그 내력은 두 가지 설이 있다. 하나는 당 현종이 삼향역(三鄉驛)에서 여아산(女兒山)을 조망하고 있을 때, 환상이 일어나 지었다는 설이다. 다른 하나는 당 현종이 인도 〈파라문곡〉에 근거하여 개편하였다는 설이다. 전곡은 3대 부분으로 나뉜다. 1. 산서6단은 기악연주이기 때문에 절주가 자유롭고, 곡조는 느리고 우아하고 아름답다. 2. 중서18단은 박자가 들어가면서 춤이 시작되는데, 위에는 하얀 우의(羽衣, 새의 깃으로 만든 옷, 선녀의 옷)를 입고 아래에는 무지개(霓虹)같은 채색치마를 입고, 춤추는 자태는 가볍고 경쾌하며 우아하여 선경 같은 정조가 넘쳐흐른다. 3. 입파12단은 음악의 절주가 빨라지고, 음악의 무도는 격렬한 절주 중에 돌연 거두어들이고, 곡의 끝부분은 점점 느려지며 흩어지고, 길게 끄는 소리로 끝을 맺는다. 작품은 허무하고 표묘(縹緲, 아득한)한 천외(天外, 하늘 밖, 아주 높고 먼 곳)세계를 과장되게 묘사하여 당시의 일종 신선과 도가를 찾는(求仙訪道) 사상을 반영하였다. 당대의 〈예상우의무〉는 독무·쌍인무·군무(群舞)가 있었다. 독무는 양옥환(楊玉環)의 연기가 가장 유명하였다.[41] 문종(文宗) 개성(開成) 원년(836)에 교방은 15세 이하 소년 300명으로 대형 군무를 연기하였다. 선종(宣宗, 847~859)에 궁중에서 수백 명 궁녀들이 연기하였다. 오대 때의 남당(南唐) 이후주(李后主)의 소혜(昭惠)황후는 〈예상우의〉의 잔보(殘譜, 흠이 있는 훼손된 불완전한 악보)를 얻어 정리를 하였는데, 그것이 송대에 강기(姜夔)가 기록한 〈예상중서제일(霓裳中序第一)〉 곡보이고,[42] 송대에 유전한 〈예상우의〉 중의 일단(一段)이다.

霓裳中序第一

41) 양옥환(楊玉, 719~756) : 양귀비의 이칭. 양옥노(楊玉奴), 양태진(楊太眞). 천보(天寶) 4년인 745년에 현종은 수왕 이모를 위씨(韋氏)에게 다시 장가보내고 그녀를 환속시켜 귀비(貴妃)로 책봉했다. 이때 그녀의 나이는 26세였고, 현종은 55세였다. 안녹산의 난으로 천보 14년인 755년에 사약을 받고 죽었다. 그녀는 노래와 춤에 뛰어났으며 음률에도 밝았다. 또한 재치가 있고 총명하여 현종의 기분을 잘 맞춰주었다. 그녀의 이야기는 많은 예술작품의 소재가 되었다. 특히 문예 창작에 미친 영향을 보면, 시가(詩歌)로는 이백의 〈청평조(淸平調)〉, 정전의 〈마외파(馬嵬坡)〉, 백거이의 〈장한가〉 등이 있고, 소설로는 『양태진외전(楊太眞外傳)』, 『장한가전(長恨歌傳)』 등이 있다. 희극으로는 〈당명황추야오동우(唐明皇秋夜梧桐雨)〉, 〈마진감(磨塵鑒)〉, 〈경홍기(驚鴻記)〉, 〈귀비취주(貴妃醉酒)〉, 〈태진외전(太眞外傳)〉, 〈마외파(馬嵬坡)〉, 〈당명황여양귀비(唐明皇與楊貴妃)〉 등이 있다.

42) 강기(姜夔, 1155~1221) : 남송시대 문인이자 음악가인 강기는 요주(饒州) 파양(鄱陽, 장시성 판양시) 출신이다. 자는 요장(堯章), 호는 백석도인(白石道人)이다. 그는 다재다능하여 시사(詩詞), 산문, 서법(書法), 음악 등에 정통하였지만 과거시험에는 운이 없어 벼슬길에 나아가지 못하였다. 주요 저서로는 『백석도인시집(白石道人詩集)』, 『백석도인가곡(白石道人歌曲)』, 『백석시사집(白石詩詞集)』 등이 있다.

현존하는 자료로 보건대, 당나라 대곡의 가사는 오언 혹은 칠언율시 약간의 편수로 구성되었는데, 이같은 시사(詩詞)는 대부분 당대 저명한 시인의 손에서 나온 것이다. 수·당 시대 대곡의 악대 조합형식은 종류가 다양한데, 대체로 세 가지로 나눌 수 있다. 다른 지역으로부터 온 민족악대·외래악대·한족과 외래악대가 결합된 혼합악대이다. 청악악대는 육조(六朝)가[43] 원래 갖고 있던 악기·편종·편경 등 전통악기와 삼현금·독현금·방향(方響)[44]·발슬(跋膝)[45] 등 신악기와 취엽(吹葉)[46] 등 소수민족 악기가 결

43) 육조(六朝) : 후한 멸망 후 수나라 통일까지 건업(지금의 남경)에 도읍한 여섯 왕조(오, 동진, 송, 양, 제, 진).

44) 방향(方響) : 당악기(唐樂器)의 하나. 일명 철향(鐵響). 직사각형의 철판을 음률에 맞추

합된 하나의 신형악대이다. 구자악대에는 곡항비파·견공후·갈고(羯鼓)·도현고(都懸鼓)·답석고(答腊鼓)·계류고(鷄類鼓)[47] 등 구자민족 악기가 포함되어 있다. 서량악대는 적·쌍필률·정고·화고 등 전통악기와 곡항비파·필률·동발 등 구자악기가 조합된 청악과 구작악의 혼합악대이다. 연악악대는 규모가 대단히 큰 종합적 악대로, 당시 각종 악대에서 골라 뽑은 악기를 각종 다른 음역의 악기조에 배치하여 만든 것으로, 예를 들어 대·소곡항비파와 오현비파, 대·소생·단적·척팔(尺八)[48]·장적·소공후·와공후·대공후·동발(銅鉢)[49] 등으로 구성한 악대이다. 각종 악대로 골라 뽑은 악기로 구성되었기 때문에 음색과 음량변화에서 그 악대가 구비하지 못한 장점을 갖게 되었다. 법곡악대는 주로 편종·편경 등 전통악기를 위주로 하면서, 곡항비파와 요발(鐃鈸) 등 외래악기를 흡수하여 청악에 접근한 혼합악대이다.

어 두 줄로 배열한 방향은 양손에 편종과 편경에 쓰이는 각퇴(角槌, 뿔방망이)를 들고 치는데, 철편 밑에 받쳐놓은 가로쇠 때문에 소리가 울리지 못하여 좋은 음향을 내지 못하고 둔탁한 소리를 낸다.

45) 발슬(跋膝) : 고악기. 『문헌통고』에는 태평관은 형태가 발슬과 비슷하고 9개 구멍이 있다고 했다. 이로 보면 취관악기임을 알 수 있다.

46) 취엽(吹葉) : 초적(草笛)이라고도 함. 옛사람들이 도피(桃皮)·귤나무 잎사귀·갈대잎·화피(樺皮) 등 나무껍질이나 잎사귀를 입에 물고 불었던 원시적인 적(笛)이다. 악기는 아니지만, 소리의 고저를 마음대로 낼 수 있고 그 소리가 매우 맑게 떨린다.

47) 갈고(羯鼓) : 아악의 타악기. 장구와 거의 비슷하나, 양 마구리를 말가죽으로 메우고 대(臺) 위에 올려놓고 두 개의 채로 침(합주의 소리를 조절함). 양장고.

도현고(都懸鼓)·답석고(答腊鼓)·계류고(鷄類鼓) : 북의 일종이나, 그 형태는 알 수 없음.

48) 척팔(尺八) : 고대 관악기. 대나무로 만들고, 세로로 세워 불며, 6개의 구멍이 있고, 구멍 옆에는 죽막을 입혔다. 길이가 1척8촌이기 때문에 척팔이라 하고, 일본에서 지금도 유행한다.

49) 동발(銅鈸) : 자바라(啫哱囉)·제금·향발(響鈸) 등의 총칭. 혹은 제금을 말함.

4. 민간음악

민간가곡(歌曲)과 산악(散樂) : 곡자(曲子)는 수왕조에서 시작하여 당왕조·오대시기에 이르러 흥성하였다.[50] 그 곡조는 주로 민간 가곡에서 나왔다. 곡자에 써넣은 가사를 '곡자사(曲子詞)'라고 한다. 곡자는 곡조에 따라 각종 가사를 써넣어 연창에 사용하는 새로운 경향의 민간가곡 형식임을 알 수 있다. 역대 왕조의 민가는 모두 당시의 정치·경제·사회·군사·종교신앙·정감 등 각 방면의 정황을 반영하였다. 이같이 말할 수 있다면, 민가(民歌, 민요)는 역사의 거울이고, 미와 추·선과 악·진과 가·애와 한 등은 모두 거울에 반영될 수 있다. 민가의 내용은 매우 풍부하여 농민봉기에 관한 것, 영웅인물에 대한 송찬, 박탈·압박에 대한 반대, 병역과 무거운 세금에 반대하는 것, 애정생활에 관한 것 등등이다.

〈대업장백산요(大業長白山謠)〉는 산동 추평(鄒平)현 사람 왕박(王薄)이 이끌었던 농민봉기의 사적을 찬양한 가곡으로, 가사 내용은 다음과 같다.

> 장백산 위 지세랑(知世郎), 오로지 붉은 비단 배자(褙子) 입고선
> 창 휘두르면 창공을 가르고 ,칼 휘돌리면 햇빛 번쩍거리는데
> 산에선 노루 사슴 잡고, 평지선 소 양 기르다가
> 홀연 관군이 이르렀다 듣고선, 검을 가지고 앞길 쓸어버리며
> 요동의 개돼지 같은 우리들, 머리 잘린들 무엇이 안타까우리오.
> 長白山頭知世郎, 純著紅羅錦背襠.
> 橫稍侵天半, 輪刀耀日光.
> 上山吃獐鹿, 下山食牛羊.
> 忽聞官軍至, 提劍向前盪.
> 譬如遼東豕, 斬頭何所傷.
>
> – 양신(楊愼) 『고금풍요(古今風謠)』[51]

50) 곡자(曲子) : 노래, 가곡, 악보, 멜로디, 송·원대 운문형식의 일종인 곡을 의미.

〈만주자가(挽舟者歌)〉는 두 형제의 비참한 인생을 하소연함으로써 수왕조의 잔혹한 통치를 통쾌하게 진술하고 있다.

우리형님 요동 정벌에 끌려갔다가
청산 아래서 굶어 죽었는데
지금 나도 황제의 배 끌면서
또 수나라 둑방 위에서 힘들구나
我兄征遼東 餓死青山下
今我挽龍舟 又困隋隄道

천하 굶어 죽어가고
가지고 온 식량 조금도 남지 않아
앞으로 삼천 리 가야만 하는데
이 몸 어찌 지킬 수 있으리오
方今天下饑 路糧無些小
前去三千程 此身安可保

찬 뼈는 거친 사막을 베고 누워선
영혼은 안개 속 들판서 흐느낄 때
아내는 비통함에 몸 상할 것이고
우리 부모 모든 희망 끊어지리니
寒骨枕荒沙 幽魂泣煙草
悲損門內妻 望斷吾家老

어찌하면 의로운 사람을 만나
이 주인 없는 주검 화장해주어

51) 『資治通鑑·隋煬帝大業七年』·『類說』에 "지세랑(知世郎)은 대업 말기에 왕박이 군중을 모아 장백산을 근거로 하여 스스로 지세랑이라 하였다. 노래(〈無向遼東浪死歌〉)를 지어 정역(征役)하는 사람들을 모았다."고 했다.

외로운 혼 돌아오도록 이끌어
흰 뼛가루 고향으로 옮겨줄 것인가
安得義男兒 焚此無主屍
引其孤魂回 負其白骨歸

– 유부(劉斧)『청쇄고의(靑瑣高議)·수양제해산기(隋煬帝海山記)』[52)]

〈망강남(望江南)〉은 한 부녀가 그녀를 포기한 남자가 마음을 돌리기를 희망하는 가곡이다.

하늘 위 달, 은쟁반 같아 아득히 바라보는데,
밤은 깊어가고 바람은 더욱 거센데,
나를 위하여 달 가 구름 흩어주어,
나를 저버린 그 사람 비춰주시오.
天上月, 遙望似一團銀.
夜久更闌風漸緊,
爲奴吹散月邊雲. 照見負心人.

– 왕중민(王重民), 『돈황곡자사집(燉煌曲子詞集)』[53)]

수·당 시기의 민가는 종류가 매우 많아서, 산가(山歌, 산 일을 하며 부른 노래)·전가(田歌, 밭일 하며 부른 노래)·어가(漁歌, 어부들의 노래)·초가(樵歌, 나뭇꾼 노래)·도가(棹歌, 뱃노래)·채련(采蓮, 연밥을 따며 부른 노래)·채릉(采菱, 마름을 캐면서 부른 노래) 등 여러 가지가 있었다. 어느 것은 유행지역에

52) 〈만주가(挽舟歌)〉: 『海山記』에 "수 양제가 야반에 용주를 타고 놀다가 노래를 들었는데, 매우 슬펐다. 양제가 찾아보도록 하였으나, 날이 밝도록 찾지 못하였다. 양제가 자못 방황하며 잠을 이루지 못했다."고 했다.

53) 〈망강남(望江南)〉: 사패 이름(詞牌). 원래 수왕조 악곡이름이다. 이 민가와는 달리, 수 양제가 지은 〈망강남〉이 있고, 당대에 사조의 이름을 쓰였다. 당대 저명한 시인들이 이에 사를 지었다.

따라서 이름을 얻은 민간가곡도 있었는데, 오가(吳歌, 오나라 지역의 노래, 강남 민가를 지칭)·초성(楚聲, 고대 초나라 지역의 곡조)·월조(越調, 월나라의 곡조)·남롱(南弄, 강남롱) 등이 그것이다. 현존하는 수대 잡언가사는 약 20수인데, 거의 대부분은 민간가창의 연원을 구비하고 있다. 곡자구조는 짧고, 형식은 자유롭고, 절주는 활발하며, 당왕조의 매우 많은 시인들이 곡자의 창작에 종사하였다. 곡자의 창작은 일반적으로 두 종류 형식이 있다. 하나는 "악곡에 의거하여 가사를 배분하는 형식", 즉 원래 있는 곡조에 새로운 가사를 얹어 노래 부르는 것이다. 다른 하나는 '자도곡(自度曲)'이니,[54] 원래 있는 가사에 새로운 곡조를 배합할 수 있고, 또 가사와 곡조를 모두 창작하는 것이 있을 수 있다. '〈죽지가(竹枝歌)〉'는 파촉(巴蜀, 지금의 사천(四川) 지역) 일대에 유행한 민가인데, 당왕조의 장욱(張旭)·고황(顧況)·백거이(白居易)·류우석(劉禹錫) 등이 모두 그 곡조에 가사를 써 넣었다. 그 중 류우석의 공헌이 가장 큰데, 그는 〈죽지사〉를 중국 시단에 올려놓았을 뿐만 아니라, 중국문학사상에서의 지위를 다졌다. 문인의 개입으로 곡자의 발전은 앞으로 나아갔다. 시인은 가창을 위하여 가사를 썼고, 가창자는 가창을 위하여 문인의 시작품을 서로 다투었다. 이런 현상은 당왕조 시기, 시가와 음악의 긴밀한 관계를 말하여 준다. 당나라 설용약(薛用弱)의 『집이기(集異記)』에는 당 개원 연간 시인 왕창령(王昌齡)·고적(高適)·왕지환(王之渙)과 악공들이 술을 마시며 즐거워하는 고사를 기록하고 있다.

개원 연간에 시인 왕창령·고적·왕지환은 나란히 이름이 났고, 함께 기정(旗亭; 주루, 깃발을 꽂아 주점을 나타냄)에 가서 술을 마셨다. 갑자기 영관(伶官; 악공, 악관) 수십인이 모여 잔치가 되었다. 세 사람은 서로 약속하여 말하기를, "우리들은 각자 시명을 드날려 매 부(部; 좌부기 입부기 등 악부)에

54) 자도곡(自度曲) : 예부터 있던 곡조 이외에 새로운 곡을 만든 것, 또는 옛 사조 이외에 새롭게 창작한 사조를 말한다.

> 서 스스로 갑을을 정하지 못하였다. 지금 저 영관들의 노래를 보니, 만약 시가가 가사로 노래 불려지는 사람이 가장 우수한 것이다."고 했다. 갑자기 한 영관이 노래를 부르는데, 「찬비는 강을 따라 밤에 오나라로 들어들고, 날이 밝아 나그네 보내니 초나라 배가 외롭네. 낙양의 벗은 서로 안부를 묻는데, 한 조각 얼어붙은 마음은 옥 술항아리에 있네.」라고 하였다.[55] 다시 한 영관이 고적의 절구를 노래 부르는데, 「상자를 여니 눈물이 가슴을 적시고, 그대를 보니 전날의 편지를 보이네. 밤의 누대는 얼마나 적막한가, 자운의 거처 같구나.」라 하였다. 왕지환이 말하기를, "아름다운 기녀가 노래 부르는 것이 만약 나의 시가 아니면 종신토록 너희들과 다투지 않겠다. 그렇지 않다면 너희들은 상 아래에서 줄지어 절을 해야 한다."고 했다. 잠시 뒤, 기녀가 노래 부르는데, 「황하는 멀리 흰구름 사이에 있고, 한조각 외로운 성은 만인산에 있네. 강적은 어찌 모름지기 버들을 원망하는가, 봄바람은 옥관문을 넘지 않았는데.」라고 하자, 왕지환은 두 사람을 빈정거리며, "전사노, 나는 이미 허망하도다!"라고 말했다. 이로써 당나라 때 영관의 지위를 알겠다. 당시 명사들의 시구를 취하여 가곡에 넣는 것은 대개 항상 있는 풍속이었다.

〈양관삼첩(陽關三疊)〉은 〈위성곡(渭城曲)〉 혹은 〈양관곡(陽關曲)〉이라 부르는데,[56] 가사로 채용한 것은 당왕조 시인 왕유의 시 〈송원이사안서(送元二使安西)〉이고, 표현한 것은 벗들 사이의 진지한 정감과 이별할 때의 아픈 마음이다. 곡조는 후대에 출현하였는데, 당나라 사람이 만들어 후대 사람들이 가사를 배분하였거나, 또는 후대 사람이 당나라 사람이 지은 곡조에

---

55) 왕창령 〈芙蓉樓送辛漸王昌齡〉「寒雨連江夜入吳, 平明送客楚山孤. 洛陽親友如相問, 一片氷心在玉壺.」: 고적 〈哭單父梁九少府〉「開篋淚霑臆, 見君前日書. 夜臺何寂寞, 猶是子雲居.」: 왕지환 〈涼州詞二首〉「黃河遠上白雲間, 一片孤城萬仞山. 羌笛何須怨楊柳, 春風不度玉門關.」

56) 〈양관삼첩(陽關三疊)〉: 옛 금곡 이름. 〈渭城曲〉이라고도 함. 당나라 왕유(王維)의 〈送元二使安西〉「渭城朝雨裛輕塵, 客舍靑靑柳色新. 勸君更盡一盃酒, 西出陽關無故人」에서 이름을 얻음. 후에 악부에 편입되어, 송별할 때의 음곡으로, 송창(誦唱)을 반복한다. 그래서 〈양관삼첩〉이라 한다.

근거하여 개편을 해서 만든 것일 수 있다. 노래 부를 때 주선율은 세차례 반복되고, 매 차례마다 변화를 갖기 때문에 '삼첩(三疊)'이라 부른다. 곡보가 명나라 초기의 『석음석자금보(浙音釋字琴譜)』에 가장 먼저 보이는데, 지금 노래가 전하는 악보는 청나라 말기 장학(張鶴)이 편찬한 『금학입문(琴學入門)』에 근거하여 정리하여 만든 것이다.

陽關三疊

돈황 막고굴(莫高窟) 장경(藏經)동굴에서 일찍이 당·오대 시기의 곡자 590여수가 발견되었다. 돈황 악보 중 〈만곡자(慢曲子)〉·〈급곡자(急曲子)〉·〈곡자〉 등 여러 편은 현존하는 가장 이른 시기의 악보이다.

산악(散樂) : 역대로 산악이 있었으니, 주·진 시기에는 주유(侏儒, 궁중에 있던 배우, 난쟁이)·창우(倡優, 광대)의 기예와 각저희(角抵戲)를 가리켰고,[57] 한 왕조 시기에는 백희(百戲)라 불렀고, 수·당 시기에는 산악이라 불렀다. 일종 궁정연악에 사용되었고, 또 민간에 광범위하게 유행하였으며, 아속(雅俗)이 함께 감상하고, 역량이 극대한 악의 종류이다. 당왕조의 대악서(大樂署)·교방(教坊)은 모두 산악을 담당하였다. 위진 남북조시기에 대량으로 중원에 들어온 서역의 환술(幻術, 마술)산악은 점차로 중원 한족음악기예와 결합하였고, 나아가 수 양제 시기에는 전에 없던 번영을 하였다. 당대의 산악은 예술성질상 수왕조에 비해서 더욱 강화되었는데, 가무희(歌舞戲)·참군희(參軍戲)의 작품은 날로 더욱 많아지고,[58] 잡기는 가무와 결합하여 더욱 긴밀해졌다. 예를 들어 〈파진악〉은 승기(繩伎)무도에 사용되었고,[59] 〈난릉왕(蘭陵王)〉·〈바라문(婆羅門)〉·〈답요낭(踏搖娘)〉·〈소마차(蘇摩遮)〉·〈의양주(義陽主)〉·〈혼탈(渾脫)〉·〈상운곡(上雲曲)〉·〈서량기(西凉伎)〉 등의 연극의 목록(劇目)은 모두 산악의 명의(名義, 명칭과 명칭에 따르는 도리) 아래에서 만들어졌다.

수·당 시기의 잡기예술은 내용상 주로 전대의 절목(節目, program 공연종

57) 각저희(角抵戲) : 한대 각종 체육활동과 악무잡기의 총칭. 잡기환술과 인물과 동물로 분장한 악무연기 등을 포함한다.

58) 참군희(參軍戲) : 아래에 자세한 설명이 나옴.

59) 승기(繩伎) : 잡기의 하나인 줄타기로, 무환(僛絙)·환희(絙戲)·희승(戲繩)·고환(高絙)이라 하였으며, 당대에는 주승(走繩), 송대에는 상색(上索)·탈색(脫索)·답색(踏索)·주색(走索)·이색(履索) 등으로 불렀다. 당대 봉연(封演)의 〈封氏聞見記·繩妓〉에 "현종 개원24년, 누대에 승기를 설하였다. 여광대가 먼저 긴 밧줄의 양끝을 땅에 고정시키고, 녹로를 묻고 두들겼다. 녹로 안에는 긴 나무기둥을 세웠다. 밧줄은 마치 현처럼 곧게 되고, 연후에 여광대가 밧줄 끝에 올라 왕래 하니 마치 신선 같았다. 중간에 서로 몸을 비껴가며 만나기도 하고, 신을 신고 지나가기도 하며 조용히 위로 아래로 보기도 한다. …차질이 없고, 북소리에 맞춰 하니 진실로 기관이다."

목)을 계승 발전하였고, 그 연기수준과 규모는 모두 전대를 뛰어넘었으며, 잡기예술사상 앞시대를 잇고 뒷시대를 여는 시기였다. 『구당서』와 『당회요』의 기록에 의하면, 당왕조에서 흔한 잡기연기로는, 한선(旱船, 뱃놀이)[60] · 희륜(戲輪, 수레바퀴 돌리기) · 척도(擲倒, 공중제비) · 도령(跳鈴, 방울 놀리기) · 척검(擲劍, 칼 던지기)[61] · 투제(透梯, 사다리 통과하기) · 희승(戲繩, 줄타기) · 연간(緣竿, 솟대타기) · 롱완주(弄碗珠, 접시돌리기) · 강정(扛鼎, 세발솥 들기) · 선반(旋盤, 접시돌리기) · 농창(弄槍, 창 돌리기) · 축병(蹴瓶, 병 놀리기) · 비탄(飛彈, 탄궁소기) · 경대(擎戴)[62] · 요요(拗腰)[63] · 답구(踏球)[64] · 충협(衝狹, 굴렁쇠 통과하기) 등이 있다. 흔한 악악(諤諤)환술에는 탄검(呑劍) · 협서(筴鼠) · 장협(藏狹) · 괘수백설(挂樹白雪) · 회지성천(畵地成川) · 격수어룡(激水畵魚龍) · 거상행유(巨象行乳) · 진왕권의(秦王卷衣) · 귀신부병(神鬼負兵) 등이 있다.

가무희는 중국 남북조·수·당 이래의 전대 가무와 백희예술의 기초 위에 발전한 고사정절(故事情節, 옛날부터 내려오는 유서 깊은 일을 플롯으로 함, 줄거리), 소수 인원의 배역, 가무가 있는, 혹은 반창(伴唱, 반주에 맞추어 노래하다)과 관현악기 반주가 있는 일종 추형(雛形)희곡이다.[65] 그 명칭은 당나라

60) 한선(旱船) : 민간예술인 '포한선(跑旱船)'. 그 역사는 유규하며, 당대에 이미 유행하였다. 한선은 대나무 혹은 베를 이용하여 바닥이 없는 배를 만들고, 뱃전에 몸에 연결한다. 다른 사람이 뱃사공으로 분장하고 손에는 상앗대를 잡고 배 모양을 그린다. 두 사람이 춤도 추고 창도 하는데, 마치 물결 위에 배가 떠 있는 듯하며, 연꽃을 따는 배라고 외친다.

61) 척검(擲劍) : 칼을 공중에 높이 던진 다음 떨어지는 것을 칼집으로 정확하게 받아내는 기예이다.

62) 경대(擎戴) : 『문헌통고』의 설명에 의하면 2명의 예인이 두 손을 맞잡고 밑에 있는 사람이 위에 있는 사람을 들고 움직이는 재주이다

63) 요요(拗腰) : 몸을 뒤로 활처럼 굽혀 두 손과 두 발을 모두 땅에 붙인 뒤 입으로 그릇을 물고 다시 일어나는 재주이다

64) 답구(踏球) : 나무로 만든 공 위에 올라서서 두 발로 공을 굴리면서 여러 가지 동작을 연출하기 때문에 붙은 명칭이다.

65) 추형(雛形) : 프로토 타입 prototype, 원형, 기본형, 표준, 모범의 의미.

두우(杜佑)의 『통전(通典)』 권146에 가장 먼저 보이는데, '산악'에 속한다고 하였다. 위진 남북조시기부터 전해진 〈대면(大面)〉·〈답요낭〉·〈발두(拔頭)〉 3종은 당대에 가장 유명한 가무희가 되었다. 그것들은 일정한 고사정절과 분장 연기가 있고, 동시에 관현 반주와 반창이 있기 때문에 많은 학자들은 그것들이 실질로 후대 희극(戲劇)의 효시라 생각한다.

참군희는 남북조시기에 출현하여 수·당 시기에 이르러 발전한 궁중의 중요한 오락 공연형식이다. 연기자는 2명인데, 한 사람은 참군으로, 어리석은 귀머거리로 분장하여 사람들의 조소를 받는다. 다른 한 사람은 창골(蒼鶻, 푸른 송골매)로, 유머러스하게 참군을 조롱한다. 두 사람이 함께 하는 익살스런 대화 혹은 동작은 강렬한 희극 효과를 가져 온다. 후대로 오면서 참군희는 궁정에서 민간으로 흘러 들어가, 항상 큰 길과 골목에서 공연되었다. 형식은 비록 간단하지만, 그 익살스런 동작과 해학적인 언어와 익숙한 음조와 통속적이고 알기 쉬운 가사 등은 광범위한 평민 백성들의 사람과 환영을 받았다. 더욱 중요한 것은 참군희의 가창부분에 허다한 '화성'이 있다는 점이다. 선율의 대가는 모두 매우 익숙한 까닭에 대부분의 경우 가창 중의 화성은 관중들의 자발적인 방강(幇腔)으로 완성되었다.[66] 따라서 어떤 면에서는 관중이 곧 배우이고, 또 참군희는 관중의 참여 아래에 공동으로 완성된 공연이라 말할 수 있다.

개원 시기에 '참군희'는 '육참군(陸參軍)'으로 개명되었다. 개명의 원인은 개원 연간에 육홍점(陸鴻漸)이란 사람이 한편의 '소주(韶州)참군'이라는 원고를 써서 '참군희'와 서로 구별하였는데, 그것을 '육참군'이라 불렀다. 류채춘(劉采春)은 당시 '육참군'을 연기하여 유명해진 민간 여자 예인이었다.

66) 방강(幇腔) : 무대에서 한 사람이 노래를 부르면 여러 사람이 무대 뒤에서 따라 창화하는 것으로 중국 전통극의 가창 형식.

범려(范攄)의 『운계우의(雲谿友議)』에서, 류채춘은 "육참군을 매우 잘 해서, 노래 소리가 구름을 뚫었다"고 했다.[67] 저명한 시인 원진(元稹)은 그녀의 〈육참군〉 연기를 보고 난 후에, 시를 지어 그녀에게 주었는데, 그 중 두 구는 「다시 사람을 괴롭혀 단장하는 곳에, 말을 골라 망부가를 노래 부를 수 있네」라 했다.[68] 「망부가(望夫歌)」는 곧 '라홍곡(羅嗊曲)'을 말한다.[69] 류채춘은 연기 중에 〈라홍〉곡을 선택하여 고사정절을 서술할 때에, 사용한 가사는 모두 당시의 재자(才子)들이 지은 것으로, 120수에 이르고, 그 가사는 오언·육언·칠언 등으로 같지 않지만, 모두 '화성'이었다. 이때의 〈육참군〉의 노래는 이미 '청창(淸唱)'의 단조로운 형식을 벗어나,[70] 관·현·고 등 반주악기가 더해지고, 인물성격의 묘사를 강화하고, 고사정절이 더욱 생동하고, 희극성이 더욱 강해졌음을 알 수 있다.

〈육참군〉 이후에, 〈한세(旱稅)〉·〈류벽책매(劉辟責買)〉·〈맥수양기(麥秀兩岐)〉 등 소희(小戱)가 출현하였다. 예를 들어 〈한세〉는 804년 관중(關中)의 대가뭄을 배경으로,[71] 배우 성보단(成輔端)이 황제 앞에서 연희할 기회

67) 『雲谿友議』: 善弄陸參軍, 歌聲徹雲.

68) 원진(元稹, 779~831) : 〈贈劉採春〉 「更有惱人腸斷處, 選詞能唱望夫歌」. 하남(河南, 허난성) 출신으로, 자는 미지(微之)이다. 백거이와 이름을 나란히 하여 '원백(元白)'으로 불리었다. 원진은 백거이와 함께 신악부 운동을 주도하여 시가 혁신을 이끌었다. 그의 시풍을 원화체라 했으며, 전기소설 〈앵앵전〉이 있다.

69) 〈라홍곡(羅嗊曲)〉 : 금릉에 라홍루가 있고, 진후가 건립하였고, 송대 이후에 민간 곡조에 래라(來羅)의 노랫말이 있다. 라홍곡은 일명 망부가라 한다. 원진이 절동(浙東)에 염문(廉問)하였을 때, 회전(淮甸)에서 온 기녀 류채춘이 있었는데, 이 곡을 잘했다. 규수와 부인들과 행인들은 이 노래를 듣고 눈물을 흘리지 않은 자가 없었다.(明, 胡震亨의 『唐音癸籤』 권12) 원진이 특히 류채춘을 사랑하였고, 류채춘이 남긴 〈라홍곡〉이 몇 편 전함.

70) 청창(淸唱) : 경극에서 반주 없이 노래하는 것.

71) 관중(關中) : 옛 지역이름. 범위가 하나같지 않다. 함곡관(函谷關) 이서의 한중(漢中)·파촉(巴蜀)을 포함한 옛 진나라 땅을 가리킴.

를 이용하여, 빈곤한 백성의 모습으로 분장하여 수십 수의 가곡을 연이어 불러 가뭄이 많은 백성들에게 미친 심각한 재난과 백성에 대한 관리들의 잔혹한 박탈을 서술하였다. 그러나 황제는 당시의 잔혹한 관리 경조윤(京兆尹, 경기 지역을 담당하던 장관) 이실(李實)의 참언을 믿고 성보단을 처형하였고, 이는 곧 조정과 이실에 대한 민중의 증오를 더욱 불러 일으켰다. 또 806년에 만들어진 〈류벽책매〉는 류벽이라 불리는 반란군벌이 국가의 화물을 매우 높은 가격에 정하고, 이후 잔혹한 수단으로 백성들에게 구매를 책임지도록 명령하였던 고사이다. 그 극은 당시의 사회현실에 대한 거침없는 폭로와 봉건제도의 박탈제도 그 자체에 대한 풍자 때문에 마침내 공연금지의 운명을 맞게 되었다. 이같은 희극은 구성이 짧고, 형식은 소박하고 꾸밈이 없고, 사회와 생활의 현실을 반영하며, 아름다움과 정의를 찬양하며, 백성들의 생활과 특히 가까워 군중의 사랑을 많이 받았다.

변문(變文)과 속강(俗講) : 변문은 돈황의 유서(遺書)에서 발견되어 세상에 널리 알려진 당대 설창(說唱)문학의 명칭이다.[72] 변문에 관해서는 음역(音譯)설 · 청상구악(淸商舊樂)설 · 역경(易經) 혹은 변상(變相) 등에서 나왔다는 많은 견해가 있다.[73] 주소량(周紹良)선생은 『담당대민간문학(談唐代民間文學)』에서 변문은 "그것은 일종 제재였던 것들이 다른 체재로 개변된 까닭에, 예를 들어 불경이 설창문으로 개변되고, 혹은 사적(史籍)의 기록이 설창문으로 개변된 것들을 모두 '변문'이라 부른다. 전자는 〈팔상변(八相變)〉 · 〈강마(降魔)변문〉 등이 있고, 후자로는 〈한팔년초멸한흥왕릉변(漢八年楚滅漢興王陵變)〉 · 〈순자지효(舜子至孝)변문)〉 등이 그 예이다."고 생각했다.

72) 변문(變文) : 문체 이름. 당 오대 시기의 일종 설창문학으로, 돈황에서 발견된 고대속문학의 일종, 초기에의 불전을 사람에게 설법하는 내용인데, 후대에는 역사고사 민간전설 등을 포함.

73) 변상(變相) : 부처의 법신이 여러 모양으로 보이는 모양.

변문은 또 광의와 협의로 나눌 수 있다. 광의의 변문은 어떤 문체특징이 있는 작품으로, 사문(詞文)·고사부(故事賦)·강경문(講經文)·인연(因緣)·변문·화본(話本) 등 6종류를 포괄한다. 협의의 변문은 즉 돈황의 유서에서 명확하게 변문으로 표시된 작품으로 〈목련(目連)변문〉·〈유마힐(維摩詰)변문〉·〈류가태자(劉家太子)변문〉 등이다.[74)]

당왕조의 변문은 당왕조 정치경제의 고도 발달과 성진(城鎭)의 번영, 시민계층의 흥기와 중외(中外)문화교류의 빈번함 등과 긴밀하여 불가분의 관계에 있다. 이외에 상대적으로 안정된 공연장소와 공연시간·생활을 위해 재산을 모은 직업예인·소비를 위한 청중·배우들이 연창하는데 사용할 수 있는 설창저본(底本 원본, 대본) 등은 모두 불가결한 조건이다. 사문(詞文)은 중국고대 민간서사가요에서 발전한 설창저본으로, 역사적 고사를 서술한 〈계포시영(季布詩詠)〉·민간전설을 서술한 〈동영(董永)〉과 백조조봉(百鳥鳥鳳, 뭇 새들이 봉황의 뒤를 따르다.)을 서술한 〈백조명(百鳥名)〉 등이 있다. 부(賦)는 일종 산문과 운문이 서로 섞여 있는 아주 오래된 문체로, 현존하는 돈황의 〈고사부〉에서 보건데, 다음과 같은 특징이 있다. 하나는 고사정절이 있다. 둘은 문답대화형식을 상당한 양으로 운용한다. 셋은 해학적 풍자의 의미가 있다. 넷은 구식(句式, 문장구조)이 가지런하지 않고, 압운이 매우 엄격하지 않은 산문체이다. 예를 들어 〈연자부(宴子賦)〉·〈다주론(茶酒論)〉·〈한붕부(韓鵬賦)〉 등의 작품이 있다. '인연(因緣)'은 '설인연(說因緣)'의 저본이다. '설인연'은 불경고사를 설창하지만, 경문을 해설하지는 않는 일종

74) 목련(目連) : '目蓮'이라고도 함. 1. 마가목건련(摩訶目犍連)의 약칭. 석가모니 10대 제자의 하나. 전설에 그는 신통력이 매우 커서, 도솔천(兜率天)을 오르내릴 수 있었다. 어머니가 죽어 아귀도(餓鬼道)에 떨어지자, 그 고통에서 어머니를 벗어나게 하려고 신통력으로 직접 가서 구했다. 2. 목련희(目連戲)를 지칭하기도 함. 목련존자의 전설을 내용으로 함.

유마힐(維摩詰) : 범어 Vimalakīrti의 의역.

종교성의 설창이다. 〈목련연기(目連緣起)〉·〈추녀(醜女)연기〉·〈사수(四獸)인연〉 등은 모두 인연을 설창하는 작품이다. 화본(話本)은 민간설창예인이 '설화(說話)'할 때 사용하던 저본으로, 특점은 산문을 이용하여 고사정절을 서술하고, 그 사이에 어느 정도 읊조림(吟誦)에 사용한 시부를 삽입하였다는 것이다. 산설(散說)이 주이고, 시부는 배친(陪襯)·홍탁(烘托)이다.[75] 예를 들어 〈노산원공화(盧山遠公話)〉·〈한금호(韓擒虎)화본〉 등이 있다.

속강은 당대 흥기한 일종 설창형식이다.[76] 그것은 사원에서 먼저 유행하였는데, 승도들이 세속 대중들에게 불경 교의를 통속적으로 해설하였기 때문에, 향을 피러 오는 손님을 불러들여 보시를 늘리고, 따라서 불경교의를 선전하는 목적에 도달하였다. 후대에 사원의 스님들은 속세 대중의 흥취를 이끌어 내기 위하여 점점 불경고사에서 벗어나고, 변창변강(邊唱邊講 노래 부르며 이야기함)의 형식을 채택하여 모종의 역사고사와 민간전설을 연기하여, 노래 부르고 읽는(唱講) 예술수준이 제고되었다. 당나라 조린(趙璘)의 『인화록(因話錄)』 권4는 문서(文溆)라 불리는 속강 스님이 대중들에게 속강하는 사정을 기록하였는데, 이로써 우리들은 '속강'이란 형식이 당대 성행한 구체적 정황을 알 수 있다.

---

75) 산설(散說) : 널리 퍼뜨려 말함. 교의를 전하여 퍼뜨림.
배친(陪襯) : 다른 사물을 이용하여 주요한 사물을 돋보이게 해서 두드러지게 하다.
홍탁(烘托) : 1. 형체 주변을 묵(墨)이나 옅은 색으로 칠하여 형체를 두드러지게 하는 중국 화법의 하나. 2.(글을 쓸 때 측면 묘사를 통해 주요 사물을) 부각시키다. 두드러지게 하다. 돋보이게 하다.

76) 속강(俗講) : 당대 유행한 사원에서 경문을 읽는 형식으로, 대부분 불경고사 등을 부연하는 것으로 통속적이며 쉽게 의미를 드러내는 변문이다. 설창형식을 이용하여 일반적인 경문의 의미를 전달하는데, 그 주된 읽는 사람을 '속강승'이라 했다.

문서(혹은 溆)란 스님이 있었는데, 공은 대중을 모아서 이야기 하면서 경륜을 가탁하였는데, 음한하고 거칠고 비리하고 외설적인 일이 아닌 것이 없었다. 불령지도(不逞之徒, 불만을 품고 나쁜 짓을 일삼는 사람. 교활하고 흉악한 무리, 무법자)들이 얼굴을 바꾸고 부채를 부치며 나무에 기대고, 어리석은 사람들과 화장한 아낙네들도 그 이야기를 즐겨 들었다. 듣는 사람들이 연기처럼 그 절을 메꾸었고, 예를 다해 우러러 숭배하고 떠받드니, '화상교방(和尙敎坊)'이라 불렀고, 그 성조를 본받아 한편의 가곡을 불렀다. 백성들이 쉽게 유혹되고, 신자들은 진실로 진리와 문의를 알지 못하게 되어, 또한 그들을 비웃고 멸시하였다. 오늘날 용렬한 스님(庸僧)들도 이름과 공덕을 밝혀 관현을 두려워하지 않고, 사류들은 그 행하는 바를 엿보는 것을 좋아하고, 의관을 원수보다 더 탐하게 되었다. 그래서 문숙 스님이 가장 심해서 곤장을 맞고 여러 번 변방으로 유배 갔다.

속강이 당왕조에 성행한 원인은 다음과 같이 대체로 세 가지로 귀납된다. 하나, 심오한 불교철학을 고사에 함축함으로써 세속·인성화(人性化, 의인화)·삼세세계의 선전·윤회와 인과응보 사상 등을 백성생활의 실감에 가깝게 할 수 있고, 백성들이 경전을 듣는 것을 좋아하게 하여 성심으로 예불할 수 있게 하였다. 둘. 대중들이 잘 알고 사랑하는 음악이 있었다. 불교 교도들이 불교 교의를 선전하는 데 사용하는 음악 대부분은 중국민간의 소곡(小曲)에서 나왔고, 어떤 악곡은 본래 대중 자신들이 창작한 것이다. 따라서 친밀감이 있다. 셋. 선택하여 사용하는 대부분은 백성들이 잘 알고 있는 역사고사·민간전설 등, 예를 들어 〈삼국(三國)〉·〈추호희처(秋胡戱妻)〉 등 어느 집이나 다 알고 있는 고사이기 때문에 군중들의 주의를 끌어들일 수 있었다. 바로 이러한 특점 때문에 속강은 당시 민중의 환영을 많이 받았고, 점점 이 예술형식은 사원에서 민간으로 나아갔고, 또 널리 퍼지게 되어 많은 우수한 속강의 단락은 전통적 보존 종목이 되었고, 이에 '변문'이 출현함으로써 속강예인들이 장기간 응용하게 되었다.

변문은 당·오대 시기에 민간에 유행한 설창예술 '속강'의 문자원고본이다. 변문의 기예는 성당부터 송나라 초기까지 모두 공연되었다. 예인에는 부인·불승 등이 있고, 공연장소로는 사원·'요로(要路)'·변장(變場) 등이 있고,[77] 때로는 궁정에 들어가 일반적으로 보편화되어 아악과 속악과 함께 감상되었다. 현존하는 돈황의 변문은 제재상으로 보면 네가지로 분류할 수 있다. ① 불경고사로부터 취한 종교제재로, 예를 들어 〈팔상변〉·〈파마(破魔)변〉·〈대목건연명간구모변문(大目乾連冥間救母變文)〉 등이다. ② 역사제재로부터 취한 것으로, 예를 들어 〈오자서(伍子胥)변문〉·〈이릉(李陵)변문〉·〈왕소군(王昭君)변문〉 등이다. ③ 민간전설로부터 취한 제재로, 예를 들어 〈순자변문〉·〈맹강녀(孟姜女)변문〉·〈류가태자변문〉 등이다.[78] ④ 당시 그 지역 인물과 사건으로부터 취한 작품으로, 〈장의조(張議潮)변문〉·〈장회심(張淮深)변문〉 등이다. 변문의 특점은, 첫째 산문과 운문의 조합, 설과 창이 서로 번갈아 가며 이루어지고, 고사를 연기하고 서술한다. 둘째, 산설이 음을 길게 뽑으며 노래하는(行腔) 사이에 들어갈 때,[79] 왕왕 과계어(過階語, 단계를 뛰어넘는 말)를 사용하여 암시한다. 셋째, 변문 공연은 왕왕 그림으로 보충한다.

77) 요로(要路) : 중요한 도로.
변장(變場) : 당대 설창고사를 전변하여 공연하던 장소.

78) 맹강녀(孟姜女) : 민간전설 속의 인물. 진시황 때 사람이다. 남편 범희량(范喜良)이 장성 쌓는데 끌려가자, 만 리 밖 남편을 위하여 한의(寒衣, 겨울옷)를 보냈다. 옷이 도착하였을 때 남편은 이미 죽었다. 성 아래에서 곡을 하자 성이 무너졌고, 시신이 드러났다. 나중에 바다에 몸을 던져 죽었다. 이 이고사는 당대에 최초로 보이지만, 춘추 때 〈杞梁妻〉가 남편을 위하여 곡을 하자 성이 무너졌다는 일을 부회하였을 가능성이 크다. 나중에 설창·희극·가곡 형식으로 널리 유전되었다. 현재 동관 외봉황산(外鳳凰山) 위에 그 사당이 있다. 〈敦煌曲子詞·擣練子〉: "孟姜女, 杞梁妻, 一去煙山更不歸."

79) 행강(行腔) : (중국 전통극 배우가 글자의 성조와 악보의 선율에 맞추어) 음을 길게 뽑으며 노래하다.

당·오대 시기 성행한 변문은 후세 각종 설창예술, 예를 들어 고자사(鼓子詞)·제궁조(諸宮調)·사화(詞話) 등의 형성에 견실한 기초를 다졌고, 후세에 창작을 위한 허다한 역사와 민간전설 등 고사 제재를 제공하였다. 예를 들어 왕소군을 고사제재로 한 희곡작품은 원왕조 마치원(馬致遠)의 〈한궁추(漢宮秋)〉에서 현대 조우(曹禺)의 화극(話劇) 작품 〈왕소군〉에 이르기까지 25부가 넘는다.[80] 변문은 돈황 설창문학에서 매우 중요한 문학형식이고, 그것의 발견은 의심할 것 없이 중국 고대곡예(曲藝, 설창문예)와 민간문학의 연구에 진귀한 사료를 제공하지만, 애석하게도 원본 대부분은 이미 영국, 독일, 일본, 러시아 등으로 흩어져 없어졌다.

5. 음악기구

태악서(太樂署)·고취서(鼓吹署)·교방(教坊)·이원(梨園)은 당대 음악기구의 4대 부분이다. 그 중 태악서와 고취악은 정부의 태상시(太常寺)에 예속되고, 교방·이원은 궁정에 예속되었다. 태상은 순(舜)과 서주 질종(秩宗) 시기에 생겨 예악을 관장하기 시작했으며, 역대로 답습하여 조금도 개변이 없이 역대로 답습되었는데, 최초에는 악관명이었는데, 진(秦)나라 때 봉상(奉常)으로 개칭한 이후에 기구로 되었고, 그 직능은 전례(典禮, 왕실의 의식)·제사·작악(作樂)에 한정 될 뿐 아니라, 사(史)·복(卜)·의(醫)의 직능을 겸하였다. 그 안의 음악은 모두 아악으로, 예를 위하여 사용되었다. 동진 때부터 태상의 음악 직능은 산악·백희 등의 내용이 증가하였다.

태악서 : 진·한에서 수·당 시기에, 태악서는 줄곧 태상 음악기구의 핵심으로 아악을 주로 관장하였다. 태악령은 제사와 조회의 악을 관장하였

80) 화극(話劇) : 중국에서, 대화를 중심으로 하는 신극(新劇).

다. 구체적으로 천자의 현(懸)·태자헌현(軒懸)[81]·문무2무·아악 〈십이화(十二和)〉의 차례·대연회·십부기·이부기·태묘작헌악무·종률(鍾律)과 아악 궁조(宮調)의 조화를 관장하였다. 그 밖에 태상은 악공·과업의 교습·악호륜직(樂戶輪職)[82] 등 사무를 책임졌다. 태악서 악교(樂教)제도는 비교적 엄격하고 규범적이었다. 아악대곡은 30일에. 소곡은 20일에 완성했다. 청상대곡은 60일에, 문곡은 30일에, 소곡은 10일에 완성하였다. 십부악 중 연악·서량·구자·고륵·안국·천축·고창대곡은 각각 30일에, 다음 곡들은 20일에, 소곡은 10일에 완성하였다. 고취 오부악도 각각 난이도에 따라 정해졌다.

고취악 : 수·당 시기 고취서는 의장 중의 고취악을 전문적으로 관리하는 기구이다. 그 직능은 국가의 성대한 제전, 궁정의례, 교묘제사, 의장대오, 황제전용의 노부(鹵簿)의 연주를 책임졌고,[83] 동시에 고취악대를 교습하고 훈련시켰다. 관직에는 령(令)·승(丞)·부(府)·사(史)·악(樂)·정(正) 등이 있다. 고취서의 악무기인의 교습은 난이도에 있어 태악서만 못하였다. 『신당서·지·백관』의 기록에 의하면, 태악서에서 규정한 학업을 완성할 수 없는 음악기인들은 고취서로 들여보내 난이도가 크지 않은 대소 횡취곡(橫吹曲)을 학습하였다. 어려운 학업은 네 번에 완성할 수 있었고, 쉬운 학업은 세 번에 완성할 수 있었다. 만약에 요구하는 정도에 도달하지 못하면, 박사라 하여도 좌천의 운명을 당했다.

---

81) 헌현(軒懸) : 헌현(軒縣). 고대 제후들은 악기를 삼면에 진열했다. 천자의 경우를 궁현(宮懸)이라 했고, 사면에 진열함. 헌현은 궁현에서 남쪽을 없앤 것이다.

82) 악호(樂戶) : 죄로 인하여 관청에 편입된, 악기를 연주하는 관기. 륜직은 차례로 직을 맡음.

83) 노부(鹵簿) : 임금의 거둥 때의 의장(儀仗). 또는 의장을 갖춘 행렬.

교방 : 중국 당대 이래 설치되어, 궁정음악 연기자들을 훈련시키고 관리하는 데 사용된 기구이다. 당 초기 교방의 설립은 명칭 상에 있어 세 단계를 거친다. 당 고조 오덕(伍德) 연간에 궁중에 처음으로 내교방(內敎坊)을 설치하였고, 무측천의 여의(如意) 원년에 운소부(雲韶部)로 개칭하였고, 중종시기에 또 내교방으로 다시 고쳤다. 당 현종시기에 이르러 교방은 다섯 곳으로 증가하였다. 내교방·좌교방·우교방·장(丈)내교방과 동경 낙양의 좌우교방이다. 당 현종 개원2년(714)에 봉래궁 옆에 내교방을 설치하였는데, 악기(樂伎, 악을 연주하는 예인)는 전부 여악(女樂)이었다. 동시에 서경궁 밖에 좌우교방을 설치하였는데, 좌교방은 대명궁 밖의 연정방(坊)에 있었고, 우교방은 대명궁 밖의 광택방에 있었다. 동경 낙양에 좌우교방을 설립하였다. 동경교방의 위치는 명의방이고, 우교방은 남쪽에, 좌교방은 북쪽에 있었다. 이 외에 서경에 장내교방을 설립하였는데, 선평방에 있었고, 고취서에 예속되었다.

당 현종 때에, 장안의 교방은 11,400인이 넘었다. 그 기예의 고저에 따라 약간의 등급으로 나누었다. 평민가의 여자는 주로 비파·오현·공후·쟁의 연주를 배웠고, '추탄가(搊彈家)'라 불렀다. 일반의 예인은 운소원에 예속되었고, '궁인(宮人)'이라 불렀다. 기예가 가장 높은 예인은 의춘원(宜春院)에 예속되어 항상 황제 앞에서 연기를 하였고, '내인(內人)'·'전두인(前頭人)'이라 불렀다. 의춘원의 예인은 적었고, 매번 근정루의 대연회 공연 때에는 의춘원의 인원이 부족하여 운소원의 예인으로 보충하였다. 각 지역에서 징집 조달한 악공은 먼저 태악서에서 수업을 하였는데, 난이도가 높은 50곡 이상을 배워야 비로소 학업을 마칠 수 있었는데, 3년 혹은 2년 혹은 1년이 걸렸다. 우수학생은 관직을 얻을 수 있었지만, 악공의 신분은 변하지 않았다. 학습 차이로 인해등록 되거나 혹은 제명되었다. 학습 기간의 비용은 스스로 부담하였고, 학업이 완성된 이후에는 매년 경성에 복무하였고, 장기 복무자는 보수를 받았다, 이러한 교육은 많은 우수한 음악가, 예를

들어 허화자(許和子)·이귀년(李龜年)·이모(李謨)·하회지(賀懷智) 등을 만들었다.[84)]

이원 : 중국 당대에 설치된 궁정 가무인을 육성하고 훈련시키는 기구이다. '이원'이란 말은 한 무제 시기에 처음 등장하였지만, 당시에는 한 왕조의 일개 지명이었다. 수왕조 시기의 금원(禁苑, 제왕의 정원, 궁궐의 화원) 내에 '이원'이 있었고, 당 고종 시기의 이원은 작방(作坊, 작업장, 수공업 공장)과 동등한 기구였고, 무측천과 중종 시기의 이원은 당나라 장안성 내원의 황가 원림으로, 황실 귀족자제와 관료의 자식들이 유희하며 놀던 장소였다. 현재 우리가 말하는 '이원'은 당 현종이 당대에 두루두루 뒤섞여 있는 음악기구를 개혁한 산물이다. 그것은 당 현종 개원2년(714)에 건립되었고, 당 현종이 법곡(法曲)을 교습한 장소이기도 하다. 이원 건립 초기에, 당 현종은 태상에서 남악공 300인을 선발하여 현종 자신이 창작한 법곡을 교습하고 공연하도록 하였는데, 이 악공들은 궁 밖 금원의 이원 근처에 살아서, '황제이원제자(梨園弟子)'라 불렀다. 천보 연간에 현종은 또 궁녀 중에서 수백인을 선발하여 음악을 학습시키고, 의춘원에 살게 하였는데, 이들을 또한 '이원제자'라 불렀다. 당 현종의 이같은 행동은 원래 이원에 오직 남제자들만 있는 추형(雛形)을 확대하였고, 점차로 그것은 성숙한 음악기구로 변천하였다. 여악공은 주악도 하고 가무를 하였으며, 남악공은 여전히 주악을 위주로 하였다. 그 외에 이원에는 '소부음성(小部音聲)'이 설치되었는데, 15세 이하의 30명 소년을 선발하여 구성하였다. 이 '소부

84) 허화자(許和子) : 길주 영신현 음악가의 여식으로, 개원 말기에 의춘원에 들어갔다. 아름답고 지혜로웠으며, 노래를 잘했는데, 그녀는 신성으로 유명했다.
하회지(賀懷智) : 비파 연주가. 비파를 너무 좋아하여 바위로 울림통(槽)을 만들고, 곤계(鵾鷄)의 근육으로 현을 만들고, 쇠로 활을 만들었다고 한다.(『고금사문유취』) 나머지는 제8절 저명음악가 참조.

음성'의 예술수준은 상당한 정도에 이르렀고, 당 현종의 인정을 많이 받았다. 금원과 궁내 이원을 제외하고, 려산(驪山) 기슭 화청궁 안에도 이원이 있었는데, 그곳의 이원은 이원제자들이 황제 어가를 따라 왔을 때 임시로 머물며 훈련하던 장소이다.

위에서 말한 세곳의 이원을 제외하고, 당나라 궁정에는 '이원별교원(別教院)'과 '이원신원(新院)'이 설치되었다. 이원별교원은 장안에 설치되어, 태상시에 예속되었고, 궁내 이원의 보조기구였으며, 지위는 궁내이원악공보다 낮았다. 인원은 매우 많았고, 규모는 컸으며, 악공 기예는 좌부기제자들보다 낮았으며, 주로 신곡을 교습하고, 법곡과 운소악(雲韶樂)을 연습하였다. 이원신원은 속악을 전문적으로 가르쳤는데, 동서 두 곳의 경도에 이 기구를 설치하였고, 교방에 예속되었다. 규모와 인원에 있어 이원별교원과 상당한 차이가 있고, 악공 중에서 기예가 출중한 자는 선발을 통하여 교방에 들어갈 수 있었다.

이원은 당 현종의 추진으로 고조되었지만, '안사(安史)의 난'으로 쇠락의 길로 들어섰다. 그러나 당왕조 문화 전체에서 이원은 추파조란(推波助瀾, 부채질하다, 파란을 일으키다)의 촉진작용을 일으켰고, 그것은 중원 음악에서 특히 궁정연악과 서역 소수민족음악, 그리고 궁정음악과 민간음악의 교류와 융합을 추동하였고, 신곡의 창작을 추진하였다. 따라서 성당 음악문화의 발전과 번영을 제고하였고, 또 많은 우수한 음악과 무도인재들을 배양하여 화하전통문화의 전파와 전승, 당시 음악의 보존에 거대한 공헌을 하였다. 후세 대부분의 희곡반사(戲曲班社, 연극단체)는 '이원'으로 그 이름을 대신하였고, 희곡예인들을 또한 '이원제자'라 불렀다.

6. 음악이론

고금감자보(古琴減字譜) : 중국 고금(古琴)에서 상용하는 손가락의 위치와 좌우 손의 연주기법에 대한 기록을 특징으로 하는 기보법이다. 이는 고금 문자보(文字譜)의 기초 위에 간략화된 것이다. 중당 시기(8세기경) 조유(曹柔)가 창작한 것이라 전해진다. '사지팔법(四指八法)'을 명확하게 구분하여, 문자보에서 식지와 중지를 말(抹, 현을 문지르거나 비비는 법)에 사용할 수 있게 하고, 혹은 중지와 무명지를 구(拘, 현을 잡는 법으로 갈고리처럼 당기기)에 사용할 수 있게 전통을 개변하였다. 또 운지법과 술어를 그 편방(偏旁, 한자의 구성상 왼쪽인 편과 오른쪽인 방)을 취하여 간략화하고, 새로운 보자(譜字, 악보를 표기하는 글자)를 조성하였다.[85] 조유가 창작한 '감자보'는 송·원·명·청(宋元明青)을 거쳐 지금까지 여전히 응용되고 있다. 감자보와 관련한 중요한 문헌으로는 『태고유음(太古遺音)』·『금서대전(琴書大全)』, 그리고 명·청 양대의 대량의 금보가 있다. 최근에는 사부서(查阜西)의 『존현고금지법보자집람(存見古琴指法譜字輯覽)』과 관평호(管平湖)의 『고금지법고(古琴指法靠)』 등이 참고할 만하다.

공척보(工尺譜) : 민간 전통기보법의 하나로, 공척(工尺) 등을 이용하여 음의 고저를 기록하여 이름을 얻었다.[86] 그 초기 형식은 당 왕조에 이미 출현하여 '연악반자보(半字讌樂譜)' 혹은 '속자보(俗字譜)'라 불렸다. 서사 방식은 일반적으로 간자초서형식을 채용하였다. 이같은 기보법은 송대를

85) 예를 들어 '감자보'는 왼손의 엄지와 중지, 무명지를 각기 '대(大)', '중(中)', '석(夕)'으로 나타내고, 오른손의 손가락은 줄을 튕기는 방향에 따라 '찢듯이 튕기기(擘)', '문지르기(抹)', '갈고리처럼 당기기(拘)' 등으로 나타낸다.

86) 공척(工尺) : 민족음악 음계상 각개 음의 총칭, 또 악보상 각개 기음(記音)부호의 총칭. 부호 각 시대마다 다르다. 통용되는 것은 合·四·一·上·尺·工·凡·六·五·乙이다. 예를 들어 공척보의 합(合)은 율자보의 대려(大呂)와 같고, 하사(下四)는 태주(太簇), 사(四)는 협종(夾鍾)에 해당됨.

거쳐 명·청 시기에 이르기까지 통용되는 공척보로 발전하여왔고, 광범위하게 민간가곡·기악곡·곡예·희곡 등 음악종류에 응용되었다.

84조(八十四調): 팔십사조 이론은 수나라 만보상(萬寶常)과 정역(鄭譯)이 구자(龜茲)의 음악가 소지파(蘇祗婆)의 '오단칠조(五旦七調)' 이론 기초 위에 발전시킨 것이다.[87] 『수서·음악지』에 정역이 "율에는 7음이 있고, 각 음은 하나의 조(調)에 서 있다." "12율을 합하면 84조가 된다."고 기록하였다. 즉 하나의 율을 궁·상·각·치·우·변치·변궁으로 하며, 7조를 합하면 12율은 84조가 된다. 당대의 조효손과 장문수 등은 이같은 이론을 유지하고 보존하고, 실천한 사람이다. '84조' 이론의 제안은 비록 중국이 비교적 완벽한 고대 궁조이론체계를 건립하여 역사적 의의를 지니고 있지만, 이 이론체계는 현실적으로 실천에 있어서는 전체를 사용할 수 있는 것은 아니다. 『구당서·음악지·아악』의 가사에 표시된 조명(調名)으로 보건데, 중종 경룡(景龍) 3년(709), 현종 개원13년(725)에 단지 16조만을 사용하였고, 현종 개원7년(719)에 22조를 한번 사용하였을 뿐, 그밖의 시기에 사용된 조의 수는 일반적으로 이 둘 사이에 있었다.

연악(燕樂)28조: '속악28조'라고도 부른다. 수·당 궁정연악의 연주활동 중에 점차로 형성된 궁조체계이다. 당나라 단안절(段安節)의 『악부잡록』에 7균28조가 기록되어 있다. '균'은 조고(調高, 조의 높이)로, 매 하나의 균은 궁·상·각·우 4조를 포함하여, 칠궁·칠상·칠우·칠각으로 부른다. 후대의 당나라 두우의 『통전·악』·송나라 진양의 『악서』·심괄의 『몽

87) 만보상과 정역은 제8절 저명음악 참조.
　오단(五旦): 고대 서역 곡조의 오균(五均). 『隋書·音樂志中』: "단은 한자로 음역한 것으로, 곧 균이니, 그 소리는 황종·태주·임종·남려·고선에 해당된다." 균은 옛 운(韻)에 해당된다. 즉 조(調)이다.

계필담』·『송사·악지』·왕작(王焯)의 『벽계만지(碧鷄漫志)』·장염(張炎)의 『사원(辭源)』 등은 모두 28조를 기록하고 있다. 연악28조 계통의 이론관념의 건립은 주로 두 방면으로부터 나왔다. 하나는 중원 한족이 상화가·오성·서곡으로부터 청상악에 이르기까지의 전통궁조관념을 계승한 것이다. 다른 하나는 서역으로부터 들어온, 주로 구자의 악조관념을 흡수한 것인데, 구자의 비파가 소지파는 구자(龜茲)악조이론과 악보 전수에 중요한 작용을 하였다.

범조(犯調)와 이조(移調) : 범조는 하나의 조가 다른 조에 전입하는 것(犯)을 말한다. 당왕조 시기의 범조에는 네 종류가 있었다. 정범(正犯)·방범(旁犯)·편범(偏犯)·측범(側犯)이다. 당 연악28조 가운데 치조식(徵調式)이 부족한데, 이 때문에 궁범궁(宮犯宮)·궁범상(宮犯商)·궁범각(宮犯角)·궁범우(宮犯羽) 4범이 있지만, 궁범치(宮犯徵)는 없다. 범조의 수법은 당왕조 시기에 매우 유행하였고, 손처수(孫處秀)·하만자(何滿子)[88]·운조하(雲朝霞) 등은 모두 당시에 창작 혹은 연창 혹은 연주에 범조수법을 함유한 악곡의 창작을 잘하기로 유명한 음악가이다. 범조수법의 운용은 음악의 표현력을 극대로 제고하였지만, 아악에 있어서 일종 음악의 신비감을 진일보 증가시켰다. '범조'를 제외하고, '이조'도 당시에 매우 성행하였다.[89] 단선본

---

88) 손처수(孫處秀) : 당 현종 때 악인으로, 취적을 잘하였고, 범성을 잘하여 사람들이 모두 그 소리의 변하는 모습을 본받아 날로 증가하였다.(『樂纂』)

하만자(何滿子) : 당 현종 때 저명한 가수이다. 하만(何滿)이라고도 함. 당 백거이 〈何滿子〉詩序 : "개원중에 창주에 노래하는 하만자가 있었는데, 형벌을 받을 때 이 노래를 바치어 죽음을 면하고자 하였으나, 마침내 면하지 못하였다."고 했다. 또한 무곡명이기도 하다. 하만자가 노래를 불렀기 때문에 이름을 얻었다.

운조하(雲朝霞) : 적을 잘 불렀다. 신성으로 유명함.

89) 이조(移調) : 음악술어. 악곡 혹은 악곡의 일부분 하나의 조에서 다른 조로 옮기는 것으로, 또한 전체 악곡중의 각 음의 높이를 개편하여 높게 혹은 낮게 일정한 음정으로 옮기는 것이다.

(段善本)과 강곤륜(康昆侖)은 모두 당왕조 시기 비파 연주로 이름난 음악가인데, 그들은 일찍이 동시에 〈녹요(綠腰)〉 한 곡을 연주하였는데, 다른 점은 강곤륜이 사용한 것은 우조(羽調)의 연주였지만, 단선본은 '풍향조(楓香調)'를 사용하여 연주하였다.[90] 강곤륜은 황종궁을 사용하여 원래 정궁(正宮)에 속하는 〈양주(涼州)〉를 연주하였지만, 은선본은 도조(道調; 궁조며, 즉 임종궁) 〈양주〉를 새롭게 창작하였다. 이로 보건데, 당시 '이조' 수법은 매우 보편적 수법이었음을 알 수 있다.

7. 음악문헌

수·당·오대 시기에, 음악무도예술은 전에 없이 발전하였고, 이론부분은 대체로 세부분으로 나눌 수 있다. 악지(樂志), 전문저서, 각종 전적에 산견되는 음악관련 논술이다. '악지'는 음악지라고 하며, 단대사(斷代史)의 중요한 구성 성분이고, 예와 함께 기록한 부분을 '예악지'라 부른다. 당대 방현령(房玄齡) 등은 『진서·음악지』 상하 양권을 저술하였고, 장손무기(長孫無忌) 등은 『수서·음악지』 상중하 3권을 저술하였고, 후진 유구(劉昫)는 『구당서·음악지』 4권을 저술하였다. 이 세 가지 음악지는 시간순서에 따라 진나라에서부터 수·당에 이르기까지 음악무도예술의 발전연혁·전장제도·중대정책·중요사건·중요성과 등을 기술하였고, 전체적으로 수·당 양대 악무예술발전의 기본상황을 기록하여, 비교할 수 없는 권위성을 지니고 있다. 보존되어 오는 수·당 오대 시기의 악무이론의 전문서는 이

90) 풍향조(楓香調) : 『악잡록』에 "장안이 크게 가물어 두 곳에서 기우를 하였다. 거리 동쪽에서 비파 제일고수인 강곤륜(康昆侖)이 나와, 서쪽에는 대적할 자가 없을 것이라 하며 〈녹요〉를 새로운 곡조(新飜調)로 연주하였다. 이에 서쪽 길에서 한 여인이 나와 악기를 가슴에 안고 그것을 연주하였는데, '풍향조'로 하였다. 묘기가 입신지경이어서, 강곤륜이 크게 놀라 절을 하고 스승으로 삼았다. 그 여인은 바로 단선본이었다."

시기 음악이론을 연구하는 중요 문헌자료이다.

『악서요록(樂書要錄)』: 중국 당대 악률학 문헌으로, 10권이다. 원만경(元萬頃)이 측천무후의 명을 받들어 편찬하였다. 『신당서·예문지』에 측천무후를 위하여 『악서요록』 10권을 구시(久視) 원년(700년)에 만들었다고 기록되어 있다. 일본 영귀(靈龜) 2년(716) 견당 유학생 기비노 마키비(吉備眞備)가 천평(天平) 7년에 귀국할 때 전책을 가지고 일본으로 돌아갔는데, 많은 것이 망실되고 겨우 제5~제7권이 남아 있다. 지금 제5권에 변음성심성원(辨音聲審聲源)·칠성상생법(七聲相生法)·논이변의(論二變義)·논상생유례(論相生類例)·논삼분손익통제현관(論三分損益通諸弦管)·논역팔생의(論歷八生意)·칠성차제의(七聲次第義)·논매균자립존비의(論每均自立尊卑義)·서자고서전논성의(敍自古書傳論聲義)·악보(樂譜) 등 10조목이 있다. 제6권에는 기율려(記律呂)·건곤창화의(乾坤唱和義)·근권량(謹權量)·심비후(審飛候) 등 4조목이 있다. 제7권에는 율려선궁법(律呂旋宮法)·식성률법(識聲律法)·논일률유칠성(論一律有七聲)의 등 3조목이 있다.[91] 그 책은 당대 악률을 이해하는 데 매우 중요한 의의가 있다.

『악부고제요해(樂府古題要解)』: 당대 음악이론 논저이다. 편찬자는 오긍(吳兢)으로, 변주 준의(浚義, 지금 하남 개봉) 사람이다. 본서 두 권은 명가의 문장과 전기를 열독하여 얻은 바를 근거로 하여 100수가 넘는 곡자의 곡명의 유래를 기술하였다. 그 중 상화가곡 26수, 단소요가(短簫鐃歌) 9수, 무곡 5수, 청상곡 7수, 금곡 6수, 잡곡 46수가 있다.[92] 한·위·육조 음악

91) 선궁(旋宮): 중국고대에 12율을 7음에 배열하는 것으로, 매 율은 모두 궁음이 될수 있고, 돌아가면서 궁이 될 수 있어, 선궁이라 했다. 秦 이후부터 선궁의 소리가 폐지되었다가, 당 고조 무덕 연간에 조효손이 아악을 고치면서 다시 살아났다.

92) 요가(鐃歌): 1. 군중 악가. 전설에 황제(黃帝)·기백(岐伯)이 지었다고 함. 한대 악부

연구에 참고할 만한 가치가 있다.

『**북당서초(北堂書鈔)**』: 수왕조 때, 우세남(虞世南)이 편찬하였다. 전체 10부(部) 852류로 나눈다. '악'은 그 중 하나의 부이고, 내용은 '예능'·'제작'·'향연편'·'만가(挽歌)'·'악총(樂總)'·'가편'·'무편'·'사이악(四夷樂)'·'창우'·'율'·'고취', 그리고 각종 악기 등 종류별로 포함하고 있다. 중국 현존하는 최초의 유서(類書, 종류별로 나눈 총서)로, 비교적 높은 문헌가치를 지닌다.

『**교방기(敎坊記)**』: 당대 악무 발전을 연구한 필기류의 문헌이다. 최령흠(崔令欽)이 편찬한, 총 한 권이다. 책에는 개원 시기의 교방제도와 악무 활동 방면의 취문일사(趣聞軼事, 재미있는 일화)를 기록하였다. 권 말미에 교방곡목 325수가 있다. 최령흠은 박릉(博陵, 지금 하북 정현) 사람으로, 개원 연간에 경성 방무(防務, 국방)장관에 임명되어, 수하에 교방의 사람들이 예속되어 있었고, 따라서 교방의 사정에 대하여 아는 바가 비교적 많았다. '안사의 난' 이후, 강남에 기거하면서 이 책을 완성하였다. 그 책은 비교적 높은 사료적 가치를 지니고 있고, 당대 연기예술을 연구하는 데 중요한 자료이다.

『**갈고록(羯鼓錄)**』: 당대 고악(鼓樂) 발전을 연구한 필기류의 문헌이다. 작자는 당왕조의 남탁(南卓)으로, 내용은 주로 갈고의 원류와 개원 천보 연간 궁정음악의 일문일사(逸文軼事, 예전부터 전해 내려오는 일화) 등을 기술하였다. 총 한 권으로, 전록(前錄)·후록(後錄) 두 부분으로 나눈다. 전록은

에서는 고취곡에 속함. 말 위에서 연주하여 군대 사기를 격려하고, 또 대가(大駕)의 출행과 공신과 개선군대를 위한 연향에 사용됨. 2. 군가를 지칭함. 3. 개선가를 지칭함.

대중(大中) 2년(848)에 이루어졌고, 갈고의 원류와 형상과 현종 시대의 일화를 기술하였다. 후록은 대중 4년(850)에 이루어졌고, 송경(宋璟)의 전설고사와 150수가 넘는 갈고 곡목을 기록하여,[93] 고대 고악 연구에 중요한 의의가 있다.

『악부잡록(樂府雜錄)』: 당대 악무예술을 연구한 필기류의 문헌이다. 작자는 단안절이고, 일찍이 국자사업(國子司業, 국자감의 교수)에 임명되었고, 악률을 잘 알았고, 작곡에 능하였다. 『악부잡록』은 5부분으로 나누는데, 제1부분은 악부 9조, 제2부분은 가무배우 3조, 제3부분은 악기 13조, 제4부분은 악곡 12조, 제5부분은 〈별악식오음륜28조도(別樂式五音輪28調圖)〉인데, 일찍이 산실되어 겨우 문자설명만이 보존되어 있다. 후세에 조백우(晁伯宇)는 『속담조초(續談助鈔)』에서 이 책을 『비파록(琵琶錄)』이라 불렀다. 이 책은 당대의 악부·가무·배우·악기·가창가와 비파연주가 등을 연구하는 데 대단히 높은 참고가치가 있다.

상술한 전문서 이외에, 『대당신어(大唐新語)』·『당국사보(唐國史補)』·『유양잡조(酉陽雜俎)』·『개원천보일사(開元天寶逸事)』 등 전적에는 매우 풍부한 음악이론예술의 기록과 상관된 평론이 있다.

8. 저명 음악가

수·당 오대시기에는 허다한 우수한 음악가가 솟아 나왔다.

---

93) 송경(宋璟, 663~737) : 형주(邢州) 남화 출신이다. 자는 광평(廣平). 박학다식하고 문장력이 뛰어났으며, 강직한 정치가이자 명재상으로 이름을 남겼다. 현종(玄宗) 개원(開元) 4년인 716년에 요숭(姚崇)을 이어 승상이 되었는데, 부역(賦役)을 완화하고 형벌을 줄이는 등 그간의 정책을 잘 유지하는 데 기여했다. '요송(姚宋)'으로 불렸다.

정역(鄭譯, 약 556~595) : 주나라 수나라 사이의 저명한 음악이론가로, 비파를 잘 연주하였으며, 음악문제에 관심이 있어 악률학에 대하여 어느 정도 연구가 있다. 『악부성조(樂部聲調)』 3권을 편찬하였고, 관련된 논술도 있다. 『수서·음악지』에 ① 양진 남북조 이래 태악악부(太樂樂府)의 종악(鐘樂)음계(즉 소위 '삼성병려(三聲幷戾)')의 실제 정황에 대한 논술,[94] ② 소지파와 그 구자악조이론(五旦七聲)에 관한 논술, ③ 한나라 이래의 칠시(七始)·팔음(八音)(칠성 음계의 합법적 지위의 다툼과 '응성(應聲)'설)으로 보는 견해,[95] ④ 오현비파를 근거로 하는 84조 선궁(旋宮)학설이 기록되어 있다. 이는 모두 매우 진귀한 악률연구의 사료이다.

만보상(萬寶常, 540~591) : 수왕조의 저명한 음악학가이다. 그는 음률에 몰두하였고, 청각이 비상하게 영민하였으며, 각종 악기에 정통하였으며, 또 풍부한 음악실천경험이 있었다. 일찍이 '개황악의(開皇樂議)'에 참여하였을 때,[96] '수척률(水尺律)'을 제안하여 악기를 조절 제조하였고,[97] 또 『악

---

94) 태악(太樂) : 즉 대악(大樂). 고대 전아장중한 음악을 지칭. 제사·조하·연향 등 전례에 사용. 혹은 태악서에 속한 관직 이름. 태악악부는 태악에서 설치한 악부, 혹은 태악에 속한 악부라는 의미.

삼성병려(三聲幷戾) : 삼성은 일반적으로 군중에서 사용하는 전령의 금고(金鼓)·가(笳)·탁(鐸)의 소리를 말함. 병려는 어그러졌다는 의미이니, 삼성이 조화롭지 못함을 뜻함.

95) 응성(應聲) : 같은 소리 혹은 서로 떨어진 8도의 음은 서로 응한다는 것으로, 물리학의 '공명'과 같다.

96) 개황악의(開皇樂議) : 개황은 수 문제의 연호이고, 개황 7년에 조정에서 정악을 정하기 위하여 정역, 하타(何妥) 등을 소집하여 의론케 하였으나, 결론을 내지 못하였다.

97) 수척률(水尺) : 율척(律尺)의 이름. 오음율려를 조절하고 교정하는 의기(儀器). 『隋書·藝術傳·萬寶常』 : "만보상이 성악이 哀怨淫放하여 雅正之音이 아니라도 수척으로 율을 삼아 악기를 조정할 것을 극언으로 청하였다." 『隋書·律曆志上』 : "開皇十年, 萬寶常所造律呂水尺 …… 其黃鐘律當鐵尺南呂倍聲. 南呂, 黃鐘羽也, 故謂之水尺律." 『隋書·律曆志上』 : "만물인사는 五行이 아니면 생기지 않고, 오행이 아니면 이루어지지 않고, 오행이 아니면 멸하지 않는다. 그러므로 오음은 화척을 사용하는데, 그 일이 불을 중시하기

보」64권을 스스로 편찬하였고, '84조'의 악률이론을 논하였다. 후세 속악과 조효손이 당대의 악률을 정하는 데 중요한 영향을 주었다. 그러나 그 음악이론은 수왕조 궁정악제에 채용되지 못하였고, 그의 미천한 사회적 지위도 바꾸지는 못했다. 개황 11년 또는 12년에 40세의 나이로 만보상은 가난과 병이 더해져 마침내 아사하였다. 죽기 전에, 그는 분노하며 자신의 전체 저작물을 불태워 버렸다.

당 현종(685~762) : 이융기는 중국 성당 시기 탁월한 제왕일 뿐만 아니라, 제일 걸출한 음악가로 다방만면의 음악재능을 지니고 있었다. ① 비파·횡적·갈고 등 각종 악기의 연주에 능숙하였다. ② 당대 음악제도에 대해 여러 차례 중대한 개혁을 하였다. 예를 들어 구·십부악을 조정하여 좌·입부악기를 만들어 음악예술의 발전을 촉진하였다. 이원을 설립하고, 교방을 확충하여 허다한 우수한 음악인재를 배양하였다. 외래음악을 흡수하고 수용하여 속악을 제창하였고, 전에 없던 당악(唐樂)의 풍조를 조성하였다. ③ 허다한 우수한 음악작품의 창작에 참여하였는데, 대부분은 기악독주곡·합주곡과 대형 가무곡으로, 각기 다른 방면에서 직간접적으로 그의 정치생애와 당대의 흥성과 쇠퇴하는 역사의 면모를 반영하였다. 예를 들어 〈성수악(聖壽樂)〉·〈소파진악〉·〈광성악(光聖樂)〉·〈문성악(文成樂)〉 등 군권신수(君權神授)를 선양하고 문치무공과 태평성세를 가송하는 음악작품의 창작에 참여하였고, 〈예상우의〉·〈능파선(淩波仙)〉·〈자운회(紫雲回)〉 등 '유선(游仙)'을 제재로 하는 작품의 창작에 참여하였다.

영신(永新) : 본명은 허화자(許和子)이고, 당 현종 개원 연간에 유명한 여

때문이고, 금척은 병사에 목척은 상사에 토척은 난리에 수척은 율려합조에 사용하니 천하가 화평하다."고 했다.

자 가창가이고, 길주(吉州, 지금 강서 길안시) 사람이다. 영신은 선발되어 궁궐에 들어간 이후에, 의춘원에 들어가 악기(樂伎, 연주 혹은 가창하는 궁녀)가 되었다. 단안절의 『악부잡록』의 기록에 의하면, 영신은 아름답고 지혜가 있고, 노래를 잘 하였으며, 신성으로 변화시키는 것을 잘 하였다. "한번 목소리를 내면 울림이 천 길 밖까지 전해졌다."는 말은 그녀의 노래에 대하여 사실 그대로 묘사한 것이다.[98] 그녀의 노래 음역은 매우 넓어, 때로는 심지어 악기가 도달할 수 없는 음역에까지 이르렀다. 한번은 당 명황이 이모(李謨)를 불러 적(笛)을 불게하고 영신으로 반주하게 하였는데, 곡이 끝나자 적이 마침내 터져 찢어졌다고 한다. 또 한번은 당 현종이 근정전에서 잔치를 베풀었을 때, 광장에는 사람들이 매우 번잡하여 매우 시끄러웠는데, 잠시 후 영신이 무대에 나와 노래를 부르자, 광장 전체가 순식간에 조용해져 영신의 노래 소리에 빠져 들었다고 한다. 영신의 가창 소리는 감정이 풍부하고 다채로웠지만, 안사의 난 이후에 영신은 영락하여 민간으로 떠돌아다녔다.

장홍홍(張紅紅) : 당대 대력(大曆) 연간의 유명한 가창가로, 미모와 기예에 있어서는 짝이 없었을 뿐만 아니라, 초인적인 음악 기보능력을 가지고 있었다. 한번은 장군 위청(韋青)의 막부에 있는 악공이 옛 음곡 〈장명서하녀(長命西河女)〉에 기초하여 각종 절주를 변화시켜가며 한편의 신곡을 창작하여, 황제 앞에 바치자고 위청의 의견을 구하였다. 위청은 장홍홍을 불러 병풍 뒤에 숨어 있게 하였다. 악공이 노래를 마치자, 장홍홍은 이미 완전히 전곡을 기억해냈다. 위청은 악공에게, 나의 여제자가 일찍이 이 가곡을 노래 부른 적이 있다고 말했다. 이에 장홍홍이 병풍에서 나와 악곡을 완벽하게 노래 부르자, 악공은 크게 놀랐다. 황제가 이 사건의 사정을

98) 『樂府雜錄』: 旣美且慧善歌, 能變新聲, 喉囀一聲, 響傳九陌.

알게 된 이후, 매우 놀라 장홍홍을 불러 의춘원에 들어가게 하고, 은총을 내리고, 더불어 재인(才人)의 직을 하사하였다.[99] 그래서 장홍홍은 그 초인적인 음악기억능력으로 '기곡낭자(記曲娘子)'라 불렸다. 위청이 세상을 뜰 때, 장홍홍은 그 은덕에 감사하여, 비통한 마음에 "한번 크게 통곡하고는 목숨은 끊었다(一慟而絶)"하였고, 황제는 이에 크게 감동하여 '소의(昭儀)'의 직을 하사하였다.[100]

단선본(段善本) : 생몰 년대 미상. 본래 승려이고, 그 음악활동은 주로 당 덕종 정원(貞元, 785~805) 연간에 했다. 당대 단안절의 『악부잡록』의 단선본과 강곤륜의 비파연주의 우열을 가리는 기록 중에 강곤륜이 단선본에게 비파를 배웠다는 일화가 있다. 단선본은 매우 뛰어난 비파연주 기술을 지니고 있고, 또 즉흥적으로 이조(移調)하는 연주에 뛰어났다. 이 외에도 그는 창작에 뛰어나, 작품이 세상에 전해진다. 송대 곽무청의 『악부시집』 권79 〈양주가〉에 『유한고취(幽閒鼓吹)』를 인용하여,[101] "단 화상(和尙)(단선본)은 비파를 잘하여, 스스로 〈서량주〉를 지었고, 후에 강곤륜에게 전하였으니, 곧 〈도조(道調)량주〉로, 〈신(新)량주〉라고도 부른다."고 했다.[102] 단선본은 이관아(李管兒)·강곤륜 등 수십명에게 비파를 가르쳤고, 기예가 심오하여 최고의 명예를 누렸다.

강곤륜(康崑崙) : 생몰 년대 미상. 당나라 덕종에서 헌종(憲宗, 780~820)시

99) 재인(才人) : 궁중 여관(女官) 명, 대부분은 비빈의 칭호. 당대에는 정오품(正五品), 혹은 정사품. 장홍홍은 아비와 함께 길거리에서 노래를 부르던 천민 출신이다.

100) 소의(昭儀) : 예전 여자 관명(女官名). 한 대 원제가 처음으로 설치. 비빈 중의 제일급. 소의는 昭顯女儀로 중시하였으나 위진 이래로 지위가 떨어졌다.

101) 당 장고(張固) 편찬.

102) 『樂府詩集』 : 幽閒鼓吹曰, 段和尙善琵琶, 自制西涼州, 後傳康崑崙, 卽道調涼州也, 亦謂之新涼州.

기에 활동한 저명한 비파연주가이다. 그는 일찍이 단선본에게 기예를 배웠다. 『악부잡록·호부』·『당서·예악지』에 강곤륜이 〈양주곡(凉州曲)〉을 개편한 일이 기록되어 있다. "악기에는 비파·오현·쟁·공후·필률·방향(方響)[103]·박판(拍板)이 있고, 합주할 때에는 또한 소고·발자(拔子)를 치고,[104] 합주 이후에 가창을 하고, 량부(凉部)가 바탕이 되어 궁조·대편(大遍)·소편(小遍)을 바르게 한다.[105] 지정 원초(元初)에 강곤륜이 비파 옥신(玉宸)궁조를 넣었는데, 처음에 옥신전(玉宸殿)에서 곡을 바쳤기 때문에 이 이름을 얻었다.[106] 다른 악기와 합주할 때 황종궁조(기본음)가 되었다." 당나라 헌종 때에 강곤륜은 여전히 비파연주에 종사하였고, 당시에 매우 영향력 있는 음악가였으며, 그가 사용하던 악기는 세상 사람들이 모두 다투어 보물로 여겼다.

진강사(陳康士) : 만당 희종(874~896) 연간에 유명한 금사(琴師)로, 『금서정성(琴書正聲)』 10권을 편집하였고, 책에는 〈광릉산(廣陵山)〉·〈대호가(大胡笳)〉·〈소호가(小胡笳)〉 등 전통명곡 80여수가 있다. 그는 일찍이 굴원(屈原)의 시의를 근거로 하여 금곡 〈이소(離騷)〉를 창작하였고, 역대로 많은 사람들이 그 곡을 탄주하였다. 이 외에도 그는 『금조(琴調)』 17권·『금보기(琴譜記)』 1권·『초조(楚調)』 1권5장을 편찬하였는데, 유감스럽게도 이 책들은 모두 산실되었고, 단지 『금서대전(琴書大全)』에 그가 쓴 우수지법10칙과 좌수지법20칙이 〈당진거사지법(唐陳居士指法)〉이란 표제로 수록되어 있을 뿐이다. 이것은 고보(古譜)의 중요한 문헌으로, 고대 금곡의 연주 풍격

103) 방향(方響) : 타악기의 하나. 2단으로 된 가자 위에 강철한 여덟 개를 얹어 놓고 망치 모양의 두 개채로 로 쳐서 소리를 냄.

104) 발자((拔子) : 발(鈸)과 같다. 방울, 동발, 바라보다 작은 악기.

105) 대편(大遍) : [참조] 제3절 대곡(大曲)과 법곡(法曲) 주5)

106) 옥신(玉宸) : 천궁, 제왕의 궁전, 제왕을 가리킴.

을 탐색하는데 있어 얻기 어려운 자료를 제공해준다.

이모(李謨) : 중국 당대 이륭기 개원(731~742년) 연간의 유명한 적(笛) 연주가로, 단안절의 『악부잡록』의 기록에 의하면, 그의 적 연주기예는 "천하에 독보적이다." 허화자의 가창에 대하여 이륭기는 일찍이 "오직 이모를 불러 적을 불어야 그 노래를 따라가겠다."고 했다. 안사의 난 이후에 이모는 강동으로 유락하였고, 나중에 적을 잘 부는 노인이라 하며 스승으로 존경받았고, 적 기예의 심오함을 추구하였다.[107]

이귀년(李龜年) : 당 현종 때 저명한 궁정악사이다. 그의 형 이팽년(李彭年)은 춤을 잘 추었고, 이학년(李鶴年)은 노래와 춤에 능하였고, 이귀년은 노래를 잘하고 곡을 잘 지었으며 갈고와 필률 연주를 잘하였다. 왕공 귀족들 사이에서 활약하였다. 〈위주(渭州)〉·〈여지향(荔枝香)〉 등을 곡을 창작하였고, 안사의 난 이후 강남으로 유락하였다.

이상은 단지 한 시기 많은 우수한 음악가 중의 지극히 적은 일부분일 뿐이다. 더 많은 음악가, 예를 들어 성악 방면에서 이학년·하만자(何滿子)·염노(念奴)·진불겸(陳不謙)·학삼보(郝三寶)·장호호(張好好) 등, 기악 방면의 조강(曹綱)·장은용(張隱聳)·장휘(張徽)·맹재자(孟才子)·운조하(雲朝霞) 등, 가무 방면의 공손대낭(公孫大娘)·심아교(沈阿翹) 등, 산악 방면의 이선학(李仙鶴)·이가급(李可及) 등, 작곡 방면의 백명달(白明達)·사경약(史敬約) 등은 모두 한 시기 매우 우수한 음악가였고, 이 시기 음악문화 발전을 위하여 매우 중요한 공헌을 하였다.

---

107) 이모가 곡을 불고, 그 곡이 끝나면 피리가 파열되었다고 한다. (『說郛』 원, 도종의(陶宗儀) 찬)

9. 중외 음악교류

수·당 시기 정치는 상대적으로 안정되고, 경제는 번영하고, 문화가 발달하고, 국력은 강성하고, 교통은 창달(暢達, 거침없이 쭉쭉 뻗어나감)하여 중국과 아시아 각국과의 경제문화 교류를 극대로 촉진하고 확대하였다. 당왕조 수도 장안은 전국의 정치·경제·문화의 중심이었을 뿐만 아니라, 중국과 아시아 각국과의 경제문화 교류의 중심지였다. 장안의 홍려사(鴻臚寺)는 당왕조 때 각국의 사절과 외빈을 접대하던 기구로,[108] 서아시아·중앙아시아·인도의 여러 나라와 조선·일본 등 수십의 국가에서 온 외교사자들은 중국 방문 혹은 유학 중에 중국과 각국과의 정치·경제·문화 등 각 영역의 교류와 발전을 극대로 촉진하였으며, 당시 세계 형세에 대한 중국의 인식을 더욱 강화하였다. 국자학(國子學)과 태학(太學)은 당시에 장안에 설치된 국가급의 학교로, 규모가 굉장히 컸으며, 가장 많을 때는 8,000명이 넘는 학생을 수용하였다. 학생들의 출신은 비교적 다양하여 중국 국내와 토번·고창·발해 등 중국 변방지역의 청년 이외에도, 고려·백제·신라와 일본의 유학생들이 있었다. 그들은 당왕조의 선진 한족 봉건문화를 배웠고, 그것을 가지고 본국에 돌아가 본국 문화의 발전을 촉진하였으며, 동시에 중국문화의 내용을 풍부하게 하였다.

조선과의 음악문화교류 : 일찍이 5세기 중기에 조선반도의 고려악과 백제악은 이미 중국에 들어왔고, 주(周) 무제(武帝) 때에는 '국기(國伎)'에 배열되었다.[109] 수왕조 때, 고려악은 수왕조의 칠부악·구부악과 당왕조의 구부악·십부악의 하나로 배열되어, 수·당 궁정연악체계에 편입되어 궁정의 중시를 받았고, 나중에 고려악은 민간에 전해지기도 했다. 중국의 유명한

108) 홍려사(鴻臚寺) : 홍로는 관청의 이름. 주로 빈객을 접대하는 일을 하였다.
109) 국기(國伎) : 국악(國樂)과 같다.

악곡 〈척기(拓伎)〉·〈포구악(抛球樂)〉 등은 고려에 전해져, 당악(唐樂)이 되어 조선인들의 사랑을 받았다. 당왕조에 파견된 유학생은 중국과 조선의 음악문화교류를 강화하는 중요한 경로였다. 당왕조 초기에 조선반도의 고려·백제·신라 삼국은 모두 당왕조에 유학생을 파견하였다. 신라가 조선을 통일한 이후에 더욱 많은 유학생을 파견하였다. 840년(당 문종 개성(開成) 5년)에 학업을 마치고 귀국한 학생이 한번에 105명이었다. 이들 유학생은 당왕조 문화를 흡수하고 전파하는데 매우 큰 작용을 하였다.

일본과의 음악문화교류 : 당왕조의 제도와 문화를 전파하는 과정에서 유학생과 학승은 지극히 큰 작용을 하였다. 수왕조 시기에 일본은 전후 4차례 사신을 파견하여 중국에 왔는데, 유학생과 학승들이 함께 따라왔다. 당나라 건립 이후, 정관 4년(630년)에서 문종 개성 3년(838년)까지, 200년 동안 일본은 공식적인 '견당사(遣唐使)'를 13차례나 파견하였고, 매번 최소 250명에서 최대 5, 6백명에 이르렀으며, 그 중 음악을 배운 유학생이 1,800여 명에 이르렀다. 일본 유학생 길비진비는 당나라에 17년(717~734) 동안 유학하고, 귀국할 때에 방향·동율고한(銅律管)과 『악서요록(樂書要錄)』을 가지고 돌아가 일본의 음악개혁과 창조 면에서 공헌을 하였다. 등원정민(藤原貞敏)은 당 문종 대화(大和) 9년(835년)에 장안과 양주(揚州) 등지에서 비파의 명가 유이랑(劉二郎)과 염십랑(廉十郎)을 스승으로 삼아, 당 개성 4년(839년) 귀국할 때에 악보 수십 권을 가지고 돌아가, 일본 조정에서 '아악료(雅樂寮)'의 관직을 맡았다. 중당 시기 중국의 유명한 음악가 황보동조(皇甫東朝)는 일본에서 '당악'을 연주하였고, 일본 궁정음악기구인 아악료의 악원외조(樂員外助)로 임명되어 일본 음악의 발전을 위하여 적극적인 공헌을 하였다. 지금까지 일본에는 당대 대곡 〈쌍조주호자(雙調酒胡子)〉와 당나라 간행본인 『갈석조유란보(碣石調幽蘭譜)』가 여전히 유전되고 있다. 일본 음악인 '왜국기(倭國伎)'는 수·당의 궁정에서 항상 공연되었다. 당나라 대중 7년에 일본 왕자가 일본음악단을 직접 이끌고 중국을 방문하여 중국과 일본의 음악문화의 교류를 촉진하였다.

천축과의 음악문화교류 : 천축(지금의 인도)은 중국의 이웃국가이고, 중국과 인도는 예로부터 승려와 상인들의 왕래가 끊이지 않아, 중국과 인도 양국 간의 음악을 포함한 경제문화의 교류와 발전을 촉진하였다. 4세기 초반, 천축악은 이미 중원에 들어왔다. 수왕조 때, 천축악은 궁정의 칠부악·구부악에 배열되었고, 당왕조 때에는 똑같이 구부악·십부악에 배열되어 매우 중요한 악부가 되었다. 당 현종은 인도 〈파라문곡〉에 근거하여 〈예상우의곡〉으로 개편 창작하였다. 마찬가지로 당왕조의 악곡은 인도에서도 매우 중시되었다. 당왕조 고승 현장대사는 인도에 도착하여 계일왕(戒日王)을 알현하였을 때, 계일왕이 〈진왕파진악〉을 연주케 하였다.

아시아 기타 국가와의 음악문화교류 : 중앙아시아 여러 나라(아무르강(阿姆河), 석미하(錫爾河) 유역의 강(康)·안(安)·미(米)·석(石)·하(何)·조(曹) 등의 나라를 포함하여)는 매우 일찍부터 중국과 정치·경제와 문화에 있어 왕래를 하였다. 이들 국가의 사람들은 가무를 잘하였고, 당왕조의 장안성에는 적지 않은 그들의 가창가와 무도가가 있었고, 그들의 가무는 당대 사람들의 문예생활을 극대로 풍부하게 하였다. 예를 들어 미국의 가창가 미가영(米嘉榮), 조국의 비파명수 조보(曹保)·조선재(曹善才)·조강(曹剛)의 3인이 있다. 강국의 무도인 호선무(胡旋舞)와 석국의 호등무(胡騰舞)와 자지무(柘枝舞)는 장안에서 대단히 유행하였고, 민간의 농사가무(農事歌舞)인 〈발수걸한(潑水乞寒)〉은 장안에서 대단히 유행하였고, 악곡 〈소막차(蘇幕遮)〉는 중국 노래에 흡수되었다. 안국의 〈안국기〉, 강국의 〈강국기〉는 수왕조의 칠부악·구부악과 당왕조 구부악·십부악에 배열되어, 당대 음악의 혁신에 중요한 영향을 주었다. 동로마의 악곡은 중국에 영향을 주었고, 당대 노래인 〈불름(拂菻)〉은 동로마에서 왔을 가능성이 있다.[110] 그 밖에 동남아시아의 간포채(柬埔寨, 扶南 캄보디아) 면전(緬甸, 驃國 미얀마) 등의 음악은 당대에 또한 연주되었고, 당대 노래인 〈부남곡〉은 부남국의 가곡일 가능성이 있고, 표국의 가무대가 장안에서 공연할 때는 온 성을 뒤흔들었다.

10. 음악미학사상

1) 이세민(李世民)의 음악사상

이세민(599~649)은 당 고조 이연(李淵)의 둘째 아들이다. 중국역사사상, 당 태종(太宗) 이세민은 문치와 무공을 겸비한 많지 않은 봉건제왕의 한 사람이다. 그의 통치기간에, 통치정책을 적극적으로 조정하여 일련의 유효한 정치 경제개혁을 진행하여 정치 안정과 경제 회복과 인민 주거의 편안함을 얻었다. 동시에 당 태종은 또 인재를 알아보고 적소에 등용하며 마음을 비우고 간언을 받아들이는 군주였고, 그의 통치는 당왕조의 오랜 기간의 통치와 안정(長治久安)의 기초를 닦았다. 사가들은 '정관지치(貞觀之治)'라고 부른다.

당 태종은 탁월한 정치가·군사가였을 뿐만 아니라, 동시에 음악애호자였다. 633년에, 그는 직접 〈진왕파진악도〉를 그렸고, 그림에 의거하여 가무기들을 안배하여 연습시켰다. 태종은 비파곡 감상을 좋아하였고, 능숙하게 비파연주를 할 수 있었다. 음악미학 영역에서, 그는 음악이 정치와

110) 불름(拂菻) : 불림(拂懍). 동로마제국(비잔틴제국)을 지칭한다는 것이 중론이다. 여러 가지 한역명은 모두 로마(Roma)에 대해 와전된 음사(音寫)다. 『구당서(舊唐書)』에는 '불림국은 대진(大秦)의 이름이다'라고 나오는데 로마제국이 콘스탄티노플에 천도하기 이전 한적에는 대진으로 나오지 불림으로 나오지는 않는다. 그밖에 한적에는 대불림(大佛臨)과 소불림(小佛臨)이란 말이 나오는데, 전자는 대체로 동로마제국을, 후자는 시리아를 지칭한다.(정수일, 『실크로드 사전』, 창비, 2013.)

동등하다는 유가관점을 반대하였다. 그래서 "슬픔과 기쁨은 사람의 마음에 있는 것이지, 음악에 말미암는 것이 아니다."라고 하는 음악미학사상을 제안하였고,[111] 이러한 관점은 음악심미객체의 문제와 관련되어 있다.

정관2년, 당 태종 이세민과 대신 두엄(杜淹) · 위징(魏徵) 등이 함께 "군신논악(君臣論樂, 군과 신이 함께 악을 논함)" 하였다.[112] 논술 중에 주로 3개 문제를 언급하였다. 하나는 음악은 "감인심(感人心, 사람 마음을 감동)"을 할 수 있나? 둘은 음악은 국가의 흥망과 정치의 호불호를 결정할 수 있는가? 셋은 어떻게 해야 음악을 화비(和庇, 비호하다. 엄호하다)하고 인심을 화락케 할 수 있는가? 군신은 이 세 개의 문제를 둘러싸고 치열한 논쟁을 전개하였다. 두엄은 북제 남진과 수왕조의 흥망은 온전히 통치자의 마음 내키는 대로 즐긴 음악이 만든 것이라 생각하고, 북제의 〈반려곡(伴侶曲)〉과 남진의 〈옥수후정화(玉樹後庭花)〉를 망국지음이라 생각하여 남북조의 멸망의 원인을 분명하게 드러내면서. 당 태종이 주요한 정력을 국가의 건설에 쏟아야 함을 건의하고, 전 왕조가 지나치게 음악을 중시하고 음악에 탐닉한 것이 국가를 멸망으로 치닫게 한 것이라는 교훈을 받아들이라 건의하면서, 동시에 '음악망국(淫樂亡國, 음란한 음악이 나라를 망하게 한다)'론을 제안하였다.[113] 두엄의 관점에 대하여, 당 태종은 "슬픔과 기쁨은 사람의 마음에 있는 것이지, 음악에 말미암는 것이 아니다."는 관점을 제안하면서, "다스림의 선악이 어찌 그에 말미암겠는가", "다스림의 융체(隆替, 융성과 침체)가 어찌 그에 말미암겠는가"(『구당서』·『자치통감』), "나라의 흥망성쇠는 반드시 이에 말미암지 않는다."(『신당서』)라고 생각하여 두엄의 '음악망국'론을 부정하였다. 당 태종은 하나의 간단명료한 비유—"지금 〈옥수〉와 〈반려〉의

111) 『新唐書』: 歡者聞之則悅, 哀者聽之則悲, 悲悅在于人心, 非由樂也.

112) 위징(魏徵, 580~643) : 자는 현성(玄成)이고, 시호는 문정(文貞)이다.

113) 『新唐書』: 治之善惡, 豈此之由, … 治之隆替, 豈此之由, …"國之興衰, 未必由此.

곡이 남아있으니, 짐이 그대들을 위하여 연주하되, 그대들이 반드시 슬프지 않음을 알게 할 수 있다."—를 이용하여 두엄의 논점을 반박하고,[114] "슬픔과 기쁨은 사람의 마음에 있는 것이지, 음악에 말미암는 것이 아니다."는 관점의 정확성을 실증하였다. 그는 인심의 화락(和樂) 여부는 정치에 따라 결정되는 것이지 음악에 따라 결정되는 것이 아니며, 음악이 비록 사회기풍과 인류 행위에 일정한 영향을 줄 수 있지만, 인간들의 사상과 국가의 흥망을 결정할 수는 없다고 생각하였다. 음악의 사회작용의 기능은 외재 요소에 있는 것이고, 인간 내심의 슬픔과 기쁨이 비로소 인간 감정을 건드리는 결정요소라는 것이다. 위징은 마지막으로, "예라 예라 말하지만 옥백을 말하는 것인가! 악이라 악이라 말하지만 종고를 말하는 것인가! 악은 사람의 화해에 있는 것이지 음조에 말미암는 것이 아니다."라는 고인(孔子)의 말을 인용하여 당 태종의 음악사상의 정확성을 잘 나타냈다.[115] 그의 사상과 당 태종은 서로 통하여, 음악의 사회기능을 지나치게 과장하는 것과 음악의 '요마화(妖魔化)'를 반대하였다.

당 태종과 위징의 음악사상은 혜강의 '성무애락론(聲無哀樂論)'의 영향을 깊이 받았고, 더하여 '성유애락(聲有哀樂)'론으로 승화시켰다. 서한 이래의 참서신학(讖書神學)의 음악미학관점을 부정하였고, '음악망국'론의 오류를 비판하였고, 비교적 개명한 정책을 시행하고, 외래 음악의 유익한 성분을 적극적으로 융합하여 초당 음악문화의 왕성한 발전을 촉진하여, 일대 명군의 정치적 자신감을 충분히 체현하였다. 그러나 그는 음악에 대한 음률의 의의를 완전히 부정하여 "백성들이 안락하면 금석이 저절로 화해롭게 된다."고 생각하여 정치와 사회기풍에 대한 음악의 영향을 완전 부정하였고,[116] "음성이 어찌 사람을 감동시킬 수 있는가"·"슬픔과 기쁨은 사람의

---

114) 『新唐書』: 今玉樹伴侶之曲,其聲具存, 朕能爲公奏之, 知公必不悲耳.

115) 『新唐書』: 古人稱 禮云禮云, 玉帛云乎哉, 樂云樂云 鐘鼓云乎哉, 樂在人和, 不由音調. 太宗然之.

마음에 있는 것이지, 음악에 말미암는 것이 아니다."라는 생각은 족히 취할 바가 아니다. 당 태종의 음악사상은 당·송 양대의 음악사상에 매우 심각한 영향을 주었다.

2) 백거이(白居易)의 음악사상

백거이(772~846)는 자가 낙천(樂天)이고, 호는 향산(香山)거사이며, 당왕조의 유명한 시인이다. 백거이는 환관세가 출신으로, 『백씨장경집(白氏長慶集)』이 세상에 전하며, 그 안에 3,700여 편의 시문이 있다. 일찍이 유우석(劉禹錫) 등과 신악부(新樂府) 운동을 적극적으로 창도하여 〈신악부〉50여수를 지었다.[117] 백거이는 음악을 지독히 사랑하였고, 음악감상에 대한 자신의 견해를 발표할 수 있었다. 그의 음악미학은 중국전통 유가사상에 비교적 깊이 영향을 받았고, 그 중에는 어느 정도 도가사상도 뒤섞여 있다. 음악 관련 언급은 주로 〈여원구서(與元九書)〉·〈논예악(論禮樂)〉·〈복악고기고곡(復樂古器古曲)〉·〈오현탄(五弦彈)〉의 수편의 책문(策問)과 시문에 집중되어 있다.

백거이는 유가전통미학사상을 계승하여, 음악은 사회생활에서 "당시의 정치를 보찰(補察)하고, 인정을 설도(泄導)"하는 작용을 발휘할 수 있다고 강조하였다.[118] 음악은 정치에 대한 반영이라 생각하여, 그는 〈복악고기고

116) 『新唐書』: 百姓安樂, 金石自諧.

117) 신악부(新樂府): 일종 시사(時事)를 새롭게 쓰는 악부체시로, 비록 사는 악부로 되어 있지만, 이미 성률에 구애되지 않는다. 이같은 신가는 초당에 창시되어 李白·杜甫에 의해 발전하였고, 元稹·白居易에 이르러 더욱 빛났고, 또 '新樂府'란 명칭을 확정하였다. 백거이는 〈新樂府序〉에서 그 창작의 종지를 시사를 살펴 풍자(規諷時事)에 있다고 하며, "임금과 신하 백성과 일을 위하여 글을 짓되 꾸미기 위하여 짓지 않는다(爲君爲臣爲民爲事而作, 不爲文而作)", "듣고자 하는 자는 깊이 경계해야 한다(欲聞之者深誡也)"라고 했다.

곡〉에서 음악의 고금(古今)을 논술하였고, 음악과 정치의 관계를 분명하게 기술하였다. 백거이는 그 글에서, "악이란 소리(聲)에 근본하고, 성음은 감정(情)에 드러나며, 정이란 정치에 관계되니, 대개 정치가 조화로우면 정이 화해롭고, 정이 화해로우면 소리가 조화로워 편안하고 즐거운 음이 그에서 일어난다. 정치가 실패하면 정을 잃어버리고(失), 정을 잃어버리면 소리를 잃어 슬프고 음란한 음이 그에서 일어난다. 이것이 소위 음악의 도(道)이니, 정치와 서로 통한다."고 했다.[119] 그는 〈정림〉 69에서 또 말하기를, "무릇 사람은 일에 감동하면 반드시 정이 움직이고, 그런 뒤에 흥이 차탄하고, 음영으로 드러나고, 이후에 시가로 형체를 갖는다."고 했다.[120] 그가 볼 때에, 음악이란 나라가 민생을 걱정하는 일(사회사건)이 인간 정감을 촉발하여 생산된 것이다. 따라서 그는 정치를 개선하고, 사회의 폐단을 없애고, 인민생활을 개선하고, 통치자가 백성의 감정을 자상하게 돌보기를 요구하고, 백성의 소리를 귀 기울여 듣기를 큰 소리로 호소한다. 바로 이 때문에 백거이는 백성의 사활을 돌보지 않고, 사회현실을 이탈하여 태평세월을 가장한 '민간음악'을 반대하였다. 통치자가 '채풍(采風)'을 통하여 백성의 질고를 몸소 살피고,[121] 그래서 "아래로부터 위로 통하여 상하가 모두 태평한" 정치목적에 도달함으로써, 당시 날로 첨예해지는 계급모순을 완화하기를 적극적으로 요구하였다. 그는 악기는 단지 소리를 내는 공구일 뿐, 절대로 사유가 표현하는 형상이 아니며, 단지 고금의 나눔이 있을 뿐 호불

118) 〈論禮樂〉 : 補察時政, 泄導人情. 정치의 득실을 관찰하고, 인정의 세태를 살펴 이끎.

119) 〈復樂古器古曲〉 : 樂者本於聲, 聲者發於情, 情者繫於政. 蓋政和則情和, 情和則聲和, 而安樂之音, 由是作焉. 政失則情失, 情失則聲失, 而哀淫之音, 由是作焉. 斯所謂聲音之道, 與政通矣.

120) 〈政林 69〉 : 大凡人之感於事, 則必動於情. 然後興於嗟歎, 發於吟詠, 而形於歌詩矣.

121) 채풍(采風) : 민간가요를 수집하는 것. 채시(采詩)라고도 함. 고대에는 전문적을 채시하는 기구(樂府)가 있어, 통치계급이 풍속을 살피고, 정치의 득실을 알기 위한 일종의 정치적 조치이다.

호의 나눔은 없다고 생각하였다. 백거이의 이같은 음악에 대한 정치작용을 강조하는 관점은 이세민·위징의 음악미학사상과 매우 접근해 있다.

백거이는 또 음악은 대단히 강력한 감화력을 지니고 있어, 심각한 사상감정을 지닌 음악은 "인심을 화해롭게 하고, 풍속을 두텁게 하는" 사회작용을 일으킬 수 있다고 생각하였다.[122] 그는 "악이란, 이직자량을 마음(心)으로 하고, 중화효우를 덕(德)으로 하고, 율도갱쟁을 식(飾)으로 하고, 철조서질을 문(文)으로 한다. 식과 문은 덜 수도 더할 수도 있지만, 심과 덕은 모름지기 잃을 수 없다."고 하여,[123] 음악의 감화력은 성(聲)·정(情)·의(意) 삼자의 유기적 결합에 의하여 결정되니, 음악작품은 반드시 사상감정과 내용을 중시하여야 한다고 생각했다. 그는 〈문양경(問楊瓊)〉이란 시에서, 「옛사람은 노래 부르며 정을 노래했는데, 지금 사람은 노래 부르며 오직 소리만 있네(古人唱歌兼唱情, 今人唱歌惟唱聲)」이라 묘사하여, 성악 연창은

122) "和人心, 厚風俗"

123) 〈沿革禮樂〉:"樂者 以易直子諒爲心, 以中和孝友爲德, 以律度鏗鏘爲飾, 以綴兆舒疾爲文. 飾與文可損益也. 心與德不可斯須失也."

이직자량(易直子諒) : 이직은 평이정직이고, 자량은 자애성심이다. 『禮記·樂記』: "致樂以治心, 則易直子諒之心油然生矣."라 했고, 孔穎達은 疏에서 "子는 자애(子愛), 량(諒)은 성신(誠信)이니, 즐거움을 깊이 멀리 자세히 살펴 그 마음을 다스리면 평이정직하고 자애성신한 마음이 저절로 유연하게 생긴다."고 했다.

중화효우(中和孝友) : 중화는 중용의 도의 주요 내함으로, 유가는 천지만물이 두루 그 있는 바를 얻어야 화해의 경계에 들어갈 수 있다고 한다. 『禮記·中庸』: "喜怒哀樂之未發謂之中, 發而皆中節謂之和; 中也者, 天下之大本也, 和也者, 天下之達道也. 致中和, 天地位焉, 萬物育焉."

율도갱장(律度鏗鏘) : 율은 황종의 율에서 모두 나오고, 도는 장단(分, 尺, 丈, 引)이니, 음률의 법도표준, 혹은 규거를 의미하고, 용적 중량을 계산하는 것을 포함한다. 갱장은 금옥 혹은 악기 등의 소리가 크고 밝은 것을 형용하는 말이다.

철조서질(綴兆舒疾) : 철조는 고대 악무에서 춤추는 자의 행렬위치이다. 『禮記·樂記』: "屈伸俯仰, 綴兆舒疾, 樂之文也."라 했고, 鄭玄은 "철(綴)은 무자의 위치이고, 조(兆)는 그 바깥 영역이다" 고 주석했다. 서질은 빠르고 느림의 동작이다.

일정하게 성과 정이 모두 뛰어나야 하는 원칙에 부합되어야 함을 명확하게 제안하였다. 그의 이러한 관점은 당시 성행하고, 실제에서 이탈하고, 내용이 공허하고, 단순히 음색만을 추구하는 추세를 교정하는 데 적극적인 영향을 주었다.

그러나 백거이는 궁극적으로 지주계급 지식인의 대표자였고, 따라서 끝내 통치계급의 입장에 서서 군왕에게 권간(勸諫)하였고, 그 목적은 당왕조의 장치구안(長治久安)의 유지에 있었다. 그가 비록 음악과 정치 사이의 관계를 보았지만, 그 역사적 한계로 말미암아 음악 내용의 사회성을 홀시하였다. 그는 민간음악 발전의 억제를 주장하여 소수민족과 외족의 음악을 반대하였고, 음악의 교화작용을 중시하여 음악의 오락성을 홀시하였다. 이런 사상은 모두 취할 수가 없다.

3) 〈금결(琴訣)〉의 음악미학사상

〈금결〉은 중국 음악사상 비교적 이른 시기에, 글로 이루어진 고금음악연주를 기록한 미학논문이다. 작자는 설이간(薛易簡)으로, 당대 고금 연주가이고, 평생의 사적은 알지 못한다. 『금서대전·성견하(聖堅下)』 기록에 의하면, "설이간은 금으로 한림대조(翰林待詔)가 되었는데, 대개 천보 연간이다. 일찍이 〈금결〉7편을 지었는데, 글이 비록 속문에 가깝지만, 뜻은 쓸만한 것이 있다."고 했다.[124] 『전당문(全唐文)』은 설이간의 평생에 대하여 다른 견해를 밝혔다. "설이간은 희종 때 사람으로, 벼슬이 시초(詩詔)로, 형주 래양위(來陽尉)였다."고 했다.[125] 천보는 당 현종 이륭기의 년호(742~

124) 『琴書大全·聖堅下』: 薛易簡以琴待詔翰林, 盖在天寶中. 甞著琴訣七篇, 辭雖近俚, 義有可采.

대조(待詔): 벼슬 이름. 한대에는 조정으로부터 부름을 받고 응하지 않은 은사를 말하고, 당대에 한림에 대조가 있어, 사방에서 오는 표문과 소에 비답하거나, 문장으로 화답하는 일을 하였다. 후에 한림공봉으로 개칭.

755)이고, 당 희종은 재위기간은 874~888년이니, 사적에 고금 연주가의 평생에 대한 기록이 서로 100여년이나 차이가 나니, 여전히 후대 사람의 계속된 고증을 기다린다.

설이간은 글에서 연주자는 "성운(聲韻)은 모두 주인이 있다."·"일에 따라 만들어야 한다."고 제안하여, 자신의 정감을 연주하는 작품의 의경(意境)에 융합하되, 연주 음색이 "소리가 온윤(溫潤)한 것을 취하고"·"글귀가 유미(流美)하게 읽히는" 연주를 단순하게 추구해서는 안 된다고 하였다.[126] 동시에 연주과정에서 음악에 대한 감상자의 같지 않은 이해에 주의해야 한다고 했다. "정직하고 용감한 사람이 들으면 장대한 기운은 더욱 증가하고, 가난하고 고단한 사람이 들으면 눈물을 종횡으로 흘린다."라 했다.[127] 음악 감상자에 대한 이같은 묘사는 "사람 마음을 움직이고, 신명을 감동시키는 것이 금보다 더한 것이 없다."는 음악미학사상을 실증한다.

설이간은 고금연주는 '간정(簡淨)'원칙을 준수할 것을 요구하여, '정(靜)'을 고금음악의 심미표준으로 삼았다. 소리 이외의 손가락을 흔들어(聲外搖指) "잡음으로 기뻐하는(悅樂) 것을 귀하게 여기는 것"을 반대하면서, 인정(人靜, 마음을 고요하게 함), 수정(手靜, 손가락을 고요하게 함), 지법경온(指法輕穩, 운지법을 가볍고 신중히 함)을 주장하였다.

설이간의 고금연주 미학이론은 비록 완벽한 체계를 형성하지 못했지만, 고금예술이 기타 음악체재와 다른 중요 특점을 지니고 있고, 더욱이 그가 제안한 금악(琴樂)의 '구정(求靜)'의 심미표준은 후세 고금연주 미학사상에 일정한 영향을 주었다.

125) 『全唐文』: 易簡僖宗時人, 官待詔, 撰衡州耒陽尉.

126) 〈琴訣〉: 聲韻皆有所主·因事而制·取聲溫潤·句讀流美.

127) 〈琴訣〉: 正直勇毅者聽之, 則壯氣益增, 貧乏孤苦者聽之, 則流涕縱橫.

제6장

송宋·원元 시기

(기원 960~1368년)

송대(宋代)는 상품경제가 전에 없던 발전에 이르렀다. 상품경제의 발전에 적응하기 위하여 송왕조 정부는 일련의 상업발전을 방임하는 정책과 조치를 채택하였다. 도시와 농촌에서 번영한 시민음악은 막을 수 없는 추세로 상품경제의 행렬 속으로 들어갔다. 이 시기에, 송대 예술공연 중심은 이미 점차로 궁정에서 민간으로 옮겨갔고, 귀족화에서 평민화된 변형이 출현하였다. 즉 궁정악무로 대표되는 의례음악은 공연형식에 있어 다양화·소형화 방향의 변화가 나타났고, 희곡과 설창예술의 굴기(崛起, 우뚝 일어나다)와 왕성한 발전은 더욱 송대 음악 변형의 중요한 표지의 하나가 되었다.

1. 송·원 궁정의례음악

1) 송대 궁정의례음악

(1) 궁정악무

송왕조의 궁정아악이 운용한 공연 장소로는 두 종류가 있다. 하나는 교묘제사 의식에 운용하였다.『송사』권132~권137의 기록에 의하면, 송왕조의 궁정제사 의식에는 지곡(祇谷)·우사(雩祀)·사오방제(祀五方祭)·사감생제(祀感生帝)·조일(朝日)·석월(夕月)·사구궁귀신(祀九宮貴神)·봉선(封禪)·제구정(祭九鼎)·사대화(祀大火)·제사풍우영사(祭祀風雨靈師)·제사선농선잠(祭祀先農先蠶)·납제(臘祭)·제문선왕묘(祭文宣王廟, 공자묘) 등등이 있다. 둘은 송왕조의 조회(朝會) 의식에 운용하였다. 조회 의식에 소용된 악은 아악 이외에도 부분적으로 교방악이 있었다. 소용된 악곡은 대체로 세 종류로 나눌 수 있다. 첫째는 교묘제사 혹은 조회를 위해 전문적으로 창작된 악곡이다. 둘째는 황제에게 아첨하기 위하여, 각 지방 관원들이 우연한 자연현상 혹은 의도적으로 만든 기이한 글과 기이한 볼거리(奇文異見)를 제재로 하여 만든 각 종 상서곡(祥瑞曲)이다. 셋째는 전설 속의 상고시대 가곡으로, 특히『시경』에 있는 일부 가곡이다.

송왕조의 악기에는 금슬(琴瑟) 종류의 현악기와 생(笙) 종류의 관악기가 가장 많았다. 이 시기 악기 제조의 중요한 특징은 금슬 종류의 현악기는 일현금·삼현금·오현금·칠현금·구현금 이외에도 양의금(兩儀琴)과 십이현금이 있었고,[1] 생 종류의 관악기는 우생(竽笙)·소생(巢笙)·화생(和笙)(모두 19황(簧))[2]·윤여포(閏餘匏, 13황) 구성포(九星匏, 9황)·칠성포(七星匏, 7황)

1) 양의금(兩儀琴) : 송왕조에 처음으로 2현으로 천지를 형상하여 만들었기 때문에 양의라 했다. 하나의 현에 6개의 기러기발이 있다. 소리가 넓고 빠르며 장중하다.

2) 우생(竽笙) : 우라고 함. 생황의 일종. 대롱(管)을 배열하는 것을 簫라하고, 대롱을 모

이외에도 12관생(管笙, 12황)이 있었다.[3] 이 두 종류 악기가 궁정 아악에서 대량 운용된 것은 당시 사회경제의 발전·다양한 종류의 악기를 제조할 만한 조건 능력의 증강과 고제(古制)를 힘써 회복하려는 노력 등 요인과 밀접한 관계가 있다. 그리고 악기를 제조하는 지도(指導) 사상에 있어서는 여전히 오행음양·24절기 등 신비관념을 원칙을 삼았다.

아악 악대는 당상과 당하 두 종류가 있다. 당상의 노래는 '등가(登歌)' 혹은 '승가(升歌)'라 하고, 당하의 악현(樂懸, 악기를 매달음) 규모는 굉장히 컸다. 황제가 사용하는 악현은 동서남북 사방에 배열하였고, 그 중에는 시렁에 걸어두는 종과 경쇠 등의 많은 악기가 포함되어 있어서 '궁가(宮架)' 혹은 '궁현(宮懸)'이라 부른다. 그 밖에 문무와 무무 두 의례무대가 있다. 『송사·악지』에, "황제가 친히 이무(二舞)의 제도로 제사지냈다. 문무 64인이 약적(籥翟)을 들고, 무무 64인이 간척(干戚)을 들어 팔일(八佾)을 갖추었다. 문무는 좌우로 나누어 서는데, 각 사일(四佾)은 문무 2인을 이끌고 독(纛)을 잡고 동서로 서로 향한다. 무의 복색은 독을 잡고 있는 사람 앞에 정(旌, 기)을 잡은 무무 2인, 도(鼗, 땡땡이) 2인, 쌍탁 2인, 단탁 2인, 요 2인, 금순(金錞)을 잡은 4인,[4] 금순을 연주하는 2인, 정 2인, 상(相) 2인, 아(雅) 2인을 이끈다."고 했다.[5]

은 것을 笙이라 한다. 봉황이 나는 모습을 형상한 것을 소라하고, 봉황이 눈물 흘리는 것을 멈춘 것을 생이라 한다.

화생(和笙) : 작은 생.

소생(巢笙) : 고악기명. 일종 많은 대롱(管)이 있는 생.

3) 황(簧) : 관악기의 부리에 장치하여 그 진동으로 소리를 내는 얇은 조각, 리드(reed). 윤여포는 13황을, 구성포는 9황을, 칠성포는 7황을 말한다.

4) 금순(金錞) : 순은 곧 순우(錞釪 錞於)이다. 고대 악기. 청동으로 만듦. 형태는 筒과 같고, 위는 둥글고, 아래는 비었고, 정수리 부분에 끈이 있어 걸 수 있고, 물건으로 쳐서 소리를 내고, 북과 배합되며, 전쟁 중에 진퇴를 지휘하는 데 사용되며, 동주와 한 대에 성행하였다.

(2) 고취악

송왕조의 고취악은 용도에 두 종류가 있다. 한 종류는 군대의 각종 의례 장소에서 사용한 군악이다. 다른 한 종류는 황제가 출행할 때 의장에서 사용한 것이다. 그 악대 규모는 의례규모에 따라 차이가 있다. 아악 악대 이외에도 '고취12안(案)'을 설치하였는데,[6] 매 안은 9인으로 이루어진 악대가 있고, 악기에는 대고·우보고(羽葆鼓)·금순·소·가·적 등이 있다.[7]

(3) 궁정연악

송왕조 궁정연악은 교방(教坊)·운운부(雲韶部)·균용직(鈞容直)·동서반(東西班) 등 4부를 포괄한다.

교방 : 송나라 초기의 교방은 당왕조의 구제도를 답습하여, 4부 즉, 대곡부·법곡부·구자부·고적부로 나누어 설치하였다. 남송 소흥(紹興)14년(1144)에 13부 즉, 필률부·대고부·장고부·박판부·적색(笛色)·비파색·쟁색·방향색·생색·무선색(舞旋色)·가판색(歌板色)·잡극색·참군색으로 발전하였다.[8] 북송 교방악대는 규모가 굉장히 컸고, 남송 교방악대 규모는 비교적 작았다. 교방 13부 악공은 주로 악공의 기능에 따라 분포되었는

5) 『宋史·樂志』: 又上親祠二舞之制, 文舞六十四人執籥翟, 武舞六十四人執干戚, 俱爲八佾. 文舞分立於表之左右, 各四佾引文舞二人執纛縣 在前東西相向. 舞色二人在執纛之前分東西引武舞執旌二人, 鼗二人, 雙鐸二人, 單鐸二人, 鐃二人, 持金錞四人, 奏金錞二人, 鉦二人, 相二人, 雅二人, 各立於宮架之東西.

6) 안(案) : 관서의 부문 혹은 단위.

7) 우보고(羽葆鼓) : 우보는 제왕의 의장에 새 깃을 연철하여 장식한 일산 덮개, 또는 노부 혹은 천자를 가리킨다. 우보고는 새깃으로 장식한 북으로, 황제 의장에 사용되었다.

8) 색(色) : 고대 교방에 속한 부분의 명칭.
가판(歌板) : 즉 박판(拍板). 악기. 가창할 때 쳐서 박자를 내기 때문에 이름 함.
무선(舞旋) : 고대 일종 회선(回旋)하는 무도.

데, 무선색·가판색·잡극색·참군색 4부가 가·무·희극(歌舞戲劇) 인원에 속한 것을 제외하고 나머지는 모두 기악연주 인원이었다.

운운부 : 천보(天寶) 4년(971)에 성립되었고, 처음에는 소운부(簫韻部)라 불렀는데, 옹희(雍熙) 초년(984)에 운운부로 개칭하였다. 그 임무는 주로 명절(군왕 탄신일 등) 기간의 음악공연과 연주이다. 그 밖에 괴뢰희(傀儡戲 꼭두각시극) 종류의 절목(節目; 조목, 프로그램)을 공연하였다. 연주곡목에 〈만년관(萬年觀)〉·〈중화악(中和樂)〉·〈보천헌수(普天獻壽)〉·〈양주(梁州)〉·〈범청파(泛淸波)〉·〈쌍조대정악(雙調大定樂)〉·〈소석조(小石調)〉·〈월조호위주(越調胡渭洲)〉·〈대석조청평악(大石調淸平樂)〉·〈반섭조장수악(般涉調長壽樂)〉·〈고평조파금정(高平調罷金鉦)〉·〈중려조녹요(仲呂調綠腰)〉·〈선려조채운귀(仙呂調彩雲歸)〉 등 13곡이 있다.[9] 사용한 악기로는 비파·쟁·생·필률·적·방향·장고·대고·박판 등이다.

9) 대석조(大石調) : 상조(商調) 악률명. 본래는 대식조(大食調)라 함. 당 천보 13년, 대악서가 악명을 고쳤는데, 태주상(太簇商)을 당시 대식조라 했다. 송악과 고악은 이율(二律)의 차이가 이어, 황종상(黃鍾商)을 대석조라 한다.

쌍조(雙調) : 상조(商調) 악률명. 반섭조(般涉調) : 황종우조 악률명. 월조(越調) : 무역상조 악률명. 선려조(仙呂調) : 이칙우조 악률명, 중려조(仲呂調) : 협종우조 악률명, 소석조(小石調) : 중려상조 악률명이다.

*『新唐書·禮樂志十二』: 당대 속악 28조는 궁조(宮調)·상조(商調)·각조(角調)·우조(羽調)의 네 선법과 황종(黃鍾)·대려(大呂)·협종(夾鍾)·중려(仲呂)·임종(林鍾)·이칙(夷則)·무역(無射)의 일곱 율로 구성된다. 예를 들어 당속악 28조 중 정궁(正宮)은 중국식 악조명(樂調名)으로는 황종궁(黃鍾宮)이다. 그것은 황종을 중심음으로 삼은 궁조(宮調) 곧 궁선법(宮旋法)이다. 대석조(大石調)는 황종상(黃鍾商) 즉 황종을 중심음으로 삼은 상선법(商旋法)이다. 대석각(大石角)은 황종각(黃鍾角) 즉 황종을 중심음으로 삼은 각선법(角旋法)이다. 상조 악률에는 越調·大食調·高大食調·雙調·小食調·歇指調·林鍾商의 七商이 있다.

균용직: 태평흥국(太平興國)3년(978년)에 군대에서 음악에 뛰어난 사병 조직으로부터 이루어진 악대이다. 주요 직무는 황제 출행의 대오에서 의장대를 충당하는 것이다. 처음 이름은 인용직(引龍直)이었는데, 순화(淳化) 4년(993)에 균용직으로 개명하였다. 연주하는 악곡은 교방 악곡과 서로 비슷하였다. 인원은 가장 많을 때 434명에 이르렀고, 사용한 악기는 관악기뿐만 아니라 현악기도 있었고, 공연은 음악뿐만 아니라 잡극도 있었다.

동서반악: 동서반의 군사들은 금군(禁軍, 왕과 궁중을 지키는 호위대) 기병대에 예속된 일종 친위대이다. 동서반악은 태평흥국 연간(976~983년)에 동서반 군사들 중에서 음악에 매우 뛰어난 사병을 선발하여 조성하였고, 주로 황제 출행 도중이나 늦은 밤 숙처에 머무를 때 연주하였다. 사용한 악기는 비교적 적어서, 단지 은자(銀字)필률·소적·소생 등 몇 종의 관악기였다.[10)]

2) 원대 궁정의례음악

원대의 궁정의례음악은 아악과 연악 두 체계로 나뉜다.

원대의 아악은 교묘제사에 쓰였다. 체제상 금대(金代) 아악체제와 서하(西夏)의 구제도를 계승 사용하여,[11)] 각 소수민족음악의 영향을 많이 받았지만, 한족음악은 여전히 원왕조 통치계급의 궁정 종묘제사의 정통음악이었다. 1266년에 궁현(宮懸)과 등가(登歌) 악대를 궁정에 설립하였고, 궁현악대는 인원수가 361명에 달했으며, 등가악대는 인원수가 51명에 달하였

---

10) 은자필률(銀字觱栗): 황(簧)관악기 필률의 일종. 관 위에 음조의 고저를 표시하는 은자가 있다. 은자는 생적류 관악기에 은을 사용하여 글자를 새겨 음조의 고저를 표시하였다.
필률(觱栗): 서쪽 변방의 토인이 불던 각적(角笛 뿔피리).

11) 서하(西夏): 1038년 당말(唐末)에 이원호(李元昊)가 닝샤(宁夏)·산시(山西) 북부·간쑤(甘肅) 서북부·칭하이(青海) 동북부와 네이멍구(內蒙古) 서부 지역에 세운 나라. 1227년 몽고에게 망함.

다. 그 밖에 문·무 이무가 있었다. 문무의 이름은 〈무정문수(武定文綏)〉이고, 무무의 이름은 〈내평외성(內平外成)〉이다. 그리고 궁정의 의례음악을 전문적으로 관장하는 대악서(大樂署)를 설립하였다.

원대의 연악은 조회연찬에 쓰였다. 연악은 주로 송·금과 서하의 음악적 성과를 계승하였기 때문에, 연악에는 허다한 소수민족과 외족의 음악이 포함되어 있다. 4종류로 나눌 수 있다. (1) 악음왕대(樂音王隊) : 원단일의 축전에 사용. (2) 수성대(壽星隊) : 천수절(天壽節)의 전례(典禮, 왕실의 의식)에 사용. (3) 예악대(禮樂隊) : 조회에 사용. (4) 설법대(說法隊) : 불교의례에 사용.

2. 송대 시민음악의 융성

송왕조 시기는 상품경제가 고도로 발달하였고, 도시의 흥기와 시민계층의 끊임없는 비대해짐에 따라 시민생활과 심미수요를 만족시키는 문화오락이 전에 없던 발전을 이루었다.

와사구란(瓦舍勾欄) : 북송 시기 발전한 오락을 주요 활동내용으로 하면서, 겸하여 상품 교역을 하는 장소이다. 와사(송대의 기루) 중에는 호란(護欄; 가드레일, 격리대)으로 둘러싸인 폐쇄된 장소가 많이 있었는데,[12] 각종 기예를 연기하는 고정된 상업적 공연장소로 쓰였고, '구란' 혹은 '유붕(游棚)'이

---

12) 와사(瓦舍) : 송원대에 도시에서 잡화 매매와 무역과 오락을 하던 장소. '瓦'는 야합이산의 의미가 있다. 올때는 와합하고 갈 때는 와해하듯 쉽게 만나고 쉽게 헤어지기 때문이다. 와시(瓦市) 와자(瓦子)라고도 한다. 후대에는 사대부 뿐만 아니라, 군대에서 휴가나온 군인들, 술사들의 오락장소로 사용됨.

구란(句欄) : 송원 시기 잡극과 각종 기예를 공연하던 장소. 구란 안에는 戲台·戲房(后台)·神樓·腰棚(관람석)等이 있다. 어떤 것은 '棚'으로 이름을 삼는다.

라 불렀다. 와사는 북송 인종(仁宗, 1023~1063) 중기의 변경(汴京, 지금 하남 개봉)에 창설되어 송·원 양대에 성행하였다. 송·원 시기의 와사구란의 수는 많았고, 규모도 컸다. 송나라 맹원로(孟元老)의 『동경몽화록(東京夢華錄)』에, "길 남쪽에 상가(桑家)와자가 있고, 근처 북쪽에는 중(中)와자가 있고, 다음으로 이(裏)와자가 있다. 그 중에 대소 구란이 50여좌가 있다. 중와자에는 연화붕(蓮花棚)·목란붕(牡丹棚)이 있고, 이와자에는 야차붕(夜義 棚)이 있는데, 상붕(象棚)이 가장 커서 수천인을 수용할 수 있다."고 기록하였다.[13] 송나라 『서호노인번승록(西湖老人繁勝錄)』에 기록된 북와구란은 13좌(座)가 있었다. 원왕조 시기에 와사구란은 여전히 매우 성행하였다. 원나라 하정지(夏庭芝)의 『청루집(青樓集)』에, "서울 안과 밖, 그 밖의 군읍에 모두 와사구란이 있다. 사람들이 구름같이 몰려들었고, 음악을 연주하고 기예를 바치는데, 보는 사람들은 그들에게 금덩이 휘두르며 주었다."고 하였다. 와사구란에서 연기한 기예 종류는 매우 많았다. 잡극(雜劇)·남희(南戲)·영희(影戲)·괴뢰희(傀儡戲)·잡기(雜技)·산요(散要)·설사서(說史書)·강고사(講故事)·담경(談經)·설원화(說諢話)·무번곡(舞番曲)·제궁조(諸宮調)·고자사(鼓子詞)·창잠(唱賺)·표창(嘌唱)·소창(小唱) 등이 있다.[14]

13) 『東京夢華錄』: "街南桑家瓦子, 近北則中瓦, 次瓦裏瓦, 其中大小勾欄五十餘座, 內中瓦子, 蓮花棚 牡丹棚. 裏瓦子, 夜義棚, 象棚最大, 可容數千人."
『西湖老人繁勝錄』: 송나라 무명씨의 저작.
상붕(象棚): 북송 변경 동각루(東角樓) 거리에 있던 구란의 하나.

14) 잡극(雜劇): 희곡이름. 중국 희곡사상 잡극으로 이름을 삼은 다양한 공연형식이 있었다. 만당 시기에 이미 '잡극'이란 말이 보이지만, 그 특징은 자세하지 않다. 이후 송잡극·원잡극·온주(溫州)잡극·남(南)잡극 등이 있다. 매 본은 4절(折)을 위주로 하고, 매 절은 같은 궁조 같은 운을 사용한 북곡투(北曲套)와 빈백(賓白)으로 조성되어 있다.
[참조] 제5절 송잡극과 금원본.
남희(南戲): 송의 잡극, 송사 및 민간 가요의 영향으로 이루어진 남송의 민간 소희(小戲)이다. 남곡희문(南曲戲文), 남희문(南戲文) 등으로 불린다. 잔문(殘文) 만이 전해 내려올 뿐이어서 그 형식을 이해할 수가 없으나 송 광종 때에 비롯하여 유행하였다.
[참조] 제7절 남희(南戲).

고정된 공연장소는 비바람과 추위와 더위에 구애되지 않았고, 구란의 예인들은 모두 그 뛰어난 기예로 많은 관중을 끌어 모았다. 상품경제의 영향을 받아서, 와사구란에서 연기된 많은 기예들은 상업공연에 속하는 것으로, 연출자는 돈을 버는 목적으로, 관중은 돈을 주고 공연을 보는 것이다. 공삼전(孔三傳)·장오우(張五牛)·장칠칠(張七七)·왕경노(王京奴)·서파석(徐婆惜)·봉의노(封宜奴)·동십오(董十五)·월칠(越七)·유교(劉橋)·손관(孫寬)·임소삼(任小三)·장금전(張金錢)·이외녕(李外寧) 등은 모두 송·원 시기의 유명한 와사구란의 예인이며, 그들은 송원 음악예술의 발전과 창신에 중요한 공헌을 하였다.

와사구란 이외에, 다사(茶肆)·주루·기원(妓院)·사묘(寺廟) 등은 모두 송·원 시기 매우 중요한 오락 장소이다. 다방주사(茶坊酒肆, 다방과 주점)의 예인은 주로 가기(歌妓)인데, 그 중에는 관기와 사기가 포함되어 있다. 그녀들의 연기예술 형식은 다양하여, 예를 들어 곡자사(曲子詞)·가무와 악기 연주 등이다. 그녀들의 음악활동은 이 시기의 시민음악문화를 집중적으로 체현하였는데, 특히 송대 사악(詞樂)의 발전과 번영에 적극적인 추동작용을 하였다. 『동경몽화록(東京夢華錄)』은 "신성은 길가 버들꽃(기녀)에 교묘한 웃음으로 피었고, 관현을 조율하는 소리는 다방주사에 울리네"라고 하였으니,[15] 당시 다방주사의 음악활동이 도시의 음악생활에서 중요한 위치

괴뢰희(傀儡戱)·영희(影戱) : 북송 때 괴뢰희는 인형극이고, 영희는 그림자인형극이다.

설사서(說史書)·강고사(講故事)·담경(談經) : 송대에 유행한 설창예술의 일종으로, 사서의 일화, 고사 경문 등을 설강하는 예술. [참조] 제4절 송·원 설창음악.

설원화((說諢話) : 재미있고 익살스러운 흥미 위주의 이야기, 훈사소설 : 송대의 소설.

제궁조(諸宮調)·고자사(鼓子詞). [참조] 제4절 송·원 설창음악.

창잠(唱賺) : 송대의 일종 설창예술. 연창과 제가들의 강보(腔譜) '잠(賺)'곡을 겸한다.

표창(嘌唱) : 송대 민간 일종 음조 곡절이 유만(柔曼)한 창법으로, 또는 이 창법으로 연창한 時調·小曲을 말한다.

15) 『東京夢華錄』: "新聲巧笑於柳陌花衢, 按管調絃於茶坊酒肆."

를 차지하고 있음을 알 수 있다. 남송은 음주 풍습이 더욱 성행하여, 주사는 북송 시대 가기가 고객을 끌어 모으는 전통의 기초 위에 더욱 발전하였고, 형식은 더욱 풍부해져 가창·악기독주·합주와 잡극연기 등이 포함되었다. 『무림구사(武林舊事)』 권6의 '주루'조에는 당시 저명한 '희춘루(熙春樓)'·'삼원루(三元樓)' 등 18개 주루의 명칭을 열거하고, "… 각 주루에는 명기가 수십명이 있어 모두 당시 현복(袨服, 나들이 옷, 검은 빛의 고운 옷)으로 치장하고 교묘한 웃음으로 아름다움을 다퉜다. … 또 소를 불고, 완(阮)을 탄주하고,[16] 식기(息氣, 송대 악기)·공(鑼板)·가창·산요 등을 하여 '간진(趕趁)'이라 불렀다. … 노래와 악기 연주소리와 웃음소리가 저물녘에 시작하여 새벽에 이르렀고, 왕왕 조회하러 가는 조정의 마차와 마주치기도 하였다. 비록 비바람과 더위와 추위가 있더라도 조금도 덜하지 않았다."고 하였다.[17] 이로써 주사 음악활동의 성황을 알 수 있다.

로기인(路岐人) : 송·원 시기의 일종 유랑예인으로, 송대에는 '문화화랑(文化貨郎)', 또는 '략지(撂地)' 예인이라 불렀고, 혹은 '로기'라고 불렀다.[18] 그들은 고정된 공연장소가 없었다. 『무림구사』권6 '와자구란'조에, "혹은 로기인이 있으나 구란에 들어가지 않고, 단지 시끄럽고 넓은 곳에 무대를 만들었으니, 그들을 '타야가(打野呵)'라 불렀다."[19] '타야가'는 로기인들의

16) 완(阮) : 완함(阮咸), 완적(阮籍)이 창제하였다고 함. 월금(月琴, 당비파와 비슷한데 좀 작고 바탕이 둥글넓적하며 4현(絃) 13주(柱)로 되어 있음.)

17) 간진(趕趁) : 이익을 얻기 위하여 분주히 활동한다는 의미로, 대부분은 가녀들이 창과 연희 등을 팔아 이익을 얻는 것을 의미함.

송 주밀(周密)의 『武林舊事·酒樓』 : "每處各有私名妓數十輩皆時粧袪服巧笑爭姸夏月茉莉盈頭香滿綺陌凭檻招邀謂之賣客 … 又有吹簫·彈阮·息氣·鑼板·歌唱·散耍等人, 謂之趕趁. … 每夕達旦往往與朝天車馬相接雖暑雨風雪不少減也."

18) 략지(撂地) : 묘회(廟會)나 시장 노천에서 기예를 파는 예인.

19) 타야(打野) : 또한 '打野呵'라고도 함. 예인들이 가두에서 기예를 파는 것, 혹은 시장에 무대를 만든 것을 타야라고도 함.

공연형식을 전문적으로 부르는 말인데, 그들 대부분은 유랑예인이고, 관중은 대부분 길 위를 지나가는 백성들이고, 공연장소는 대부분 한길과 골목길에 '무대를 짓고 공연함'이라 써 붙여 놓고 하였으며, 요금을 받는 방식은 곤동식(滾動式; 굴림식, 회전식) 징수였고, 경영관리는 비교적 마음대로 하였다. 공연내용은 잡기·설창고사·솔교(摔跤)·가무 등 기예이다.[20] 로기인들의 자유로운 공연장소는 송대의 불가결한 시정(市井)음악의 조성성분이 되었다. 송·원 시기에는 로기인들에 비하여 더욱 곤궁한 예인들이 있었는데, 그들을 '촌락백희(村落百戲)'라 불렀다. 이들은 농촌에서 온 파산한 농민으로, 고향을 떠나 도시로 떠돌다 들어와 기예를 팔아 살아갔는데, 행색이 거지와 같았다. 그러나 그들의 연기는 민간예술의 전파와 각종 예술형식의 교류의 작용을 하여, 희곡 음악과 연관된 각종 기예의 발전을 촉진하였다.

로기인과 서로 비교되는 구란예인의 예술수준은 당연히 대단히 높았다. 그들은 평소 궁정의 많은 중요한 공연에 참가요청을 받았다. 동시에 구란예인들 상호간의 절차탁마(切磋琢磨)와 교류는 각종 민간예술이 점차로 높은 수준으로 올라가게 하였고, 또 전업화와 직업화의 발전된 길로 나아가게 하였다. 이같은 배경과 전제 아래에서 중국 초기의 행회(行會, 동업조합) 조직 – '서회(書會)'와 '사회(社會)'가 나왔다.[21]

사회는 남송 시기에 교방의 폐지에 따라 민간예인들이 자신의 전업행회를 잇달아 만든 것으로, '사회' 혹은 간단하게 '사(社)'라고 불렀다. 이같은

20) 솔교(摔跤) : 摔交라고도 함. 씨름, 각력(角力) 또는 각저(角抵[觝).

21) 서회(書會) : 송·원 시대 설화인·희곡작자와 예인의 행회조직. 항주 등 대도시에 많이 설립됨. 서회에 참여한 사람을 재인(才人)이라 했다.

사회(社會) : 춘추의 사사일 혹은 절기에 거행된 집회였으나, 후대에 예인들의 전문행회의 의미가 됨.

명칭은 대단히 많았는데, 예를 들어 비록사(緋綠社, 잡극)·청음사(淸音社, 청악)·알운사(遏雲社, 창잠)·회혁사(繪革社, 영희)·율화사(律華社, 음규(吟叫)) 등이다.[22] 이들 사회조직은 모두 명확한 자신들만의 사규가 있었고, 각 방면의 협조와 시장의 운영을 책임지고 있었다. 당시의 역사적 조건 아래에, '사회'는 예술경험의 교류·전수와 예술수준의 제고에 대하여 양호한 작용을 하였다. 사회예인들은 절기와 기타 임시 공연을 제외하고는 주로 구란에서 정기공연을 하였다.

서회는 송·원 시기 각종 희곡곡예 작가들이 만든 행회조직으로, 주요 직능은 희곡·설창 배우들을 위하여 각본과 화본(話本)을 써주는 것이다. 항주·온주·소주·대도(大都, 지금의 북경)에 많이 설립되었고, 서회에 참가한 작가들을 '서회재인(才人)' 혹은 '서회선생(先生)'이라 불렀다. 그들은 네 부분의 사람들로 조성되어 있다. 1. 저급 관리·의사·술사 혹은 상인 2. 재능과 공연 경험이 있는 예인 3. 신분이 비교적 높은 '명공(名公)' 4. 과거에 실패한 많이 배운 선비. 저명한 서회로는 옥경(玉京)서회·원정(元貞)서회·무림(武林)서회·고항(古杭)서회·구산(九山)서회 등이 있다.

3. 송대 곡자(曲子)

곡자(曲子, 가곡) : 수·당 이래의 곡자는 송·원 시기에 이르러 일종 광범위하게 유행한 예술가곡형식으로 점차 발전하였다. 음악부분을 '곡자'라 하고, 가사부분을 '곡자사(曲子詞)' 혹은 '사(詞)'라고 한다. 곡조는 주로

---

22) 음규(吟叫) : 절주(節奏)가 있으며 크게 부르짖어 물건을 파는 것. 『東京夢華錄·天曉諸人入市』: "更有御街州橋至南內前趁朝賣藥及飮食者, 吟叫百端." 혹은 크게 부르짖어 물건을 파는 입기술.

수·당 이래의 민가·곡자·대곡 혹은 법곡의 일부 단락과 외래곡조 혹은 자도곡(自度曲)에서 나왔다.[23] 곡자의 발전은 직접적으로 송사(宋詞) 창작의 번영을 초래했다. 많은 저명한 사인(詞人)의 작품은 실제 연창에 사용되었고, 곡자 내용을 풍부하게 하였으며, 동시에 곡자의 발전을 촉진하였다.

창작수법 : 곡자의 창작수법은 악곡에 의거하여 노랫말을 적는(依樂塡詞) 것이다.[24] 창작을 하는 가운데 '감자(減字)'·'투성(偸聲)'·'탄파(攤破)'·'범조(犯調)' 등의 운용을 변화하고 곡조를 발전시키는 수법이 등장하였고, 서정을 천천히 펼치고 섬세하고 깊이가 있는 '만곡(慢曲)' 곡식(曲式 음곡의 격식)이 만들어져 당시에 유행하였다.[25] '감자'와 '투성'은 가사에 전사할 때 절주 상의 변화를 말한다. '감자'는 가사의 간단화와 글자수의 감소를 가리킨다. '투성'은 가사 글자수 증가를 가리킨다. '탄파'는 원곡조의 기초 위에 새로운 악구(樂句)를 증가시키는 것으로,[26] 예를 들어 구식(句式, 구조)이 7 7 7의 3구 2단의 곡패(曲牌) 〈완계사(浣溪沙)〉의 말구에 3자를 더하여 7 7 7 3의 4구의 구식을 만드는 것이다.[27] 이를 탄파라 하는데, 곡패 〈완계

23) 자도곡(自度曲) : [참조] 제5장 제4절 민간음악.

24) 전사(塡詞) : 詞(장르)의 격률에 따라 가사(詞)를 짓다. (악부에서 변화한 일종의 詞曲으로, 일정한 악보에 의거하여 거기에 합치되는 성운 평측의 글자를 채워 넣어 운문을 만드는 것, 그 운문을 '詞餘' 혹은 '詞'라고 함)

25) 만곡(慢曲) : 희곡명사. 곡조가 느리고 평온하여(舒緩) 이름하였다. 예를 들어 仙呂宮 〈八聲甘州〉·商調 〈山坡羊〉 등이다. 남곡(南曲)의 연투(聯套) 방법은 대부분 앞에는 만곡이고, 후반에는 급곡(急曲)이다.

26) 악구(樂句) : 악곡의 최소 단위를 樂素(동기)라 하고, 이것이 모여 樂節이 되고, 악절이 모여 樂句가 되고, 악구가 모여 樂段이 되며, 악단이 모여 樂曲이 됨.

27) 곡패(曲牌) : 곡조의 명칭. (예를 들어 〈'山坡羊〉·〈滾綉球〉 등) 중국 전통극은 가극형식으로 되어 있는데, 그 곡의 하나 하나의 명칭을 곡패라 함. 매 하나의 곡패는 일정한 곡조·창법·자수·구법·평측이 있고, 전사(塡詞)할 수 있으며, 곡패는 대부분 민에서 왔다. 일부분은 詞로부터 발전하여 왔기 때문에 곡패명과 사패명이 서로 같은 경우가 있다. 어떤 것은 조는 있지만 사가 없고 단지 연주만이 있기도 하다. 곡조음절의 의미도

사〉는 〈탄파완계사〉로 변한다. '범조'는 두 종류의 의미가 있다. 하나는 몇 개의 서로 다른 사패에 속해 있는 악구를 연접하여 하나의 새로운 곡패를 형성하는 것으로, 〈해연환(解連環)〉·〈취봉래(醉蓬萊)〉·〈설사자(雪獅子)〉·〈최봉래(最蓬萊)〉 4개의 곡패에서 약간의 악구를 연접하여 하나의 새로운 곡패를 형성한다. 이를 〈전매화(剪梅花)〉라 한다. 〈전매화〉 중에는 4개의 범조가 포함되기 때문에 '사범매화(四犯梅花)'라 부르기도 한다. 다른 하나는 조역(調域, 곡조의 영역) 혹은 조식(調式, 곡조의 격식)의 변화이다.

체재형식 : 송대 곡자의 체재형식은 주로 인(引)·서(序)·만(慢)·근(近)·령(令)·가두(歌頭)·촉박(促拍) 등이 있고, 그것들은 모두 대곡의 하나의 구성부분이다. '인'은 대곡에서 '중서(中序)'의 개시 부분이며, 또한 가창의 개시 부분이다. 후대의 인자(引子, 서곡)에 해당된다.[28] '서'는 오로지 '인' 다음의 첫 번째 만곡과 곧바로 이어진 것을 말한다. 곡조는 비교적 길고, 후대에는 통칭 '만곡'이라 했다. '만'은 속도가 완만하고 곡조가 비교적 길며, 완전(婉轉, 변화가 있고, 아취가 있음)한 서정의 곡패를 말한다. '근'은 만곡 이후, 곡이 끝나기 이전으로, 천천히 빨라지는 부분에 소용되는 곡조이다. '령'은 비교적 짧은 곡조 혹은 오로지 곡파(曲破, 곡이 끝나는) 부분의 절주로 비교적 빠른 곡조를 말한다. '가두'는 만곡의 또 다른 명칭이고, '촉박'은 대곡의 곡파 가운데 절주가 매우 빠른 곡조를 말한다.

곡식결구 : '전령(纏令)'과 '전달(纏達)'은 북송 시기 곡자의 두 종류 주요 곡식결구이다.[29] '전령'은 몇 개의 서로 다른 곡조를 연접하여 이루어지기

있다. 고대는 패(牌)위에 썼기 때문에 곡패라 한다.

28) 인자(引子) : 1. 장회 소설(章回小說) 앞머리에 쓰여 본문을 이끌어 내는 부분. 2. 남곡(南曲)·북곡(北曲)에서 첫 번째 곡. 3. 서주(序奏). 전주(前奏). 도입부. 4. 중국 전통극에서 첫 등장인물의 첫 대사[노래].

때문에 앞에는 인자가 있고, 뒤에는 미성(尾聲)이 있다.[30] '전달'은 혹 '전답(轉踏)'·'전달(傳踏)'이라고 부르는데, '전답'가무에서 나왔을 수 있고, 앞에는 인자가 있고, 인자 뒤에는 두 개 곡조가 교대로 반복되기 때문에 말미에는 미성이 없다.

강기(姜夔, 약 1155~1221) : 자가 요장(堯章)이고, 호가 백석도인(白石道人)으로, 세상에서는 강백석이라 부르고, 요주(饒州) 파양(鄱陽, 지금 강서 파양) 사람이다. 그의 시사(詩詞)는 출중하고, 음률에 뛰어나고, 소를 불고 금을 연주하고 작곡에 능하였고, 음악이론에 있어 대단히 높은 조예를 지녔다. 남송 영종(寧宗) 경원(慶元) 3년(1197)에 그는 조정에 〈대악의(大樂儀)〉·〈금슬고고도(琴瑟考古圖)〉를 바쳤으며, 고금의 악제를 두루 열거하여 궁정음악을 정리한 의견을 제안하였지만, 애석하게도 채택되지 못하였다. 경원5년(1199)에 또 〈성송요가고취곡(聖頌鐃歌鼓吹曲)〉 13수를 바쳤지만, 여전히 중시되지 못하였다. 지금 남아있는 『백석도인가곡(歌曲)』은 우리들이 볼 수 있는 송대 사악의 본모습을 진실하게 반영한 유일한 가곡으로, 가치가 매우 진귀하다. 그 책은 사곡 전기(傳記)로, 모두 사곡 17수를 수록하고 있고, 옆에 옛 공척보(古工尺譜)가 있다. 사신곡(祀神曲) 〈월구가(越九歌)〉10수는 옆에 율려보(律呂譜)가 있다. 금가(琴歌) 〈고원(古怨)〉1수는 감자보(減字譜)를 사용한 기보가 있다. 17수 사악 중에 〈취음상소품(醉吟商小品)〉과 〈예상중서제일(霓裳中序第一)〉은 옛곡에 의거하여 전사하였고, 〈옥매령(玉梅令)〉은 범대성(范大成)의 곡보에 근거하여 전사하였으며,[31] 나머지 14수

29) 전령(纏令) : 송대 민간설창예술의 곡조. 인자와 미성이 있는 것을 전령이라 하고, 인자 뒤에 단지 2단의 가락이 서로 호응하며 순환하는 것은 전달이라 한다.
전달(纏達) : 송대 민간설창예술의 일종 곡조. 일설에 가무가 서로 겸한 예술형식을 말함. 전답은 송대 가무 공연형식의 일종이다.

30) 미성(尾聲) : 희곡명사. 일반적으로 宮調·唱賺·雜劇·傳奇 등의 각본 속의 투곡(套曲) 중 마지막 곡. 남곡(南曲) 북곡(北曲)에서 마지막으로 연주되는 곡(가락).

는 모두 강기의 자도곡이다. 〈양주만(揚州慢)〉과 〈행화천영(杏花天影)〉은 강기의 가곡 중 걸작이다.

〈양주만〉은 1196년에, 강기가 금나라 병사들의 폭학이 횡행하고, 전쟁으로 다친 상처, 한편의 황량한 경상의 양주를 직접 목도하고 마음 속 무한한 상심에 창작한 한편의 만곡이다. 그 곡은 일면 남송 조정의 굴욕이 진실로 백성들에 미치는 심각한 재난을 반영한다. '만곡'은 또 '만' 혹은 '만곡자'라고도 하는데, 곡조는 비교적 길고, 노래 부를 때 판을 이용하여 박자를 친다. 그 형식적 특징은 장염(張炎)의 『사원(辭源)』에서 말하기를, "'만곡'에는 '팔균(八均, 八韻)'이 있고, '대두곡(大頭曲)'과 '첩두곡(疊頭曲)'으로 나눈다. 절주 처리에 있어 '타전박(打前拍)'과 타후박('打後拍)'으로 나눈다."고 했다. '대두곡'은 '대두화박거제오(大頭花拍居第五)'인데,[32] 곧 악곡을 시작할 때 중첩하여 '두(頭)'를 사용하여 모름지기 '염박(艷拍)'을 더하는 것을 말한다. 시작할 때 쌍두를 중첩 사용하여 처리하는 이 수법을 '질두(迭頭)'라 부른다. 〈양주만〉의 시작 1구 「회는 이름난 도읍지 왼쪽에 있고, 죽서루는 아름다운 곳이라네(淮左名都, 竹西佳處)」가 즉 '질두'이다. 그것과 아랫구 「안장을 풀고 잠시 처음 길에 머무네(解鞍少駐初程)」은 전체곡의 기본선율이다. 그것은 전체곡이 F궁조식이지만, D우조식도 중요한 위치를 점하는 것을 긍정하는 것이다. 이 외의 반음 #1를 변화시키는 운용은 매우 특색이 있다.

31) 범대성(范大成, 1126~1193) : 자는 치능(致能), 호는 석호거사(石湖居士)이다. 평강(平江) 오현(吳縣, 지금의 강소 蘇州) 사람이다. 전원의 풍경을 읊은 시로 유명하며, 남송4대가의 한 사람이다.

32) 화박(花拍) : 악곡 정박(正拍) 외에 부가되는 절박(節拍).

揚州慢

〈행화천영〉은 작자가 면구(沔口, 지금 漢口)에서 금릉(金陵, 지금 남경)으로 가는 도중에, 봄기운이 따스하고(春意融融)하고 바람과 해가 아름다운 장강의 양안을 마주하고 가슴에 충만한 추창(惆悵)과 미망(迷惘)을[33] 금하지 못하여 국가와 개인의 앞날에 대한 우려를 반영한 것이다.

33) 추창(惆悵) : 서글픔.
미망(迷惘) : 시비를 가리지 못하다. 정신을 차리지 못하다. 구별[식별]하지 못하다. 당황하다. 어리둥절하다. 갈팡질팡하다. 곤혹스럽다. 어찌할 바를 모르다.

류영(柳永, 987~1053) : 북송 시기 매우 이름을 날린 사인으로, "무릇 우물이 있어 물을 마시는 곳이면 곧바로 유사(柳詞)를 부를 수 있다."는 말이 있을 정도이다.[34] 류영은 벼슬길에 실의하여 일생이 순탄하지 않아 항상 악공과 가기 사이에서 떠돌았고, 악공과 가기의 가창에 적합한 사곡을 대량으로 창작하였다. 그 내용은 대부분 변경·항주 같은 도시의 번화함과 가기와의 만남, 자신의 유랑생활을 제재로 하였다. 따라서 그의 사는 비록 표현수법에 있어 성취한 바가 있지만, 사상본질로 말하면 공허와 퇴폐를 얻었을 뿐이다. 〈팔성감주(八聲甘州)〉는 송왕조가 망한 이후에 류영이 낮

34) 宋 섭몽득(葉夢得)의 『避暑錄話』 권하. "有井水飮處, 卽能歌柳詞". 세상에 전해짐이 이렇듯 넓었다고 한다. 류영은 자가 기경(耆卿)으로, 교방악공들이 매번 새로운 곡조(강)를 얻으면 유영에게서 사를 반드시 얻었다고 한다.

선 곳에 처하면서 전쟁으로 다친 상처로 가득한 산하와 고향을 그리워하는 정감을 노래한 한편의 사이다.

八聲甘州

[宋]柳永 词
《九宫大成南北词宫谱》卷一
傅雪漪 译谱

4. 송·원 설창음악

송·원 시기, 상품경제는 진일보 발전을 하여 음악예술의 '상품화'는 이미 보편적 의의를 지니게 되었다. 시민음악의 왕성한 흥기에 따라 설창예술은 전에 없는 발전을 이루었고, 또 고자사·제궁조·도진(陶眞)·애사(崖詞)·화랑아(貨郎兒) 등 풍부하고 다채로운 예술형식이 창조되었다.

창잠(唱賺) : 남송 소흥 연간에 항주 구란의 예인 장오우(張五牛)는 고판(鼓板)[35] 중의 '사편태평령(四片太平令)'(혹은 '잠관(賺鼓板)')의 음악을 근거로 하여 일종 특수한 절주로 사람을 황홀경에 빠지게 하는 가곡형식을 창조하고, '잠(賺)'이라 불렀다. 또 그것을 전령에 운용하여 전령·전달의 두 종류 곡식결구를 겸하는 '창잠'을 형성하였다. '창잠'이 채용한 곡조는 주로 당시 유행한 곡조인 만곡·곡파·표창·사령(耍令)[36]·번곡(番曲) 등으로, 곡조가 우미하고 듣기가 위안(委婉, 구성지고 감미롭다)하였다. 창잠은 비록 전령·전달을 기초로 하지만, 다른 점도 있었다. 가장 큰 구별은 악곡의 결속(끝맺음)에 있다. 전령·전달은 산기(散起)·산락(散落)이지만,[37] 창잠은 이와 달리 산판(散板)으로 인자를 일으킨 이후에,[38] 대판(大板)의 급한 연주가 고조되는 가운데 전곡을 결속한다. 창잠의 진일보 발전한 것이 곧 복잠(復賺)이다. 복잠의 곡체(曲體)결구는 방대하고, 왕왕 약간의 서로 다른 창잠의 곡체를 연철하고 조합하여 이루어져, 내용은 더욱 풍부해지고, 따라서 창잠으로는

35) 고판(鼓板) : 拍板(박자를 치다)의 구성자.

36) 사령(耍令) : 당·송 시기의 일종 설창 혹은 춤을 수반하는 민간기예.

37) 산기(散起)·산락(散落) : '산(散)'은 금곡의 이름이며, 또한 성음이 형상이기도 하다. 전령과 전달이 곡조이므로, 산기와 산락은 그에 해당되는 말이다.

38) 산판(散板) : 1. 음악상의 자유로 절박(節拍, 박자)로 고정된 박자의 상대적인 말, 그러나 절박의 마구 섞임이나 마음대로 하는 것을 의미하지 않다. 2. 희곡 창강(唱腔)의 판식(板式)으로, 만타(慢打) 맡창(慢唱)의 창강이다, 비통한 감정을 표현하는데 적당하고, 때로는 일반적 서술을 표현하는데 쓰인다.

뜻을 다할 수 없는 부족을 메꾼다. 단지 결구가 방대하기 때문에 연창자가 장악해야할 곡조는 비교적 많고, 의심할 바 없이 연기자의 연창 난이도는 더욱 증가된다. 대부분 남녀애정과 전쟁을 제재로 한다.

고자사(鼓子詞) : 가창할 때, 고(鼓)를 이용하여 반주하기 때문에 이름을 얻었다. 연기형식에는 두 종류가 있다. 하나는 단지 창(唱)만하고 설(說)하지 않고, 다른 하나는 설도 창도 있다. 초기 고자사는 송나라 사대부들이 관사(官私) 연석에서 동일한 사조(詞調)를 반복 가창한 예술가곡형식으로,[39] 내용은 사계절의 경치를 많이 묘사하였다. 예를 들어 북송 구양수(歐陽修)의 〈12월고자사·어가오(漁家傲)〉12수는 〈어가오〉의 곡패를 12개월의 경색으로 나누어 묘사한 것이다. 후대로 오면 이러한 기초 위에 점차로 발전하여 서사(敍事)고자사가 되었다. 예를 들어 북송 조덕림(趙德林)의 〈원미지최앵앵상조접연화고자사(元微之崔鶯鶯商調蝶戀花鼓子詞)〉는 고사를 설창하는 한편의 고자사로,[40] 내용은 당나라 원진의 〈앵앵전〉으로부터 왔고, 장생과 최앵앵의 고사를 서술하였다.[41] 전편의 체제는 1단 산문의 강설과

---

39) 사조(詞調) : 문사(文詞)와 음조(音調). 시(和)와 사(詞)의 격조.

40) 조령치(趙令畤)는 자가 덕림(德林), 덕린(德鄰). '미지'는 원진의 자.

41) 〈앵앵전(鶯鶯傳)〉: 중국 당대(唐代)의 전기(傳奇) 소설. 원진(元稹)의 작품이며 〈회진기(會眞記)〉라고도 한다. 장생(張生)과 앵앵의 사랑의 비극에 관한 것이다. 당나라 정원(貞元) 연간에, 병란에 시달리던 최씨 일가를 구한 장생은 그 집의 딸 앵앵을 사랑하게 된다. 시녀 홍낭(紅娘)을 통하여 사랑을 고백한 장생은 그 답장으로 〈대월서상하(待月西廂下)〉라는 시를 받아, 서상에서 기다린다. 그러나 나타난 앵앵은 장생의 무례함을 꾸짖고 돌아간다. 며칠 후 앵앵은 갑자기 장생을 찾았으며, 꿈 같은 하룻밤을 지낸 다음 두 사람의 사랑이 시작된다. 그 후 과거를 보러 장안(長安)에 올라간 장생은 앵앵의 사랑의 편지를 받으면서도, 자기에게는 그러한 뛰어난 여성을 사랑할 자격이 없노라고 단교한다. 후일 결혼한 앵앵은 다시 만나려고 하는 장생에게 답시를 보낼 뿐 나타나지 않다가, 마침내 소식마저 끊어버린다는 줄거리이다.

이 소설의 영향은 컸으며 이것을 바탕으로 송(宋)나라 때의 〈상조접연화사(商調蝶戀花詞)〉, 금(金)나라 동해원(董解元)의 〈서상기제궁조(西廂記諸宮調)〉, 원(元)나라 왕실

1단 사조의 가창이 번갈아 이루어지기 때문에, 가창부분은 〈상조접연화〉 하나의 곡패를 12차례 반복하여 이루어진다. 남송 이후에 고자사는 점점 소멸하여 갔다.

제궁조(諸宮調) : 또 '제반궁조(諸般宮調)'라고도 하며, 북송 희녕(熙寧)·원풍(元豐) 연간에 변경(개봉)의 와사구란의 예인 공삼전(孔三傳)이 처음 창조한, 일종의 설이 있고 창이 있으면서도 창을 위주로 하며, 가창부분은 약간의 서로 다른 궁조의 꾸러미(套)를 모아서 서로 다른 곡조로 조성한 대형 설창예술이다. 연창할 때에, 설창자는 라(鑼, 징)를 치고 판(板)을 치고, 옆에는 비파 혹은 쟁 따위 현악반주가 있다. 곡식 결구는 다음과 같다. 곡패를 단독으로 한 척곡(隻曲, 한 개의 곡). 한 개의 곡패를 반복 혹은 여러 차례 반복하여 미성(尾聲)을 더하여 구성한 단투(短套)형식. 동일한 궁조에 속하는 서로 다는 곡패를 연철하여 만든 투곡형식이다.[42] 실제 연창 과정에서는 서로 다른 고사의 줄거리에 근거하여 서로 다른 곡식의 조합을 채용하여, 사이사이 설백(說白)하고,[43] 고사 줄거리가 복잡한 장편고사를 설창한다. 보존되어 온 송·원 시기의 제궁조는 대단히 적다. 예를 들어 남송의 구란의 예인 장오우가 지은 〈쌍점소경(雙漸蘇)경제궁조〉는 이미 산실되었다. 금·원시기의 제궁조 작품은, 예를 들어 금대 동해원(董解元)의 〈서상기 제궁조(西廂記)제궁조〉(통칭 〈董西廂〉)는 현존하는 유일하고 온전한 제궁조 작품이다.[44] 그 작품 내용은 당나라 원진의 〈앵앵전〉을 근거로 하여 개편한 것으로, 14개의 궁조를 채용하였고, 151개 기본 곡패, 변체(變體)가 모두

보(王實甫)의 〈서상기(西廂記)〉 등이 만들어졌다.

42) 투곡(套曲) : 중국 전통극이나 산곡(散曲)에서 여러 곡을 체계적으로 하나로 엮은 곡.

43) 설백(說白) : 희곡·가극 중 창사(唱詞) 부분 이외의 대사.

44) 동해원(董解元) : 금나라 장종(章宗) 때 사람. '해원'은 당시 독서인의 범칭이었고, 이름은 전하지 않는다.

444개인데, 결구는 방대하고, 음악이 풍부한 제궁조 작품이다. 그 작품은 원잡극 〈서상기〉의 창작에 지대한 영향을 주었다.[45] 기타 현존하는 제궁조 작품으로는 금대 무명씨가 창작한 〈유지원(劉知遠)제궁조〉의 잔편, 원대 왕백성(王伯成)이 창작한 〈천보유사(天寶遺事)제궁조〉의 잔편과 〈장협장원(張協狀元)〉 희문(戲文) 가운데 곡사의 일부분이 있다.[46] 이런 몇 작품 속의 악보는 『구궁대성남북사궁보』에서 일부분을 볼 수 있다. 명·청 시기의 제궁조는 '추탄사(搊彈詞)' 혹은 '탄창사(彈唱詞)'라 부른다.[47]

도진(陶眞) : '도진(淘眞)'이라고도 부르는데,[48] 주로 농촌에서 유행하였고, 농민들이 사랑한 일종 설창예술형식이다. 송나라 『서호노인번승록』에, "십삼군대교장(十三軍大教場)·교혁군교장(教奕軍教場)·후군교장(後軍教場)·남창내(南倉內)·전차자리(前杈子里)·우성관전관활(佑聖觀前寬闊)이 있는 곳에[49] 복상(扑(撲)賞)과 로기인이 안에 무대를 만들고. … 애사(涯詞)를 부르고, 자제들을 끌어 들여 도진을 들었는데, 모두 농촌 사람들이었다."고 기록하였다. 도진은 송대에 일어나 원·명·청 3대에 성행하였는데, 송대에는 '도진'을 부르는 사람의 대부분은 '로기인'이었고, 가사는 통속적

45) 원대 〈서상기〉는 왕실보(王實甫)가 지은 잡극(雜劇)을 말한다.

46) 왕백성(王伯成) : 원나라 초기 탁주(涿州) 사람. 악부를 잘 지었고, 잡극(雜劇) 3편을 지었는데, 지금은 〈폄야랑(貶夜郎)〉만 전한다. 그밖에 산곡(散曲)으로 소령(小令) 2편과 투수(套數) 3곡이 있다.
〈張協狀元(張協狀元)〉 : 남희의 한 극목으로, 희문(戲文)은 남송에서 일어난 희곡의 문체이다.

47) 추탄사(搊彈詞) : 설창예술의 하나. 오직 한사람이 손으로 현악기를 탄주하고 또 염창(念唱 외워 창함)한다.
탄창사(彈唱詞) : 금을 탄주하면서 창가한다.

48) 도진(淘眞) : 송·명 연간에 강남 지역의 강창기예. 항주의 남녀 소경(瞽)들이 비파를 배우고, 고금소설 平話를 창하여 의식을 구하였는데, 이를 淘眞이라 했다.

49) 이곳들은 모두 군대의 훈련을 위한 장소이다.

이고 쉬웠으며, 반주악기는 대부분 고와 비파였다. 어떤 사람들은 '도진'이 명청 시기의 '탄사'의 전신이라 생각한다.

애사(崖詞) : '애사(涯詞)'라고도 하는데, 『서호노인번승록』의 기록으로 알 수 있다. '애사'는 일종 도시에서 유행하고, '자제(子弟)'들이 좋아한 설창 예술이다.[50] '애사' 형식에는 설도 있고 창도 있고, 내용은 풍부하여 연분(緣分)・영괴(靈怪)・철기(鐵騎)・공안(公案)・사서의 역대 군신장상의 고사 등을 포함하고, 문사는 비교적 전아하였다. 이같은 음악형식은 후대로 오면서 괴뢰희에 흡수되었다.

화랑아(貨郎兒) : 화랑아는 거리에서 소리치며 물건을 파는 성조를 기초로 하여 발전되어 온 민간 가곡형식이다.[51] 송・원 시기에 짐을 지고 집집마다 찾아다니며 소리치며 물건을 파는 소상인을 '화랑아'라 불렀다. 손님들을 불러들이기 위하여 그들은 천고(串鼓, 작은 요고)를[52] 흔들며 각종 상품의 명칭을 입에서 나오는 대로 불렀고, 또 상품의 효능을 자랑하였다. 그들이 부르는 성조가 '화랑아'가 되었고, 곡조는 대부분 짧은 민가가곡이 되었고, 가사는 낭랑하고 또랑또랑하며 대부분 화랑들 스스로 창작하였다. '화랑아'는 진일보 발전하여 '전조화랑아(轉調貨郎儿)'를 형성하였다. '전조화랑아'는 '화랑아'의 곡패 악구를 전후 두 부분으로 나누고, 그런 다음에 그 사이에 하나 혹은 여러 개의 곡패를 삽입하였는데, 그 삽입된 서로 다른 곡패를 '전조'라 하였다. '전조화랑아'는 음악의 표현력을 증강시켰고, 동시에 '화

50) 자제(子弟) : 1. 풍류자제(風流子弟), 일반적으로 기루의 유객이나 오입쟁이(嫖客)를 말함. 2. '이원제자'처럼, 옛날 희곡을 하는 예인을 말함.

51) 화랑아(貨郎兒) : '화랑'은 잡화를 팔며 유동하는 소상인을 말함. 그들은 '화랑고'라는 손으로 흔드는 작은 북을 들고 고객들을 불러 모았다. '화랑아'는 곡조명이다.

52) 천고(串鼓) : 예전에 화랑들이 손님들을 불러 모으기 위하여 사용한 작은 요고(小搖鼓).

랑아' 곡패와 전후로 호응하였기 때문에 음악 결구의 통일을 유지하였고, 동시에 음악 대비(對比) 변화의 색채를 체현하였다. '전조화랑아'의 진일보한 발전은 원대의 '설창(說唱)화랑아'를 형성하였다. 예를 들어 원나라 사람들의 잡극 〈풍우상생화랑단(風雨像生貨郎旦)〉은 제4절에서 〈구전(九轉)화랑아〉를 채용하였다. 소위 '구전'은 하나의 〈화랑아〉의 본조와 8개의 전조화랑아를 연이어 만든 투곡(套曲)이다. 이같은 곡식결구를 '구전화랑아'라 불렀다. 화랑아 반주악기는 찬고와 판인데, 그 특수한 음악 풍격으로 원대 하층민중의 환영을 대단히 많이 받았다. 〈구전화랑아〉 결구는 다음과 같다.

곡수 : 〈화랑아〉 본조(本調)
2전 : 〈화랑아〉수(首), 중협(中夾)〈賣花聲〉, 〈화랑아〉미(尾)
3전 : 〈화랑아〉수(首), 중협〈頭鵪鶉〉, 〈화랑아〉미(尾)
4전 : 〈화랑아〉수(首), 중협〈山坡羊〉, 〈화랑아〉미(尾)
5전 : 〈화랑아〉수(首), 중협〈迎仙客〉·〈紅綉鞋〉, 〈화랑아〉미(尾)
6전 : 〈화랑아〉수(首), 중협〈四邊靜〉·〈普天樂〉, 〈화랑아〉미(尾)
7전 : 〈화랑아〉수(首), 중협〈小梁州〉, 〈화랑아〉미(尾)
8전 : 〈화랑아〉수(首), 중협〈堯民歌〉·〈叨叨令〉·〈倘綉鞋〉.
〈화랑아〉미(尾)
9전 : 〈화랑아〉수(首), 중협〈脫布衫〉·〈醉太平〉, 〈화랑아〉미(尾)[53)]

5. 송잡극(宋雜劇)과 금원본(金院本)

잡극(雜劇)은 일종 무대 위에서 공연하는 희극연기형식이다. 잡극이 '잡(雜)'이라 부르는 까닭을 오국흠(吳國欽)은 『중국희곡사만화』에서 다음과

53) 중협(中夾) : 중간에 삽입되는 곡패라는 뜻이고, 이하 〈매화성(賣花聲)〉 등은 그 곡패명이다.

같이 말했다.[54] "대개 중국의 잡극은 '온갖 놀이를 섞어서 늘어놓는 것(百戲雜陳)'이기 때문에 종합성이 강하고, 내용에서부터 형식이 모두 각양각색이고 번잡하고 소란한 까닭이다. … 내용으로 말하면 그것은 반고(盤古)가 천지개벽한 것부터 그 이후의 전체 중국역사를 수차례 부연하고,[55] 형식상으로 말하면 그것은 정극(正劇, 정통연극)·비극·희극·풍자희극·요극(鬧劇) 등이 있고,[56] 표현방법으로 말하면 창공희(唱工戲)·주공희(做工戲)·무타희(武打戲)이 있다.[57] … 가창·무도·조소(調笑)·무술·잡기 등 각종 예술이 하나의 용광로 안에 녹아있다."[58] 그 명칭은 만당 시기에 이미 출현하여, 송·원 시기에 도시 상품경제의 번영과 시민음악의 왕성한 발전에 따라 역사상 지배적 지위를 차지하였던 가무예술을 곧바로 초월하여, 제반 예술기예 중에서 가장 중요한 지위에 있는 예술형식이 되었다. 잡극은 송잡극과 금원본(院本)과 원잡극으로 나눌 수 있다.

송잡극 : 주로 전통가무희·참군희·가무·설창·사조(詞調)·민간가곡 등 예술형식 계승과 발전의 기초 위에 융합 발전한 것이다. 이 시기의 잡극은 비록 '극'이라 하였지만, 실제적으로는 무곡(舞曲)으로부터 희곡에 이르는 과도기적 산물로, 가무·음악·조소·잡기 등 각종 예술형식은 무대 위에서 충분히 유기적으로 결합하지 못하였다. 이 시기의 잡극은 가무를 제외하고는, 비록 대백(對白, 희극에서 배우들 간의 대화)·4,5인의 화장(化粧, 분장)

---

54) 오국흠(吳國欽, 1938~현재) : 중국 광동성 출신의 중국희곡전문연구가

55) 반고(盤古) : 중국 신화 속 개벽천지하여 창세한 인물.

56) 요극(鬧劇)) : 희극(喜劇)의 일종. 특징은 정절이 골계적이고, 표현이 과장되고, 장면이 매우 시끄럽다. 취극(趣劇)·소극(笑劇)이라고도 한다.

57) 창공희(唱工戲) : 창공은 희곡 중의 가창예술로, 가창에 편중된 희곡을 말함.
주공희(做工戲) : 희곡 중의 동작과 표정을 위주로 하는 함. 창공희와 상대적이다.
무타희(武打戲) : 무타는 전통 희곡 중에서 무술을 사용하여 연기하는 박두(搏斗).

58) 조소(調笑) : 당대의 곡명. 혹은 사패명. 혹은 희학(실없는 농지거리)으로 웃음을 자아냄.

연기가 있었지만, 가창부분과 희극은 하나의 완전체로 결합되지 못하였다. 사용한 가사도 서술체를 채용하여 대언체(代言體)가 아니었다. 따라서 총체적으로 말하면 송잡극은 희극 탄생 이전의 초기형태일 뿐이고, '설창'에 '분장연기'를 더하였을 뿐이다.

남송 내득옹(耐得翁)의 『도성기승』의 일단의 기록은 송잡극의 예술형식을 개괄한다.

> "잡극 중에 말니(末泥)가 우두머리이고,[59] 매번 4인 혹은 5인이 한 무대를 만드는데, 먼저 예사롭고 익숙한 1단을 하는데, 이름하여 염단(艶段)이라 한다. 다음으로 정(正)잡극을 하는데, 통칭 양단(兩段)이라 한다. … 잡분(雜扮) 혹은 잡반(雜班)은 또 기화(技和)라 하는데,[60] 곧 잡극의 산단(散段)이다.[61] 말니는 주장하고, 인희(引戱)는 분부를 하고, 부정(副淨)은 교태로움을 드러내고, 부말(副末)은 웃기고, 또는 한명을 더하는데, 그를 장고(裝孤)라 한다.[62] 그 곡파(曲破)와 단송(斷送)을 부는 자를 파색(把色)이라 한다.[63] 대저 고사와 세상의 일로 골계를 삼으니, 본래 감계(鑑戒)이고, 혹은 은근히 간쟁(諫諍)하는 것이다. 그런 까닭에 드러내기도 하니 일러 무과충(無過虫)이라 한다."[64]

59) 말니(末泥) : 고대희극 배우명. 간략히 '末'이라 함.

60) 잡분(雜扮) : 송대 유행한 일종 소희(小戱). 극의 줄거리는 간단하고, 일반적으로 잡극의 산단(散段)이다.

61) 산단(散段) : 송대 정잡극(正雜劇) 연출 뒤에 영성한 절목(節目).

62) 장고(裝孤) : 송 잡극·금 원본에서 관원으로 분장한 배우.

63) 곡파(曲破) : 당송 악무명. 대곡의 제삼단을 '破'라 하며, 단독으로 이 단을 연창할 때 '곡파'라 한다. 절주가 긴밀하고 촉박하며 노래도 춤도 있다. 송대에 매우 유행하였고, 궁정 대연회에는 항상 그 절목을 돌아가면 연출하였다. 송·원 남희 중에 곡파를 사용한 것이 있는데, 마치 악곡을 취주하지만 무도가 없는 것과 매우 유사하다.

단송(斷送) : 송·원 연간의 희곡명사. 요두(饒頭)와 같다.

파색(把色) : 1. 송·원 잡극·금 원본에서 연출할 때의 악공. 2. 기악(伎樂)의 樂官을 또 색장(色長)이라 함.

송잡극의 결구 형식은 일반적으로 4단임을 알 수 있나. 제1단은 염단으로, 생활에서 늘상 보는 것을 연기한다. 제2단과 제3단은 바로 정잡극으로, 주로 고사를 사용한 연창·골계설창 혹은 무도연기이다. 제4단은 산단 혹은 잡분·잡반 혹은 기화라 하는데, 주로 본적도 없는 도시로 나간 농민을 조소의 대상으로 한다. 송잡극에는 명확한 역할 분담이 있다. 즉 말니·인희·부쟁·부말·장고 등 5개의 역할이 그것이며, 가장 기본적인 역할분담이다. 말니는 영반(領班)으로 지위와 작용이 현재의 편도(編導, 각색과 연출을 담당하는 사람)에 해당된다.[65] 부정은 일부러 미친 척 연기하는 역할이고, 부말은 익살이나 유머를 섞어서 남을 웃기는 역할이고, 장고는 관리로 분장한 역할이다. 인희는 일종 자격이 있는 직함으로, 파색은 곡파·단송(곡식 이름)을 취주(吹奏)하는 사람이다. 소용되는 음악은 3종류도 나누는데, 가무에 소용되는 곡파(혹은 대곡이라 부름), 가무가 개시되기 전 악대가 연주하는 기악곡으로 단송이라 부르고, 소곡, 즉 민간곡조이다.

송잡극은 두 종류로 나눌 수 있다. 한 종류는 대백(對白)을 위주로 하는 골계희로, 이 골계희는 주로 대백을 위주로 하며 아주 적거나 혹은 심지어는 음악을 사용하지 않는다. 예를 들어 〈당습전(當拾錢)〉·〈삼십육계(三十六計)〉·〈천령개(天靈盖)〉·〈이성환(二聖環)〉 등의 잡극이다. 두 번째 종류는 가무희를 위주로 하는 가무희잡극이다. 가무희잡극은 가창형식을 사용하여 고사정절을 서술하는데, 예를 들면 〈최호육요(崔護六么)〉·〈인면도화

64) 무과충(無過蟲) : 송대 희곡예인의 별칭.

宋 灌圃 耐得翁. 『都城紀勝·瓦舍衆伎』: "雜劇中, 末泥爲長, 每四人或五人爲一場, 先做尋常熟事一段, 名曰豔段. 次做正雜劇, 通名爲兩段. 末泥色主張, 引戲色分付, 副淨色發喬, 副末色打諢又或添一人裝孤. 其吹曲破斷送者, 謂之'把色'. 大抵全以故事世務爲滑稽, 本是鑑戒, 或隱爲諫諍也, 故從便跳露, 謂之'無過蟲'." 亦稱"無過蟲".

65) 영반(領班) : 어떤 범위의 일을 관장하는 책임자. 특히 송·원의 남희와 명·청 전기 공연에서 개장을 할 때, 극의 줄거리를 요약하여 소개하는 부말을 가리킨다.

(人面桃花)〉·〈앵앵육요(鶯鶯六幺)〉·〈서상기〉의 고사가 있고, 물건과 인물을 가창한 것으로는 〈기반법곡(碁盤法曲)〉·〈편모(鞭帽)법곡〉 등이 있고, 모종의 업종을 제재로 하는 서사성 줄거리를 묘사한 것으로는 〈주자육요(廚子六幺)〉·〈뢰방전(賴房錢)〉 등이 있고, 곡조를 이용하여 사계절의 경물을 연창한 것으로는 〈사계협죽도(四季夾竹桃)〉 등이 있고, 골계와 조소로 가창한 것으로는 〈타조박미(打調薄媚)〉·〈대타조도인환(大打調道人歡)〉 등이 있고, 〈목련구모(目連救母)〉 등 같은 잡극 종류의 절목이 있다. 송잡극의 음악은 전문적으로 창작된 것은 매우 적고, 주로 〈이주(伊州)〉·〈양주〉·〈육요(六幺)〉·〈박미〉 등 가무대곡의 음악단편을 선취하여 극의 줄거리에 근거하여 개편하여 만들었다.

금원본 : 북방에서 송나라와 대치한 금(金)나라에는 '원본'이 유행하였다. 원본은 금·원(金元) 시기 행원(行院)연극에서 사용된 각본이다.[66] 행원은 본래 금·원시기 잡극예인·원본 예인의 주거지를 가리켰는데, 후대에 오면서 잡극 혹은 원본을 연기하는 예인을 가리키게 되었다. '원본'은 11종류로 나눌 수 있다. 즉 화곡(和曲)원본·상황(上皇)원본·제목(題目)원본·패왕(霸王)원본·제잡대소(諸雜大小)원본·원요(院幺)·제잡원흔(諸雜院爨)·충당인수(冲撞引首)·전흌(拴搐)염단·타략(打略)전흌·제잡체(諸雜砌)가 그것이다. 금원본은 본래 북방의 송잡극이 원잡극으로 넘어가는 과도기적 형식이고, 송잡극과 비교하면 그 제재·연출형식·역할분담 등 방면에서 대체로 비슷하지만, 사용된 곡조(曲牌) 면에서는 차이가 있다. 금원본에 사용된 곡패는 주로 북방 한족과 소수민족의 민간곡조를 위주로 하는데 비하여, 송잡극이 사용한 곡조는 주로 대곡·법곡과 사조를 위주

66) 행원(行院) : 1. 妓院 혹은 妓女를 가리킴. 2. 원·명 시대 희극 배우들의 속칭으로 희반(戲班)이라고도 함.

로 한다. 원본의 공연장소는 주로 노천무대(露臺)와 정사식(亭榭式, 정자)을 빌려 만든 희곡무대의 공연이고, 이는 송잡극이 주로 와사구란를 공연장소한 것과는 다른 점이다.

잡극은 원대 시기에 일종 문학의 주류로 발전하여, 잡극의 창사를 그대로 이어받아 원곡(元曲)으로 불렸고, 후대에 원곡은 원잡극과 원대 산곡(散曲)의 대명사가 되었다.[67)]

6. 원잡극(元雜劇)과 산곡(散曲)

원잡극 : 원나라가 중국을 통일한 이후에, 원잡극은 대도(大都, 지금의 북경)를 중심으로 번영하여 점차로 강남 임안(臨安) 등지로 흘러들어갔다. 원잡극의 내용은 광범위해지고 제재도 풍부해져, 역사전설극·신화극·공안극·애정극·기녀극 등을 포함하게 되었다.

원잡극의 결구는 엄밀하여 송잡극과 비교하여 상당히 발전하였다. 한바탕(一本)의 희곡은 통상적으로 4절(切)과 한 개의 설자(楔子)로 조성되었다.[68)] '절'은 후대의 '장(場)' 혹은 '막(幕)'에 해당되는데, 4절은 곧 4장 혹은 4막에 해당된다. 이같은 결구 배열은 희극정절(플롯, 구성)이 기·승·전·

67) 산곡(散曲) : 곡의 일종 체제와 방식. 원·명 양대에 성행함. 시사(詩詞)와 마찬가지로 서정·사경·서사 등에 사용할 수 있고, 청창(淸唱)에 편리하며, 극곡(劇曲)과는 다르다. 산투(散套)와 소령(小令) 두 종류가 있다. 때로는 오로지 소령만을 가리키기도 한다.
원곡(元曲) : 원대 잡극과 산곡의 합칭. 또한 오로지 원잡극만을 가리킴.

68) 설자(楔子) : 희곡·소설의 인자(引子, 1. 장회 소설(章回小說) 앞머리에 쓰여 본문을 이끌어 내는 부분. 2. 남곡(南曲)·북곡(北曲)에서 첫 번째 곡.) 일반적으로 편의 앞머리로 본문을 밝히거나 보충하는데 쓰인다. 원잡극에서는 本과 本 혹은 折과 折 사이에 사용된다.

결(起承轉結)의 일반적 규율로 발전한 것에 부합된다. 원잡극 중에 '설자'는 후대의 희극 중의 '서막' 혹은 '과장희(過場戲)'에 해당된다.[69] 설자는 원잡극에서 4절이 극정(劇情, 줄거리)을 표현하는데 부족하면 1절을 달리 더하여 다른 정황을 보이는데 사용한다. 일반적으로 제1절 앞에 사용하여 고사가 바뀌는 유래를 말하거나, 혹은 절과 절 사이에 사용하여 극정을 맞물리게 하거나 고사의 바뀜을 말한다. 만약에 고사 정절이 복잡해지거나, 내용이 매우 장대한 작품이거나, 1본 4절로 수용할 수 없는 정황이라면, 몇 편의 본과 절로 나누어 공연할 수 있다. 예를 들어 왕실보(王實甫)의 〈서상기〉는 4본 21절이다.

각색(角色, 배역) : 원잡극의 배역분담은 비교적 명확하고 세밀하여, 전부 4종류로 나눌 수 있다.

1. 말류(末類) : 정말(正末) · 부말(付末) · 충말(沖末) · 이말(二末) · 소말(小末) · 외말(外末).
2. 단류(旦類) : 정단(正旦) · 첩단(貼旦) · 외단(外旦) · 대단(大旦) · 소단(小旦) · 노단(老旦) · 색단(色旦) · 도단(搽旦) · 단아(旦兒).[70]
3. 정류(淨類) : 정(淨) · 부정(付淨) · 이정(二淨) · 축(丑).[71]

---

69) 과장희(過場戲) : 막간 극.

70) 단(旦) : 희곡 중에 여자로 분장한 배역. 여주인공을 정단이라 함. 副旦 · 貼旦 · 外旦 · 小旦 · 大旦 · 老旦 · 花旦 · 色旦 · 搽旦 등이 있음. 또는 악곡의 聲調 이름.

71) 정(淨) : 희곡에서 배역으로, 속칭 '화검(花臉)' · '화면(花面)'이라 함. 性格 · 品質 혹은 생김새에 어떤 특이한 점이 있는 남성인물, 예를 들어 張飛 · 魯智深 · 曹操 · 嚴嵩 등을 분장 연기하는 남성배역.

축(丑) : 전통희곡 배역. 화장할 때 콧마루에 적은 흰가루 덩어리를 바르기 때문에 속칭 '小花臉'이라 함. 정의 배역인 大花臉 · 二花臉과 함께 '三花臉'이라 함. 인물성격 · 신분차이를 분장하기 때문에 文丑 · 武丑으로 나눈다.

4. 기타 : 고(孤, 관원) · 세산(細酸, 수재 혹은 서생) · 패로(孛老, 노인) · 복아(卜兒, 노구) · 협아(挾兒, 소아) · 방로(邦老, 도적) · 예자(曳剌, 사병).

공연(公演) : 원잡극의 공연형식은 '곡(曲)' · '빈백(賓白)'과 '과범(科泛)' 세 부분으로 조성되어 있다. '곡'은 즉 창(唱)으로, 원잡극의 전체 극본은 한 사람이 주창(主唱)하고, 기타 배역은 설자 중에 부분적으로 노래 부를 수 있는 것을 제외하고는, 매 절에 단지 빈백만이 있고 창사(唱詞, 노랫말)는 없다. 주창자는 정말(正末, 남성) · 정단(正旦, 여성)으로, 정말이 주창하는 극본을 '말본(末本)'이라 하고, 정단이 주창하는 극본을 '단본(旦本)'이라 한다. '빈백'은 언어부분으로, 인물간의 대화를 '빈(賓)'이라 하고, 한 사람의 독백을 '백(白)'이라 한다. '과범'은 간단히 '과'라고도 하는데, 원잡극 중에 동작 연기를 나타내는 술어이다.

원잡극에 사용한 음악은 주로 북곡(北曲)으로,[72] 북방의 중요 곡패의 연투체(連套體) 성강계통(聲腔系統)에서 형성되었다.[73] 그 음악 출처는 당송 이래의 가무음악(大曲과 轉踏) · 설창음악(고자사 · 창잠 · 제궁조 등) · 가곡(곡자사. 한족 · 북방이웃민족 혹은 외래민족의 민간가곡) 등을 포함한다. 원잡극 한바탕(一戲, 一本) 4절은 매 절이 동일한 궁조계통의 약간의 곡패를 연철하여 이루어지고, 또 비교적 고정된 연철격식으로 형성되기 때문에, 흔히 보는 정궁(正宮) 곡패의 연철이 〈단정호(端正好)〉-〈곤수구(滾水球)〉-〈당수재(倘秀才)〉 등으로 구성되는 것과 같다. 현존하는 원잡극 극본 중에 궁조에

72) 북곡(北曲) : 1. (송 · 원)이후 북방의 제궁조(諸宮調) · 산곡(散曲) · 희곡(戲曲) 등에서 사용한 각종 곡조의 총칭. 2. 북방의 희곡. 원대 북방에서 유행하였던 희곡.

73) 성강(聲腔) : 연원관계가 있는 극종이 공동으로 지니고 있는 강조(腔調, 음조)로, 창법 · 연창형식 · 악기와 반주방법 등의 요소를 포함한다. 성강계통이라 함. 예를 들어 곤강 · 방자강 · 해염강 등이다.

속하는 것은 '오궁사조(五宮四調)'인데, '구궁(九宮)', 즉 선려궁·남려궁·정궁·중려궁·황종궁·쌍조·월조·상조·대석조로 부르기도 한다. 원잡극의 음악은 주로 북곡을 위주로 하고, 음계는 7성음계를 채용하고, 선율은 대부분 상하를 초과하는 도약으로 진행되며, 연창에 있어서는 글자 수는 많고 소리는 적고, 절주가 촉급하며, 풍격은 웅장하고 힘차며(雄壯豪邁) 높고 우렁차다(高亢激越). 원잡극 음악반주에 사용된 악기는 격타악기로는 라(鑼)·고·판(板), 관악기로는 생·적·삼현·비파 등이 있다. 적·판·고·라 4종의 악기는 반주악기 중에 가장 중요한 악기이다.

원잡극은 중국 희극발전사상의 높은 봉우리가 되었고, 많은 저명한 극작가와 우수한 희극작품이 출현하였다. 원나라 종사성(鍾嗣成)의 『녹귀부(錄鬼簿)』와 『녹귀부속편』에 기록된 이름을 알 수 있는 원대 극작가는 무렵 200여 인이고, 창작된 작품수는 500여 종이다. 그 중 '원곡4대가'라 불리는 관한경(關漢卿)·마치원(馬致遠)·백박(白朴)·왕실보(王實甫)는 가장 유명하였고, 후대의 정광조(鄭光祖)·교길보(喬吉甫)와 함께 '원곡6대가'라 부른다.

관한경: 원대 최초의 걸출한 잡극 작가이다. 명나라 주권(朱權)의 『태화정음보(太和正音譜)』에, "처음으로 잡극의 시조가 되었다."고 그를 설명했다. 관한경은 호가 이재수(已齋叟)이고, 대도(지금 북경) 사람이며, 금나라 말기(약 1230년 전후)에 출생하여, 원나라 태의원(太醫院)의 윤(尹, 장관)을 지냈다. 대도에 상주하였기 때문에 잡극 배우들과 밀접한 관계를 맺었고, 또 민간예인조직인 서회(書會)에 참여하여 '사회'생활을 잘 알았고, 예술실천경험이 있었다. 그의 잡극 결구는 엄밀하고, 사상내용은 심각하며, 언어는 정확하고 생동했으며, 예술계에서 명예를 누렸다. 관한경은 일생동안 잡극 60종을 창작하였는데, 18종이 현존한다. 작품내용은 역사고사를 위주로 하지만, 대부분은 사회현실과 긴밀하게 결합되어 있고, 현실생활을

직접적으로 묘사한 것도 있고, 또 신분이 다른 부녀의 성격에 대한 묘사가 가장 성공하였다. 주요 작품으로는 〈두아원(竇娥寃)〉·〈호접몽(胡蝶夢)〉·〈로제랑(魯齋郎)〉·〈구풍진(救風塵)〉·〈망강정(望江亭)〉·〈단도회(單刀會)〉·〈서촉몽(西蜀夢)〉·〈곡존효(哭存孝)〉·〈단편탈삭(單鞭奪槊)〉 등이 있고, 그 중 〈두아원〉은 관한경의 대표작으로, 중국 고전 비극의 전범적 작품이다.[74)]

마치원 : 호가 동리(東籬)이고, 대도 사람이다. 대략 1250년 전후에 살았고, '원정(元貞)서회'의 주요 구성원 중 한 사람이다. 마치원은 어려서 공명을 추구하였지만, 중년에 이르러서야 비로소 벼슬길에 들어서 강절행성(江浙行省務官) 같은 하급관리에 임명되었다. 만년에 벼슬에서 물러나 향촌에 은거하면서 잡극과 원곡의 창작에 전념하였다. 창작한 잡극 15종이 있고, 7종이 현존하며, 〈한궁추(漢宮秋)〉·〈청삼루(青衫淚)〉·〈황양몽(黃粱夢)〉·

---

74) 〈두아원(竇娥寃)〉: 초주(楚州)의 가난한 선비 두천장(竇天章)은 채(蔡)노파에게 20냥의 은자를 빌렸으나, 본전과 이자 40냥을 갚을 방법이 없어 할 수 없이 딸 두아를 노파의 민며느리로 팔아 넘겼다. 두아가 자라서 노파의 아들과 결혼하였으나, 오래 가지 않아 남편이 병들어 죽었다. 두아는 청상과부로 채노파를 의지하고 살았다.

그 때 새노의(賽盧醫)가 채노파에게 20냥 은자를 빌려 쓰고 갚지 못하자, 두아는 갚을 것을 독촉하였다. 이에 새노의는 그녀를 교외로 유인하여 죽이려고 했지만, 뜻밖에 장려아(張驢兒) 부자를 만나 생명을 구하였다. 장려아 부자는 시어머니와 며느리가 모두 과부인 것을 알고 함께 살 것을 강요, 그들의 집으로 데리고 돌아왔다. 장려아는 채노파를 아버지의 부인으로, 자신은 두아를 아내로 삼으려고 했지만, 두아는 결사적으로 거절하였다. 어느 날 채노파가 몸이 불편하였다. 두아는 양 내장탕을 끓여 드리고자 하였는데 장려아가 그것을 알고 몰래 탕 속에 독약을 넣어 채노파를 독살, 두아와 결혼하려고 하였다.

그러나 뜻밖에 그의 아버지가 먹어서 죽고 말았다. 그러자 장려아는 두아가 자기 아버지를 독살했다고 관아에 고발, 관아에서는 그녀들을 참혹하게 고문하였다. 두아는 시어머니를 구하기 위하여 자기가 독살하였다고 거짓 자인하여 참형을 당하였다. 그녀는 처형에 임박하여 하늘을 가리키며 혈천백련(血賑白練), 유월강설(六月降雪), 대한삼년(大旱三年)이 올 것이라고 하였는데, 과연 모두 그대로 나타났다. 뒤에 두아의 아버지 두천장이 염방사(廉訪史)로 초주에 와 다시 그 죄안을 심리하여 두아의 원한을 갚았다.

[인용 : 이수웅, 『역사 따라 배우는 중국문학사』, 다락원.]

〈진박고와(陳搏高臥)〉·〈존복비(荐福碑)〉·〈임풍자(任風子)〉·〈악양루(嶽陽樓)〉이며, 그 중 〈한궁추〉는 현실적 의의가 있는 작품으로,[75] 원잡극 중 저명한 4대 비극의 하나로 여겨진다. 〈황양몽〉은 마치원과 '원정서회'의 이시중(李時中)·화이랑(花李郎)·홍자공(紅字公) 등과 함께 쓴 작품이다.

백박 : 자가 인보(仁甫)·태소(太素), 호는 난곡(蘭谷)이고, 오주(隩州 지금 산서 하곡동북) 사람이다. 금대 애종(哀宗) 정대(正大) 3년(1226)에 살았다. 창작한 잡극 16종이 있고, 〈배소준장두마상(裵小俊墻頭馬上)〉과 〈당명화추야오동우(唐明皇秋夜梧桐雨)〉는 대표작품이다. 〈장두마상〉은 백박이 이름을 얻은 작품으로, 원잡극 중 가장 우수한 잡극 목록의 하나이다.[76] 그것과

---

75) 〈한궁추(漢宮秋)〉 : 한나라 원제(元帝) 때 황제의 사랑을 한 몸에 받으면서도 흉노(匈奴) 선우(單于)에게 어쩔 수 없이 시집가게 되었다는 왕소군(王昭君)의 이야기를 극화한 것이다. 원제는 모연수(毛延壽)에게 양가의 여인들을 선발하여 입궁하도록 하는 임무를 주었다. 황제는 모연수가 그린 여인들의 그림을 보고 마음에 들면 그 여인에게로 행차하였다. 그런데 모연수는 뇌물을 매우 좋아하여 뇌물을 준 사람만 예쁘게 그려 주었다. 왕장(王嬙)은 뛰어난 용모를 지녔음에도 황제의 사랑을 전혀 받지 못했다. 왜냐하면, 왕장이 뇌물을 주지 않자 그녀의 모습을 추하게 그렸기 때문이었다. 한번은 왕장이 궁중에서 비파를 탔는데, 비파 타는 소리가 얼마나 구슬프고 아름답던지 황제가 그녀를 불렀다. 과연 천하의 일색이었으나 추한 얼굴로 그린 것이 모연수의 짓임을 알고 그를 죽이고자 하였으나, 모연수는 흉노로 도망쳤다.

당시 선우는 한의 공주와 결혼하고자 하였다. 모연수가 왕장을 그에게 바칠 것을 고하였으나, 황제가 불허하였다. 하지만, 조정의 대신들이 사직을 염려하여 허락하도록 간청하였다. 따라서 왕장은 이신보국(以身報國)의 충정으로 출새(出塞)하여 흉노로 가다가 흑수(黑水)에 투신하였다. 오히려 선우는 그녀의 절의에 감탄한 나머지 장례를 후히 치러 주고, 모연수를 속박하여 한으로 되돌려 보냈다. 원제는 궁중의 깊어가는 가을밤에, 꿈에서 그녀를 만났으나 깨어나 보니 기러기 울음소리만 들릴 뿐이었다. 슬픈 심정을 가눌 길 없었다. 그런데 마침 선우가 모연수를 되돌려 주어, 그를 참형에 처하고 왕장의 제사를 지냈다는 내용이다. [인용 : 이수웅, 『역사 따라 배우는 중국문학사』, 다락원.]

76) 〈장두마상(墻頭馬上)〉 : 관한경의 〈배월정(拜月亭)〉, 왕실보의 〈서상기(西廂記)〉, 정광조(鄭光祖)의 〈천녀이혼(倩女離魂〉과 함께 4대 애정극 가운데 하나이다. 이 이야기는 '지제분야(止淫奔也)'라고 하였는데 당시 청년 남녀의 음분을 경계한 것으로 한 여자의 입을 통하여 불행한 애정 생활을 말하고 있다. [인용 : 이수웅, 『역사 따라 배우는

〈배월정(拜月亭)〉·〈서상기〉·〈천녀리혼(倩女離魂)〉을 합치어 원잡극 중의 '4대애정극'이라 부른다.

왕실보 : 이름은 덕신(德信)이고, 대도 사람이며, 생졸년과 평생 사업은 상세하지 않다. 왕실보는 모두 14종의 잡극을 창작하였는데, 〈서상기〉·〈여춘당(麗春堂)〉·〈파요기(破窯記)〉 3종이 현존하고, 그 밖에 〈부용정(芙蓉亭)〉과 〈판다선(販茶船)〉 2개는 잔곡(殘曲)과 부분 산곡(散曲)이 남아 있다. 왕실보는 주로 나이 어린 여성이 봉건예교의 속박에 반항하며 자유로운 애정생활을 추구하는 것을 주요 내용으로 하여, 최앵앵·홍낭(紅娘)·유월아(劉月娥) 같은 부녀를 형상화(塑造) 하였다.

정광조 : 원대 후기 가장 대표성을 지닌 극작가의 한 사람이나. 사는 덕휘(德輝)이고, 평양 양릉(襄陵, 지금 산서 임분 일대) 사람이고, 생졸년대는 상세하지 않고, 『녹귀부』에 그를 "선비로 항주의 노리(路吏)에 보하였다" 고 설명했다. 그가 일생동안 창작한 잡극은 18종이 있고, 8종이 현존한다. 〈천녀리혼〉이 가장 유명하며,[77] 원잡극 중 가장 낭만주의 색채가 풍부한

중국문학사』, 다락원.]

77) 〈천녀이혼(倩女離魂)〉: 장천녀(張倩女)와 왕문거(王文擧)는 태내(胎內) 결혼을 하였다. 왕문거가 커서 과거를 보러 가기 위하여 장모를 찾아뵈었다. 그러나 장모는 그의 가난함이 싫어 천녀를 다만 형매(兄妹)의 예를 갖추어 만나보도록 하였다. 천녀는 마음이 울적하여 견딜 수 없었다. 문거를 떠나 보내고 난 천녀는 곧 병이나 일어나지 못하였고, 그녀의 혼령이 문거를 따라 함께 상경하였다. 문거는 마침내 장원 급제하여 장모에게 편지를 써서 천녀와 함께 돌아가겠다고 하였다. 그런데 문거의 편지를 집에 있는 천녀가 보게 되었고, 문거가 다시 장가를 든 것으로 오해하였다. 나중에 문거는 돌아와 몰래 천녀와 함께 상경한 것을 사죄하였으나 믿지 않았다. 왜냐하면, 자기의 딸은 병으로 누워 집을 떠난 적이 없었기 때문이다. 그녀는 천녀의 혼령을 보고 귀신으로 여겼다. 이 때 천녀의 혼령은 곧바로 내실로 들어가 병상의 천녀와 합체하여 하나가 되었다. 그러자 병도 완전히 나았다. 장모는 비로소 진상을 이해하고 두 사람이 정식으로 결혼을 하도록 허락하였다. 이 작품은 비록 내용이 황당하지만 합리적인 내용 전개는 비교적

작품이고, 고사가 기괴하지만, 사람들로 하여금 정리와 도리에 적절함을 느끼게 한다.

교길보 : 자가 몽부(夢符)이고, 호가 생학옹(笙鶴翁) 혹은 성성도인(惺惺道人)이며, 태원(太原) 사람으로 항주에 머물러 살았다. 생년은 알 수 없고, 1345년에 졸하였다. 그는 원대 후기 저명한 잡극 작가로, 작품은 대부분 애정·혼인을 제재로 하고, 남아 있는 극목이 11종이며, 세상에 전하는 작품으로는 〈이태백필배금전기(李太白匹配金錢記)〉·〈옥소여양세인연(玉簫女兩世姻緣)〉·〈두목지시주양주몽(杜牧之詩酒揚州夢)〉 3종이 있다.

이 들 6대가 이외에도, 강진지(康進之)·고문수(高文秀)·상충현(尙忠賢)·정덕휘(鄭德輝)·궁대용(宮大用)·양신(楊梓)·이직부(李直夫)·사장(史樟)·장국빈(張國賓) 등은 모두 당시 매우 걸출한 잡극 작가이다. 이들과 원잡극 무대에서 활약한 많은 배우들, 예를 들어 주렴수(珠簾秀)·순시수(順時秀)·천연수(天然秀)·새련수(賽連秀)·왕분아(王奔兒)·장분아(張奔兒)·이교아(李喬兒)·고산산(顧山山)·번사진(樊事眞)·평양노(平陽奴)·이수지(李秀芝) 등 저명한 예인들은 모두 원잡극예술의 발전을 창조하고 추동하였다. 원왕조 말년에 정치는 암흑이고 경제는 점점 쇠락하였으며, 과거제도가 회복되어 많은 문인들이 벼슬길로 전향하고, 또 남방의 전기(傳奇)가 흥기하는 등의 원인으로 원잡극은 점차로 쇠락의 길로 나아갔다.

산곡(散曲) : 원잡극이 흥성하던 전후에, 시정과 구란에서 일종의 가곡 형식이 유행하였는데, '산곡'이라 불렀다. 산곡은 비록 원잡극과 합하여 '원곡(元曲)'이라 부르지만, 그것은 극곡(劇曲, 잡극)의 청창(淸唱)가곡과는

성공적이었다. [인용 : 이수웅, 『역사 따라 배우는 중국문학사』, 다락원.]

달리, 빈백과개(賓白科介, 극에서 과개는 동작이고, 빈백은 대사)가 없으며, 일반적으로 사죽(絲竹)악기를 써서 반주하여 청창(淸唱)에 더욱 편리하다.[78] 산곡은 원대에 흥기한 일종의 운문문학으로, 내용은 비교적 단순하고, 전파면에서는 비교적 폭이 좁다. 언어상 대부분 구어이고, 문자는 통속적이고 쉬우며, 형식상 비교적 자유롭고, 구자(句子, 문장)는 길 수도 짧을 수도 있고, 일정한 곡패의 격률에 글자를 더하는 방법을 많이 사용하여 음악의 원활함을 강화하였다. 공연은 사인들의 관저에서 많이 하였고, 관중들 대부분은 상층귀족과 문인아사(雅士, 바르고 깨끗한 선비)들이었다. 산곡은 소령(小令)·대과곡(帶過曲)·산투(散套) 3종으로 나눌 수 있다.

소령(小令)[79] : '엽아(葉兒)'이라고도 하며, 단편적인 척곡(隻曲, 하나의 독립된 단위의 곡)으로 조성되기 때문에 결구가 짧다. 소령은 독곡체(獨曲體)와 연장체(連章體) 두 종류로 나눌 수 있다. 연장체는 '중두소령(重頭小令)'이라고도 부르는데, 동일한 곡조를 여러 차례 중복 사용하여 형성하는 조곡(組曲, 모음곡) 형식을 말한다. 연장체 조곡에 있는 척곡은 상대적으로 완전하며, 같은 운을 넣을 수 있기도 하고, 다른 운을 넣을 수도 있다. 사대부 혹은 문인아사들이 지은 것이 많기 때문에 음악의 풍격은 아치(雅致, 고상하고 우아함)하다. 마치원의 산곡 작품 전체는 품격이 호방청일(豪放淸逸, 호탕하고 맑고 편안함) 하며, 남녀 애정을 묘사하는데 뛰어나지만, 친압(親狎, 너무 허물없이 버릇이 없다 狎昵)의 말을 좋아하지 않았다. 예를 들어 다음의 〈수양곡(壽陽曲)〉 두 편을 보면,

78) 청창(淸唱) : 희곡의 일종 연창형식. 화장하지 않고, 동작할 수 있으며, 대화가 없고, 단지 창곡만이 있다. 악기는 간단하여 항상 弦索·笙笛·鼓板 등을 사용한다.

79) 소령(小令) : 1. 산곡의 일종. 원나라 사람들은 인 '葉兒'라고 했다. 체제가 짧고 작으며, 하나의 곡자를 독립단위로 하여 투삭대곡(套數大曲)과는 다르다. 그러나 예외가 있으니, '帶過曲'·'重頭' 등은 소령의 특수형식이다. 2. 민간소곡으로 소조(小調)라고도 한다.

(1)
구름은 달을 감싸며, 바람은 풍경(風磬)을 흔들곤,
두 사물로 마음 처절해져, 은등잔 위 심지 돋우고선,
심사 써내려가려다, 길게 탄식하곤 훅 불어 껐노라.
雲籠月 風弄鐵[80)]
兩般兒助人凄切 剔銀鐙
欲將心事寫 長吁氣一聲吹滅

(2)
내 마음속 일들을, 그대에게 말하고자하나,
그댄 걸핏하면 헤어지자고 하네요,
헤어지자는 말에 무섭고 두려운데,
그대에겐 우스갯소리였나요,
내 맘 깊은 곳의 불안함 근심할 뿐입니다.
心間事 說與他
動不動早言兩罷 罷字兒磣可可[81)]
爾道是要[82)] 我心裏怕那不怕

이 두 편은 남녀애정을 묘사한 작품으로, 남자에 대한 여자의 심각한 사랑의 마음을 표현하지만, 표현된 풍격은 단정하고 장중하고 함축적이다.

마치원은 『동리악부』 한권이 있고, 소령 백여편과 투삭(套數)이 17수가

80) 원문의 '風弄鐵'에서 '鐵'은 쇠붙이로 만든 물건을 대유한다. 바람이 흔들고 가는 것으로 풍경(風磬)이 적당한 듯해서 풍경으로 의역하였다.

81) 원문의 '磣可可'의 '磣'은 본래 식물 속에 뒤섞여 있는 모래를 가리킨다. 여기에서는 마음에 모래가 낀 듯 불편한 느낌을 비유한 것이다. '磣可可'의 현대 중국어 뜻은 '처참하거나 무서워서 몸서리 치는 모양'을 나타내는 형용사이다.

82) 원문의 '爾道是要'는 중국 북방인의 구어 속에 남아 있는 속어로 '우스갯소리를 하다'의 뜻이다.

있다.[83]

대과곡(帶過曲)은 2~3개의 각기 다른 척곡으로 조성된 소형 조곡으로, 소령과 투삭 사이에 있는 특수한 형식이다.[84] 그것들의 구별은, 소령은 단편적인 척곡으로 구성되는데, 대과곡은 소형 조곡이고, 이것이 대과곡과 소령의 근본적 차이점이다. 대과곡과 투삭의 구별은, 대과곡은 미성(尾聲)이 없지만 투삭은 미성이 있고, 대과곡의 곡조는 가장 많아야 3척을 넘지 않는데, 투삭의 척곡은 몇 십개에 이를 수 있다. 또 대과곡 2~3개 척곡의 곡조명은 가장 앞면에 표시되지만, 투삭은 곡조명을 매 척곡의 앞면에 분별하여 표시한다. 궁조 사용에 있어서도 대과곡은 동일한 궁조를 사용할 수 있지만, 투삭은 각기 다른 궁조를 사용할 수 있다.

산투(散套) 혹은 투삭 혹은 투곡이라 하는데, 동일한 궁조의 약간 곡패를 연철하여 만들기 때문에 장단이 하나같지 않고, 하나의 운으로 끝까지 하는 투곡형식이다. 산곡 중의 투삭에서, '투'는 기본단위이고, 투와 투 사이는 상호 독립적이고 분산적이다. 극곡(잡극)이 일정한 조직 결구인 '사대투(四大套, 기승전결)'를 갖고 있는 것과 상대적으로 말하여 '산투'라고 부른다. 한 편의 투삭은 일반적으로 세 부분으로 조성된다. 하나는 고정된 수곡(首曲, 머리곡)이고, 둘은 일정한 규율을 조합한 과곡(過曲)이고, 셋은 원활하고 풍부한 미성(尾聲)이다.[85] 원대 산곡 '투'의 체는 '전령(纏令)'과 일맥상통한

83) 투삭(套數) : 1. 희곡 혹은 산곡(소령은 제외) 중에 다양한 종류의 곡조를 사용하여 상호 연관지어 수미가 있게 하여 하나의 총체(套, 세트)를 만든 것을 투삭(套數)이라 하고, '套曲'이라고도 한다. 투곡(套曲)은 약간 악곡 혹은 악장을 조합하여 한 벌로 만든 대형 기악곡 혹은 성악곡을 말한다.

84) 대과곡(帶過曲) : 산곡소령의 일종 체식. 소령은 근본적으로 하나로 제한되지만, 음률이 서로 함접한 3개의 곡으로 하나의 곡을 만들기 때문에 '帶過曲'이라 했다. 처음에는 북곡 소령에 있었으나, 나중에 남곡에도 있게 되었다.

까닭에 투수의 음악 풍격은 소령의 고상하고 우아함에 비하여 비속하다.

7. 남희(南戲)

'남희'는 북송 말기에 출현하여 잡극에 비하면 조금 늦다. 남희는 온주(溫州)에서 기원하여, '온주잡극' 혹은 '영가(永嘉)잡극'이라 부른다. 그 출처는 온주 사람들 사이에 유행한 '촌방소곡(村坊小曲)'으로, 그곳 사람들은 '희문(戲文)'이라 부르는데, 도시에 진입한 이후에 점점 잡극·대곡·제궁조·설창 등 각종 예술 요소들을 흡수하여 발전 형성된 희곡극이며, 항주·복건·절강 등지에서 매우 유행하였다. 전남양(錢南揚) 선생의 통계에 의하면, 송·원 시기의 남희극의 목록은 모두 238본(本)이다. 〈조정녀(趙貞女)〉·〈왕괴(王魁)〉는 남희 초기의 극목으로, 극본은 이미 잃어 버렸다. 현존하는 가장 이른 시기의 남희는 명대『영락대전(永樂大全)』에 수록된 희문 3종, 〈장협상원(張協狀元)〉·〈소손도(小孫屠)〉·〈환문자제착입신(宦門子弟錯立身)〉이 있다. 그 중 〈장협상원〉은 남송 말기에 널리 알져진 작품으로, 일반적으로 현존하는 가장 이른 시기의 희문이라 생각한다. 나머지 두 작품은 원대의 작품이다. 원나라가 중국을 통일한 이후에, 남희는 원잡극과 교류하면서 예술형식에 있어 매우 발전하였다. 원대 중기 이후에, 남희가 북방의 대도(지금 북경) 등으로 유입되었고, 원대 말기에 일부 유명한 극작가가 출현하였다. 그중 〈형채기(荊釵記)〉·〈유지원백토기(劉知遠白兎記)〉·〈배월정〉·〈살구기(殺狗記)〉 4대 남희 극목이 가장 유명하였다. 원대 남희를 '전기(傳奇)'라고 부르기 때문에 '사대전기'라 부른다. 원말명초 시기에 서안

85) 과곡(過曲) : 희곡명사. 남곡 곡패에서 引子·尾聲을 제외하고 통칭 '過曲'이라 한다. 예를 들어 〈牡丹亭·驚夢〉은 〈繞池遊〉·〈步步嬌〉·〈醉扶歸〉·〈皀羅袍〉·〈好姐姐〉·〈尾聲〉 여섯개 곡패를 하나의 套로 하는데, 인자 〈繞池遊〉와 말곡 〈尾聲〉을 제외한 나머지 곡패는 과곡에 속한다.

사람 고명(高明)의 〈비파기(琵琶記)〉를 합쳐 '오대전기'라 부른다.

남희의 배역은 생(生)·단(旦)·정(淨)[86]·말(末)·축(丑)·첩(貼)·외(外) 7종이 있다.[87] 생·단은 중년 이하의 남녀주역으로 한정되고, 정·축은 남희 가운데 일대 희극배역으로 생·단 등 정극(正劇) 배역과는 선명한 대비를 형성한다. 남희 중의 각 종 배역은 모두 연창할 수 있고, 대창(對唱)·윤창(輪唱)·합창 등 다양한 연창 형식이 있다. 남희의 음악 결구형식은 원활하고 자유로운 민가의 기초 위에 점차로 발전한 곡패의 연투형이다. 매 투곡패는 인자·과곡·미성 세부분으로 나눌 수 있다. 일정한 연투형식이 있지만, 실제 운용에 있어서는 상당히 원활하며, 또 '집곡(集曲)'과 '남북합투(南北合套)'로 된 형태의 곡패형식을 창조하여 곡패의 표현력을 풍부하게 확장하였다.[88] 궁조 운용에 있어 비교적 자유로워 궁조의 제한을 받지 않고, 또 때에 따라 운을 바꿀 수도 있다. 극본은 분장(分場)결구를 채용하였고,[89]

---

86) 정(淨) : 중국 전통극 배역의 하나로, 성격이 강렬하거나 거친 남자 배역임. 참조 제6절 원잡극과 산곡.

87) 첩(貼) : 첩단(貼旦)이다. '貼旦'은 희극에서 배역의 이름. 극중에서 이차적으로 중요한 배역의 단각(남자배역)이다. 단을 보좌하면 첩이고, 정을 보좌하면 축이고, 말의 나머지 배역이 외(外)이다.

외(外) : 전통희곡의 배역명. 원대 희곡중에는 外末·外旦·外淨 등이 있다. 대체로 末·旦·淨 등의 이차적 배역이다. 명청 이래에 '外'는 점점 노년남자의 배역을 전문적으로 연기하는 배역이 되었다.

88) 집곡(集曲) : 남곡(南曲)체식의 하나. 동일 궁조 혹은 다른 궁조 내 여러 곡패의 각 일절(一節)을 모아 연계하여 만든 신곡. 집곡은 그 이름만 보면 마치 단일한 조처럼 보이지만, 실제로는 9조, 12조의 구법이 그 안에 섞여 있다.

남북합투(南北合套) : 하나의 투곡(套曲) 속에 남곡과 북곡을 겸용한 체식. 처음에는 남북곡의 곡패는 동일한 투곡 내에 함께 나타날 수 없었는데, 원대 중엽 이후에, 규범이 점차 깨져서 동일한 궁조내에 약간의 음률이 상호화해하는 남곡과 북곡의 곡패를 골라서 교체로 사용하여 연계하여 투곡이 되었다. 예를 들어 남희의 〈宦門子弟錯立身〉, 散曲의 심화(沈和)의 〈瀟湘 八景〉이 그것이다. 명·청 때 응용이 광범위 해졌다.

89) 분장(分場) : 연극희 횟수. 출연수. 분장결구는 횟수를 나누어 극을 이룬 구조.

또 공간·시간·장소의 제한을 받지 않는다. 곡조는 5성음계에 속하고, 대부분 평온하게 진행되고, 풍격은 위완세이(委婉細膩, 완곡하고 섬세함)하다, 절박(節拍, 박자)은 산판(散板)·만판(慢板)·쾌판(快板)이 북곡과 상동한 것을 제외하고는,[90] 일종 더욱 느린 절박 – 증판(贈板, 8/4 혹은 4/2 박자)을 응용한다.

8. 악기

송·원 시기에는 전대 악기를 계승 발전한 기초 위에 허다한 새로운 악기가 출현하였다. 비파·쟁·완함·배소·혜금(嵇琴)·알쟁·박판·방향·생·필률·장고·적·칠현 등이 있다.

생(笙) : 송왕조 시기에 유행한 생은 주로 우생·소생·화생 3종이 있다. 이것들은 모두 모두 49황(簧)으로 되어 있고, 12개의 음조로 변환할 수 있으며, 다양한 궁조의 악곡을 취주할 수 있어 당시 보편적으로 사용한 악기이다. 북송 초기(960~965년)의 사천 지역에 36황의 '봉생(鳳笙)'이 출현하였는데,[91] 이같은 생의 고·중·저음의 음역은 반음 관계로 설계되어

90) 산판(散板) : 음악상의 자유로운 절박. 고정절박의 상대적 말. 절박의 난잡과 임의의 박자를 뜻하는 것은 아니다.
　만판(慢板) : 희곡중 절박이 완만한 곡조. 쾌판의 상대적인 말. 비교적 복잡한 내심의 감정을 표현하는 적합하다.
　쾌판(快板) : 희곡중 박자가 급속한 곡조. 극정이 긴장 혹은 인물심정이 격동할 때 사용한다.

91) 봉생(鳳笙) : 漢 應劭『風俗通·聲音·笙』: "『世本』을 인용하여 길이가 4촌이고 12황(簧)이며, 봉황의 몸을 형상하였고, 정월의 음이다.(隨作笙. 長四寸·十二簧·像鳳之身, 正月之音也.)"고 했고, 唐 韓愈의 〈誰氏子〉詩 : 「或云欲學吹鳳笙, 所慕靈妃媲蕭史.」"라 했다. 이로 보면 북송시대에 처음 나온 것은 아니다. 나중에 일반적으로 생을 봉황이라 부르기도 하였다.

있어 전조가 매우 편하지만, 중원 지역에서는 유전되지 않았다.

혜금(嵇琴)[92] : '해금(奚琴)'이라고도 하고,[93] 수·당 시기 지금의 중국 요녕성 서쪽 목륜하(木倫河) 유역과 하북성 북부 일대지역의 해족(奚族) 부락이 사용한 일종 궁현(弓弦)악기이다.[94] 연주방법은 두 개의 현 사이에 죽편(竹片)을 밀고 당겨(擦弦, 현을 켜다) 소리를 낸다. 이같은 금은 북송의 민간에서 매우 유행하였고, 남송 시기에도 여전히 궁정 교방대악에서 매우 중요한 선율성 악기의 하나였다.

알쟁(軋箏) : 송왕조 시기에 '진(纂)'이라 했는데,[95] 당나라 때 죽봉으로 현을 문질러서(擦弦) 소리를 내는 납현악기(拉絃樂器 줄을 문질러 켜는 악기, 찰현악기)로, 『구당서·음악지』에 "쟁(箏, 13현의 거문고 비슷한 악기)은 본래 진나라 소리(秦聲)이다. … 알쟁은 죽편으로 그 끝을 매끄럽게 하여 밀고 당긴다."고 기록되어 있다.[96] 알쟁은 쟁을 기본으로 하는 발현악기(撥絃樂器, 줄을 뜯거나 튕김)에서 전변된 납현악기이고 쟁의 일종 변이체임을 알 수 있다. 이같은 악기는 지금 민간에 여전히 그 유제(遺制, 예로부터 전해져

92) 혜금(嵇琴) : 속설에 해금의 기원을 중국 위(魏)나라와 진(晉)나라 교체기인 3세기 죽림칠현(竹林七賢)의 한 사람인 혜강(嵇康, 224~263)과 연관시키기도 하는데서 연유한 표기이다. 그러나 혜강 때는 중국에 해금이 아직 들어오지 않았고, 혜강은 거문고와 비슷한 중국 악기인 금(琴)의 명인이었고, 억울하게 죽은 까닭에 그에 부회한 것이다.

93) 해금(奚琴) : 둥근 나무통에 가는 자루를 박고 두 줄의 명주실을 매어, 오죽(烏竹)에 말총을 얹은 활로 비벼 켬. 깡깡이.

94) 해족(奚族) : 거란과 이웃한 내몽고 지역(선비족의 옛 땅)의 옛 소수민족으로 당나라 때 혜국을 건립. 북방 민족들이 마상에서 연주하던 악기에서 해금이 유래하였다는 견해가 일반적이다.

95) 진(纂) : 『元史 禮樂志』에 '진'은 쟁(箏)처럼 칠현이고 기러기발(柱) 있고, 대나무로 문질러 소리를 낸다.(制如箏而七絃有柱用竹軋之)

96) 『舊唐書·音樂志』: "箏本秦聲也. … 軋箏以片竹潤其端而軋之."

오는 제도)가 남아 있다.

호금(胡琴) : 혜금과 알쟁 두 종류의 납현악기를 계승한 이후에, 송왕조 때 일종 납현악기가 출현하였는데, '마미호금(馬尾胡琴)'이라 불렀다.[97] 북송 심괄(沈括)의 『몽계필담』 권5에 한 편의 군가(軍歌), 「마미호금이 한나라 수레를 따르니, 우는 소리가 절로 단우(單於, 한 나라 때 흉노족의 군주)를 원망하는 듯하구나」가 기록되어 있다.[98] 당시 이미 마미호금이란 명칭이 있었음을 알 수 있다. 호금은 말총을 이용하여 현을 비비는 것으로, 혜금 류의 죽편으로 현을 밀고 당기는 것을 대체한 것이다. 그 형제(形制)는 『원사·예악지』에 "악기의 목부분이 말려 있고(卷頸)·용 머리를 하고(龍首)·두개의 현(二絃)"이라 기록하였는데,[99] 현대 호금과 매우 근접하다.[100] 금·원 시기에 호금은 이미 광범위하게 제사와 전쟁에서 응용되었다.

고금(古琴) : '칠현금'이라고 부르는데,[101] 춘추 말기의 『시경』에 가장 먼

97) 마미호금(馬尾胡琴) : 호금은, 고악기 북방과 서북 각 민족으로부터 온 발현악기를 말하는, 때로는 비파(琵琶)를 가리키기도 하고, 때로는 홀뢰(忽雷, 고악기)를 말하기도 한다. 송·원 시기에는 납현악기를 부르는 말이다. 마미는 말총이니, 말총으로 만든 활을 사용하는 호금을 말한다.

98) 『夢溪筆談』 〈개가오음(凱歌五音)〉 : 「馬尾胡琴隨漢車, 哭聲猶自怨單于」. 고취악의 노랫말이다. 개선하는 군대가 노래를 부르는데, 노랫말이 시정비리의 가사로 되어 있어, 그 조잡함을 피하여 심괄이 지었다.

99) 『元史·禮樂志』 : "胡琴, 制如火不思, 卷頸, 龍首, 二絃, 用弓捩(슬대)之, 弓之弦以馬尾."

100) 현대 호금 : 지금의 희곡에서 사용하는 현악기 호금은 통에 뱀껍질을 입히고, 통 위에는 금간(琴杆)을 장식하였으며, 간(방패 모양 덮개)에는 나무로 만든 기러기발 2개를 설치하고, 기러기발로부터 통의 바닥에 2개 현을 이어 말총으로 만든 활로 두 현 사이를 문지른다.

101) 고금(古琴) : 세상에 전하는 칠현금으로, 오동나무로 만들고, 처음에는 오현이었으나, 나중에 칠현이 되었다.

저 보이지만, 『시경』이 쓰여지기 이전에 만들어졌고, 지금까지 2,000여년의 역사가 있다. 송대의 고금예술은 대단히 발전하여, 변량(汴梁, 개봉)·양절(兩浙, 절강성 동 서 양쪽)·강서(江西) 등 비교적 영향이 큰 풍격유라(風格流派)가 출현하였고, 동시에 장암(張巖)·곽면(郭沔)·유지방(劉志芳)·모손(毛遜)·서우(徐宇)·양찬(楊纘) 등 저명한 금가(琴家)가 출현하여 고금악보를 정리하고 신곡을 창작하고 금예(琴藝)를 전수하는 등, 모두 매우 중요한 공헌을 하였다.

송·원 시기에는 또 화불사(火不思)·운오(雲璈)·삼현(三弦) 등 악기가 출현하였다.

화불사(火不思) : 혼불사(渾不似)·호발사(虎拔思)·호박사(琥珀思) 등으로 불리는데,[102] 중앙아시아와 서아시아 지역의 페르시아, 터키 등에서 사용한 고악기이다. 8세기(中唐)에 중국 서북지역에서 출현하여, 송왕조시기(960~1279)에 내륙으로 들어왔고, 원왕조시기에 광범위하게 유행하였다. 그 형제는 『원사·예악지』에 "비파처럼 만든다. 목이 길고(直頸), 기러기발이 없고(無品),[103] 작은 홈(小槽)이 있고, 배가 둥글어 마치 반경합(半甁榼, 술병) 같고, 가죽으로 면을 만들고, 4현의 피병(皮絣, 가죽으로 만든 줄)이고, 하나의 기러기발(孤柱)이 있다."고 하였다.[104]

---

102) 화불사(火不思) : 돌궐어 'qobuz'의 음역. 일종 현악기. 형태는 비파와 유사하지만, 목이 곧고 길며 나무통에 모서리가 있어 비파와는 다르다. 당나라에는 직경비파와 곡경비파가 있었는데, 송·원 시대 직경비파를 화불사라 하였다.

103) 무품(無品) : '품(品)'은 비파·월금 등의 현악기 위에 있는 현침목(弦枕木) 즉 기러기발(柱)이다. 품주(品柱, 현악기 위에 확정된 음 위치의 弦柱)라고도 한다.

104) 『元史·禮樂志』: "火不思, 制如琵琶, 直頸, 無品, 有小槽, 圓腹如半甁榼, 以皮爲面, 四絃皮絣, 同一孤柱."

운오(雲璈) : 지금의 운라(雲鑼)이다.[105] 그 형제는 『원사·예악지』에 "동으로 만드는데, 소라(작은 징) 13개로 되어 있고, 나무 시렁 위에 걸고, 왼손으로 잡고 오른 손으로 작은 방망이로 두드린다. 라의 크기는 모두 같지만, 두껍고 얇은 것으로 소리의 청탁을 나눈다. 5정성(正聲)과 5청성(淸聲)이 있다."고 했다.[106]

삼현(三弦) : 원대에 시작한 탄발(彈撥, 줄을 튕김) 종류의 악기이다.[107] 그 전신은 진(秦)대의 현도(弦鼗, 진나라 비파)일 가능성이 있다.[108] 명나라 양신(楊愼, 1488~1559)의 『승암외집』에 "지금의 3현은 원나라 때에 시작하였다."고 하였다.[109] 추측컨대, 3현은 중·서아시아 지역의 유리 종류의 탄발악기의 계발을 받아들여 중국 현도의 기초 위에 형제를 바꾸어 만든 것일 가능성이 있다.

송·원 시기 기악연주는 이미 상당히 발전하여, 도시의 와사구란과 기타 유락장소에서의 기악연주 형식은 소악기·세악·청악·고판 등 다양한 종류가 있었다.

---

105) 운라(雲鑼) : 타격악기. 일명 운오(雲璈). '라(鑼, 징)'는 타격악기. 형상은 평평하고 깊이가 얕은 구리로 만든 쟁반모양이고, 짤막한 망치로 두들겨 소리를 낸다. 양쪽 끝에 구름 속 용(雲龍)을 도금하기 때문에 '운라'라 한다.

106) 『元史·禮樂志』: "〈宴樂之器〉雲璈, 制以銅, 爲小鑼十三, 同一木架, 下有長柄, 左手持, 而右手以小槌擊之. 五正聲, 五淸聲."

107) 삼현(三弦) : 현악기. 나무로 만든 통, 양쪽 끝에 뱀 무늬를 입혔고, 위에는 긴 자루가 있고, 3개의 현이 있다.

108) 현도(弦鼗) : '鼗'는 땡땡이라 하는 것으로, 북에 달리 자루를 잡고 돌리면 양쪽 끝에 달린 구슬이 북면을 쳐서 소리를 낸다. 삼현이 현도에서 나왔을 가능성이 있다는 말은, 현도가 도의 형태에 줄(현)을 달아 만들었다는 말인데, 해금·비파 등이 이렇게 만들었다는 진양 『악서』의 기록에 의거한 듯하다.

109) 『升庵外集』: "今之三弦于元時".

소악기(小樂器) : 단지 1~2명이 합주하는 악기조합으로, 민간에서 항상 볼 수 있고, 궁정연악에도 이같은 조합이 있었다. 소용된 악기는 박판·소·혜금·생·필률 등이 있다.

세악(細樂) : 일종 소형의 관현악대로, 북 종류 혹은 비파 종류의 탄발악기는 사용하지 않고, 단지 소·관·생 등 가벼운 유형의 관악기를 사용하고, 음조는 우아하고 청신하며, 상용하는 악기로는 소·관·생·혜금·알쟁·방향 등이 있다.

청악(清樂) : 일종 소형의 취타악대로, 사현(絲絃)악기를 사용하지 않고, 취관악기와 타격악기를 조합하며, 음악은 비교적 격렬하며, 상용하는 악기로는 생·적·필률·방향·소제고·박판·차자(札子) 등이 있다.[110)]

고판(鼓板) : 일종 예술성과 기술성이 높지 않은 기악합주 형식으로, 항상 3~5명으로 조성되고, 도시 길거리에서 공연한다. 주요 악기로는 박판·고·적 3종이 있고, 때로는 찰자·수잔(水盞)·라(鑼) 등 타격악기를 사용하기도 한다.[111)]

궁정의 기악 합주형식은 주로 교방대악·수군번부대악과 마후악 3종이 있다.

---

110) 灌圃耐得翁 『都城紀勝·瓦舍衆伎』에는 "方響笙笛用小提鼓"라 하였다. 『都城紀勝·瓦舍衆伎』에 "小樂器 … 鼓子敲水盞鑼板和鼓兒 皆是也."라 하였다. '고자(鼓子)'는 군중에서 사용하던 악기이다.

111) 수잔(水盞) : 고대 동으로 만든 타격악기. 『元史·禮樂志五』: "水盞, 制以銅, 凡十有二, 擊以鐵箸."

교방대악(敎坊大樂) : 송대 궁정 연악 중 규모가 가장 큰 기악합주 형식으로, 소용된 악기는 북송에서 남송까지 증감이 있었다. 『동경몽화록』권9에 북송 교방대악에 사용된 악기에 필률·용적·생·소·훈·호·비파·공후·방향·박판·장고·대고·갈고 등 13종의 악기가 있고, 남송 교방대악에 소용된 악기에는 훈·지(篪)[112]·지공후 3종의 취관악기와 타격악기 갈고를 없애고, 쟁·혜금 2종의 탄발악기를 더하여 모두 11종 악기가 있었다고 기록하였다. 북송 교방대악은 규모가 가장 클 때에는 박판이 10곶(串), 비파 50면(面), 장고 200면, 공후2좌(座), 대고 2면, 갈고 2좌를 사용하였는데, 기타는 자세하지 않다. 남송은 규모가 가장 클 때, 박판 7곶(串), 비파 8면, 장고 35면을 사용하였다.

수군번부대악(隨軍番部大樂) : 고취악의 일종으로, 주로 궁정 의장에 사용하였고, 주요 악기로는 박판·번고(番鼓)·대고·찰자·소·적·용적·필률 등이 있다.

마후악(馬後樂) : 고취악에 속하는 것으로, 주로 황제가 수레 뒤, 의장대오에 사용한다. 말 위에서 연주하는 일종 고취악으로, 소용된 악기로는 박판·제고(提鼓)·찰자·적·필률 등이 있고, 규모와 악기의 사용에 있어 수군번부대악에 비하여 훨씬 작다.

112) 지(篪) : 아악기(雅樂器)에 속하는 저의 하나. 오래 묵은 대통의 뒤쪽에 하나, 앞쪽에 네 개의 구멍을 뚫어서 만듦. 고음을 내는데, 음색이 부드럽고 고움.

9. 송·원 음악이론과 음악논저

채원정(蔡元定)과 18율(律) : 채원정은 남송 시기 저명한 악률학가이다. 건양(建陽, 지금 복건 서북) 사람이고, 자는 계통(季通)이고, 평민 출생으로 비록 이학가(理學家) 주희(朱熹)에게 배웠고, 실제로 주희와 사제 관계였지만, 제자 반열에 들지 못하였다. 일찍이 양만리(楊萬里)의 추천으로 조정에 들어가 벼슬을 하였지만, 끝내는 한차주(韓侂胄)가 '위학(僞學)'을 금하면서 이학도들을 공격하였기 때문에 연루되어 도주(道州)로 유배되어 용릉(舂舂陵)에서 죽었다.[113] 음악논저로는 『연악원변(燕樂原辨)』·『율려신서(律呂新書)』가 있다. 『연악원변』은 채정원이 송대 연악 28조 『연악서』를 연구한 자신만의 독특한 견해를 지닌 악률학 저작인데, 애석하게도 본 논저는 이미 잃어버렸고, 단지 『송사·악지』에 그 대요가 남아 있고, 연악을 논술하면서 사용한 용어인 기성(紀聲)·7성 고하(高下)와 4성 28조 등 관계된 수백자의 문자기록이 남아 있다. 『율려신서』는 상·하권으로 나누는데, 상권 『율려본원(本原)』13편, 하권 『율려변증(辨證)』10편이다. 주희가 쓴 서문이 그 저작에 찬사를 더하였다. 채원정은 책에서 '18율'의 악률이론을 제안하였다.

18율은 채원정이 삼분손익 계산방법을 이용하여 12율을 정률(正律)로 하여 계속하여 6율을 상생하여 변률(變律)을 만들어 18율을 얻은 것이다.[114]

---

113) 위학(僞學) : 사람을 기만하는 학문, 혹은 가짜 거짓 학문. 송대 경원(慶元) 시기에, 한차주(韓侂胄)와 조여우(趙汝愚)가 권력을 다투었다. 주희(朱熹) 등이 조여우에게 기울었다. 한차주가 득세한 이후에, 탐독곡방사(貪黷放肆, 욕심이 많고 하는 짓이 더럽고, 방종함)가 곧 사람의 진정이고, 염결호수(廉潔好修, 청렴하고 수양함을 좋아함)하는 사람은 곧 위인이라 하면서 마침내 도학(道學)을 '僞學'이라 하여 승상 조여우 이하 59인을 파척하고, 주희의 도학적 관점을 찬동하는 사인들의 등용을 금하였다.

114) 변률(變律) : 변율은 삼분손익(三分損益)의 마지막 12번째 율이 다시 처음의 율로 돌아가지 않아서 발생하는 율이다. 처음 율과 똑같지 않고 처음의 황종율(黃鍾律)보다 조금 높은 율이 변율이다.

12정률은 모두 궁음으로 할 수 있고, '변률'은 궁음으로 할 수 없고, 명칭은 변황종 · 변림종 · 변태주 · 변남려 · 변고선 · 변응종이다. 6변률과 6정률은 각기 서로 24음분(音分)의 차이가 있다. 18율의 명칭은 황종 · 변황종 · 대려 · 태주 · 변태주 · 협종 · 고선 · 변고선 · 중려 · 채빈 · 임종 · 변임종 · 이칙 · 남려 · 변남려 · 무역 · 응종 · 변응종이다.

채원정의 18율은 삼분손익율의 전조(轉調) 문제를 이론상 합리적으로 해결하여, 경방(京房) · 전악지(錢樂之) 등이 이용한 악률이 제창한 신비주의적 문제에 비하여 매우 큰 진보를 보여 일정한 과학적 가치가 있다.[115] 그러나 악기제조 방면에서 곤란함 때문에 음악실천에 있어서는 광범위하게 응용되지 못하였다.

『악서(樂書)』: 북송 진양(陳暘)이 편찬하였다. 진양은 복건(福建) 민청(閩淸) 사람으로, 근 40년에 걸쳐 중국 역사상 현존하는 비교적 이른 시기의 백과사전류의 저작물을 완성했고, 정국(靖國) 원년(1101)에 송 휘종(徽宗) 조길(趙佶)에게 진헌하였다. 『악서』는 모두 200권으로, 두 부분으로 나눈다. 첫째 부분 『훈의(訓義)』(1~95권)는 『예기』 · 『주례』 · 『의례』 · 『시경』 · 『상서』 · 『춘추』 · 『주역』 · 『효경』 · 『논어』 · 『맹자』 등 10종 고대 경서 중에서 음악과 상관된 논술을 수록하고, 해석을 하였다. 둘째 부분 『악도론(樂圖論)』(96~200권)은 삽도 540폭이 있고, 악률이론 · 악기 · 성악 · 무도 · 잡기 · 전례음악 등을 논술하였다. 『악서』에는 매우 풍부한 음악사료가 보존되어 있는데, 특히 적지 않은 악기를 소개하는데 있어서 그림을 사용하여 설명

115) 경방(京房) : 한(漢)나라 무제(武帝, 기원전 107~87) 때 역리(曆理)와 음률에 밝았던 사람. 자는 군명(君明). 관(管)에 의거하여 산출된 12율의 산정(算定)에 대하여 불합리함을 깨닫고, 현(絃)에 의한 12율을 산정하였다. 경방은 격팔상생법(隔八相生法)으로 64괘에 맞춰 60율을 창설한 인물이다.

전락지(錢樂之) : 송대 원가(元嘉, 424~453) 시기의 사람으로, 太史를 역임. 360율을 제창. 혼천의(渾天儀)를 주조함.

과 해석을 함으로써 매우 중요한 문헌 가치가 있다. 부족한 점은 어떤 그림은 졸렬하여 악기외형을 그리는데 충분히 정확하지 않고, 음악곡조 또한 악보를 이용하여 기록할 수 없다는 것이다. 동시에 『악서』는 일정한 역사적 한계성을 지니고 있는데, 예를 들어 진양이 제안한 '4청(淸)'·'2변(變)'을 폐기하자는 주장은 중국 음악의 실제에서 심각하게 벗어났고,[116] 그가 제안한 존아(尊雅)·억호정(抑胡鄭)의 음악사상은 역대로 의식 있는 음악가의 비판을 받았다.[117] 그 밖에 『악서』에는 분류가 충분히 엄밀하지 못한 문제가 있다. 예를 들어 악기 부분에서 폄훼한 호악의 '호롱(胡弄)'을 호부악기에 귀속하였는데,[118] 본래는 궁조인 평(平)·청(淸)·슬(瑟)을 슬류(瑟類)악기에 귀속하였고, 또 악기 그 자체와 구체적 연주방법을 혼효(混淆)하여 고쟁·탄쟁을 쟁류악기에 귀속시키고, 취생을 포류(匏類)악기에 귀속하였다. 허다한 문제가 있는 것은 『악서』의 최대 아쉬운 점이라 말하지 않을 수 없다.

『벽계만지(碧雞漫志)』: 남송 왕작(王灼)이 편찬하였다. 왕작은 자가 회숙(晦叔)이고, 호가 이당(頤堂)이며, 수녕(遂寧) 사람으로, 소흥(紹興) 연간(1131~1162년)에 막료가 되었다. 시간이 지난 후, 사천 성도 벽계방에 살면서 이름을 얻었다. 모두 5권으로, 세부분으로 나눈다. 첫째 부분은 상고에서 당·송 시기까지 가곡의 변천 발전에 대한 서술이다. 둘째 부분은 북송 사인의 풍격과 유파를 품평하였다. 셋째부분은 〈예상우의곡〉·〈량주〉 등 28수의 당악의 명명의 원인·역사적 연혁과 궁조의 소속을 고증하였다.

116) 사청(四淸) : 악률명. 궁청·상청·각청·치청의 높은 소리를 말함.
이변(二變) : 칠음(七音)의 변궁·변치를 말함.

117) 존아(存雅)·억호정(抑胡鄭) : 아악을 존중하고, 호악과 정음을 억누르는 사상.

118) 호롱(胡弄) : '롱(弄)'은 악곡 혹은 곡조, 악기를 연주함을 의미함. 호는 이민족을 의미함.

책의 기록에는 북송 장산인(張山人)·공삼전(孔三傳) 등 민간예인의 음악활동 사료가 있는데, 당·송음악을 연구하는 데 중요한 저작으로, 비교적 높은 사료적 가치가 있다.

『사원(詞源)』: 송 원년(元年) 연간에 살았던 장염(張炎)이 지었다. 장염은 자가 숙하(叔夏)이고, 호가 옥전(玉田) 또는 악소옹(樂笑翁)이고, 임안(지금 절강 항주) 사람이다. 『사원』은 중국 고대 노랫말(詞, 曲子詞)와 사악(詞樂)을 연구한 전문 저작이다. 모두 30개 조목이고, 상하 양권으로 나눈다. 상권 14조는 내용에 오음상생·84조·고금보자(古今譜字)·관색응지자보(管色應指字譜)[119]·율려사범(四犯)[120]·결성정와(結聲正訛)·구곡지요(謳曲旨要) 등을 포함하였다. 하권 16조는 사악을 논한 것을 제외하고, 음보·박안(拍案)[121]·제곡(制曲)·영곡(令曲)[122]·잡론(雜論)과 양찬(楊纘)이 노랫말을 지은 오요(五要) 등을 포함하고 있다.[123] 『사원』은 중국 고대악률과 송사 음악을 연구하는 데 중요 참고서로, 비교적 높은 사료가치를 지니고 있다.

『몽계필담(夢溪筆談)』: 북송 심괄(沈括)이 지었다. 심괄은 자가 존중(存中)이고, 전당(錢塘, 지금 절강 항주) 사람으로, 과학가·음악가이고, 음악에 고도의 조예를 지니고 있어, 음악전문저서 『악론』·『악기도』·『삼악보(三樂譜)』·『악률』 각 1권씩 저술하였지만, 애석하게도 모두 전하지 않는다.

---

119) 관색(管色) : 관류(管類) 악기.

120) 사범(四犯) : 고대 악곡 전조(轉調)의 명칭. 곡조 중 궁조가 네 번 전조되는 것을 '사범'이라 함. [참조] 제5장 제6절 음악이론.

121) 박안(拍案) : 손으로 탁자를 쳐서 경이·분노·감개 혹은 분격을 표시함.

122) 영곡(令曲) : 소령(小令)이니, 단조(短調)의 사(詞).

123) 양찬(楊纘) : 자는 계옹(繼翁) 호는 守齋 혹은 자하옹(紫霞翁), 엄릉(嚴陵) 사람으로, 琴을 잘 하였고, 〈紫霞洞譜〉가 세상에 전하며 묵죽(墨竹)도 지었다.

오요(五要) : 관청의 일을 간단히 요약한 것으로, 당대 육지(陸贄)가 말했다고 함.

『몽계필담』은 심괄이 만년의 저작으로, 대략 1093년에 완성되었다. 이어진 『보필담(補筆談)』·『속필담(續筆談)』에는 모두 30권 600여 편이 있다. 음악과 관련된 '악률' 3권 50여 편이 있는데, 내용에는 악기의 발음·공명 원리에 대한 해석, 고대율학·궁조·악곡 등의 고증과 해석, 곡조의 작법과 연창방법에 대한 평술, 연악의 성률과 연악 28조의 연구. 악기의 형제·재료·연주방법의 소개와 기타 음악과 유관한 사료의 기술 등이 포함되어 있다. 중국 고대음악이론을 연구하는데 중요한 문헌사료이다.

『**금사(琴史)**』: 북송 주장문(朱長文)이 편찬하였다. 주장문은 자가 백원(伯原)이고, 호가 악포(樂圃)이며, 강소 오현(吳縣, 지금 소주) 사람이다. 『금사』는 중국의 첫째가는 고대 칠현금사(七絃琴史) 전문서적이다. 모두 6권으로, 앞의 다섯 권은 시간순서에 따라 선진 시대로부터 북송 까지 156인에 대한 역대에 산견되는 기술이고, 제6권은 오로지 평론만을 담고 있다. 작자가 쓰는 과정에서 역대에 산견되는 칠현금과 관련 있는 자료를 처음으로 수집 정리를 하였고, 일정한 체제로 편성하여 만들었으며. 그리고 적지 않은 가치가 있는 견해를 뚜렷하게 밝혀, 중국 금사를 연구하는 주요한 저작이고, 금학(琴學)의 발전을 위하여 중대하 공헌을 하였다. 『금사』 이외에 주장문은 『춘추통지(春秋通志)』 20권, 『악포문집』 100권과 『금대지(琴臺志)』·『묵지열고(墨池閱古)』 등 논저를 지었다.

『**창론(唱論)**』: 원대 연남지암(燕南芝庵)이 지었다. 연남지암은 본명과 일생은 자세하지 않고, 지암은 그 별호이다. 연남(지금 하북) 사람이다. 『창론』은 금·원 시기 북곡 성악을 연구한 전문서이다. 전문은 2,000여 자이고, 고대 음악가 인명과 금·원 곡명을 열거하였고, 도·승(불)·유 3가의 가창의 특징을 개괄하였으며, 희곡의 가창요령·가창방법·가곡내용과 항상 보이는 가창병폐 등과 상관된 논술이다. 주이백(周貽白)의 『희곡연창논저

집석』에 이 책을 수록하면서 주석을 하였는데, 참고할 만하다.

『**중원음운(中原音韻)**』: 원왕조 주덕청(周德淸)이 지었다. 주덕청은 자가 일담(日湛)이고, 호가 정재(挺齋)이고, 강서 고안(高安) 사람으로 일생은 자세하지 않다. 이 논저는 북방어음 규율과 연창실제를 결합하여 원곡(元曲) 성운을 규범하고 총결하였다. 자운(字韻)을 19개 운부로 나누고, 자성(字聲)을 평·상·거 3성으로 나누고 그 중 평성자를 또 양평(陽平)·음평(陰平)으로 나누었다. 그리고 입성자를 별개로 나누어 평·상·거 3성에 넣어 음·양·상·거 4성을 형성하였다. 『중원음원』은 중국 음운학사상 획기적인 의의를 지닌 이론서이고, 북방언어의 변천·원잡극을 연구하는데 현실적 지도(指導)의의가 있다.

『**청루집(靑樓集)**』: 원말명초 하정지(夏庭芝)가 지었다. 하정지는 자가 伯和이고, 호가 설사(雪蓑)이며, 강서 화정(華亭) 사람으로, 일생은 자세하지 않다. 모두 1권으로, 원대의 대도시 연예인의 생애를 전문적으로 기술한 논저이다. 책에서 언급한 청루의 여자는 120명이고, 남자 예인은 30여명이다. 이 외에 희곡작가·산곡가·시인 등 50여인의 사적을 기록하였다.

10. 음악사상

1) 소식(蘇軾)의 음악미학사상

소식(1073~1101)은 자가 자첨(子瞻)이고, 호가 동파거사(東坡居士)이며, 북송의 저명한 문학가·서화가일 뿐만 아니라, 음악방면에서 지극히 높은 조예를 갖고 있어 그 음악미학사상은 후기 중국사회에 매우 심원한 영향을 주었다.

음악미학사상 방면에서 소식은 '불사지악(不思之樂)'의 음악관점을 제안하였다. 그가 제안한 '불사지악'이 말하는 것은 인생의 일종 지극히 높은 경계이지, "사리에 통달하지 않은 깊은 음악(不通事理的深入之樂)"을 가리키는 것은 아니다. 소식은 '불사지악' 같은 지극히 높은 경계에 이를 수 있는 사람이었다. 비록 소식이 문학·서화·음악 등 많은 영역에서 빛나는 성취를 이룬 전능한 예술가이지만, 벼슬길에서는 여러 차례 타격을 입었다. 희녕(熙寧) 4년에 소식은 왕안석(王安石)의 변법(變法)과 사마광(司馬光)이 신법(新法)을 폐지한 것에 다른 의견을 가졌기 때문에 항주의 임판(臨判)으로 유배되었다. 원풍 2년에 또 '오대시안(烏臺詩案)'으로 거듭 유배되었고,[124] 결국 마지막으로 담주(儋州, 지금 해남)로 유배되었다. 비록 누차 쓰러지고 또 일어서고 하였지만, 그는 일종 평화로운 마음상태를 유지할 수 있어서, 벼슬길에서 관직의 크기에 상관없이 직분을 지키어 극기봉공(克己奉公, 사욕을 버리고 공익을 위하여 힘쓰다. 멸사봉공), 청정염결(淸正廉潔, 마음을 깨끗이 하고 검소함. 청렴결백)하여 백성을 위하여 복을 마련하는데 최선을 다하는 훌륭한 관리일 수 있었다.

어려서 부친인 소순(蘇洵)으로부터 고금(古琴)음악의 훈도(薰陶, 덕으로 사람을 감화함)를 받았기 때문에,[125] 소식은 고금과 끊지 못할 인연을 맺었고, 생을 마칠 때까지 금과 함께 하였다. 중국 봉건사회에서 고금예술은 매우 숭고한 지위를 누렸는데, 사대부들은 '금'을 정통음악의 화신이라 여기어

124) 오대시안(烏臺詩案) : 오대는 사헌부(어사대)의 별칭. '烏臺舊案'이라고도 함. 사람을 탄핵할 때 어사대에 보내 죄를 물었는데, 당시 이를 오대시안이라 했다. 후에 언관간신(言官諫臣)이 박해를 받는 전고가 되었다. 소식이 왕안석의 신법에 반대하여 유배로 전전할 때, 시를 지어 풍자하였다.

125) 소순(蘇洵, 1009~1066) : 자 명윤(明允), 호 노천(老泉), 미주(眉州) 미산 사람. 글이 웅장하고 간결하며 예스럽고, 소박한 가운데 서슬이 있다. 북송 산문가의 한 사람. 저서에 『嘉祐集』이 있다.

성묘(聖廟, 文廟 공자를 모신 사당)의 악으로 여겼으나, 비파·고쟁 등의 악기는 곧 '정위지음(鄭衛之音)'의 속악기라 여겼다. 소식은 고금의 변천사를 연구한 이후에, 이같은 오류를 반박하며 배척하였다. 그는 『금서잡사(雜書琴事)』에서,[126] "금은 아성(雅聲)이 아니고, 세상에서 금을 아성이라 생각하는데, 잘못이다! 금은 바로 옛날의 정위(鄭衛)(의 소리)일 따름이다. 지금 세상에서 말하는 정위는 모두 곧 호부이니, 중화의 소리를 회복한 것이 아니다. 천보(天寶) 연간에서부터 좌부·입부와 호부가 합치어 스스로 변별할 수 없었다. 혹자는 지금 비파 중에 홀로 탄주하는 것이 있어, 왕왕 중화와 정위의 소리가 있다고 말하는데, 그러나 능히 변별할 수 없다."고 했다.[127] 소식은, 고금은 사대부들이 생각하는 '아성'이 아니라, 고대에는 그것이 '정위지음'을 연주하는 보통 악기였고, 어떤 악곡을 연주하고 어떻게 연주하는가는 마땅히 연주자의 주관의식이 결정하는 것이기 때문에, 요원한 미래에 비파·고쟁 등 악기는 고금과 함께 중화의 대지위에 '아기(雅器)'로 될 것이라 생각했다.

원풍2년에, 소식의 '오대시안' 이후, 유가의 입세(入世)사상은 점차로 엷어지고, 불로(佛老)의 출세(出世)사상은 점차로 우세를 점하였고, 조정에 대하여 발표하는 비평의 횟수를 갈수록 줄여서 여러 사람이 와글와글 시끄럽게 떠들어 대는 것을 방지하였다. 금을 벗 삼고, 금으로 벗을 사귀는 것이 점차로 힘을 다하여 예술영역으로 전환하였다. 금학에 있어 일종 '고풍절진(高風絶盡)'·'초연물외(超然物外)'·'물아상망(物我相忘)', '신심개공(身心皆空)'을 추구하였고,[128] 자연의 '천성(天性)'인 '도(道)'의 경계를 추구하였다. 고

126) 『금서잡서』라 했는데, 『잡서금서』라 하기도 함.

127) 〈琴非雅聲〉: "世以琴爲雅聲, 過矣. 琴正古之鄭衛耳. 今世所謂鄭衛者, 乃皆胡部, 非復中華之聲, 自天寶中 坐立部與胡部合, 自爾莫能辨者, 或云今琵琶中有獨彈, 往往有中華鄭衛之聲, 然亦莫能辨也."

금은 이 시기의 그에게 정신지주였고, 〈청무도사탄금(聽武道士彈琴)〉·〈차운자유탄금(次韻子由彈琴)〉·〈서취옹조후(書醉翁操後)〉·〈구월십오관월청금서호좌객(九月十五觀月聽琴西湖坐客)〉·〈청현사금(聽賢師琴)〉·〈감자목란화(減字木蘭花)〉·〈서사금이수(書士琴二首)〉·〈청승소소금(聽僧昭素琴)〉·〈잡서금사십수(雜書琴事十首)〉·〈잡서금곡십이곡(雜書琴曲十二曲)〉·〈파금(破琴)〉 등 80수가 넘는 고금을 읊은 시가는 대부분 이 시기의 작품이다. 이 시기의 시들은 소식의 음악사상을 천명하며, 금론(琴論)을 확장하고, 그 금론에 대한 후세의 금가의 연구열정을 촉발하였다. 예를 들어 〈제심군금(題沈君琴)〉에서 말하기를, "만약에 금 위에 거문고 소리가 있다고 말하면, 거문고 갑 속에 넣어두면 어째서 울리지 않는가? 만약에 소리가 손가락에 있다고 말하면, 어째서 그대 손가락 위에서 들리지 않는가?"라고 하여,[129)] 심미과정에 있어 주체와 객체의 조화통일을 주장하였다.

소식은 일생동안 고금예술을 지독히 사랑하였고, 아속(雅俗)을 함께 완상하는 관계를 유지하였다. 그가 요구하는 예술은 객관세계를 반드시 진실하게 반영하고, 깊이 있고 세밀하게 체험생활과 주진생활(走進生活, 생활속으로 들어가다)을 하여, 진실한 정감을 획득함으로써 비로소 천고에 유전하는 예술작품을 창조할 수 있고, 생활묘사를 예리하게 묘사할 수 있고, 최종적으로 미의 향수를 얻는다는 것이다. 바로 이것이 소식 음악미학사상의 진정한 의의가 있는 곳이다.

128) 고풍절진(高風絶盡) : 고상하고 고아한 풍조 혹은 예술풍격. 초연물외(超然物外) : 진세를 벗어남. 물아상망(物我相忘), 신심개공(身心皆空) : 물과 아를 서로 잊고 몸과 마음을 모두 비움.

129) 〈琴詩〉:「若言琴上有琴聲, 放在匣中何不鳴, 若言聲在指頭上, 何不於君指上聽.」
＊『동파전집』에는 이 시의 제목을 〈금시〉라 했다. 필자가 말하는 〈제심군금〉에는 보이지 않는다.

2) 진양(陳暘) 『악서』의 음악미학사상

진양(1076~1144)은 자가 진지(晉之, 혹은 晉叔)이고, 북송 민청 사람으로, 일찍이 예악관을 역임하였고, 나중에 벼슬이 태상소경(太常少卿)과 예부시랑(禮部侍郎)에 이르렀다. 저서로 『악서』가 세상에 전하는데, 세계에서 가장 이른 시기의 음악백과전서이다. 전서는 모두 200권으로, 95권까지는 『예기』·『주례』·『의례』·『시경』·『상서』·『춘추』·『주역』·『효경』·『논어』·『맹자』 등 유가경전에서 음악 중 관악(管樂) 악론의 기록을 발췌하여 『훈의(訓義)』라 하고, 나머지 105권은 율려·오성·팔음·역대악장·악무·잡악·백희와 악기도설 등은 논술하여 지극히 높은 문헌연구 가치를 지니고 있다. 『악서』의 〈서(序)〉에서 진양은 유가 경전의 의의를 이용하여 아악을 추숭하고 호악과 정위를 배척하며, 2변(變) 4청(淸)을 반대하며,[130] 또 그것을 "악의 해충이고, 가르침을 해치고 도를 해치는 것으로 합당하지 않고", "나라에 두 임금은 없다"의 뜻으로 볼 것을 주장하였다.[131] 진양은 오성12율 이외의 변화음의 사용을 반대하고, 음률이 정치를 결정할 수 있다는 진부한 관점은 봉건사회가 점차로 몰락으로 빠져 들어가는 시기에 음악사상을 지키려는 체현(體現, 정신적인 것을 구체적인 행동이나 행태로 나타내거나 몸으로 실현함)이다. 그 외에, 『악서』 〈진표(進表)〉에서 진양은 소수민족과 외래 음악을 반대하는 관점을 명확하게 표명하며, "선비들이 이단을 좋아하는 것을 멈추게 해야 한다"고 주장하여,[132] 정통사상에 벗어나는 일체의 이단설을 소멸하고, 음악영역에서 문화전제주의를 실행할 것을 요구하였다. 그의 이같은 사상은 취할 수 없다.

---

130) 진양은 오성12율을 정성으로 보고, 2변4청을 악의 해충으로 보았다. 이변은 변궁을 군으로 삼고, 사청은 황종청을 군으로 삼는 것을 말한다.

131) 『樂書』: "樂之蠹, 傷敎而害道, 不合."
존무이상(尊無二上) : 나라에 두 임금이 없다는 뜻.

132) 『樂書』: 息諸儒好異之說.

3) 구양수(歐陽修)의 음악미학사상

구양수(1007~1072)는 자가 영숙(永叔)이고, 호가 취옹(醉翁), 혹은 육일거사로 불리며, 길주 영풍(永豐, 지금 강서 영풍) 사람으로, 북송 고문(古文)운동의 영수이고, '당송팔대가'의 한 사람이다. 그는 송기(宋祁) 등과 함께 『신당서(新唐書)』를 편수하였고,[133] 또 『신오대사(新五代史)』을 홀로 편찬하였으며, 『구양문충공문집(歐陽文忠公文集)』이 세상에 전하는데, 그의 음악미학사상은 그 중에 포함되어 있다.

구양수는 탄금을 잘하였으며, 또 '화(和)'를 거문고 소리(琴音)의 좋고 나쁨을 평판하는 심미표준으로 삼았다. 그는 거문고 소리는 사람의 정조를 도야할 수 있고, 사람의 정감을 희열하게 할 수 있고, 동시에 양생(養生)하고 병을 몰아내는 치료효과가 있다고 생각했다. 양치(楊寘)는 구양수가 깊은 교제를 했던 벗으로 박학다재 하였지만, 여러 번 과거에 급제하지 못하고, 단지 선조의 공로에 기대어 검포위에 임명되어 남방 변경지역에 배치되어 심정이 십분 우울하였다. 구양수는 〈송양치서(送楊寘序)〉를 지어 벗의 마음을 위로 하였다. 그 글에서 구양수는 금악의 풍부한 표현력을 긍정하면서, 금악은 마땅히 "그 화음을 얻고, 그 인울(堙鬱, 답답함)을 말하고, 그 근심을 묘사한다."고 주장하였다.[134] 구양수는 벗의 불평의 마음을 동정하면서, 금으로 "평기심(平其心, 그 마음을 화평하게)"하고, 금으로 "양기질(養其疾, 그 병을 낫게)"할 것을 요구하였다. 글에서 말하기를, "약초의 독은 그 병이 모여 있는 곳을 공격할 수 있지만, 소리(聲)의 지극함이 그 마음의 불평한 곳을 화평케 하는 것만 못하다.", "그 마음을 화평하게 하여 그

133) 송기(宋祁, 998~1061) : 자는 자경(子京), 안륙(安陸) 사람. 죽은 뒤 시호는 경문(景文). 工部尙書와 翰林學士承旨을 역임했고, 『唐書』를 십여 년 간 고쳤다. 저서에 『宋景文筆記』가 있다.

134) 〈送楊寘序〉: "取其和者, 道其堙鬱, 寫其憂思."

병을 고치고자 한다면, 금에서 얻을 수 있다."고 했다.[135)]

구양수는 〈국학시책제3도〉에서 "음은 사람을 변화시키지 못한다"와 "음은 사람을 변화시킨다"는 두개의 음악심미관점을 논증하였다. 그는 사람의 정감은 외물이 움직여서 생기며, "칠정은 저절로 절제될 수 없고, 악을 기다려 절제된다. 천부의 탁월한 품성(至性) 저절로 화평할 수 없고, 악을 기다려 화평하게 된다."고 하여,[136)] 음악이 사람을 감동시킬 수 있는 주요 원인은 그 자체가 지니고 있는 '자연지도(自然之道)'의 예술감화력에 있다고 주장하였다. 글에서 구양수는 '음이 사람을 변화시킨다'는 관점을 긍정하고, 그 목적은 '선왕이 악을 세운 방편'을 명확하게 함에 있고,[137)] 음악이 사회를 교화하는 작용이 있음으로써, "사람을 감동시켜 화평하게 한다(感人以和)"는 것을 인정하였다. 또 "군자가 음을 살피는 뜻(君子審音之旨)"은 정신상의 희열을 획득에 있어 정치의 흥망성패를 찾아 알아낼 수 있음을 인정하였다.

총괄해서, 구양수의 음악미학사상은 보수적이지만, 그는 〈귀전록(歸田錄)〉에서 성률의 작용을 과장하는 신비사상을 풍자하여, 북송의 군신 중에서 시종 청성(淸醒, 맑게 깨어 있는)한 두뇌를 유지하였다. 『숭문총목서석(崇文總目敍釋)·악류(樂類)』에서, 그가 "구구하게 옛것만을 찾는(區區求古)" 관점을 반대한 것은 긍정할 만한 가치가 있고, 따라서 그의 음악미학사상이 취할 곳이다.

---

135) 〈送楊寘序〉: "藥之毒者, 能攻其疾之聚, 不若聲之至者能和其心之所不平.", "平其心, 以養其疾, 於琴亦將有得焉."

136) 〈國學試策三道 第二道〉: "音不足移人, 音之移人" … "七情不能自節, 待樂而節之, 至性不能自和, 待樂而和之."

137) 〈國學試策三道 第二道〉: "先王立樂之方"

4) 주희(朱熹)의 음악미학사상

주희(1130~1200)는 자가 원회(元晦)이고, 호가 회암(晦庵)이며, 달리 자양(紫陽)이라 부르고, 시호가 '문공(文公)'이며, 휘주(徽州) 무원(婺源)사람이며, 소흥(小興)의 진사였고, 저명한 철학가·교육가로, 남송 이학(理學)을 집대성하였으며, 그 학파를 '주학(朱學)'이라 하며, 곧바로 후세에, 특히 명·청 시기에 봉건 통치자들이 정종(正宗)으로 떠받들었으며, 그들이 백성을 통치하는 이론적 도구가 되었다. 『주문공(朱文公)문집』·『주자어류(朱子語類)』·『사서집주(四書集註)』·『시집전(詩集傳)』 등 저작이 세상에 전한다.

음악사상에 있어, 주희는 『악기(樂記)』로 대표되는 유가의 전통음악미학사상을 계승하여, 음악을 이용하여 "중화(中和)의 정성(正性)을 배양하고, 분욕(憤欲, 분노와 욕심)의 사심(邪心)을 금지"할 것을 주장하였다.[138] 동시에 그는 인도입유(引道入儒, 정도를 이끌어 유가에 들어감)을 주장하며, '중화의 정성'이 곧 '천리(天理)'이며, 음악은 '천리'를 체현하기 때문에, 따라서 '자연지절(自然之節)'이 있고, '자연지화(自然之和)'가 있다고 생각하였다. 주희는 음악의 도덕교육작용을 중시하여, 예악은 마땅히 선후의 나뉨이 있음을 강조하였고, 음악은 "정성을 배양하고, 인재를 기르며, 신기(神祇, 천신지기)를 섬기며, 상하를 화합케 하는" 효능이 있다고 생각하였다.[139] 악·시·지(志) 삼자의 관계문제에 있어, 그는 〈답진체인〉에서 다음과 같이 상세하게 말했다. "그러므로 나는 시는 지에서 나오고, 악은 시에 근본한다고 생각한다. 그러한 즉 지라는 것은 시의 본이고, 악이란 그 말이다. 말(末)이 비록 없어도 본의 존재를 해치지 않는다."[140] 주희는 사상정감이 근본이고,

138) 〈樂律〉: "養中和之正性, 禁憤欲之邪心"

139) 〈樂律〉: "聖人作樂, 以養情性, 育人才, 事神祇, 和上下, 其體用功效, 廣大深切如此."

140) 〈答陳體仁〉: "故愚意竊以爲詩出乎志者也, 樂出乎詩者也, 然則志者詩之本, 而樂者其末也, 末雖亡不害本之存."

가사는 사상정감의 파생이며, 음악은 가사의 파생이라 생각했다. 단지 사상감정만이 있고, 음악이 없는 것은 별지장이 없다. 그러나 만약 사상감정이 부족한 것은 진정한 음악을 결코 획득할 수 없다. 즉 사상감정이 결핍한 기초 위에 획득한 음악은 성인이 기망(期望)하고 요구하는 숭고한 목적을 지닌 음악에 부합되지 않는다. 따라서 그는 음악의 실제에 있어서는 그같은 대수롭지 않은 유형에 속한다고 생각했다.

음악의 아속(雅俗) 문제에 있어, 주희는 아송을 추숭하고, 정위의 음을 배척하였다. 주희는 특히 시악(詩樂)의 사회교육작용을 중시하였고, 또 그것을 이풍역속(移風易俗)의 중요한 위치에 놓았다. 그러나 시악의 심미작용에 대하여는 십분 담담하였다. 그는 시악은 "수신과 제가와 평천하"(하는 작용을 할 수 있다고 생각하였고,[141] "시가 있는 이유는 가르침에 있다"고 하여, "학자로 하여금 즉시 그 득실을 고구하게 하여, 선한 것은 스승으로 삼고, 악한 것은 고친다."고 했다.[142] 기왕 시악의 작용이 이같이 중요하니, 『시경』의 〈아〉·〈송〉 등 소위 정통음악을 추숭하는 것은 곧 이치가 당연한 일이다. 주희의 관념에서 〈아〉·〈송〉편은 "즉 모두 주 왕조 조정·교묘·악가의 노랫말이고, 그 말은 화평하고 장엄하며, 그 뜻은 관대하고 정밀하며, 그 작자는 왕왕 성인의 무리이다. 진실로 만세의 법이고 바꿀 수 없는 것이다."[143] 〈아〉·〈송〉 이외에, 시경의 〈주남〉·〈소남〉은 그가 표방하는 풍시(風詩)의 정경이다.[144] "〈주남〉·〈소남〉은 문왕의 교화를 직

141) 『樂記·魏文候』: "修身及家平均天下."

142) 『朱文公文集』 권76 : "詩之所以爲教", "使夫學者·卽是而有以考其得失·善者師之·惡者改焉."

143) 『朱文公文集』 권76 : "若夫雅頌之篇, 則皆成周之世, 朝廷郊廟樂歌之詞, 其語和而莊, 其義寬而密. 其作者, 往往聖人之徒. 固所以爲萬世法程, 而不可易者也."

144) 풍시(風詩) : 『시경』의 〈국풍〉을 말하고, 또 민가를 가리킴.
정경(正經) : 유가의 경전으로 제자백가의 책과 구별됨. 사람으로서 해야 하는 바른

접 입어 덕을 이루었고, 그래서 사람들이 모두 성정의 바름을 얻었다. 그래서 그것이 말로 드러난 것이 즐겁되 음란에 빠지지 않고, 슬프되 상처에 이르지 않으니, 이 두 편이 풍시의 정경이다.".[145] 그러나 〈국풍〉 중의 〈정풍〉·〈위풍〉, 특히 〈정풍〉을 주희는 '음분(淫奔)'·'음색(淫色)' 등의 언어로 폄하하고 배척하였고, 주희가 볼 때 '음사(淫邪)'는 정성의 주요한 위해(危害)이다.[146] 주희가 '음분'하다고 생각한 작품은 대체로 세 종류로 나눌 수 있다. 첫째는 남녀가 서로 주고받는 것을 묘사하여, 영원한 사랑을 맺고, 남녀가 서로 화답해서 말하여 마음을 엿보고, 실연 혹은 상사의 고통을 드러내는 작품이다. 둘째는 청춘남녀 사이의 유정(幽情, 깊이 간직한 정감)이 약속하여 만날 때의 희뇨(嬉鬧) 희학(戲謔)과 헤어질 때 고통과 슬픔 등을 묘사한 작품이다.[147] 셋째는 버림받은 부인과 원망하는 여인을 묘사한 작품이다. 기실 〈정풍〉 속의 허다한 작품내용은 매우 건강하고 엄숙하다. 그것들은 정감생활에 있어 광대한 노동인민들의 희망을 표현한 것으로, 봉건예교의 속박을 깨뜨릴 수 있고, 용감하고 대담하게 행복하고 떳떳한 애정생활을 추구하고, 그 중에는 적지 않은 작품이 봉건통치자의 황음무도한 부패한 생활을 기롱하고 풍자하는 것이다. 그러나 주희는 교화를 중시하고 심미를 경시하는 예술경향 때문에, 정성을 '음분'·'음색' 등과 함께 논하였고, 따라서 그의 봉건통치의 금욕주의를 위해 힘쓰는 이런 진부하고 보수적인 심미가치관은 족히 취할 바가 없다.

길, 정당하고 일정한 표준에 합당함.

145) 『朱文公文集』 권76 : "惟周南召南·親被文王之化以成德·而人皆有以得其性情之正. 故其發於言者·樂而不過於淫·哀而不及於傷. 是以二篇獨爲風詩之正經."

146) 음분(淫奔) : 남녀가 음탕한 짓을 함. 또는 그런 행동. 음색(淫色) : 미색에 깊이 빠지다. 음사(淫邪) : 음란하고 사악한 말 또는 행동.

147) 희뇨(嬉鬧) : 시끄럽게 장난질을 함. 희학(戲謔, 실없는 말)으로 농지거리를 함.

주희가 제안한 '중화'의 악은 마음 상태에 있어 천리를 좇고, 인욕을 없애야 하는 것으로, 그가 말하는 '궁리(窮理)'·'거경(居敬)'의 도덕규범에 부합되어야 한다.[148] 이같은 가치관념의 음악은 광대한 노동인민들에 대하여는 터럭만큼의 가치도 없다고 말할 수 있다. 철학영역에 있어서 주희는 자못 하나의 성취를 이룬 사람이라 말할 수 있지만, 음악영역에 있어서는 그의 제안은 황류(荒謬, 황당한 오류)하여 가소로운 의론일 뿐이다. 예를 들어 그의 『주문공문집』 권66의 〈금률설(琴律說)〉에서 다음 같이 가소로운 관점을 제안하였다. "최저 8도내의 음이 가장 완벽하다. 위로 올라갈수록 차례로 완벽함이 떨어진다. 똑같은 기준으로 고금(古琴)의 상중하 세가지 수준의 음 위치를 비교 평가하여, 7현 중 가장 낮은 현의 공현(空弦) 산음(散音)효과가 가장 좋고, 하늘의 음(天音)을 대표한다. 그런 다음에 7휘(徽) 이상의 높은 8도음은 사람의 소리(人音)를 대표한다.[149] 금의 꼬리 방향에 가까운 것이 '현신(賢臣)'을 대표하고, 금의 머리 방향에 가까운 것이 '소인(小人)'을 대표한다."고 했다. 주희의 이러한 황류한 음악사상의 논단(論斷)은 전혀 말할 가치가 없다는 것을 알 수 있다.

5) 강기 〈대악의(大樂議)〉의 음악미학사상

강기(姜夔, 1155~1221)는 자가 요장(堯章)이고, 호는 백석(白石)도인이며, 요주(饒州) 번양(鄱揚, 지금 강서 파양) 사람이다. 어려서부터 시문에 뛰어났고, 음악과 서법을 좋아했다. 성년이 된 이후에, 여러 차례 과거에 급제하지 못하여 벼슬길에 나서지 못하였고, 끝내 포의로 생을 마쳤다. 생활이 빈곤하여 어쩔 수 없이 고관 귀인의 막료의 청객(淸客)으로 충당하였으며,

---

148) 거경(居敬) : 심신을 청정하게 함으로써 물욕의 유혹을 없애는 것. 궁리(窮理) : 사물이 그렇게 되는 도리를 획득하는 것.

149) 휘(徽) : 기러기발. 거문고의 현을 고르는 자리를 표시하기 위해 거문고의 앞쪽에 원형으로 박은, 크고 작은 열세 개의 자개 조각.

오랫동안 유랑생활을 하였으며 다른 사람들에 얹혀사는 생활을 하였다. 『백석도인가곡』이 세상에 전한다.

1197년(경원3년)에 강기는 〈대악의〉를 바치면서, 조정을 향해 그의 음악사상을 계통적으로 천명하였다.

> 예년에 비하여 인사가 화평하지 못하고, 천시가 많이 어긋나는 것은 대악(大樂)이 신인(神人)을 바로 잡지 못하고, 화기를 부르지 못하였기 때문입니다. 궁은 군이고 부이며, 상은 신이고 자이니, 궁상이 조화로우면 군신이 화목합니다. 치는 화이고 우는 수이며, 남방은 화의 위치이고 북방은 수의 집이니, 항상 물소리가 쇠약하고 화성이 성하게 하면 남방을 도와 북방을 누를 수 있습니다. 궁은 지아비(夫)이고, 치는 지어미(婦)이고, 상이 비록 부모이지만, 궁은 실체 치의 자이니, 항상 부로써 부를 돕고 자가 어미를 도운 이후에 소리는 꾸밈을 갖추게 되고, 치가 성하면 궁이 창하게 되어 조화가 있게 되고, 상이 성하면 치가 자가 있어, 생기고 또 생기어 무궁하게 됩니다. 길상을 부르지 않아도 저절로 이르게 되고 재해를 없애지 않아도 저절로 사라집니다. 성주(聖主)가 바야흐로 예를 강하고 교묘에 나갈 때 지음의 선비를 찾아 부르고, 태상의 그릇을 살피어 바로 잡고, 소용되는 악곡을 취하고, 오음을 조리(條里; 말이나 글이 체계나 논리가 있음)하고, 사성을 은괄(隱括)하여 화협케 한 이후에 악공을 선발하고,[150] 그 최상의 악공으로 금석·사죽·포토로 시를 노래 부르는 일을 가르치게 하고, 그 다음의 악공으로 간우(干羽) 사금(四金)을 두드리는 일을 가르치게 하고, 그 다음 악공은 가르칠 수 없는 것은 그냥 통과합니다. 비록 고악이 쉽게 번복되는 것은 아니지만, 조종의 성대한 전례를 추구하는 것이 실제로 이번 일에 있습니다.[151]

150) 은괄(隱栝) : '隱括'로도 쓴다. 음사한 곡(邪曲)을 교정하는 기구. 왜곡된 것을 은이라 하고, 모진 것을 바로 잡는 것을 괄이라 한다. 교정, 수정.

151)『宋史·樂志』 권131 : "比年人事不和, 天時多忒, 由大樂未有以格神人, 召和氣也. 宮爲君爲父, 商爲臣爲子, 宮商和則君臣父子和. 徵爲火, 羽爲水, 南方火之位, 北方水之宅, 常使水聲衰, 火聲盛, 則可坐南而抑北, 宮爲火, 徵爲婦, 商雖父, 宮實徵之子, 常以婦助夫, 子助母, 而後聲成文, 徵盛則宮唱而有和, 商盛則徵有子而生生不窮, 休祥不召而自至,

강기는 악률이 국가의 번영과 흥쇠, 인간의 생사존망을 결정할 수 있다고 생각하였다. 악의 조화는 "길상을 부르지 않아도 저절로 이르게 되고, 재해를 없애지 않아도 저절로 사라지게."할 수 있다고 했고, 궁상의 조화는 사람들이 봉건의 삼강오상 · 윤리도덕을 준수하게 할 수 있어 천하가 태평하게 된다고 생각했다. 그는 "오음을 조리하고, 사성을 은괄하는 것"이 나라를 안정시키고 흥성하게 하며, 외적을 막는 효능에 도달할 수 있다고 생각하였다. 강기의 이러한 음악사상은 바로 한 대 '천인감응' 사상의 파생으로, 매우 황류(荒謬, 극단적으로 오류가 있고, 매우 정리에 합당하지 않다)하다.

음악의 아속 문제에 있어, 강기는 〈대악의〉에서 자신의 관점을 제안하였지만, 그의 관점은 현재로 볼 때 취할 수 없다.

> "율척의 법이 한 · 위에서 망한 이후에, 15등급이 수 · 당 정률(正律) 밖에서 섞여 나와, 소위 배사지기(倍四之器), 은자(銀字), 중관(中管)의 이름이 생겼다.[152] 지금 대악 외에 소위 하궁조(下宮調)가 있는데, 하궁조에는 또 중관배오(倍五)가 있다. 강적(羌笛) · 고적(孤笛)이라고 하는 것이 있어, 쌍운(雙韻)14현(弦)으로 소리를 재단하는데, 정률에 맞지 않고, 비애가 빈번하고, 그 근본을 잃어버렸고, 태청(太淸, 매우 맑고 높은 소리)을 잃었다. 하적(夏笛) · 자고(鷓鴣)라 하는 것이 있는데, 호려금(胡盧琴) · 발해금(渤海琴)이라 하는데, 침체되고 억눌려 있어, 강조(腔調)가 모호함을 품고 있어 태탁(太濁 매우 탁한 소리)을 잃었다. 그런 까닭에 그 소리를 듣는 사람은 성정이 안에서

災害不祓而自消. 聖主方將講禮郊見, 願詔求知音之士, 考正太常之器, 取所用樂曲, 條理五音, 檃括四聲, 而使協和然後品擇樂工, 其上者教以金石絲竹匏土詩歌之事, 其次者教以戛擊干羽四金之事, 其下不可教者汰之, 雖古樂未易遽復, 而追還祖宗盛典實在茲擧."

152) 배사지기(倍四之器), 은자(銀字), 중관(中管) : 이들은 모두 으율하는 그릇이다. 배사는 본래 청악에 속하고, 형태는 아음의 종류인데 호부에서 곡이 나왔다. 후대 사람들이 그 전한 바를 모두 잃어버려 다른 이름이 생겼다. 예를 들어 '은자'는 생적류의 관악기에 은을 이용하여 글자를 새겨 음조의 고저를 표시하는 것이다.

> 흐리게 되고, 수족이 밖에서 어지럽게 된다. 즉 『예기(禮記)』에서 말한 '만이(慢易; 태만함)로써 절도를 범하고, 유면(流湎 방종하여 법도가 없음)으로써 근본을 잊고, 넓게는 간악함을 받아들이고, 좁게는 욕심을 생각한다."는 것이다. 가정은 절로 권형(權衡; 저울, 균형)이 되고, 마을은 절로 척도(尺度)가 되니, 곧 이에 이르게 된다는 말은 호오(好惡)를 명시하는 것이다. 무릇 악기를 제작하는 사람은 태상(太常)이 소용하고 문사(文思)가 반포하는 것을 기준으로 한다. 그 사적인 것의 고하와 다과를 모두 금지한다면 백성들로 하여금 제왕의 법칙을 따르게 하여 풍속을 바로 잡을 수 있다."[153]

이러한 논지는 통일된 율려를 통하여 문화전제주의를 요구하는 것이고, 고악으로 금악을 부정하고, 아속으로 속악을 부정함으로써 일종 사상과 문화를 금고(禁錮)하는 주장이다.

강기의 자도곡(自度曲) 대부분은 의기소침하고 고뇌하는 것으로, 작자의 진실한 내심세계를 반영한다.[154] 위완곡절(委婉曲折)하고 청묘수원(淸妙秀遠)한 의경(意境)에 작자의 유유(悠悠, 근심 있는 모양)한 애국(愛國)의 근심(愁思)을 드러냈다.[155] 예를 들어 앞에서 거론한 두 개의 예 〈양주만〉과 〈행화천영〉은 바로 이러한 작품이다.

153)『宋史·樂志』 권131 : "自尺律之法亡于漢·魏, 而十五等尺雜出于隋·唐正律之外, 有所謂倍四之器, 銀字·中管之号. 今大樂外有所謂下宮調, 下宮調又有中管倍五者. 有曰羌笛·孤笛, 曰雙韻·十四弦以意裁聲, 不合正律, 繁數悲哀, 弃其本根, 失之太淸; 有曰夏笛·鷓鴣, 曰胡盧琴·渤海琴, 沉滯抑郁. 腔調含糊, 失之太濁. 故聞其聲者, 性情蕩于內, 手足亂于外, 『礼』所謂"慢易以犯節, 流湎以忘本, 广則容奸, 狹則思欲"者也. 家自爲權衡, 鄉自爲尺度, 乃至于此. 謂宜在上明示以好惡. 凡作樂制器者, 一以太常所用及文思所頒爲准. 其它私爲高下多寡者悉禁之, 則斯民"順帝之則", 而風俗可正."(〈其議雅俗樂高下不一, 宜正權衡度量〉)

154) 자도곡(自度曲) : 옛 곡조나 곡사에 새로운 곡이나 사조를 만드는 것. 淸 徐釚『詞苑叢談·體制·白石詞』: "夔喜自度曲, 吹洞簫, 小紅輒歌而和之." 指在舊詞調之外自己新創作的詞調.

155) 위완곡절(委婉曲折) : 노랫소리나 노랫말이 곡절하고 완전(曲折婉轉)함. 청묘(淸妙) : 청신하고 미묘함.

제7장
명明·청淸 시기

(기원 1368~1911년)

명·청 시기 중국 봉건사회 내부에 자본주의 맹아가 출현하기 시작하였다. 특정한 역사 조건 아래에서 명·청 문예영역에 전에 없던 변화가 발생하였다. 각 지역의 다른 풍격의 속악 ― 민가·소곡·탄사(彈詞)·고사(鼓詞)·십번(十番)·고취·남북곡 등 ― 이 경제가 발달한 동남연해의 도시에서 광범위하게 유행하였다. 이러한 음악은 광대한 시민의 생활정서와 사상원망(愿望)을 진실하게 반영하고, 생활과 교양이 풍부하고, 작품은 매우 방대하고, 도시와 농촌에 풍미하였다. 설창·가무·희곡은 장족의 발전을 하였고, 현색(弦索, 현악기의 줄, 현악기)·사죽·관현합주는 민간에 넓게 유행하였다. 고금 영역은 명대 만력(萬曆) 연간에 우산파(虞山派) 서상영(徐上瀛)의 음악미학 전문서『계산금황(谿山琴況)』이 출현하여 송·원대 이래의 의경·정취·운미(韻味)에 대한 추구를 하나의 참신한 고도로 올려놓았고, 청대 고금예술의 발전에 매우 심원한 영향을 주었다.

강(康)·옹(雍)·건(乾) 삼조(三朝, 삼대의 조정)는 전체 청왕조의 융성기로, 정치는 안정되고 경제는 번영하였다. 음악영역은 복고주의와 고증학을 창도하여, 한족을 위주로 하는 각 민족 민간음악을 제창하였다. 강희 연간에 음악백과전서 『율려정의(律呂正義)』정편과 속편과, 곤곡(崑曲)을 위주로 하는 악보총집 『구궁대성남북사궁조』의 편찬을 완성하였다.[1] 각 지역 속악—소곡·탄사·곤곡·피황(皮簧)·진강(秦腔)·고강(高腔) 등이 진일보 발전하였고, 또 허다한 새로운 음악과 예술체제와 작품을 생산하였으며, 그것들은 사회생활을 반영하고 음악형상을 소조(塑造, 묘사)하는 면에서 각기 정태(情態, 어떤 일의 사정과 상태)를 지니고 있었다. 제1차 아편전쟁 이후에, 중국의 대문이 열리면서 대량의 서방 음악작품·작곡이론·악기 등이 정식으로 중국에 유입되어 중국민족음악의 발전궤적에 직접적으로 영향을 주었고, 중국음악은 참신한 발전단계에 진입하였다.

1. 명·청 궁정예의음악

1) 명왕조 궁정예의음악

명왕조의 궁정음악은 제사·조하·연향 세 종류로 나눈다. 제사악을 '중화소악(中和韶樂)'이라 부르는데, 당왕조 아악 '십이화(十二和)'의 옛 제도를 그대로 답습한 것이다. 9주(奏)·8주·7주·6주 등 4등급으로 나눈다. 4등급 음악의 용도는 다음과 같다. 9주는 방구(方丘)를 제(祭)하고,[2] 천지를 사(祀)하고, 선농(先農)을 향(享)하고,[3] 곡(谷)을 사(祀)하는데, 제사의 대상은 중대한 자연 신령이다. 8주는 태사(太社)[4]·조일(朝日)[5]·석월(夕月)[6]·

1) 곤곡(昆曲) : 강소(江蘇)성 남부와 북경(北京)·하북(河北) 등지에서 유행했던 곤강(昆腔)으로 노래하는 지방극. 昆劇이라고도 함. 곤강(崑腔) : 중국 전통극의 곡조 중의 하나. 원대에 강소성 곤산(昆山)현에서 기원하여, 명대 이후에는 주요 곡조의 하나가 됨.

2) 방구(方丘) : 토지의 신을 제사하는 제단, 또는 토지의 신(地祇).

3) 선농(先農) : 고대 전설에 백성들에게 씨를 뿌려 농사짓는 법을 가르쳐준 농신, 혹은 신농(神農), 후직(后稷)이라 함.

태세(太歲)[7]·태묘(太廟)[8]·역대제왕인데, 제사의 대상은 선조숭배와 관련이 있다. 7주는 태사직(太社稷)·주천성진(周天星辰[9])을 합제한다. 6주는 선찬(先贊)을 향하고,[10] 홍도대향(興都大饗)하고,[11] 선사 공자를 제사하고, 세묘(世廟, 명대 세종의 묘)·9묘특향(特享, 태조·성조·인종·선종·영종·빈종·효종·무종·예종 등의 묘)·대유(大裕)·대체(大禘)인데,[12] 명왕조 각 황제의 제사에 편중되었다.

조하악에는 4종 유형이 있다. 단폐대악(丹陛大樂)[13]·전중소악(殿中韶樂)·명부조하중궁(命婦朝賀中宮)[14]·삭망조참(朔望朝參)[15]이다. 악대편제는 『명사·악지』에 다음과 같이 기록하였다. "홍무3년에 단폐대악을 정했는데, 소4·생4·공후4·방향4·두관(頭管)4[16]·용적4·비파4·진(箏)6·장고24·대고2·판2이다" 홍무26년에 전중소악을 정했는데, "소12·생12·배생(排笙)4[17]·횡적12·훈4·지(篪)4·금10·슬4·편종2·편경2·응고(應鼓)

4) 태사(太社) : 고대 천자가 백성을 위하여 토신, 곡신을 제사지내던 곳.
5) 조일(朝日) : 고대 제왕의 제일(祭日, 제삿날)의 의식. 조일은 춘분에, 석월은 추분에 행한다고 했다.
6) 석월(夕月) : 고대 제왕의 제월(祭月)의 의식.
7) 태세(太歲) : 고대 천문학에서 세성(歲星, 목성), 혹은 태세의 신을 말함.
8) 태묘(太廟) : 제왕의 조상 묘. 『論語·八佾』: "子入太廟, 每事問."
9) 주천성진(周天星辰) : 천체가 궤도를 따라 한바퀴 도는 것을 주천이라 함.
10) 선찬(先贊) : 찬은 고대의 찬례, 창으로 돕는 것이다.(贊禮, 唱贊)
11) 대향(大饗) : 선왕을 합사하는 제례, 또는 천자가 제후들에게 베푸는 연향.
12) 대체(大禘) : 체는 고대 제왕 혹은 제후들 시조묘에서 선조에게 지내는 성대한 제사. 고대 계절마다 하는 종묘제사의 하나.
13) 단폐(丹陛) : 붉은 칠을 한 대궐의 섬돌.
14) 명부(命婦) : 봉건시대 봉작을 받은 부인.
15) 조참(朝參) : 고대에 백관들이 아침에 군주에게 배례를 한다.
16) 두관(頭管) : 필률(觱篥)의 별칭. 고대의 일종 관악기.
17) 배생(排笙) : 건뉴식(鍵鈕式, 단추식) 화성(和聲) 황관악기(簧管樂器). 묘족(苗族) 민간악기 대통(大筒, 일종 단관로생(單管芦笙)을 개조하여 만든 것으로, 형제는 하나같지 않고, 가볍게 만든 것을 '포생(抱笙)'이라 한다.

2 · 축1 · 어(敔)1 · 박부(搏拊)2[18]이다." 명부조하중궁 악대는 "악을 설립하여 희죽(戲竹)2[19] · 소14 · 생14 · 적14 · 두관14 · 진10 · 비파8 · 20현8 · 방향6 · 고5 · 박판8 · 장고12이다." 삭망조참 악대는 "희죽2 · 소4 · 생4 · 적4 · 두관4 · 진2 · 비파2 · 20현2 · 방향1 · 고1 · 박판2 · 장고6이다."

연향악에는 4종이 있다. 단폐대악 · 전내유식악(殿內侑食樂)[20] · 영선악(迎膳樂) · 진선악(進膳樂)[21]으로 교방사(教坊司)가 연주한다. 소용되는 악은 첫 번째 작(爵, 술잔을 올림)에는 〈염정개운(炎精開運)〉, 두 번째 작에는 〈황풍(皇風)〉, 세 번째 작에는 〈권황명(眷皇明)〉, 네 번째 작에는 〈천도전(天道傳)〉, 다섯 번째 작에는 〈진황망(振皇網)〉, 여섯 번째 작에는 〈금릉(金陵)〉, 일곱 번째 작에는 〈장양(長揚)〉, 여덟 번째 작에는 〈방례(芳醴)〉를 연주한다.

2) 청왕조 궁정예의음악

청왕조의 궁정예의음악은 제사 · 조회 · 연향 · 순행 · 도인(導引) 등 5종류로 나눈다.[22] 제사악은 주로 원구 · 기곡(祈谷) · 상우(常雩)[23] · 방택(方澤) · 사직 · 일월 · 선농 · 역대제왕조 · 선찬 · 문묘 · 지기 · 태세 · 태산 · 대묘 · 숭산중악묘(嵩山中嶽廟) · 장백산망사(長白山望祀)[24] 등을 제사하는 장소에서 사용한다. 소용되는 악은 중화소악과 노부대악(鹵簿大樂)이다.[25] 조회악은

18) 박부(搏拊) : 고악기명. 가죽으로 덮은 북처럼 생긴 악기로, 손으로 두드려 박자를 냄.
19) 희죽(戲竹) : 주악을 지휘하는 용구. 대나무로 만들고, 단폐 위에 서서 합치면 악을 시작하고, 나누면 악을 그친다.
20) 전내유식악(殿內侑食樂) : 전내는 전각 · 궁전의 안, 유식은 식사를 권하고 존장자 모시고 식사를 바치는 것.
21) 진선악(進膳樂) : 진선은 음식물을 바치다. 식사를 하다의 뜻. 영선악(迎膳樂) : 영선은 음식물을 받다.
22) 도인(導引) : 고악곡명. 또는 인도하다의 뜻, 여기서는 인도할 때 사용하는 악을 말함.
23) 상우(常雩) : 상은 전장법도(典章法度), 혹은 옛 전범. 우는 기우제.
24) 망사(望祀) : 고대 제사 이름. 멀리 있는 산천의 지신을 제사하는 의례. 망제(望祭).
25) 노부(鹵簿) : 임금의 거동 때의 의장 또는 의장을 갖춘 대열.

주로 원단·동지·만수(萬壽)·상원·상조(常朝)[26]·명장출사(命將出師)·개선 등의 장소에 사용한다. 소용되는 악은 중화소악·노부악·단폐악과 요가악(鐃歌樂)이다. 연향악은 주로 정월향음주·시월(十月)향음주·경연사연·문무진사연·종실연·천수연 등에 사용한다. 소용되는 악은 〈중화소악〉·〈청악〉·〈경륭악(慶隆樂)〉·〈가취(笳吹)〉·〈번부(藩部)합주〉·〈고려국배(高麗國俳)〉·〈와이객부악무(瓦爾喀部樂舞)〉[27]·〈회부악(回部樂)〉[28]·〈노부악〉·〈단폐악〉 등을 포함한다. 순행악은 주로 임옹·한림원·성경 등을 순행할 때 사용하는데, 음악은 요가악과 중화소악을 사용한다. 도인악은 주로 배가·도인에 사용하고, 노부악을 사용한다.

청왕조 궁정음악 중에, 〈중화소악〉·〈노부악〉·〈단폐대악〉 세 종류는 중요한 음악형식이다. 그 중 〈중화소악〉은 지위가 가장 높고, 응용되는 장소도 가장 많다. 청왕조는 중대한 제사활동에서, 〈중화소악〉만을 사용하였는데, 규모가 굉장히 크고, 인원수도 가생(歌生)·문무의 무생(舞生)을 포함하여 모두 204인이었다. 조회와 연향 활동에서의 〈중화소악〉은 규모가 비교적 작아 인원수는 40인이고, 주로 황제·태후·황후가 자리에 오르내릴 때 사용되었다. 〈중화소악〉의 절주는 평완(平緩, 평온 완만)하고, 선율은 단조롭고, 풍격은 전아·평화·숙목(肅穆, 엄숙 화목)하며, 대부분 신령에게 복을 기구하거나 황제 공적의 가송을 주요 내용으로 한다. 〈노부악〉은 주로 황제가 제사·조회·연향할 때 의장대오에 사용되는데, 소용되는 악대 규모는 굉장히 커서 116인이 넘는다. 악기는 주로 용고·화각(畫角)[29]·대동각(大銅

26) 상조(常朝) : 예전 신하가 황제에 대한 일반적인 알현.

27) 와이객부(瓦爾喀部) : 명말청초 민족으로, 도문(圖們)강 유역과 오소리강 동쪽에 거주하던 옛 숙신족의 분파.

28) 회부(回部) : 청(淸)나라 때 차이다무(柴達木) 분지에 있던 지명.

29) 화각(畫角) : 겉에 그림이 그려져 있는 쇠뿔같은 악기로, 불어서 소리를 냄.

角)[30] · 소동각 · 징 · 용적 · 장고 · 박판 등이며, 음악은 비교적 간단하지만 성세가 대단히 크다. 〈단폐대악〉은 주로 조회와 연향 활동에 사용되고, 악대 규모는 비교적 작아 24인으로 조성되고, 악기는 방향 · 운라 · 대고 · 박판 등을 포함한다. 청왕조 궁정음악의 〈청악〉에는 〈중화청악〉과 〈단폐청악〉 두 종류가 있다. 악대는 22인으로 조성되고, 생 · 관 · 적 · 운라 · 장고 · 수고(手鼓) · 박판 등이 주요 악기이다. 〈가취〉와 〈번부합주〉는 몽고 악곡이다. 〈가취〉는 악대가 8인이고, 악기에는 가(笳)[31] · 호금 · 쟁 · 구금(口琴)[32] 등이 있다. 〈번부합주〉는 악대가 15인이고, 악기에는 쟁 · 비파 · 3현 · 월금 · 제금 · 알쟁(軋箏) · 화불사(火不思) · 호금 · 생 · 적 · 관 · 소 · 운라 · 2현 등이 있다. 〈고려국배〉는 악대가 18인이고, 적 · 관 · 고 등의 악기가 있다. 〈와이객부악무〉는 와이객부의 민간음악으로, 악대 16인, 완(阮) · 필률 등의 악기가 있다. 〈회부악〉은 주로 신강(新疆) 유족(維族, 위구르족)의 음악으로 악대 18인이고, 악기는 주로 달복(達卜)[33] · 합이찰극(哈爾扎克)[34] · 객이나(喀爾奈)[35] · 수고 등이다. 〈요가악〉은 주로 조회 · 개선 혹은 순행하는 의장대오에 사용한다. 조회 · 개선에 사용하는 〈요가악〉 악대 진용은 비교적 커서 104인이고, 금 · 대동각 · 소동각 · 라 · 동고 · 뇨 · 화강고(花腔鼓)[36] · 금구각(金

30) 동각(銅角) : 군중 악기명. 동으로 만든 나팔, 상하 두 개이고, 죽통과 비슷함.

31) 가(笳) : 옛 관악기. 호가(胡笳). 한대에 변방 북방과 서역 일대에 유행. 전설에 춘추시기 이백양(李伯陽) 난을 피하여 서융에 있을 때 만들었고, 한대 장건(張騫)이 서역으로부터 가져왔다고 함. 그 음이 슬프고 처량하다. 위진 이후 笳 · 笛은 군악에 쓰였고, 노부악에 편입됨.

32) 구금(口琴) : 고대악기명. 제작재료와 구조는 각 책의 기록이 서로 다르다. 『清通典 · 樂四』: 口琴, 以鐵爲之, 一柄兩股, 中間設一簧, 簧端點以蠟珠, 銜股鼓簧以成音.

33) 달복(達卜) : 위구르족의 음악의 영혼이란 의미이고, 음색이 청량하고, 나무로 만들며, 안쪽에는 조그마한 철환이 있고, 한쪽면에 가죽을 입혔다.

34) 합이찰극(哈爾扎克) : 위구르족의 현악기로, 木卡姆 음악의 주요연주악기.

35) 객이나(喀爾奈) : 양금과 비슷한 악기.

36) 화강고(花腔鼓) : 북의 문테(框; 틀) 위에 화문이 있는 북.

口角)·득승고(得勝鼓)·소발·해적(海笛)[37]·적·관·소·생·지·운라 등 악기를 포함한다. 순행 중의 〈요가악〉은 규모가 많이 필요해서 악대는 48인이고, 대동각·소동각·금구각·운라·용적·평적(平笛)·관·생·금·동고·동점(銅點)[38]·발·행고(行鼓)[39]·몽고각 등의 악기를 포함한다.

2. 민간음악의 발전

명·청 시기는 자본주의 맹아의 출현에 따라 도시와 농촌의 상품경제는 번영 발전하고 시민생활은 활기차서, 민간음악 활동의 광범위한 흥성과 발전을 촉진하였다. 그 주요 내용은 아래의 몇 방면으로 표현된다.

1) 시조소곡(時調小曲)의 흥성[40]

명대 중엽부터 발전 흥성하여 온 민간가곡이다. 〈사해아(耍孩兒)〉·〈타조간(打棗竿)〉·〈은뉴사(銀紐絲)〉·〈취태평(醉太平)〉·〈요오경(鬧五更)〉·〈괘지아(掛枝兒)〉 등 다양한 종류의 민간 소곡이 명대 중엽에 각지에서 광범위하게 유행하여, 남녀를 막론하고 모두 대단히 좋아하였다. 시조소곡은 일반적으로 두 종류 유형이 있다. 하나는 산가(山歌)와 같은 전통적 민간가요에 속하고,[41] 다른 하나는 잡곡·소곡 혹은 시조에 속한다. 명·청 시기

---

37) 해적(海笛) : 황관(簧管)악기. 일종 비교적 작은 쇄눌(嗩吶, 태평소).

38) 동점(銅點) : 고대 군대 야전 취사용 솥. 주간에는 솥으로, 야간에 보고를 하기 위한 도구. 일설에 쇠로 만든 것은 조두(刁斗), 나무로 만든 것은 목탁(木柝, 딱딱이).

39) 행고(行鼓) : 옛날 노부에 사용된 북. 일명 타라고(陀羅鼓)라 함. 『清通典·樂四』: 行鼓, 一名陀羅鼓, 上大下小, 匡貼金, 銅釘鈸環, 繫以黃絨絛, 跨于馬上, 下馬陳樂, 則懸之于架.

40) 시조(時調) : 한 지역에 유행한 각종 소조(小調, 민간곡조)·소곡으로, 어떤 것은 곡예로 발전하여 연창과 반주가 있다.

41) 산가(山歌) : 형식이 짧으며, 곡조는 질박하고, 절주는 자유로운 민간가곡, 남방에 유

에 향촌 농민과 하층 노동자들은 농사와 노동을 할 때 앙가(秧歌)[42)]를 불러 흥을 돋우거나, 한가할 때 산가소곡을 불러 스스로 즐기는 풍속과 전통이 있다. 예를 들어 장족(壯族)의 '가우(歌圩)',[43)] 서북민족의 '화아(花兒)',[44)] 무로(仫佬)족의 '주파회(走坡會)',[45)] 동족(侗族)의 '간가장(赶歌場)',[46)] 요족(瑤族)의 '사당요(耍堂謠)'[47)] 등이다. 산가의 구성은 비교적 균일하고, 창사는 대부분은 7언4구 혹은 친사(襯詞)가 끼기도 한다.[48)] 시조소곡은 대부분 도시의 거리에서 유행하였고, 반주에는 가느다란 현(細絲弦)으로 만든 관악기를 사용하고, 라(鑼)와 고(鼓)는 사용하지 않고, 형식은 간편하고 민첩하며, 때에 따라 신곡이 유전하였으며, 성 안의 다양한 변화와 다양한 요구의 풍모를 체현하여 시민계층의 사랑을 깊이 받았다. 연창형식은 대부분은 설창예인의 청창(淸唱)이지만, 그 가창은 또 희곡무대 공연과는 다른 점이 있다. 그래서 청나라 사람 유정기(劉廷璣)는 『재원잡지』에서 "소곡은 〈곤(昆)〉·〈익(弋)〉과는 다르다."고 했다.[49)] 시조소곡의 가사는 대부분 장단이

행하였으며, 산야에서 노동할 때 가창하였다.

42) 앙가(秧歌) : 주로 북방 농촌에 유행하는 한족(漢族)의 민간 가무의 하나. 노래하고 춤을 추며 징과 북으로 반주함.

43) 장족(壯族) : 소수민족의 하나. 주로 광서에 분포. 동족(僮族)이라 했다.
가우(歌圩) : 장족의 오락습속. 농한기나 춘절, 중추일에 산림 제방 등지에서 거행함. 그때가 되면 남녀노소가 성장을 하고 모이는데, 적게는 수백인, 많게는 수만인이 모인다. 통상 청년남녀가 대창(對唱)하는 것을 위주로 하고, 포수구(拋綉球, 구슬던지기)·팽채단(碰彩蛋, 계란형 공예품)·방화포(放花炮, 폭죽놀이) 등 문화오락활동을 함.

44) 화아(花兒) : 청해·감숙 등지에 유행한 민간가곡, 구비문학형식의 하나. 청해에서는 '少年'이라 부르고, 그 중 노랫말을 '화아'라 하고 연창을 '漫少年'이라 한다.

45) 무료(로)족(仫佬族) : 소수민족의 하나. 주로 광서에 거주. '모료(姆佬)'라고 함.

46) 동족(侗族) : 소수민족의 하나. 귀주·호남과 광서에 분포 거주.

47) 요족(瑤族) : 소수민족의 하나. 주로 광서·호남 등에 거주.

48) 친사(襯詞) : 친자(襯字), 운율 상 자수 이외에 가사 또는 가창의 필요에 의해서 덧붙이는 글자.

49) 『在園雜志』 : "小曲者, 別于昆弋也." 곤은 곤산강이고, 익도 익양강(弋陽腔)이다. 익

상간(相間, 서로 엇바꾸어 하다)하고, 대부분 시정과 골목의 산물이고, 또 때로는 문인의 손에서 나온 것도 있다. 조식(調式)은 더욱 풍부해져서 하나의 노래에 하나의 조식(一歌一調)이 있는 추세가 시작되었고,[50] 또 하나의 조식에 많은 수의 노래가 있는 정황도 출현하였다. 즉 하나의 곡의 변체형식이 더욱 많아지거나, 전·후단락에 차곡(岔曲)형식과[51] 많은 수의 곡패가 연철하여 형성된 투곡형식의 연창이 상당히 보편화되었다. 그 외에서 적지 않은 곡목에 설백(說白)과 방강(帮腔) 등의 형식이 출현하였다.[52]

2) 민가의 내용

(1) 노동인민 생활을 반영한 민가

〈장공고(長工苦)〉·〈람공가(攬工歌)〉·〈고마엽아고인인(苦麻葉兒苦茵茵)〉·〈12월장공고(十二月長工苦)〉·〈강남백성고수수(江南百姓苦愁愁)〉 등.

양강은 익양(弋陽)이라고도 하며, 원나라 때 강서 익양 일대에서 시작된 것이다. 익양강의 본래 특징은 한 사람이 독창을 하고, 타악기로 반주하는 것이었다. 그런데 이 익양강은 곤산강에 비하여 통속적이고 창법이 다양하다. 특히 토속악과 결합하여 새롭게 발전하여 대단히 빠른 속도로 퍼져 나갔다. 명나라 가정 때 이미 남경, 북경, 호남, 광동, 복건, 안휘, 운남, 귀주 등지에 유행하였고, 당시의 언어와 민간 음악이 결합하여 직접, 간접적인 영향으로 새로운 희곡이 탄생하였다. 아래의 제4절 희곡의 발전 참조.

50) 조식(調式) : 음악술어. 일반악곡은 모두 약간의 기본적 음으로 구성되기 때문에, 이러한 기본적 음으로 구성되는 음의 배열을 조식이라 한다.

51) 차곡(岔曲) : 곡예명. 청·건륭 때에 처음 시작됨. 문소사(文小槎)가 서역을 정벌하고 개선하면서 말 위에서 부른 소단곡(小段曲)으로, 하나의 현(單弦)을 이용하여 개시 전에 연창한다. 내용은 대부분 抒情·寫景 혹 골계조롱이다. 가창할 때 팔각고(八角鼓)를 사용하여 '八角鼓曲'이라고도 함. '소사곡' 혹은 '槎曲'이라 하는데, 나중에 '岔曲'으로 와전되었다.

52) 방강(帮腔) : 일부 희곡의 가창(歌唱) 형식의 하나로, 한 사람이 노래할 때, 다른 사람이 거들어 부르거나 반주한다.

(2) 첨예하고 복잡한 계급투쟁을 반영하고, 농민봉기를 가송한 민가

예를 들어 〈상틈왕(想闖王)〉·〈우칠항십이월(于七抗淸十二月)〉·〈홍수전기의(洪秀全起義)〉·〈묘민대기의(苗民大起義)〉 등. 이같은 민가는 전통민가의 기초 위에 굉굉열렬(轟轟烈烈, 몹시 요란하고 열렬함)한 농민운동이 결합하여 음조상에 있어 새로운 발전이 출현하였다.

(3) 봉건예교를 반대하고, 연애자유와 혼인자유를 추구하는 민가

이같은 민가는 명·청 민가 중에 점유 비중이 대단히 크다. 가사는 대부분 질박·대담·해학적이고, 자유애정과 혼인에 대한 추구와 동경을 형상하고 생동하게 표현하였다. 〈결식사정격조하(結識私情隔條河)〉·〈대정산가(大定山歌)〉·〈요가등매도기시(要哥等妹到幾時)〉·〈옥구조(玉沟調)〉·〈기생초(寄生草)〉·〈분리(分離)〉 등은 모두 혼인자유에 대한 청년들의 원망을 반영했다. 명·청 민가 중의 가사는 격률과 곡패의 제한을 받지 않았고, 내용표현에 있어서도 영활 생동을 더하여 언어는 순박·자연·진솔하고, 음악은 풍부하고 자유롭고, 독창·대창·합창 등 다양한 연창형식이 있었다. 〈선화조(鮮花調)〉·〈요가등매도기시〉·〈홍수전기의〉 등은 모두 명·청 시기 유행한 민간 소곡이다.

〈홍수전기의〉는 홍수전이 영도한 태평천국 농민봉기의 가곡이다.[53)]

---

53) 홍수전(洪秀全, 1814~1864) : 태평천국 혁명의 영수. 광동 화현(花縣)사람. 훈장을 하였다. 1843년 빙운산(馮云山)과 더불어 拜上帝會를 창립하였다. 〈原道救世歌〉 등의 문헌을 썼다. 인민을 불러 모아 청왕조를 뒤집을 것을 호소하였다. 1851년 金田에서 봉기를 이끌고, 太平天國이라 하며, 天王이라 불렀다. 1853년 天京(南京)에 도읍을 정하고, 〈天朝田畝制度〉를 반포하고, 군사를 파병하여 북벌과 서정을 했다. 천경 사변 후, 중외반동세력연합이 진공해 오자 경성을 지키기가 힘들었다. 오래지 않아 병으로 죽었다.

洪秀全起義

〈요가등매도기시〉는 남녀 간의 순진한 감정을 표현하였다.

要哥等妹到幾時

〈선화조〉는 한편의 강남 수향(水鄕, 물가 마을)의 고상한 운치가 충만한 전형적 소곡으로, 곡조가 청려(淸麗)·완전(婉轉)·무미(嫵媚)하다.

3) 명·청 문인은 민가 수집과 정리와 출판 작업에 적극적으로 종사하였다. 신선하고 활발한 민간음악은 허다한 명·청 문인의 관심을 이끌어냈고, 또 그들의 창작의 원천이 되었다. 민가의 수집과 정리와 인쇄작업은 순식간에 일종 당시의 풍조가 되었다. 예를 들어 명대 성화(成化) 연간(1465~1487)에 금대로(金臺魯)가 간행한 『사계오경주운비(四季五更駐雲飛)』·『제서상기영십이월새주운비(題西廂記詠十二月賽駐雲飛)』·『태평시새새주운비(太平時賽賽駐雲飛)』·『신편과부열녀시곡(新編寡婦烈女詩曲)』, 명대 만력

(1573~1620)간본 『옥곡조황(玉谷調簧)』, 명대 만력간본 『사림일지(詞林一枝)』, 명대 천계(天啓, 1620~1627) 숭정(崇禎, 1628~1644) 연간에 오현(吳縣)의 풍몽룡(馮夢龍)의 『괘지아(挂枝兒)』와 『산가』,[54] 명대 취월자(醉月子)가 편집한 『신휴아속동관괘지아(新鐫雅俗同觀挂枝兒)』와 『신침천가시오가(新鋟千家詩吳歌)』이 있고, 청대 이주원(李調元)이 편집한 『오풍(奧風)』은 청대 건륭 갑자년(1744)에 간본이고, 『시상남북아조만화소곡(時尙南北雅調萬花小曲)』, 청대 왕정소(王廷紹)의 『애상속보(霓裳續譜)』는 건륭 60년(1795) 간본이고, 무석화문빈(無錫華文彬)의 『차운관소창(借雲館小唱)』은 가경(嘉慶) 무인년(1818) 간본이고, 청대 산동 력성의 화광생(花廣生)이 편찬한 『백설유음(白雪遺音)』은 도광(道光)8년(1828) 간행본이다. 이같은 저작의 간행은 민가에 대한 보전과 유전에 일정한 촉진작용을 하였다. 이렇게 간행된 저작 중에서 풍몽룡의 『괘지아』·『산가』가 가장 유명하였다.

명·청 시기 민가소곡의 광범위한 유전과 발전은 설창음악의 곡 종류와 지방 희곡음악의 성강(聲腔)의 다양한 구성에 매우 중요한 영향을 주었다.[55] 청대 말기 민국(民國) 시기에, 일부 광대한 민중의 사랑을 받은 신흥 설창곡의 종류와 설창유형의 성강극의 종류와 가무유형의 성강극의 종류는, 예를 들어 청음(淸音)·청곡(淸曲)·월극(越劇)[56]·황매희(黃梅戲)[57] 등

54) 풍몽룡(馮夢龍, 1574~1646) : 자가 유룡(猶龍), 강소 오현 사람. 명대 문학가. 재주와 정감이 질탕하고, 시문에 힘쓰고, 경학에 능통했으며, 희곡 수종의 저작이 있고, 小說로 『警世通言』·『喩世明言』·『醒世恆言』으로 세상에 이름이 나서 '三言'이라 불렸다.

55) 성강(聲腔) : 극의 곡조, 많은 극 중의 공통적이고 계통적인 가락, 곡조. 예를 들면 곤강(崑腔)·고강(高腔)·피황(皮黃) 따위.

56) 월극(越劇) : 희곡의 한 종류. 청말에 절강 승현, 즉 옛 월국이 있던 지역에서 기원하였다. 그 지역 민간곡조에서 발전하여 광범위하게 유행하였다.

57) 황매희(黃梅戲) : 안휘 지방의 희곡의 한 종류. 주요 곡조가 호북 황매에서 들어왔기 때문에 이름하였다. '黃梅調'라고도 함.

은 모두 소곡·시조음악을 기본으로 성강체계를 구축하였다.

민간가무음악 : 명·청 시기에 통일된 다민족 국가정권의 진일보한 강화와 공고함으로 말미암아 각 민족문화 간의 교류는 더욱 빈번하게 되었다. 일부 유구한 역사을 지닌 한족과 소수민족의 가무음악은 진일보한 발전을 하여 점차로 정형(定型)으로 나아갔다.

앙가무(秧歌舞) : 앙가는 주로 중국 북방의 한족 지역에서 유행하였고,[58] 일찍이 남송 시기에도 이 가무형식은 존재하였으며, 당시에는 '촌전악(寸田樂)'이라 불렀는데, 농민이 농사를 지을 때 사기를 고무하고 동작을 협조하고 피로를 없애는데 사용한 전간(田間, 농촌)가곡이다. 나중에 이 전간가곡은 도시로 진입하여 점차로 춘절·원초절 등 절기에 항상 공연하는 일종 소형가무로 변천하였다. 공연은 일반적으로 '과가(過街)'·'대장(大場)'·'소장(少場)' 세부분으로 조성된다. '과가'는 진행과정에서 앙가대가 음악의 반주 하에, 간단한 무도동작과 대형변화를 하는 것이다. 사용하는 음악은 대부분 기악곡패이고, 타격악을 더하기도 한다. '대장'은 인원수가 비교적 많은 집체무 공연으로, 정서가 열렬하고 기뻐서 날뛴다. '소장'은 대장 중에 2,3인을 집어넣어 간단한 고사정절을 연기하는 가무소희이다. 지방의 풍속이 다르기 때문에 각 지역 앙가공연도 차이가 있다. 예를 들어 사천(四川)의 앙가고(鼓)는 앙가를 반주할 때, 동시에 〈파투(巴渝)〉 고곡(古曲)을 연주하고,[59] 광동의 앙가무는 12인으로 조성되기 때문에 사람들은 꽃바구니를

58) 앙가(秧歌) : 모내기 할 때 농촌에서 가창하는 노동가곡. 농촌에 광범위하게 유행한 민간가무활동, 라와 고로 반주하고, 형식을 활발하고 다양하며, 혹은 집단가무, 혹은 고사가 있는 내용을 편성한 앙가극을 하기도 한다.

59) 파투(巴渝) : 옛 곡조명. 파투는 촉의 옛 지명. 파투지역의 민가를 '파투(歌)'라 한다. 이지역의 민간무무(武舞)를 '파투무'라 하는데, 주(周) 초에 중원에 들어와 군대악무로 채용되었다.

들고 답가(踏歌)를 하며 〈12월채다(采多)〉를 노래하고,[60] 산동지역에서 전하는 〈대고자(大鼓子)앙가〉는 약간의 작은 조로 조성되는데, 각 조는 축산(丑傘)·화산(花傘)·고(鼓)·봉(棒)·화(花)·축(丑) 등 6종의 배역이 있다.[61] 앙가무는 '고교(高蹺)앙가'라 부르는 또 다른 형식이 있는데,[62] 이 앙가는 난이도가 비교적 커서 목교(木蹺) 위에서 가무공연을 할 때 쌍각채(雙脚棌)가 필요하며, 매년 명절이 다가오면 공연한다. 소용되는 곡조는 대부분 절주가 명쾌하고, 해학과 즐거움이 있으며, 무곡화된 민간소곡 혹은 민간 고취악이다. 사용된 언어는 질박·생동·낭랑하다.

화고(花鼓) : 명왕조시기에 민간에서 흥기한 일종 예술형식이다. '화고'는 주로 연창을 위주로 하고, 연기는 보조적이며, 연출형식은 일반적으로 남녀 두 사람이고, 한사람은 고를 두드리고, 한사람은 라를 치고, 노래 부르면서 춤을 춘다. 초기 화고는 주로 농촌에서 유행하였는데, 청왕조시기에 도시로 진입하기 시작하였고, 궁궐에서도 연출되기도 하여, 공연형식에 있어 변화가 있었다. 화고가 안휘·봉양(鳳陽)에 전해지면서 앙가를 부르는 것을 위주로 하는 것이 시작되었다. 봉양은 회하(淮河) 유역 일대에 있어서 항상 기근이 들어,[63] 생계를 위하여 사람들은 등에 소라·요고 등을 가지고 이 거리를 저 거리를 돌아다니며 향토색을 지닌 〈봉양가(鳳陽歌)〉를 연창하였다. 후대에 이 가무형식은 곡조에서 희곡음악과 설창음악 등 다른

60) 답가(踏歌) : 손을 잡고 노래부르며, 발로 땅을 밟으며 장단을 맞춘다.
채다(采茶) : 강서·호남 등 지역에 유행한 민간곡조로, 후에 '采茶戱'로 발전하였다.

61) 축(丑) : 전통희극에서 배역명. 축각, 축단이라 함. 희극에서 어릿광대. 경극에서 익살꾼.

62) 고교(高蹺) : 나무다리 걷기. 두 개의 나무다리를 잡고 걸어 다니며 노는 유희로, '踏蹺'라 했다.

63) 회(淮) : 중국 하남성 동백산에서 발원하여 안휘 강소를 거쳐 황하로 들어간다. 물리 빙돌아 흐른다.

종류의 예술정수를 흡수하였고, 동시에 내용에도 고사정절을 더하여 점차로 '화고희(花鼓戱)'로 형성되었다. 화고희는 일종 지방 소희(小戱)이고, '화고정(和鼓灯(燈))'이라 부르는 형식이 있는데 이것은 민간가무이다. 화고정의 배우는 '화가자(花架子)'와 '납화(拉花)' 두 종류가 있다. '화가자'는 남성역할이며, 무술 기예에 장점이 있고, 동작이 거칠고 호방하다. '납화'는 여성역할이고, 손에 수파(手帕, 손수건)·선자(扇子, 부채)를 들고 있다. 그밖에 '산파자(傘把子)'가 있어 전체무대를 지휘한다. 공연할 때 배우들은 노래도 하고 춤도 추는 것은 관중들의 평판에 따른다. 화고정은 후대에 민간에서 허다한 새로운 공연형식이 출현하였는데, 예를 들어 배우들은 전편(錢鞭)으로 등불(灯)을 두드려 가무의 박자로 삼았다.[64)]

채다(采茶) : 중국 남방에 유행한 민간가무형식으로, 지역에 따라 호칭도 다르다.[65)] 예를 들어 호남·호북에서는 '채다' 혹은 '다가(茶歌)'라 하고, 강서에서는 '다람정(茶籃灯)' 혹은 '삼각반(三脚班)'이라 하고, 광서에서는 '창채다(唱采茶)' 혹은 '채다가(采茶歌)'라고 한다. 호칭은 비록 다르지만, 내용은 모두 차를 따는 사람들의 생활을 표현하였다. 명왕조 왕기덕(王驥德)의 『곡률(曲律)』에는 채다와 유관한 이른 시기의 기록이 있고, 청왕조 때에 채다는 비교적 완벽한 가무형식으로 발전하였다. 1남1녀, 1남2녀 혹은 많은 사람이 연기한다. 연기자는 몸에 채색의 옷을 입고, 허리에 채색의 따를 두르고, 남자의 손은 전편(錢鞭)을 잡고 멜대·괭이·상앗대 등으로

64) 전편(錢鞭) : 전은 농구 이름으로, 가래(臿)에 속하며, 지금의 쇠낫(鏟)과 유사하다. 전편은 가래나 낫 모양의 채찍, 혹은 동전 모양의 채찍, 동전 문양이 있는 채찍을 말하는 듯하다.

65) 채다(采茶) : 차를 따는 일. 민간가무 채다정으로부터 발전한 희곡을 '채다희'라 하고, 채다정은 '정절' 혹은 채다하는 계절에 채다를 주 내용으로 하는 연창의 절목이다. 후에 '對子戱' 혹은 '三小戱'로 발전하였고, 어떤 것은 대형극목을 공연할 수 있는 극으로 발전하였다.

만들고, 여자는 손에 꽃부채(花扇)을 잡고 대나무 바구니(竹籃)·우산 혹은 차를 담는 기구를 만들어 차를 따는 농민의 생활 노동 장면을 연기한다. 소용되는 음악은 어떤 것은 흥겹고 유쾌하고, 어떤 것은 서정이 평안하고 느슨하며, 이호(二胡)·적자(笛子)·쇄눌(唢呐, 태평소)·라·고 등은 주요 반주악기이다.[66)]

무카무(木卡姆, 무캄)[67)] : 중국 신강 유오이(維吾爾, 위구르)족의 전통적 고

66) 쇄눌(唢呐) : 나팔과 비슷하며 정면에 7개, 뒤쪽에 1개의 구멍이 있는 회족의 관악기 수르나이.

67) 목잡모(木卡姆) : 신장 위구르족의 무카무[Uyghur Muqam of Xinjiang]. 신장 위구르족의 무카무(新疆維吾爾木卡姆)은 중국의 최대 소수민족집단인 위구르(維吾爾)족 공동체 사이에서 폭넓게 연행되고 있는 다양한 형태의 무카무(木卡姆, 무캄, 마캄[Maqam])를 일반적으로 통칭하는 말이다. 신장(新絳) 지역은 그 중심부가 실크로드를 따라 자리잡고 있어서 역사적으로 항상 동양과 서양 사이의 활발한 문화교류의 중심지 역할을 하였다.

신장 위구르족의 무카무는 노래, 춤, 민속과 고전음악을 포괄하며, 그 내용과 안무, 음악 양식과 사용하는 악기의 다양성이 특징이다. 노래의 리듬과 길이가 다양하며, 독창은 물론 합창으로도 연행된다. 가사에는 민요뿐 아니라 고전 위구르 시(詩)의 거장이 쓴 작품도 사용된다. 따라서 무카무의 노래는 시, 속담, 설화, 역사의 목격담, 위구르 사회의 현대 생활 등 광범한 양식을 보여주고 있다. 무카무 기악단의 리드 악기들은 이 지방의 고유한 재료로 만들어지며, 연행에서는 찰현악기·발현악기·관악기 등 다양한 악기를 사용한다.

춤의 기교에는 독특한 발걸음, 리듬과 대형, 그리고 독무에서 나타나는 '입으로 꽃을 따는' 모습, '항아리를 머리에 이고 가는' 모습이나 동물의 흉내 등의 몸동작이 인상적이다. 신장 위구르족의 무카무는 지역에 따라 시얼 무카무(十二木卡姆)·다오랑 무카무(刀郎木卡姆)·투르판 무카무(吐鲁番木卡姆)·하미 무카무(哈密木卡姆)의 4가지 형식으로 발달하여 왔다.

오늘날 모든 주민이 무카무에 참여하는 메스레프(meshrep, 麥西熱甫)이나 베즈메(bezme)와 같은 지역 축제들이 사라져가고 있으며, 이런 행사가 열리는 빈도가 점점 줄고 있다. 전통을 새로운 세대에게로 전승하는 책무는 민속 예술가들의 어깨 위에 놓여 있지만, 무카무에 대한 젊은이들의 관심이 날이 갈수록 줄어들고 있다. 여러 편으로 이루어진 무카무 작품은 이제 더 이상 연행되지 않고 있다. 특히 총 300편 이상으로 구성되고 12개의 악기 연주와 가창의 모음곡으로 20시간 이상 연행해야 하는 '시얼

전음악으로, 통일된 조식체계를 지니고 있고, 성악악기와 무도가 조합된 대형 투곡이다.[68] 무카무는 명왕조시기에 상당히 유행하였고, 청왕조시기 궁정에서는 '회회악(回回樂)'에 배열되었고,[69] 지역극으로 남강(南疆 남부 신강)에는 카스(喀什)무카무 · 화전(花田)무카무 · 도랑(刀郎)무카무가 있고, 동강(東疆)에는 하미(哈密)무카무 · 투루판(吐魯番)무카무가 있고, 북강(北疆)에는 이녕(伊寧)무카무 등이 있다.[70] 구조상 무카무는 일반적으로 각 부가 12투로 이루어지기 때문에 '12무카무'라 부르기도 한다. 남부 신강 '12무카무'를 예로 들면, 음악구조는 대체로 4부분으로 조성된다. 첫째부분은 절주가 자유롭고, 악구 장단이 하나같지 않은 독창곡—'무카무'이다. 둘째부분은 '경내액맥(琼乃額麥)', 즉 대곡으로 모두 12투이고, 다단락의 가곡과 기악곡으로 조성된다. 셋째부분은 '달사탄(達斯坦)'이라 부르는데, 많은 편수가 다른 박자가 있는 가곡과 간주곡으로 조성된 '서사음악투곡'이다. 넷째부분은 '맥서열보(麥西熱普)'라 하는데,[71] 많은 편수가 속도가 느리다가 점점 빨라지는 가무곡으로 조합된 '가무조곡(歌舞組曲)'이다.

12무카무는 15세기의 신강의 각 지역에서 매우 성행하였다. 풍속 명절이나 경사스런 혼례와 즐거운 만찬에 무카무의 연창이 있었다. 가사는 대부분 민간가요와 서사곡이고, 또 15세기 이래 저명한 시인 애리서이(艾里西爾) · 납옥이(納沃伊) · 목한매덕(穆罕買德) · 사적극(斯迪克) 등의 시편이 있

무카무'는 더 이상 연행되지 않고 있다. [인용 : 유네스코 인류무형문화유산]

68) 투곡(套曲) : 중국 전통극이나 산곡(散曲)에서 여러 곡을 체계적으로 하나로 엮은 곡.

69) 회회악(回回樂) : 회회는 이슬람교를 믿는 사람, 혹은 그 나라. 명 · 청시대 문헌에서는 주로 회족(回族)을 말함.

70) 객십(喀什, Kāshí) : 카스(신장 자치구의 서남부에 있는 도시. 카슈가르(Kashgar).
합밀(哈密, Hāmì) : 하미(신장성 동부의 오아시스 도시.)
토로번(吐魯番) : 투르판.

71) 맥서열보(麥西熱普(甫)) : meshrep.

고, 내용은 대부분 애정이고, 인민들의 고통과 한의 어두운 형세와 행복한 생활을 추구하는 원망 등을 반영하였다. 연창할 때, 대부분은 자리가 깔려 있는 땅바닥에 앉고, 형식은 풍부하며, 독창·대창·제창 등이 있다. 반주 악기로는 타이(它爾)·열와보(熱瓦普)[72]·탄발이(彈拔爾)·애첩극((艾捷克)·살탑이(薩塔爾)·잡룡(卡龍)·수고(手鼓) 등이 있다. [참조 : 남이섬 박물관, 류지움민족악기박물관]

과장(鍋庄)[73] : 명왕조시기에 형성되어 지금으로부터 500여 년의 역사가 있고, 장(藏)족 백성들이 사랑하는 예술형식이다. 가무할 때, 남녀 수십인 원을 만들거나 혹은 두 줄로 서로 마주보며 서서, 손에 손을 잡고 노래를 부르면 춤을 춘다. 무도동작은 대체로 두 종류로 나뉜다. 하나는 절주가 편안하고 우미하며, 다른 하나는 절주가 격렬하고 분방하다. 내용은 주로 노동생산과 남녀애정과 종교신앙 등을 반영한다.

낭마(囊瑪) : 장(藏)족의 일종 고전 궁정가무로, 대략 명말청초에 생겼다. '낭마'의 뜻은 '내무부(內務府)'인데, 납살(拉薩, 라싸) 포달납궁(布達拉宮)의 낭마강(崗, 즉 내실)에서 연출되었기 때문에 이름을 얻었다. 낭마예술은 발

---

72) 러와푸(熱瓦普, 열와보) : 러와푸는 위구르, 우즈벡, 타지크 등 소수민족들이 사용하는 현악기로 본체는 목재로 되어있으며 음상(音箱)은 반구형의 통에 양가죽이나 당나귀 가죽, 말가죽, 뱀가죽 등을 씌었다. 악기의 목은 가늘고 길며 정수리 부분은 완곡하다. 러와푸는 남강(南疆)러와푸와 북강(北疆)러와푸로 나뉘어 지는데, 남강 러와푸는 본체가 비교적 작으면서, 지반(指板) 위에 꼰실을 품(品)으로 하며 품의 위치를 바꿀 수 있고 음색이 청아하다. 북강 러와푸는 구리나 동물의 뼈를 품(品)으로 하며 일반적으로 5현을 사용하고 음색이 부드러우면서 맑다. 남강 러와푸는 악기의 본체와 활, 악기 머리부분에 동물의 뼈로 아름다운 전통문양을 상감하는데, 연주용 악기이면서 동시에 정교한 공예품이 되기도 해서 관광객들에게 인기가 좋다.
[출처] 중국 우루무치 여행 tips|작성자 다크블루

73) 과장(鍋庄) : 명절이나 농한기 때, 남녀가 원을 만들어 왼쪽으로 돌며 노래하면서 추는 장족(藏族)의 민속무용.

전과정에서 한족 고악의 영향을 비교적 많이 받았다. 음악구조는 일반적으로, 인자·가곡과 무곡 세부분으로 조성되어 있다. 가곡절주는 느리고, 곡조는 전아하며, 무곡절주는 유쾌하고 급하고 열렬하며, 음악풍격은 가곡형식과 선명하게 대비된다. 가창에는 독창과 중창 등 예술형식이 있고, 기악곡에는 독주·중주·합주 등의 형식이 있다. 악대편제에 있어 장족·한족 음악이 서로 결합한 특점이 보인다. 반주악기는 주로 적(笛)·찰목열(扎木涅 일종 '火不思'와 형체가 유사한 6현금으로 각 근현음(根弦音)은 서로 같고, 발자(拔子)를 이용하여 탄주한다.)·양금(揚琴)[74]·경호(京胡)[75]·특금(特琴)[76]·근잡(根卡)[77]·천령(串鈴)[78] 등 7종이 있다.

명·청 시기의 민간가무는 대단히 많다. 명왕조 요려(姚旅)의 『로서(露書)』에 기록된 산서의 홍동(洪洞)이 보았던 민간가무에는 〈양산무(涼傘舞)〉[79]·〈회회무(回回舞)〉·〈화판무(花板舞)〉 등이 있다. 〈등패무(藤牌舞)〉·〈영가무(英歌舞)〉는 강서·절강·복건 등 지역에 유행한 민간가무이다.[80] 서남

74) 양금(揚琴) : 격(擊)현악기(두손으로 琴竹을 잡고 현을 가볍게 두드리고 치면서 소리를 냄). 호접금(胡蝶琴)이라고도 함. 원래는 중동 일대에서 유행하던 격현악기.

75) 경호(京胡) : 납(拉)현악기. 호금의 일종. 형태는 이호와 유사하나 조금 작다. 금통은 대나무로 만들고, 소리가 높고 밝다. 주로 경극의 반주로 사용.

76) 특금(特琴) : 로(魯)특금이라 함. 발(撥)현악기. 면은 평평하고 뒷면은 둥글다. 형태는 반쪽으로 나뉜 서양배와 유사하다. 4에서 20개의 현이 있다.

77) 근잡(根卡) : 장족의 납현악기. 장족에게 전래된 불교의 장에 사용되었다. 목제이고, 몸통은 양가죽 혹은 뱀가죽으로 입히고, 3현이다.

78) 천령(串鈴) : 방울을 여러 개 궤미로 엮은 악기. 예전에 강호 지역에서 간병 산명하는 사람이 고객을 부르는데 사용했다.

79) 양산무(涼傘舞) : 볕을 가리기 위한 우산이나 양산을 갖고 추는 춤.

80) 등패무(藤牌舞) : 등패는 등나무로 만든 방패.

영가무(英歌舞) : 한족 민간무도 형식의 하나. 주 표현형식은 대형집체무이고, 무자는 〈수호전〉에 나오는 영웅인물을 분장하고, 두손에 각기 짧은 목봉을 들고, 상하좌우로 서로 대결한다. 동작은 건장하고 힘이 있으며, 절주는 강렬하다. 무도가 끝나면 가무소

소수민족 지역, 예를 들어 묘(苗)족의 '도월(跳月)',[81] 이(彝)족 · 백(白)족 · 조조(傈僳)족 지역의 '타가(打歌)',[82] 포의(布衣)족의 '간표(赶表)',[83] 동북 3성의 만(滿) · 몽(蒙) · 달알이(達斡爾)족의 '살만(薩滿)'가무 등은 모두 독자적인 지방특색을 지닌 민간가무이다.[84]

3. 설창음악의 발전

명 · 청시기의 민간곡예는 대략 260여 개의 곡종(曲種)이 있었는데, 음악성은 비교적 강하여, 현악기반주가 있는 곡종이 대략 200여 개가 있었다. 청왕조 말년에 이르러 점차로 탄사 · 고사 · 패자곡 · 도금(道琴) · 금서(琴書) 등 5대 설창류 음악의 골격이 형성되었다. 그 중 탄사 · 고사 · 패자곡의

희가 있는데, '영가후붕(英歌后棚)'이라 한다.

81) 도월(跳月) : 묘족, 이족의 풍속. 매년 초춘 혹은 모춘에 미혼의 청춘남녀들이 달 밝은 밤에 야외에 모여 정감을 드러내는 가무를 '도월'이라 함. 서로 사랑하는 사람들은 각종 활동을 통하여 부부가 됨.

82) 타가(打歌) : 踏歌라고도 불리는 打歌는 부족시대에 巍山(weishan), 南澗, 漾濞 등 이족이 모여사는 현에서 성행하였다. 기념일 경축이나 관혼상제가 있을 때마다 이족마을은 모두 打歌를 해야 했고, 打歌를 할 때면 불꽃을 원의중심에 놓고, 蘆笙(악기이름)로 춤을 이끌고, 笛子(피리)로 반주를 하고, 남녀파트너가 자연스럽게 원을 이룬다. 打歌 가락은 내용이 풍부하고 가사는 상지(上支)와 하지(下支)로 나뉜다. 상지는 비유이고, 하지는 서술이다. 남녀가 하나는 노래하고 하나는 호응하며, 하나는 묻고 하나는 답한다. 공연을 할 때, 남자는 가성을 많이 쓰고, 여자의 목소리는 달콤하고 부드러우며 감정이 풍부하다.

83) 간표(赶表) : 포의족 청년남녀의 전통적 오락과 사교활동이다. 뜻은 사랑을 속삭임이다. 한어로는 '琓表' · '坐表'라 한다. 절기나 경사가 있는 날, 산둔덕에 모여 정가를 대창한다.

84) 달알이(達斡爾) : 중국 내몽고와 흑룡강과 신강에 분포하여 사는 소수민족.
살만(薩滿) : 薩瑪이라고도 함. 滿語 saman의 的 역음, 薩滿教의 남자 무당. 살만은 머리에 새깃이 달린 신모를 쓰고, 허리에 요령을 타고, 머리와 허리를 흔들며, 손으로 가죽북을 치고, 뛰고 노래를 부르고 주사를 외운다.

유행은 가장 광범위하였다.

고자사(鼓子詞) : 송나라 조덕린의 〈최앵앵상조접연화사〉는 고자사의 효시라고 말할 수 있다. 연창형식은 주로 두 종류가 있다. 하나는 단지 창(唱)만 있고, 말하기(說)가 없이, 동일한 곡조를 사용하여 가사를 반복적으로 연창한다. 다른 하나는 말하기와 창이 있어 편폭이 비교적 길고, 몇 가지 곡조를 이용하여 연창하기 때문에 음악색채가 풍부하고 예술표현력이 강화된다. 가사내용은 다양하게 표현하지만, 총체적으로 말해서 국가흥망·금과철마(金戈鐵馬)[85]·제왕장상의 연창을 위주로 한다. 명왕조시기 고자사는 발전이 빨랐고, 또 남, 북의 구분이 있었다. 남방의 것을 '탄사'라 했고, 북방의 것을 '고사'라 했다.

탄사(彈詞) : '남사(南詞)'라고 하며, 그 기원은 직접적으로 송대의 도진(陶眞)과 원·명 시기의 사화(詞話)에 근원한다. 원대 양유정(楊維楨)의 『사유기탄사(四游記彈詞)』는 현재 알려진 최초의 탄사창본으로, 작품으로는 〈협유(俠游)〉·〈선유(仙游)〉·〈명유(冥游)〉·〈몽유(夢游)〉 4부를 포함하고 있다. 명왕조의 탄사는 많은 시민이 사랑한 설창음악이 되었다. 강소 상숙도호는 초두랑(草頭娘)의 여배우였는데, 양진(楊稹)의 〈이십사사탄사(二十四史彈詞)〉를 능숙하게 창할 수 있었고, 강소 진안(秦安)의 유경정(柳敬亭)은 탄사계의 첫째가는 승상계하(承上啓下, 앞을 받아 뒤를 잇는다)의 큰 스승이라 말할 수 있는데, 『수당』·『삼국』·『수호지』 등은 그가 가장 자신 있고 좋아하는 것이었다. 청왕조 건륭 이후에 탄사의 범위는 주로 강절(江浙, 강서와 절강) 일대에 집중되었는데, 곡조에 있어 오나라 노래(吳歌)의 음악정수를 흡수하였고, 비파와 삼현 등 현악기 반주를 이용하였고, 또 오나라 말(吳語)을

85) 금과철마(金戈鐵馬) : 전쟁, 전쟁의 사건. 혹은 군대와 병마.

중심으로 하는 방언을 사용하여 연창하였다. 소주(蘇州)의 탄사·양주(揚州)의 현사(弦詞)·사명(四明)의 남사[86]·소흥(紹興)의 평호조(平湖調)·장사(長沙)의 탄사 등은 모두 당시 매우 유명한 탄사류 곡종이다. 그 중 소주의 탄사는 이름이 가장 많이 알려졌다. 소주 탄사는 원·명 시기의 발전을 거쳐, 청왕조시기에 이르러 무럭무럭 꽃을 피우는 정경을 드러냈다. 건륭시기 탄사예인 왕주사(王周士)는 그 뛰어난 연창으로 건륭제가 7품 경관(京官)으로 봉했다. 가경·도광 연간의 진우건(陳遇乾)·요예장(姚豫章)·유수산(兪秀山)·육사진(陸士珍)·함풍(咸豊)과 같은 연간의 마여비(馬如飛)[87]·요사장(姚似章)·조상주(趙湘舟)·왕석천(王石泉) 등은 저명한 탄사예인이다. 그 중 진우건·유수산·마여비 3인이 가장 유명하였다. 그들이 창립한 유파를 '진조'·'유조'·'마조'로 나누는데, 3파의 창강(唱腔, 중국 전통극의 노래곡조)은 각기 특색이 있었다.

진조(陳調) : 창시한 진우건은 창강에서는 곤곡과 소주탄사의 영향을 받았고, 곡조에서는 서완심침(舒緩深沈)하고 박실창량(朴實蒼凉)하였고, 비장호매(悲壯豪邁)한 정감표현과 중노년 인물의 형상을 잘했다.[88] 진조의 음역은 비교적 좁고, 선율의 기복은 크지 않고, 동음반복과 하행의 소(小)6, 소(小)7도와 8도(度)의 도진(跳進, 뛰어들다)을 많이 채용하고, 과문(過門, 변화 경과하는 곳)이 간단하고, 속도가 알맞아 일반적으로 상구는 치음(徵音)

86) 사명(四明) : 산 이름. 절강 영파시 서남에 있다. 봉우리 가운데 정상에 방석이 있어 사면이 마치 창과 같이 일월성신의 빛이 통한다고 하여 사명이라 했다.

87) 마여비(馬如飛, 1851~1908) : 자가 거경(去卿), 강소 장주(長洲) 사람. 청대 함풍(咸豊)·광서(光緖) 연간에 탄사예인. 소주탄사의 주요한 창강(唱腔) 유파의 하나. 『道訓』·『雜談』 등의 저작이 있음. 평탄(評彈, 설과 창이 있는 곡예, 평화와 탄사가 결합한 형태) 예술에 탁월한 공헌을 하였음.

88) 서완심침(舒緩深沈) : 평온하고 느리며 침착하고 무겁다. 박실창량(朴實蒼凉) : 질박하고 황량하다. 비장호매(悲壯豪邁) : 슬프면서도 호탕하고 뛰어남.

위에 떨어지고, 하구는 상음(商音) 위에 떨어진다.

유조(俞調) : 창시한 유수산은 창강에 있어 곤곡과 소주탄사의 음악 특징을 흡수하였고, 창법에 있어 경극단각(京劇旦角)의 연창 특징을 귀감으로 삼았고,[89] 진성과 가성을 병용하였고, 또 작은 목소리 위주의 창법이다. 창강음역은 넓고 완전유미(婉轉柔美, 아름답고 부드럽다)하여, 고대 부녀의 애원이 면면한 정을 표현하는데 딱 알맞다. 후대 소주탄사의 창강 발전에 대한 유조의 영향은 비교적 크고, 소양조(小陽調)·하조(夏調)·서조(徐調)·기조(祈調)·후조(侯調) 등은 모두 그 기초위에 발전하여 이루어졌다.

마조(馬調) : 창시한 마여비는 기본적으로 본래의 목소리를 사용하고, 선율은 평직질박(平直質朴)하고, 일자일음(一字一音)이고, 음송성(吟誦性)이 비교적 강하고, 창강의 편폭은 비교적 짧고, 타강(拖腔)을 적게 사용하고[90] 음역은 비교적 좁고, 속도는 알맞아, 일반적으로 상구는 궁음 위에 떨어졌고, 하구는 치음 위에 떨어졌다. 30년대 위(魏)씨 부자가 마조를 계승 발전시켜, 선율이 기복성을 지니게 하였고, 또 속도도 빨라지게 하였다. 이는 강경상랑(剛勁爽朗, 굳세고 상쾌하고 명랑함)한 특색을 지니게 되었고, 후대의 심조(沈調)·설조(薛調)·주조(周調) 등은 이 기초 위에 발전 변천한 것이다.

명·청시기에 탄사곡목은 많았는데, 가장 유행한 곡목에는 역사삼부곡(歷史三部曲)이라 부르는 〈안방지(安邦志)〉·〈정국지(定國志)〉·〈봉황산(鳳

89) 단(旦) : 중국 전통극에서 여자 배역. 청의(靑衣, 옛 명칭은 정단(正旦)이라 함)·화단(花旦)·도마단(刀馬旦)·무단(武旦)·노단(老旦)으로 구분함.

각(角) : (~儿) 중국 전통극에서 전문적인 역할 분담의 종류로, 주로, 배역의 유형에 따라 나눔.

90) 타강(拖腔) : 중국 전통극에서 창을 할 때에 특정 글자를 길게 늘여서 발음하다.

凰山)〉이 있고, 애정삼부곡이라 부르는 〈삼소인연(三笑姻緣)〉·〈옥청정(玉蜻蜓)〉·〈진주탑(珍珠塔)〉과 〈백사전(白蛇傳)〉·〈왜포전(倭袍傳)〉·〈재생연(再生緣)〉·〈의요전(義妖傳)〉 등이 있다. 탄사의 반주악기는 주로 비파, 3현 등 현악기 위주이고, 연기할 때에는 설도 있고 창도 있으며, 일반적으로 '단당(單檔)'과 '쌍당(雙檔)'으로 나눈다. 단당은 한 사람이 비파 혹은 3현으로 혼자서 탄주하며 창을 하고, 쌍당은 한사람은 3현을 연주하고 다른 한사람은 비파를 연주하며 공동으로 반주하면서 돌아가며 설을 연창한다. 때로는 3인 혹은 그 이상의 사람들이 출연하여 연창하기도 하는데, 두 개의 호(胡) 혹은 양금(揚琴) 등 악기반주가 추가된다.

고사(鼓詞) : 고자사(鼓子詞)에서 분화되어 나온 것으로, 주로 북방지역에서 유행한 설창문학이다. 명대 만력·천계 연간에 간행된 『대당진왕사화(大唐秦王詞話)』(또는 『진왕연의(秦王演義)』라 함)는 현존하는 최초의 명대 북방 고사이다. 청왕조시기에 고사 유행은 매우 광범위하였는데, 하북·하남·산동·요녕·북경·천진 등 북방지역에 고사의 공연이 있었다. 공연유형은 대체로 '서(書)'와 '곡(曲)'으로 크게 나눌 수 있다. '서'는 민간에서 '설서(說書)'·'평서(評書)'·'설대서(說大書)'라 부르는데, 창하지 않는다. '곡'은 또한 '고서(鼓書)'·'고사(鼓詞)' 혹은 '창대고(唱大鼓)'라 부르는데, 설도 있고 창도 있다. 형식상으로 두 종류로 나눈데, 하나는 악기반주가 없고 예인이 스스로 고나 판을 두드리며 설창하고, 다른 하나는 비파와 3현을 탄주하며 설창한다. 창사는 7언을 위주로 하고, 10언을 보조로 하며, 염백(念白, 대사)은 항상 시와 사(詩詞)의 격식을 하용하고,[91] 장편 역사고사 혹은 '탁창(拆唱)'[92]·'단아서(段兒書)'[93] 등 중단편 고사작품을 사용한다. 청왕조

91) 염백(念白) : 중국 전통극의 대사. 道白.

92) 탁창(拆唱) : 한사람이 연창하는 곡목을 2,3인 혹은 4,5인으로 나누어 정절(줄거리)나 인물의 배역을 분담하여 연창하는 것. '拆唱八角鼓' 등이 있다.

시기 고사설창예술 기예는 상당한 수준에 이르렀는데, 북경에 매(梅)·청(淸)·호(胡)·조(趙) 4가가 출현하였다. 그 중 '매가'는 창을 잘하였고, '청가'는 탄주를 잘하였다. 『노잔유기(老殘游記)』에 기록된 산동 제남부(齊南部)에 있던 희원(戱園)의 예인 왕소옥(王小玉)이 대고서를 창한 것에 대한 묘사는,[94] 당시 고사설창예인이 가창예술방면에서 이미 사람을 끌어들이고 도취시키는 강렬한 예술 감동력을 지니고 있음을 반영한다.

> …왕소옥이 붉은 입술 하얀 치아를 열어 몇 구절의 '서'를 창하는데, 성음이 처음에는 크지 않다가, 문득 귀에 말할 수 없는 묘경이 들어옴을 깨닫는데, 오장육부가 마치 다리미로 다림질 한 듯 데이지 않은 곳이 한 곳도 없고, 삼만육천개의 모공은 마치 인삼과자를 먹은 듯 모공이 열려 상쾌하지 않은 곳이 하나도 없다. 수십 구절의 창을 한 이후에는 점점 소리가 길어지고 높아지는 홀연 하나의 높은 소리를 내는데, 마치 한가닥 망사를 하늘가로 던지는 듯하여, 암암리에 절규를 금하지 못한다. 그녀가 지극히 높은 곳에 있으리라는 것을 어찌 알겠는가, 항상 빙빙 돌리고 전환할 수 있는데! 몇 번의 전환 후에, 또 소리가 한 층 더 높아지고, 연이어서 3,4첩을 하는데, 절절마다 높아져 간다. … 뒤집으면 뒤집을수록 더욱 강해지고, 험해지면 험해질수록 기이해지는구나! 그 왕소옥의 창이 지극히 높은 3,4첩에 이른 뒤에 갑자기 한번 떨어지는데, 그 천번을 돌고 백번을 꺾는 정신을 힘을 다해 마음대로 하니 마치 한 마리 나는 뱀이 황산 36봉에 허리를 감고 빙빙 돌며 뚫는 것 같다.

93) 단아서(段兒書) : 大鼓書始於漁鼓簡板說孫猴子, 佐以單皮鼓檀板, 謂之段兒書, 後增弦子 謂之 靠山調 此技周善文一人而已.

94) 왕소옥(王小玉) : 생졸 미상. 예명이 백뉴(白妞). 청 동치(同治)·광서(光緖) 연간에 산동 이화대고(梨花大鼓) 연기자. 설창기교가 매우 뛰어났다. 판을 따라 글자를 설창하면 마치 구슬이 옥쟁반을 굴러가는 듯하였다. 유악(劉鶚)의 『老殘遊記』에 그녀가 회환곡절(回環曲折)을 창하면 여음이 감돌아 3개월동안 끊이지 않았다고 기록하였다. 유악(1857~1909)은 자가 철운(鐵雲)으로, 청 단도(丹徒) 사람이다. 성격이 호쾌하고 기기(奇氣)가 있고, 벗 사귀기를 좋아하였다. 팔고문(八股文, 과거시험용 형식)을 버리고, 수학·의학·수리 등에 정통하였다. 개인적으로 창고의 조를 사용했다가 신강으로 유배가서 죽었다. 『老殘遊記』, 『鐵雲藏龜』 등이 있다.

순식간에 두루 몇 편을 돌고, 이 이후에는 창을 하면 할수록 더욱 낮아지고, 낮아지면 낮아질수록 더욱 섬세해져 그 성음은 점점 귀를 기울이지 않을 수 없다. 원자(園子, 무대)를 가득 메운 사람들은 모두 숨을 죽이고 정신을 모으고, 감히 조금도 움직이지 않는다. 대략 2,3분의 종소리가 끝난 후, 홀연히 휘날리니, 마치 동양의 불꽃놀이에서 하나의 불꽃은 하늘로 올라가면서 천백가지 오색 불빛으로 변하여 종횡으로 흩어 떨어지는 것 같다. … 바로 얽히고 설킨 그 때에 홀연히 돌연한 소리가 들리는데, 사람들은 모두 조용해진다. 이 때 무대 아래에서 갈채를 보내는 소리가 천둥소리처럼 들린다.

고사는 발전하는 과정에서 점차로 '대고(大鼓)'로 이름이 바뀌어,[95] 청왕조 말기에 이르러서는 목판(木板)대고·서하(西河)대고·경운(京韻)대고·악정(樂亭)대고·동북(東北)대고·산동(山東)대고·호북(湖北)대고·광서(廣西)대고·이화(梨花)대고·매화(梅花)대고 등 수십 종의 다른 풍격을 지닌 대고 형식으로 변천하였다.

이화(梨花)대고 : 원명은 '려화(犁鏵, 쟁기, 가래)대고'인데,[96] 노북(魯北) 농촌의 대고류 곡종에서 기원하였다. 그 지역 농민들은 농한기에 항상 부서진 려화 조각으로 박자를 맞추며 반주하면서, 산동 향토조(鄕間土調)로 민간고사를 설창하였는데, 이로써 이름을 얻었다. 후대로 오면서 려화예인들은 당시 고사의 장편곡본(곡의 저본)을 받아들여 장인들이 특별히 만든 초승달 모양의 철편 혹은 동편으로 려화편을 대체하였고, 반주악기에 있어서도 3현을 추가하였다. 대표적 인물이 학로봉(郝老鳳)인데, 그의 창강

95) 대고(大鼓) : '대고서(大鼓書)'라고도 함. 곡예의 일종. 한사람이 鼓·板을 치면서 연창함. 때로는 수명이 삼현 등 악기 반주가 있음. 창사(唱詞)는 대부분 민간에 유전되는 역사고사 등을 채용. 운문으로 편성됨. 일반적으로 청초에 산동·하북의 농촌에서 시작하여 주로 북방에서 유행함. 지역·방언과 곡조의 차이로 다른 명칭을 갖게 됨.

96) 려화(犁鏵)대고 : '철편(鐵片)大鼓'라고 함. 곡예대고의 일종. 연기자는 왼손으로 철작판(초생달 모양의 철편)을 치고, 오른손으로 북을 치며 철판대고를 부른다.

은 웅혼박실(雄渾朴實)하고, 행강(行腔)은 박직(朴直, 소박하고 솔직함)하고 굴곡이 있으며,[97] 농후한 향토분위기를 띠고 있다. 동치(同治)·광서 연간에 제남에 진입한 려화대고는 음악상 산동양금·패자곡과 산동민가·희곡음악의 영향을 받아 더욱 풍부해졌고, 명칭에 있어서도 '려화'를 '이화(梨花)'로 대체하여 풍아함을 보였다. 저명한 예인 왕소옥 자매의 기예는 정심원숙(精湛圓熟, 정미하고 심오하고 원숙함)하고, 곡조는 명쾌강건(明快剛健)하며, 창강은 완전화려(婉轉華麗)하며 서정에 특히 뛰어났다.

경운(京韵)대고 : 명칭은 청왕조 말년 양경오(楊慶五)의 『대고서사회편(大鼓書詞匯編)』에 나온다. 경운대고는 또 '경음(京音)대고'로 부르는데,[98] 전신은 기중(冀中, 하북 평원지대)의 '목판대고'에 기원한다. 19세기 후반기에 북경·천진(天津) 등지에 들어온 이후에, 하간(河間)방언을 이용하여 연창하였기 때문에,[99] 그 곳 사람들은 듣는데 익숙하지 않았고, 감각언어가 많아서 '겁대고(怯大鼓)'라 불렀다. 함풍·동치 연간의 송오(宋五)·호십(胡十)·곽명량(霍明亮) 등 연기예인들이 '겁대고'를 개혁 발전시켜 '위(衛)대고'를 만들었다. 경운대고의 형성에 중대한 작용을 한 사람은 유보전(劉寶全)이다. 유보전의 창강은 요량(嘹亮)·고항(高亢)·격앙(激昂)하지만 화려(華麗)하고, 경운대고의 혁신에 주로 다음과 같은 점에 체현되었다. 그는 향촌토음을 경음(京音, 북경어, 그래서 '경음대고'라 부른다)으로 변화시켰고,

97) 행강(行腔) : 중국 전통극 배우가 글자의 성조와 악보의 선율에 맞추어 음을 길게 뽑으며 노래하다.

98) 경운대고(京韻大鼓) : 청말 민국 초기에 북경과 천진에서 형성 유행하였다. 당시 북의 고수 유보전(劉宝全)이 원래 하북어(河北語)로 연창되던 목판대고를 북경어로 고쳐 연창하고, 경극(京劇)창강과 북경에 유행한 민간곡조를 광범위하게 흡수하여 새로운 강조를 창작하였고, 목판대고의 원래 반주악기 삼현 이외에 사호(四胡)와 비파를 더하여 지금의 경운대곡이 유전하였다.

99) 하간(河間) : 옛날에는 영주(瀛州)라 했고, 기중(冀中) 평원지대에 있으며, 지금은 하북 창주(滄州).

'자제서(子弟書)'와 결합하고 피황(皮簧)[100] · 방자강(梆子腔)[101] 등 창강의 연창특징을 흡수하였고, 앞사람들의 '쌍판(雙板)'창강의 기초 위에 일판삼안(一板三眼)의 '단판(單板)'창강을 창작하였고,[102] 장편대고를 단편창단(唱段)으로 개편하여 서정을 서사에 융합하였다.[103] 유보전은 일생동안 단지 〈단도회(單刀會)〉·〈고성회(古城會)〉·〈요강주(鬧江州)〉·〈활착삼랑(活捉三郎)〉 등 23개 창단을 연기하였다. 그는 예술의 정익구정(精益求精 훌륭하지만 더욱 더 완벽을 추구하다.)과 경운불철(耕耘不輟, 수련을 끊임없이 하다)하여 홀로 '고계대왕(鼓界大王)'이란 명예를 누렸으며, 또 담흠배(譚鑫培)[104] · 쌍후평(雙厚坪)[105]과 함께 '예단삼절(藝壇三絶)'이라 불렸다. 당시에 유보전과 앞뒤로 이름을 날린 경운대고의 예인으로는 백운붕(白雲鵬)[106] · 장소헌(張小軒)[107] ·

---

100) 피황(皮簧) : 즉 피황(皮黃). 경극의 성강은 서피(西皮)와 이황(二黃)을 위주로 한다. 서피는 곧 황피조(黃陂調)이고, 희곡 강조의 하나이다. 창강이 명쾌고량하며 강건정발하여 환락·격월·분방한 감정을 표현하는데 알맞다. 이황은 희곡조명으로, 호북성 黃岡과 황피에서 기원하였기 때문에 이황이라 하고, '湖廣調'라고도 한다.

101) 방자강(梆子腔) : 일종 방자(梆子, 단단한 나무공이)로 절주를 강하게 하는 창강으로, 희곡 사대성강의 하나. 섬서(陝西)의 동주(同州梆子)와 산서(山西)의 포주방자(蒲州梆子 지금의 蒲劇)은 현존하는 최초의 방자강 극종이다. 이것들은 방자강 기본음악풍격의 형성에 지대한 작용을 하였다. 섬서의 秦腔·산서의 中路梆子(晉劇)·北路梆子·河北梆子, 하남의 豫劇(河南梆子), 산동의 山東梆子(曹州梆子)·산동의 萊芜梆子 등이 방자강에 속한다.

102) '판(板) : 희곡 창강의 節拍(박자)·節奏(가락)를 말함. 또는 박자를 맞추는 박판을 말함. 여기서는 절박, 절주의 의미. 쌍판은 산동 전통음악의 하나.
일판삼안(一板三眼) : 본래 민족음악과 희곡에 사용하는 절박으로 4박자를 말함.

103) 창단(唱段) : 한 단락의 완전한 곡조인 소가곡(小歌曲).

104) 담흠배(譚鑫培, 1847~1917) : 자는 망중(望重). 호북 강하(江夏, 지금 武昌) 사람. 경극의 한 유파인 老生派(담파)의 창시자. '京劇大王'이라 불림.

105) 쌍후평(雙厚坪, ~1926) : 평서(評書)예인. '評書大王'의 호칭을 얻음.

106) 백운붕(白雲鵬, 1884~1952) : 자가 익청(翼靑)이고, 하북 패현 사람. 어려서 농촌에서 설창을 하였고, 나중에 북경에서 사진림에게 배웠다. 자신의 상음(嗓音, 설화가창의 성음) 조건을 결합하여 운미가 순후하고 토자(吐字)가 청석하며 강조가 유미한 예술풍격을 형성하여, '백파(白波)'라 불렸다.

백봉명(白鳳鳴)[108] · 낙옥생(駱玉笙)[109] 등이 있다.

자제서(子弟書) : 만주 팔기자제(八旗子弟)에서 연원하였기 때문에 이름을 얻었다.[110] 청왕조 초기에 대비(大比, 지방의 과시) 팔기자제들이 멀리 변강을 지켰는데, 한가한 때에 당시 유행한 민간곡조와 만족 살만교(薩滿教) 무가 '단고사(單鼓詞)'의 곡조를 이용하고, 팔각고(八角鼓) 격절(擊節, 두들겨 박자를 맞춤)을 배합하고,[111] 노랫말을 엮어(編詞) 연창하였다. 건륭 초년에 북경에 들어온 이후에, 어떤 기인(旗人)이 이 곡조 기초위에 고사의 형식을 참조하여 일종 7언체 · 무설백(無說白)으로써 서사고사정절을 위주로 하는 서단(書段)을 창조하여 정식으로 '자세서'라 명명하였다. 대표작가로는 건륭시기의 나송창(羅松窓)과 가경 연간의 한소창(韓小窓)[112]과 석옥곤(石玉昆)[113] · 운애(雲崖) · 죽헌(竹軒) 등이 있다. 부석화(傅惜華)가 편찬한

107) 장소헌(張小軒, 1876~1945) : 張筱軒이라고 함. 경운대고 예인, '장파(張派)' 경운대고의 창시인.

108) 백봉명(白鳳鳴, 1909~1980) : 경운대고 예인 · '少白派' 경운대고 창시인.

109) 낙옥생(駱玉笙, 1914~2002) : 저명한 경운대고예인, '駱派' 경운대고의 창건자.

110) 자제서(子弟書) : 청대 건륭 연간에 만족 팔기자제들 사이에 유전한 곡예. 곡목은 대부분 명 · 청소설과 희곡과 당시 사회고사에서 취했다. 그 사는 雅馴하고, 그 소리는 和緩하였다. 신해혁명 이후 쇠퇴했다.

팔기자제(八旗子弟) : 청대 만족으로 군대를 편제. 分正黃 · 正白 · 正紅 · 正藍 · 鑲黃 · 鑲白 · 鑲紅 · 鑲藍八旗를 말함. 평시에는 민정을 관리하다가 전시에 전쟁에 투입됨. 군적은 세습되고, 경제 정치에서 특권을 누림. 팔기자제는 귀족의 자제들이다.

111) 팔각고(八角鼓) : 타격악기명. 팔각형의 소고, 단면에 가죽을 입힘. 주위 7면에 방울을 달았음. 방울이 없는 면은 雙股長穗을 장식하였음. 연주 시 고를 쳐서 소리를 냄. 북 자체를 흔들면 방울에서 소리가 난다. 지금은 곡예 단현(單弦)의 주요 반주악기이다. 또는 만족 곡예의 일종 민간가곡을 말하기도 함.

112) 한소창(韓小窗, 1830~1895) : 만족, 청대 동조(東調, 동운)자제서 작가.

113) 석옥곤(石玉昆) : 청대 자제서 예인. 도광 · 함봉 연간 사람. 만족. 서성조(西城調, 서운)子弟書를 연창혼자서 삼현을 탄주하고 혼자 창을 한다. 성음은 요량(嘹亮)하며, 곡조를 '石韻'이라 했다. 〈三俠五義〉는 그가 설창한 〈龍圖公案〉을 기초로 하여 개편한

『자제서총목』에 자제서 작품 446종이 수록되어 있다. 자제서는 동운(東韻)과 서운(西韻)의 나눔이 있다. 서운은 '석운(石韻)'이라고도 하는데, 도광 연간 석옥곤이 창조한 것으로 전해지고, 창강은 저회유연(低回柔軟, 맴돌고 유연함)하며, 주로 북경 서성 지역에서 유행하였고, 라송창의 〈홍불사분(紅拂私(夜)奔)〉·〈두려낭심몽(杜麗娘尋夢)〉, 석옥곤의 〈삼협오의(三俠五義)〉가 대표 작품이다. 동운은 비교적 비장격월(悲壯激越)하며, 주로 북경 동성 지역에서 유행하였고, 〈영무관(寧武關)〉·〈몽정간재(蒙正赶齋)〉와 한소창의 〈노루연(露泪緣)〉·〈장판파(長坂坡)〉이 대표작이다.

패자곡(牌子曲) : '청음(淸音)'·'청곡(淸曲)' 혹은 '곡자(曲子)'라고도 한다. 곡조는 송·원시기의 창잠·제궁조·산곡과 명·청시기에 유행한 소곡 등에 기원한다. 음악 특징은 같은 궁음의 곡패와 민가를 일정한 형식에 연철하여 조합한 투곡형식으로 고사정절을 연창하는 것이다. 〈은뉴사(銀紐絲)〉·〈기생초(寄生草)〉·〈전전화(剪剪花)〉·〈첩단교(疊斷橋)〉·〈만간홍(滿江紅)〉 등은 항상 사용되는 곡패이다. 일반적으로 한 사람이 연창하는데, 때로는 많으면 5,6인이 할 때도 있으며, 반주악기는 주로 고·판·방 따위의 타격악기이고, 때로는 사현악기를 배치하여 반주를 진행하기도 한다. 패자곡은 남·북방에 두루 유행하였는데, 그 구조는 일반적으로 곡두(曲頭)·약간의 곡패의 연접(連接)·곡미(曲尾) 세부분으로 조성된다.[114] 소용되는 곡패는 대곡(大曲)·소곡(小曲) 두 종류로 나눈다. '대곡'은 가공을 하여 발전한 창강으로, 단독 연창할 수 있다. '소곡'은 일반적인 민간소곡으로, 단지 투곡을 조성하는 데 사용되며, 단독으로 연창할 수 없다. 패자곡의 운용은 일반적인 투곡형식 이외에, 전문적으로 연투를 사용하는 '차곡(岔曲)'으로 발전

것이다.

114) 곡두(曲頭) : 곡의 첫머리, 서두. 곡미(曲尾) : 곡의 끝부분. 미성(尾聲).

하였다.[115] 즉 하나를 나누어 둘로 만들 수 있는 연투곡패의 곡두와 곡미의 곡패이다. 패자곡의 제재는 광범위하여, 대부분 역사고사 · 민간전설 · 소설희곡 등을 개편하여 만들었다. 청왕조 말년의 패자곡에는 대체로 경진(京津)팔각고 · 료성(聊城, 산동)팔각고 · 하남곡자 · 난주(蘭州)고자 · 양주청곡 · 사천청음 · 광서문장(廣西文場) · 강서청음 · 호북소곡 · 호남사현 등 10종의 곡종이 있었다.[116]

도정(道情) : 일종 설창자가 어고(漁鼓) · 간판(簡板)을 반기악주로 하면서,[117] 설과 창을 격절하며, 역사고사와 민간전설을 서연(叙演)하는 설창예술형식이다. 음악은 판강체(板腔體)에 속하고,[118] 곡조는 당대 〈승천(承天)〉 · 〈구진(九眞)〉 등의 도곡(道曲)과 송 · 원 고자사에서 유래하였다. 도정의 역사는 유구하여, 일찍이 송왕조시기에 전문적으로 도정을 편사하고 연창하는 사람이 출현하였다. 원왕조시기에 도정 같은 예술형식은 이미 정형(定

115) 차곡(岔曲) : 곡예명. 청 · 건륭 때에 처음 시작됨. 문소사(文小槎)가 서역을 정벌하고 개선하면서 말 위에서 부른 소단곡(小段曲)으로, 하나의 현(單弦)을 이용하여 개시 전에 연창한다. 내용은 대부분 抒情 · 寫景 혹 골계조롱이다. 가창할 때 팔각고(八角鼓)를 사용하여 '八角鼓曲'이라고도 함. '소사곡' 혹은 '槎曲'이라 하는데, 나중에 '岔曲'으로 와전되었다.

116) 이들 곡종은 모두 지역에서 유행한 패자곡이다.
광서문장(廣西文場) : '文場'이라고도 하는데, 강소 등지의 소곡이 광서지방으로 유입되면서 계림방언과 결합하여 형성되었다. 창을 위주로 하면서 간간이 설백도 있다. 각 역할을 분담한 배역들이 앉아서 창을 한다.

117) 어고(漁鼓) : 옛날에 도사들이 도정을 연창하면서 두드리고 치던 악기로, 죽통을 몸체로 한다. 바닥에 돼지나 양의 심장 박피를 입히고, 손으로 치며, 항상 간판(簡板)과 함께 사용한다.
간판(簡板) : 긴가지 모양의 죽판 혹은 목판으로 만들고, 도정 등의 곡예를 설창할 때 반주로 사용.

118) 판강체(板腔體) : 일종 희곡, 곡예음악의 결구체식. 板式 · 節拍 · 腔調의 변화를 그 특점으로 한다. 방자(梆子) · 피황(皮簧)계통의 극종이 그 대표적이다. 근대 희곡음악 발전에 중대한 영향을 주었다.

型)을 거쳐, 어떤 도정의 단락은 잡극의 공연에 삽입되었다. 명왕조 두혜(杜蕙)의 『장자탄고루남북사화(莊子嘆骷髏南北詞話)』는 최초로 간행된 도정 간본이라 할 수 있다. 도정의 내용은 대부분이 초범탈속(超凡脫俗) · 신선둔세(神仙遁世) · 충효절의 등 봉건사상을 선전하는 것이다. 때로는 역사고사 · 민간전기(傳奇) 등을 연창하기도 하였다. 후대에 오면 도정은 발전과정에서 점차로 각 지역의 민간음악과 서로 결합하여 다양한 곡예형식을 형성하였다. 명 · 청시기에 서로 잇따라 출현한 도정류 곡종으로는, 晉北도정 · 강서도정 · 호북어고 · 형양(衡陽)어고 · 사천죽금 · 의춘평화(宜春評話) 등이 있다. 도정은 대부분은 창을 위주로 하고, 설은 보조적이다. 그리고 창만하고 설하지 않는 것도 있다. 음악은 각 지역이 서로 다르고, 연기형식에는 좌창(坐唱) · 참창(站唱, 서서 창함) · 단구(單口) · 대구(對口) 등 다양한 연기예술형식이 있다.[119)]

금서(琴書) : 일종 설창자가 스스로 금을 격양(擊揚) 하면서,[120)] 생 · 단 · 정 · 말 · 축 등의 역할을 분담하여 고사정절과 전설을 연창하는 것으로, 그 밖에는 수 명의 사람들이 사현악기를 이용하여 창을 반주하고, 방강(幇腔)하는 좌창형식의 곡종이다.[121)] 곡조는 각 지역의 희곡음악과 민간곡조에서 유래하여 농후한 지방색채를 띠고 있고, 명 · 청시기에 출현한 금서류 곡종으로는 익성(翼城)금서 · 호주(湖州)금서 · 산동금서 · 은시(恩施, 호북성

---

119) 단구(單口) : 상성(相聲, 재담)의 일종 형식. 한 사람이 설하는 것을 단구상성이라 하고, 두 사람이 하는 것을 대구상성이라 하고, 세 사람이 하는 것을 군구상성(群口相聲)이라 한다. 단구상성은 한 사람이 하기 때문에 笑話를 강술한다.

120) 금서(琴書) : 곡예의 일종으로, 고사를 설창할 때, 양금으로 반주하기 때문에 이름을 얻었다.

121) 방강(幫腔) : '帮腔'. 희곡 공연 중 무대 뒤 혹은 무대 위에서 집단으로 창하는 것. 연기자의 창강을 돕거나 무대 분위기를 조성하거나 환경과 극중 인물의 심정을 서술하기도 한다. 가장 먼저 남희에서 보였는데, 지금은 지방희곡에서 방강을 사용한다.

묘족 자치구)금서 · 사천양금 · 운남양금 등이 있다.

4. 희곡의 발전

원말명초에 잡극은 점차로 쇠퇴하고, '남희(南戲)'는 점차로 흥성하였다. 이는 남희가 주로 중국 남방에 유행하며 유전하는 과정에서 부단하게 각 지역 민간음악과 서로 결합하고, 또 각 지역의 다른 언어음조에 근거하여 허다한 남방희곡 성강(聲腔)을 파생하였기 때문이다. 가장 대표성을 지닌 것은 해염(海鹽) · 여요(余姚) · 익양(弋陽) · 곤산(崑山)으로, '사대성강((四代聲腔)'이라 한다.

해염강(海鹽腔) : 사대성강 중에 남송 절강 해염 지역에서 형성된 '해염강'은 가장 오래된 성강이다. 대략 정덕 연간(1506~1521)에 남희는 절강 해염 지역에 유전되었는데, 당시 민간음악과 언어음조와 결합한 기초위에 형성된 일종 신형 성강이다. 명대 가정에서 만력에 이르는 시기(1522~1620년)를 전후하여 절강 가흥 · 호주 · 대주 · 온주 등에 유행한, 명대 초기 희곡의 주요한 성강이고, 또 관중에게 남곡의 지위를 확립하는데 매우 중요한 작용을 하였다. 해염강은 유전하는 과정에서 광대한 사대부의 사랑을 받았기 때문에, 극목의 대부분은 문인들이 창작한 것이고, 음악풍격은 문정전아(文靜典雅, 얌전하고 우아함)하다. 해염강의 연창과 도백(道白)은 대부분은 관화(官話)이고,[122] 라 · 고 · 박판 등 타격악기가 주요 반주악기이다. 명대 만력 이후에, 곤산강의 굴기에 따라서, 해염강은 점차로 쇠퇴해졌고, 곡보

122) 관화(官話) : 원 · 명 이래로 비교적 광범위하게 통행되는 북방화를 말하고, 그 중심은 북경화이다. 관청에서 광범하게 사용하였기 때문에 관화라 한다. 그 성질은 현대의 보통화에 상당한다. 현대에는 한족 공동의 기초방언, 즉 북방방언을 말한다.

도 유실되고, 지위도 점차로 신흥의 익양강과 곤산강이 대신하게 되었다.

여요강(余姚腔) : 절강 여요에서 형성되었다.[123] 가정 연간(1522~1566년)에 강소의 상주·윤주(鎭州)·양주·서주와 안휘의 귀지(貴池)·태평(太平) 등지에서 성행하였다. 이후 여요강은 점차로 쇠락하였다. 절강 소흥에 전해지는 조강(調腔)을 여요강의 분파라는데 근거하여,[124] 어떤 사람들은 월극(越劇)과 관련이 있다고 생각한다.[125]

익양강(弋陽腔) : '고강(高腔)'이라고 하며,[126] 원말명초 강서 익양에서 출현하였다. 송·원 시기의 남희는 강서 익양에 유전된 이후에, 그 지역의 민간음악과 지방 방언과 서로 결합하고, 또 북곡을 흡수하여 일종 성강계통을 형성하였다. 명왕조 초기부터 가정 연간(1368~1566년)에 이르러 휘주·남경·북경·호남·복건·광동·운남·귀주 등에 널리 유행하였다. 그 영향력은 해염강과 여요강을 뛰어넘었고, 이후 다시 곤산강과 극단에서 각축하였다. 비교적 그 강한 영향력으로 중국 희곡사상 '남곤(南昆)·북익(北弋)·동류(東柳)·서방(西梆)'이란 견해가 있게 되었다.[127] '익양강'의 특

123) 여요강(余姚腔) : 희곡성강, 극종. 명대 성화 연간에 이미 출현. 연곡체 결구. 연창에 고판을 사용하지만 관현반주는 없다.

124) 조강(調腔) : 희곡극종. '도강(掉腔)이라고도 한다. 현재는 '신창고강(新昌高腔)'이라 함. 중국 전통희곡의 오랜 극종의 하나로, '중국희곡활화석'이라 불린다. 원잡극 등에서 그 유향을 찾을 수 있다.

125) 월극(越劇) : 중국 제2대 극종. 절강 승주(嵊州)에서 기원. 抒情에 장점이 있고, 창을 위주로 하며 성음은 우미하고 감동적이다. 연기는 唯美典雅하다.

126) 고강(高腔) : 중국희곡 사대성강의 하나. 고강은 원래 '弋陽腔' 혹은 '弋腔'이라 했다. 강서 익양에서 기원하였기 때문이다. 그 특점은 연기가 質朴하고, 곡사는 통속적이며, 창강은 고항격월(高亢激越)하며, 한사람이 창하면 여러사람이 화답하는데, 금고로 격절하지만 관현악반주는 없다. 명대 중엽 이후에 전국에 유행하였다.

127) 남곤북익동류서방(南昆北弋東柳西梆) : 극의 종류. 곤곡 익양강 유자강 방자강의 약칭. '柳子腔'은 산동에서 유행하였기 때문에 '동류'라 하고, '梆子腔'은 산서 섬서 지역에

징은 한사람의 독창, 여러 사람이 빙둘러 앉아 하는 방창(幇唱), 관현악기 반주를 사용하지 않고, 단지 고·판·뇨·발 등 타격악기 반주만을 사용한다는 것이다. 익양강은 유전하는 과정에서 지역의 차이로 허다한 새로운 극의 종류가 파생되었는데, 예를 들어 휘주조(徽州調)·청양강(靑陽腔)·사평강(四平腔)·악평강(樂平腔)·경강(京腔) 등 여러 강(腔, 곡조)들이 파생되어 견실한 군중의 기초를 지닌 성강계통이 되었다. 청대 각종 지방희곡의 형성과 발전에 중요한 영향을 주었다.

곤산강(崑山腔): '곤곡(崑曲, 昆曲)'이라고 하며, 대략 원말명초 강소 곤산 지역에서 생산되었는데, 그 당시에는 향토적 강조단계에 처하였기 때문에 영향력이 여요·해염과 익양의 3강만 못하였다. 가정·융경 연간에 희곡작가 위량보(魏良輔)·양진어(梁辰魚)[128]·장매곡(張梅谷)·사림천(謝林泉)[129]·장야당(張野塘)[130] 등이 곤산강에 중대한 개혁을 진행하여, 곤산 향토조의 기초 위에 남북곡·해염·여요 등 여러 곡조(강) 음악과 북곡 창법의 장점을 종합하여 일종 세이완곡(細膩婉轉, 완곡하고 구성짐)하고 서정에 뛰어난 '수마강(水磨腔)'을 형성하였다.[131] 그 지위는 일약 여요·해염·익양 3강의 위에

서 유행하였기 때문에 '서방'이라 한다.

유자강(柳子腔): 오래된 성강의 하나. 곡패 주에 일종 유자조가 있어 이름했다. 산동성에 유행한 산가(山歌)·소조(小調)창공을 말함.

128) 양진어(梁辰魚): 자가 백룡(伯龍). 호가 소백으로 〈浣紗記〉傳奇로 이름났다. 원말로부터 위량보에 「이르는 시기에 곤강은 단지 淸唱 단계에 머물러 있었으나, 양진어에 이르러 곤강은 비롯 무대를 바꾸는 생명력을 갖게 되었다. 이점이 중국희극사상의 중대 공헌이다.

129) 사림천(謝林泉): 명대 가정에서 만력 연간에 살았던 사람. 곤곡연주가, 常州 사람. 위량보를 도와 곤곡을 창시한 한 사람.

130) 장야당(張野塘, 생몰년도 미상): 수주(壽州, 지금 안휘) 사람. 명왕조 저명한 희곡음악가, 곤곡음악의 창시인의 한사람. 三弦을 잘 탄주하였고, 北曲의 창을 잘했다. 위량보를 도와 북곡 중 장첨을 곤곡강에 융입하였다.

131) 수마강(水磨腔): 곤산강이니, 곤산강 중 절주가 서완(舒緩)하고 창강이 완전세이(宛

있게 되고, 따라서 성취가 최대이고, 유행이 가장 광범위하고, 영향이 가장 깊은 성강계통이 되었고, 또 매우 빠르게 전국에 풍미하며 극단을 통치하게 되었다. 북곤(北昆, 북경 하북)·상곤(湘昆, 호남)·천곤(川昆, 산동)·영곤(寧昆, 영주)·영곤(永昆, 온주) 등 허다한 지방화된 곤강은 모두 곤산강의 유전 과정에서 그 지역 언어와 음악과 서로 결합하여 생산된 성강계통이다.[132) 적·소·생·비파·고판·라 등은 곤산강의 주요 반주악기이다. 곤산강이 진행한 개혁 중에 위량보의 공헌이 가장 크고, 따라서 어떤 사람들은 곤산강의 시조로 떠받들기도 한다.

위량보(魏良輔)[133) : 자가 상천(尙泉)이고, 호가 차재(此齋), 명예장(明豫章, 강서 남창) 사람으로, 남북곡을 모두 이해하였고, 장매곡·사림천·고위빈(顧渭濱) 등의 협조 아래, 곤산강에 대한 개혁과 창신을 진행하였다. 명대 심총수(沈寵綏)는 『도곡수지(度曲須知)』에서 위량보가 개혁한 이후의 곤산강을 말하면서, "조(調)는 수마(水磨)를 사용하고, 박(拍)은 냉판(冷板)을 늘어지게 하듯 하고,[134) 소리는 평·상·거·입의 완전한 협조하고, 글자는

轉細膩)한 것을 말함. 위량보가 새로운 강조를 만들어 양진어의 〈완사기〉를 불렀는데, 그 곡조가 유아완전하고, 창사는 전아화려하며, 창법은 細膩 徐徐 委婉 하였다. 마치 강남 사람들의 수마칠기(물로 칠기를 가는 것), 수마정미분(精米粉, 도정한 쌀가루), 수마년고(年糕, 설 떡)와 같이 섬세하고 부드럽고 매끄러웠다. 그래서 '수마강'이라 하고, 이후 3강의 으뜸이 되고, '百戲之祖'라 칭호를 얻었다.

132) 모두 지방에서 발전한 곤곡으로 지역명이다.

133) 위량보(魏良輔, 1489~1566) : 가정 연간 걸출한 희곡음악가·희곡혁신가. 곤곡(南曲)시조. 곤산강의 예술발전에 뛰어난 공헌을 하여. 후대사람들이 '昆曲之祖'로 떠받들었고, 곡예계에서는 '曲聖'의 칭호로 불림. 音律에 정통하고, 목소리로 轉音에 능하였으며, '水磨腔'을 만들었는데, 음이 송대의 燕樂보다 높았다.

134) 냉판(冷板) : 일반적으로 희곡을 창할 때, 악사는 라를 두드리고 고를 치지만, 악사들 모두 판등 우에 앉는다. 만약에 악사반주가 없으면 연기자의 청창만이 있게 되는데, 이를 '랭판등(冷板凳)'라 한다. '랭판곡'은 청창곡을 말하고, 위량보가 곤산강을 혁식한 길게 늘이고 느린(漫長徐緩) 창강을 말한다.

두(頭)·복(復)·미음(尾音)의 완결이고, 용탁(鎔琢, 용광로 주조와 탁마, 배양)에 공을 들이고, 기(氣)는 연화(煙火, 인위적 기운)가 없고, 입을 가볍고 둥글게 열고, 음을 거두어들임에 순수하게 섬세하다."고 하였다. 이로써 가히 개혁 이후의 곤산강이 곡조에는 원윤유미(圓潤柔美, 부드럽고 아름다움)하고 서정이 완전(婉轉)한 '수마조'를 사용하고, 행강에는 토자(吐字, 발음)[135]·과강(過腔, 한 조에서 다른 조로 들어감)·수음(收音, 소리를 거두어 들임)의 3개 층위에 주의하며, 절주 면에서는 소위 '박애랭판' 즉 절박에 있어 '증판(贈板)'을 더하여 사용하여 원래 있던 판식(板式)을 한 배 더 속도를 늦추었음을 알 수 있다. 그 밖에 위량보는 악기배치를 완전하게 하여 비교적 완벽한 관현악대를 형성하였는데, 악기에는 적·관·생·소·비파·3현·쟁·월금과 라·고 등 다양한 타격악기를 포함하였다. 일설에 의하면, 위량보 개혁 이후의 곤산강은 단지 청창(清唱)에만 사용할 수 있어, 후대 양진어는 곤산강의 성률과 강조에 근거하여 〈완계사(浣溪沙)〉를 지었고, 곤산강으로 공연하여 곧바로 당시 사회 각 계층 사람들의 사랑과 환영을 받아서, 곤산강의 영향력은 신속하게 확대되어 전국에 풍미하게 되었으며, 영향력이 가장 심원한 극의 종류가 되었고, 가정 이후의 명대 극단을 통치하게 되었다고 한다.

명·청 전기(傳奇) : 원잡극 이후 희극발전사상 또 하나의 높은 봉우리이다. '전기(傳奇)'는 당송 시기 문인이 문어체로 쓴 단편소설을 가리킨다. '명·청 전기'는 특히 곤산강과 익양강 등 희곡 성강으로 연출되는 극본을 가리키는 말로 사용되었다. 전기의 극본 구성은 비교적 크고, 각 극본의 전기는 일반적으로 4, 5십출(出)로 나눌 수 있어 같지 않다.[136] 즉 배우의

135) 토자(吐字) : 교자(咬字). 희곡·곡예술어. 연창 혹은 염백(念白, 대사) 중에 확실하게 글자의 성모와 운모를 읽어내어 가까이 들으면 귀를 자극하지 않고, 멀리서 들으면 섞이지 않는다. 희곡·곡예 배우들의 기본기의 하나이다.

136) 출(出) : 특히 희곡전기(傳奇)의 한 본(本)에서 하나의 단락(段落, 回)을 말함. 또는

역할은 생·단·정·말·축을 포함하고, 전기는 생·단을 위주로 하지만, 각각의 배역은 창을 할 수 있어 독창·합창·분창(分唱)·접창(接唱) 등 다른 예술표현형식이 출현하고, 곡조는 북곡의 예술풍격을 융합하였지만 남곡을 위주로 창한다. 가정 이후에 전기는 전성기에 접어들었고, 임천(臨川)파·곤산(昆山)파·오강(吳江)파 3대 전기계파가 출현하였으며, 동시에 탕현조·심경·이어 등 많은 저명한 전기작가가 출현하였다.

탕현조(湯顯祖, 1550~1616) : 자가 의잉(義仍)이고, 호가 해야(海若)이며, 강서 임천(臨川) 사람으로, 명대 전기창작에 있어 성취가 최대이고, '임천파'의 대표인물이다. 희곡 '임천사몽(臨川四夢)', 즉 〈모란정(牡丹亭)〉·〈한단기(邯鄲記)〉·〈남가기(南柯記)〉·〈자차기(紫釵記)〉)으로 천하에 이름을 떨쳤다. 그 중 〈모란정〉은 가장 득의한 작품으로,[137] 중국 희극사상 또 하나의 빛나는 작품이다.

심경(沈璟, 1553~1610) : 자가 백영(伯英)이고, 호가 녕암(宁庵)·사은(詞隱)이고, 강소 오강(吳江) 사람으로, '오강파'의 대표인물이다. 평생 창작한 전기작품 17부는 합하여 '속옥단전(屬玉堂傳奇)'라 부르는데, 지금은 7부, 즉 〈홍거기(紅蕖記)〉·〈매검기(埋劍記)〉·〈쌍어기(雙魚記)〉·〈도부기(桃符記)〉·

희곡의 하나의 독립된 극목(劇目)을 말함.

137) 모란정(牡丹亭) : 남안 태수 두보옥(杜宝之) 딸 려낭(麗娘)이 정원에서 노닐다 매화나무 아래에서 꿈을 꾸었고, 꿈속에서 빈한한 서생 유몽매(柳夢梅)와 밀회를 하였는데, 꿈에서 깨어난 후 춘정을 품고 죽었다. 3년 후, 유몽매가 서울로 과거시험을 보러 갔는데, 마침 뜰에서 자게 되었다. 두려낭의 자화상을 습득하게 되고, 깊이 애모하게 되었고, 무덤의 관을 열자 두려낭이 환생하고 다시 결합하여 부부가 되었다. 유몽매는 두보옥에게 가서 알렸지만, 오히려 감금되었다. 나중에 과거에 급제하고, 유몽매는 어지를 받고 두려낭과 정식으로 결혼하였다. 모란정은 두 남녀가 사랑을 나누었던 곳이다. 이 줄거리는 화본(話本) 〈杜麗娘慕色還魂〉에서 대부분 취하였지만, 작자 탕현조의 사상감정으로 주제를 극대로 제고하였다.

〈의협기(義俠記)〉·〈추차기(墜釵記)〉·〈박소기(博笑記)〉만 남아 있다. 심경은 희곡은 강상(綱常)을 중시하고 본질을 제창(提倡)해야 한다고 주장하였다.[138] 그는 곡보를 편사하였고, 곡사의 창법과 작법을 논술하였고, 음률의 운용 면에서 매우 엄격할 것을 요구하였다.

이어(李漁, 1611~1680) : 자가 립옹(笠翁)이고, 호가 립옹이며, 금화 난계(蘭溪, 지금 절강 난계) 사람이다. 오정락성(娛情樂性)은 이어 희극의 기본관념이고 최고목적이다. 따라서 그의 창작 대부분은 아녀자의 풍정(兒女風情)의 희극(喜劇)작품이고, 청대 초기 극단에 하나의 새로운 심미경지를 열었다.[139] 이어의 극작품을 합하여 '임옹10종곡(笠翁10種曲)'이라 하는데, 〈령향반(怜香伴)〉·〈풍쟁오(風箏誤)〉·〈의중연(意中緣)〉·〈진중루(蜃中樓)〉·〈봉구황(凰求鳳)〉·〈내하천(奈何天)〉·〈비목어(比目魚)〉·〈옥소두(玉搔頭)〉·〈교단원(巧團圓)〉·〈신무교(愼鸞交)〉를 포함한다. 〈비목어〉를 제외하고, 9부는 모두 희극(喜劇)이다. 〈풍쟁오〉는 그의 희극풍격을 체현한 대표작품이다.[140] 만년에 중국 희극의 창작경험과 예술기교를 계통적으로 총괄하여 『한정우기(閑情偶寄)』를 지었고, 여기에는 희극이론의 불후의 편장(篇章, 문장)—〈이립옹곡화(李笠翁曲話)〉가 있다.[141] 그는 중국 역사상 가장 성공적인 희극

138) 강상(綱常) : 삼강(三綱)과 오상(五常). 곧, 사람이 지켜야 할 도리. * 그의 작품들은 봉건윤리도덕을 선양하는 내용이 많다. 즉 생사에는 천명이 있고, 인연도 하늘이 정해 준다는 사상의 체현이다.

139) 희극(喜劇) : 웃음을 주조로 하는 경쾌하고 흥미 있는 연극이나 극 형식. 코미디.

140) 풍쟁오(風箏誤) : 서생 한세훈이 풍쟁(風箏 연)에다 시를 썼는데, 빈둥거리는 부잣집 자제 위시가 연을 놓아버렸다. 연은 공교롭게 첨(詹)가의 뜰에 떨어졌고, 재능과 미모를 지닌 그 집 두 숙녀가 연을 발견했다. 그 연에다가 시를 써서 다시 날려 보내고, 이로 인해 일련의 오해와 묘한 우연이 일어난다. 연은 착오가 있게 되고, 짝을 잘못 찾게 된다. 이에 중매인이 다시 제대로 짝을 찾아 준다. 이 작품은 줄거리가 파란기복하여 사람들이 좋아하였다.

141) 이립옹곡화(李笠翁曲話) : 『한정우기』 중에 사곡부와 연습부를 말한다. 희곡창작과

이론가이며, 전인류 희극문화의 축적을 위하여 탁월한 공헌을 하였다.

위에서 말한 작가와 작품 이외에, 기록에 의하면 명·청 전기작가는 700여인이 있고, 작품은 대략 2,000여 종이 있으며, 현존하는 작품도 600여종이나 된다. 맹칭순(孟稱舜)의 〈교홍기(嬌紅記)〉·매정조(梅鼎祚)의 〈옥합기(玉合記)〉·정지진(鄭之珍)의 〈권선기(勸善記)〉·홍승(洪昇)의 〈장생전(長生殿)〉·공상임(孔尚任)의 〈도화선(桃花扇)〉·정영(程煐)의 〈용사검(龍沙劍)〉 등은 모두 명·청 전기 가운데 걸작이다.

지방 극종(劇種) : 곤강의 개량과 전기작품의 전에 없던 번영의 영향 아래에, 각 지방 극종은 바람이 불고 구름이 피어오르듯 매우 활발하였다. 1983년판 『중국대백과전서·희곡곡예』 중 『중국희곡극종표』의 통계에 의하면, 청대 지방극종에는 근 200종이 형성되었다. 이 200종의 지방극종 가운데, 성강으로 분석하면 대체로 방자강·현색(弦索)강[142]·피황강·취발(吹拔)강[143]·난탄(亂彈)강[144] 등 계통으로 나눌 수 있다. 이를 제외하면 화고희·채다희·앙가희·탄황(灘簧)[145] 같은 잡강잡조가 있어 유전 범위가 매

연기계술의 이론을 논술한 중국 희곡이론을 다룬 최고의 글이라는 평가.

142) 현색강(弦索腔) : '絃索'. 현색은 현악기의 줄이고, 북방희곡 혹은 곡예는 현악기를 반주로 하는데, 후에 '현색'은 북곡을 가리킴.

143) 취발강(吹撥拔腔) : 취강(吹腔)과 발자(撥子 휘극 중 주요 곡조의 하나로, 高撥子라고 함)는 청대 중엽의 휘희(徽戲 휘극)의 주요 성강. 취강은 본래 진강(秦腔)과 차이가 없는 성강으로, 적성(笛聲)으로 조화하는 것이다.

144) 난탄강(亂彈腔) : 청대 중엽에 흥기한 강서 장(贛)동북 경내의 전통희곡예술. 당시 서피 이황을 기본곡조로 하는 탄강 극종이 생겼고, 이 둘은 판강체에 속하는데, 판강체에 속하는 난탄강은 근본적으로 곡패체(곤곡, 익양강)의 한계를 벗어나, 형식이 매우 활발하고 자유롭다.

145) 탄황(灘簧) : '灘黃'. 곡예의 한 종류로 처음에는 대언체의 좌창형식이었다. 곤곡이 통속화된 창법의 전탄과 민가소조을 연창하는 후탄으로 나눈다. 蘇州·上海·杭州·寧波 등지에서 유행. 소주탄황(蘇州灘簧)은 역사 비교적 오래되어 대략 청대 중엽에 형성

우 광범위하였다.

각 지방극종의 번영에 따라 제강(諸腔)들의 경연(競演)과 격렬한 다툼의 국면이 나타났다. '화부(花部)'와 '아부(雅部)'의 쟁투는 이 시기 지방극종의 번영을 가장 잘 드러낸다. 건륭 연간의 지방희는 통칭 '화부' 혹은 '난탄(亂彈)'이라 부르고, 북경·양주 등의 사대부는 곤강을 '아부'라 불렀다. 청나라 사람 이두(李斗)의 『양주화방록(揚州畫舫錄)』의 기록에, "두 회하 사이의 소금물건(鹽物)과, 예를 들어 화부와 아부로 대희(大戲)를 준비한다. 아부는 즉 곤산강이고, 화부는 경강·진강·익양강·방자강·라라(羅羅)강[146]·이황조인데, 통칭 난탄이라 한다."고 했다. 화·아의 구별은 원래 황상(皇上)에게 바치는 소일거리 오락이지만, 객관적으로 희극 사이의 쟁투를 격화시켰고, 따라서 하나의 새로운 희극시대를 창조하였다. 화·아의 다툼은 화부의 한 단계씩의 승리와 아부의 연이은 패퇴로 청대 중엽 전후의 희극 국면을 촉진하였다. 바로 지방극종의 번영과 발전에 말미암아 허다한 성강이 서로 결합하였고, 이로써 종합적인 신극종을 형성하는 현상이 생겼다. 경극(京劇)의 형성은 바로 이 종합적인 극종 가운데, 종합성이 가장 높고, 최고의 실력을 갖추고, 이 시대의 심미 풍상을 가장 잘 체현할 수 있는 극종이다.

되었고, 각지역의 탄황은 모두 1,2인에서 5,6인이 연기한다. 설창과 간단한 반주가 있다. 후대에 서로 계승하며 지방희곡종으로 발전하였고, 소주탄황은 蘇劇이라 부르고, 상해탄황은 滬劇, 杭州灘簧은 杭劇, 寧波灘簧은 甬劇 이라 했다.

146) 라라강(羅羅腔) : 일종 산서 大同 지역과 하북 일부지역에 유행한 전통희곡 극종의 하나. 익양강으로부터 변천하여, 청대 건륭 연간에 흥성하고, 청말에서 민국 시기에 이르러 점차로 쇠퇴하였다. 일인; 앞무대에서 연창하며, 무대 뒤에서 방강(幇腔)을 하며, '라라약약(羅羅喲喲)'라는 소리로 화답한다. 이름은 이에서 유래하였다 연기형식은 활발하고, 창강은 우미하며, 생활 분위기가 농후하다.

경극(京劇)의 형성 : 경극은 '피황희(皮簧戲)'라고도 부르는데, 청대 광서 연간에 북경에서 형성되었다. 경극의 형성은 여러 강들이 넓게 진열된 가운데, 화(花)·아(雅)가 각축하는 과정에서, 휘조(徽調)[147]와 한조(漢調)의 기초 위에 곤강·경강·방자강과 민간소희의 장점을 흡수하여 형성된 신극종이다. 피황은 '서피(西皮)'와 '이황(二簧)' 두 성강의 합칭이다. '서피'는 진강(秦腔)에서 나왔는데, 한조의 주요 강조이다. '이황'은 휘조의 주요 강조이다. 건륭 55년(1790) 4대 휘반(徽班, 즉 三慶·四喜·春臺·和春)이 북경에 진입하여 경강과 진강을 흡수하여 서피와 이황의 제1차 합류를 실현하였다.[148] 도광 연간에 이황은 또 '초조(楚調)'의[149] 한조를 흡수하여 서피와 이황의 제2차 합류를 실현하였으니, 휘한(徽漢)합류이다. 명말청초에 통칭 '피황희'라 했다. 광서·선통(宣統) 년에는 '경조(京調)'라 불렀고, 민국 이후에는 '경희(京戲)'라 했고, 후에 '경극(京劇)'이라 했다. 휘한합류로부터 경극의 마지막 정형에 이르기까지, 세 개의 전변(轉變, 형세나 국면이 바뀌어 달라짐)이 있었다. 하나는 '단(旦)'의 배역이 주연을 담당했던 것으로부터 '생(生)'이 주도하는 연출구조로 바뀌었다.[150] 둘은 넓게 퍼져 있던 여러 강들이 서피·이황으로 총괄되는 국면이다. 셋은 연창과 염백(念白, 대사)의 언어가 북경지방 방언으로 전변하였다. 이 세 개의 전변과정을 촉진하고 추동한 것은 '노생삼걸(老生三傑)'[151]이라 칭송되는 경극 제1대 대표인물인 여삼승(余三勝)·장이

147) 휘조(徽調) : 휘극(徽劇)의 옛 명칭. 또 휘극에서 사용하는 강조(腔調). 주로 취강(吹腔), 고발자(高撥子)와 이황(二黃)를 말함. 후대에는 서피, 고강, 곤강 등을 사용했다. 휘반이 북경에 진출한 이후에 경극 강조의형성에 지대한 영향을 주었다. '휘극'은 안휘지방 희곡의 하나이다. 원래는 '휘강' '휘조' 혹은 '이황조'라 불렀다. 극목은 대단히 많아 역사제재를 연기하는 대희(大戲)이며, 음악곡조와 연기기교도 매우 풍부하다.

148) 휘반(徽班) : 휘극반사(班社)의 약칭. 반사는 예인들의 조직.

149) 초조(楚調) : 초나라 지역의 곡조. 한위시기에 유행한 음악종류를 말함. 항상 吳弦·燕歌와 함께 한다. 나중에 악부 상화조(相和調)의 하나가 됨.

150) 단(旦)과 생(生) : 희극 배역. 이외에 축(丑), 정(淨), 말(末) 등이 있다. 이들은 다시 大 小 老 花 色 副 貼 外 등으로 나눈다.

규(張二奎) · 정장강(程長庚)이다.[152] 그들의 주요 예술성취는 '노생'을 위주로 하는 극목(劇目)을 체현한 것에 있다. 동시기의 '생행'의 서소향(徐小香) · '단행'의 호희록(胡喜祿) · 정행의 경춘포(慶春圃) · 축행의 황삼웅(黃三雄)과 양명옥(楊鳴玉) 등은 휘한합류가 창조한 경극의 역사과정에 있어 모두 마멸될 수 없는 공헌을 하였다. 그 후에, 손국선(孫菊仙)[153] · 왕계분(汪桂芬)[154] · 담흠배(譚鑫培)[155]는 '노생신삼걸' 혹은 '신삼정갑(新三鼎甲)'이라 칭송되었

---

151) 노생(老生) : 전통희곡 배역 직업. '生'의 일종, 중년 혹은노년남성을 맡는데, 대부분 긍정적 인물이다. 일반적으로 수염을 다는데, 黑 · 黲(灰黑) · 白色으로 나누어 연령의 차이를 표시한다. 연기예술의 특점에 따라 창공(唱功)老生 · 주공(做功)老生과 창과 설을 하는 고파(靠把, 武)老生 등으로 나눈다. '須生' '正生', '胡子生' 이라고도 함. '노생삼걸'은 '(老)三鼎甲'이라 한다.

152) 여삼승(余三勝, 1802~1866) : 원래 한조의 배우였는데, 북경에 진출한 이후 춘대휘반의 도량(挑梁)노생을 하였다. 목소리가 순후(醇厚)하고, 창강선률이 더욱 아름답다고 이름났다. 그는 徽 · 漢을 한 용광로에 녹여 독창적으로 한운(漢韻)을 갖게 되었다. 경극의 창과 념백 규범을 수립하였다.

장이규(張二奎, 1814~1864) : 북경에 거주하면서 사희휘반의 두패(頭牌)老生으로 이름났다. 연창은 홍량견실(洪亮堅實)하며 기운은 경건하며, 발음발성은 徽 · 漢의 기초위에 秦腔(梆子腔)의 기교와 북경의 어조를 흡수하여 皮黃戲의 京化에 지대한 공헌을 하였다.

정장강(程長庚, 1811~1880) : 삼경휘반의 반주(班主). 연창은 沉雄高亢하고, 聲情은 교융하며, 곤곡 · 이황에 뛰어났고, 또 徽調에 정치하였다. 徽 · 漢 · 昆의 아름다움을 합하여 경극의 기초를 세운 큰 스승이다.

153) 손국선(孫菊仙, 1841~1931) : 경극노생 배우. 이름은 렴(濂), 호는 보신(宝臣). 일찍이 정장경으로 사사하였고, 장이규의 영향도 받았다. 창강창법은 기세가 당당하고 세세한 것에 구속되지 않는 것이 주요 특색이다. 세칭 '孫'파라 함. 성음이 寬厚高亮하고, 음량이 커서 한 번 노래하면 마치 우레소리 같다. 唱腔은 古朴雄壯하며, 雕琢에 힘쓰지 않았다. 念白과 吐字는 포만하여 다양했다. '新三杰'의 한 사람.

154) 왕계분(汪桂芬, 1860~1906) : 경극노생배우, 자는 염추(艷秋), 호는 미선(美仙). 정장경의 제자. '汪'파의 창립자. 그 창강은 激昂雄勁하고, 비분강개한 정서를 잘 표현하였다. '신삼걸'의 한 사람.

155) 담흠배(譚鑫培, 1847~1917) : 본명은 금복(金福), 자는 망중(望重), 저명한 경극 노생배우. 또 무생(武生, 극중에서 무예를 잘하는 배역)을 연기했다. '譚'의 창시자. 인물의 신분 성격과 정신기질을 관찰을 잘하였기 때문에 수많은 예술형상을 창조했다. 연창은

고, 서삼승·장이규·정장경 등의 예술성과를 계승한 기초 위에, 또 새로운 발휘와 창조를 더하여 경극이 성숙한 발걸음으로 나아가는데 속도를 더하였다. 경극의 반주악기로는 호금·이호·남현자(南弦子)[156]·월금·적·쇄눌·해적 등 관현악기와 고·판·대라·뇨발·당고(堂鼓)·성(星)[157] 등 타격악기가 있다.

5. 민족기악합주

명·청 시기의 고취·사죽·현색·청라고 등 민간기악합주 형식은 매우 보편적이었고, 주요 악의 종류는 아래와 같다.

서안고악(西安鼓樂) : 주로 섬서 서안(연종 남산록 일대를 포함하여)에서 유행하였고, 장안 하가영(長安 何家營)고악사·주지현남 집현촌(周至縣 南集賢)고악사·서안 성황묘(城隍廟) 영상관(迎祥觀)고악사·서안 동창(東倉)고악사·서안 서창(西倉)고악사 등은 모두 매우 이름난 서안고악 연주사단(社團, 일정한 목적을 갖고 조직된 단체)이고, 연주인원은 그 지역 농민·수공업자·화상(和尙, 스님)·도사(道士) 등의 종교신도로 조성되었다. 서안고악은 생긴지 오래되었고, 따라서 지금까지 보존된 악보보식(譜式, 가사악보의 형식)·악기·연주형식·곡패 등 여러 방면에서 볼 때, 서안고악은 중국 고악(古樂), 특히 당·송 교방음악과 관계가 긴밀하다. 곡조는 민간음악·궁정음악·희곡음악·곡예음과 종교음악 등에서 유래하였다. 연주형식은 '좌악(坐樂)'과

영롱활발하고, 변화가 다단하며, 평담한 가운데에 영교함이 있고, 부드럽고 선명하게 다른 인물의 감정을 표현할 수 있었다.

156) 남현자(南弦子) : 남현자는 운남(雲南)현자로, 납주(拉奏)악기. 장족의 현자무에 사용하는 악기.

157) 성(星) : 악기명. 또 팽종(碰鍾)이라함. 형상이 마치 작은 잔(小杯) 같다.

'행악(行樂)' 두 종류로 나눈다. 좌악은 실내에서 연주하고, 악곡 곡패는 '두(頭)'·'신(身)'·'미(尾)' 세부분으로 나눈다. 행악은 실외 혹은 행진 중에 연주하는데, '고파자(高把子)'와 '난팔선(亂八仙)'은 그 두 종류 체제형식이 있다.[158] 서안고악 연주반사에는 승(僧)·도(道)·속(俗) 3개 유파가 있는데, 연주풍격에 있어서는 각기 격이 있고, 연주기교에 있어서도 각기 특색이 있다. 도파고악은 온문전아(溫文典雅, 온화하고 우아함)하고, 기교성은 비교적 높다. 승파고악은 열렬·조광(粗獷, 거칠고 호방함)하고 부유한 생활기식(氣息, 기미, 분위기)이 있다. 속파고악반사는 장기간 농촌에서 활약하였기 때문에 승·도 양파에 비해 민간음악의 요소를 다분히 흡수하였다.

산서팔대투(山西八大套) : 산서 오대(五臺)·정양(定襄)·원평(原平) 등지에 광범위하게 유행한 팔투(八套) 전통기악합주곡으로, 간단히 '팔대투'라고 부른다. 팔대투 가운데 매 하나의 투(한 벌, 한 조, 한 바탕)는 모두 대형기악투곡에 속하고, 두 개 이상 약간의 곡패를 연철하여 이루어진다. 곡조는 남북곡·민간가무·민간희곡·민간기악곡과 사묘(寺廟)음악에서 유래하였다. 사묘에서 소용되는 곡패는 음악풍격·연주형식과 내용에 있어서 모두 매우 농후한 민간풍격을 지니고 있다. 소용되는 악기로는 관·쇄눌·적·생·고·발·라 등이 있다. 악대편제 규모는 하나같지 않은데, 작은 것은 십수인이고, 큰 것은 수십인에서 백명이 넘기도 한다. 산서 민간예인과 오대산 불승은 모두 연주에 능하여 주로 혼상가취(婚喪嫁娶) 등 경사로운 장소에서 사용하였다.

---

158) 고파자(高把子) : 행악 중에 고파고(高把鼓)를 사용하는 것을 말함. 악곡절주는 평온하고, 속도는 느리고, 정조는 전아하며 승, 도 양파 악사에 유행하였으며, 속파 좌악에는 연주하지 않았다.

난팔선(亂八仙) : 행악 중에 단면고(單面鼓)를 사용하는 것을 말함. 대부분 민가소조 혹은 기악곡패에서 유래하였고, 악곡 짧고, 선율은 우미하며, 정서는 기쁘고 즐거워 군중의 대단한 환영을 받았다.

십번고(十番鼓) : 주로 강소 남부의 무석(無錫)·소주·상숙(常熟) 등에서 유행하였다. 이 기악합주형식은 일찍이 명왕조에 이미 출현하였고, 명칭에 있어서 '십번소고(簫鼓)'·'십번'·'십번적(笛)' 등이 있다. '십'은 주로 기악 종류가 대단히 많아 10종에 그치지 않는다는 말이고, '번'은 악곡이 많고 변화가 있다는 말이다. 곡조는 명·청 시기 남북곡에서 유래하였고, 부분적으로 당대 가무곡패와 송·원 사패를 포함한다. 연주자는 5~10인이고, 혼상희경(婚喪慶) 등의 장소에서 사용하였고, 때로는 도사가 만든 도장에서 사용되기도 하였다. 소용되는 악기는 적·소·생·소쇄눌·이호·판호(板胡)·삼현·비파·판·점고(點鼓)[159]·판고·동고·운라·목어 등이다. 연주하는 악곡구성의 특징에 근거하여 두 종류로 나눌 수 있다. 하나는 다른 고단(鼓段)의 소형 취타곡,[160] 예를 들어 〈취선희(醉仙戲)〉·〈산양파〉·〈조천자(朝天子)〉 등이고, 다른 하나는 고단의 취타 투두곡(套頭曲)으로, 예를 들어 〈만정방(滿庭芳)〉·〈아안락(雁兒落)〉·〈희어정(喜魚灯)〉 등이다.

십번라고(十番鑼鼓) : 주로 장강 하류의 강남 지역에 유행하였는데, 강소의 무석·소주·상숙·희흥(宜興) 등이 가장 이름이 났다.[161] 역사상 '십상경(十祥景)'·'십불한(十不閑)'·'고취' 혹은 '십번' 등의 명칭이 있다. 연주자는 적어도 6인이며, 주로 민간 혼상희경 등의 활동에 사용되었다. 곡패는 대부분 원명(元·明) 남북곡과 민간소곡이다. 연주형식상 타격악기만을 사용하는 '소라고(素鑼鼓)'와 관현악기를 겸용하는 '락라고(犖鑼鼓)' 두 종류로 나눈다. 소라고는 조잡과 섬세함(粗細)의 구분이 있고, 악기의 사용상에 있어

---

159) 점고(點鼓) : '회고(懷鼓)'라고도 함. 16세기 초에 유행함. 단단한 목제로 만든 원반형. 양면에 소가죽을 입히고, 십번기에 사용됨.

160) 고단(鼓段) : 격식이 고정되고, 구성이 완전한 곡, 또는 투곡 중에서 악장의 순환의 구성부분. 이러한 곡을 고단곡이라 한다.

161) 십번라고(十番鑼鼓) : 불교와 도교의 주로 불경을 낭송하거나 초사(醮祀 도교 제사)와 전통민간의 각종 풍속의례활동에 연주함.

서도 대략 차이가 있다. '조(粗)라고'는 운라·박판·소목어·쌍경(雙磬)·동·고·판고·대라·희라(喜鑼)·칠발(七鈸)을 사용하고, '세(細)라고'는 조라고가 사용하는 악기 이외에 소·발·중라(中鑼, 중간음의 라)·춘라(春鑼)·내라(內鑼)·탕라(湯鑼)·대발 등의 악기를 더한다. '락라고'는 주요 악기와 연주형식의 차이에 근거하여 '적취라고'·'생취라고'·'조세(粗細)사죽라고'·'조취(粗吹)라고' 등 다양하게 나눌 수 있다. 적취라고는 적을 주된 연주악기로 하고, 기타 악기로는 생·소·이호·판호·삼현·비파·월금과 조라고의 타격악기가 있다. 생취라고는 생을 주된 연주악기로 하고, 기타 악기로는 장첨소(長尖簫, 끝이 뾰족한 소) 등이 있고, 현악기는 적취라고와 같고, 격타악은 조세라고 편제를 나누어 사용한다. 조세사죽라고는 조(적자·대쇄눌)와 세(생취라고 현악편제)관현악·라고악을 돌아가면서 연주하는 것을 특징으로 한다. 구성 특징은 대부분 '라고단(鑼鼓段)'을 중심으로 하고,[162] 약간의 곡패를 일정한 구조 방식에 연철하여 만든다. 라고단의 악기 배열은 '칠(七)'(齊鈸)·'내(內)'(희라)·'동(同)'(同數)·'왕(王)'(중라)의 순서로 돌아가면서 연주하기 때문에, 〈대사단(大四段)〉·〈소사단(小四段)〉 혹은 〈사번(四番)〉의 명칭으로 불린다.

복건남음(福建南音) : 중국의 오래된 전통 사죽악 종류의 하나로, '남곡'·'남악'·'남음' 혹은 '현관(弦管)'이라 부를 수 있고, 기악과 청창 두 부분으로 조성되어 있다. 주로 민남(閩南)·진강(晉江)·용계(龍溪)와 하문에 유행하였고, 대만·홍콩과 동남아(필리핀 싱가폴 말레이시아 인도네시아 등을 포함) 화교가 거주하는 지역에 유행하였다. 명·청 시기의 복건 남음은 매우 유행하여 민간에서 깊은 사랑을 받았을 뿐만 아니라, 황제의 사랑을 받기

---

162) 라고단(鑼鼓段) : '段'은 통상 악구(樂句)·악절(樂節로 조성되는데, 음악진술의 최소 기본의 완전한 단락으로, 독립적으로 운용되며 대형곡식의 일부분이 된다. 라고단은 라와 고로 이루어진 단락.

도 하여, '어전청곡(御前淸曲)'이라 부르기도 하였다. 남음의 악기와 편제는 당 · 송의 유제이고, 퉁소 · 비파 · 2현 · 3현 · 박판 등이 주요 악기이다. 취관 악기인 퉁소는 규격에 있어 당대 척팔(尺八)과 일치하고, 비파는 가로로 안고 탄주하는데 탄주하는 자세는 당대 곡항비파와 서로 비슷하고, 2현은 송대 회해금(繪奚琴)과 거의 비슷하다. 많은 곡목 중에서 〈마가두륵(摩訶兜勒)〉 · 〈한궁추(漢宮秋)〉 · 〈후정화〉 · 〈양주곡〉 · 〈파라문〉 · 〈감주곡(甘州曲)〉 등 악곡은 모두 한 · 당 문헌기록에 보이고, 〈심원춘(沁園春)〉 · 〈염노교(念奴嬌)〉 · 〈낭도사(浪淘沙)〉 등은 송왕조로부터 내려온 곡패이다. 음악상 '곡(曲)' · '지(指)' · '보(譜)' 세 종류로 나눈다. '곡'은 즉 '산곡'으로 '초곡(草曲)'이라 부르기도 하는데, 악기반주가 있는 청창곡이고, 남곡 가운데 수량이 가장 많고, 가장 널리 유전하였다. '지'는 곧 '지투(指套)'인데, 약간의 산곡을 연접하여 만드는데, 사(詞) · 보(譜) · 지법(指法, 비파탄주지법)이 있는 비교적 완벽한 투곡형식이고, 일반적으로 연주만하고 창은 하지 않는다. '보'는 표제(標題)가 있는 기악투곡으로, 〈매화조(梅花操)〉 · 〈팔준마(八駿馬)〉 · 〈사시경(四時景)〉 · 〈백조귀소(百鳥歸巢)〉 같은 것이다. 청대 함풍 연간에 간행된 『문환당초각지보(文煥堂初刻指譜)』는 세상에 전하는 최초의 남음보집으로 생각된다. 복건남음의 악기로는 비파 · 퉁소 · 품소(品簫)[163] · 3현 · 2현 · 박판 · 향잔(響盞) · 사보(四寶)[164] · 쌍령(雙鈴, 銅鈴, 聲聲) · 목어(木魚)[165] · 소규(小叫 狗叫) · 편고 등이 있다. 연주악기의 차이로 말미암아 형식

---

163) 품소(品簫) : 도가에서 최고의 정신경계로 치는 淸虛淡遠(청정무구하고 허무표묘하며 일정한 낭만적 색채를 띠며 담박하고 청심과욕하며 진세를 멀리하고 초세탈속 은거산림의 의미)을 띠는 음악적 풍격을 말한다. 소 중에서 이러한 품격의 소리를 내는 악기.

164) 사보(四寶) : 사괴(四塊)라도고 함. 하사관 악기의 하나. 사괴는 장방형의 죽편으로 구성되고, 양 끝에 대나무 마디가 있고, 죽편이 서로 부딪혀 소리를 낸다. 소리는 낭랑하고 우렁차다.

165) 목어(木魚) : 본래는 도교에서 설경하고 제사를 지낼 때 사용하던 법기인데, 후에 불교에 전해지고, 다시 악기로 사용되었다. 항상 경쾌하고 활발한 악곡에 사용하고, 때로

상에 있어 '상사관(上四管)'·'하사관(下四管)'의 구분이 있다. '상사관'은 주로 실내에서 연주하며, 풍격은 전아하고, 그것은 또 '동관(洞管)'과 '품관(品管)' 두 유형으로 나눌 수 있다. '동관'은 주로 퉁소를 위주로 하고, '품관'은 주로 품소를 위주로 하는데, 기타 악기는 두 유형이 똑같이 비파2현·3현·박판 등의 악기를 포함한다. '하사관'은 주로 실외에서 연주하며, 풍격은 활발하고, 악기는 주로 비파·2현·3현·향잔·소규·목어·사보·상령·편고·남애(南嗳, 중간음의 쇄눌) 등이 있다.

지화사음악(智華寺音樂) : 북경에 명대 정통 11년(1446)에 건설된 지화사를 중심으로 전파된 사묘(寺廟)의 승인들이 보존하여 내려 온 관악이다.[166] 이 관악은 단곡조(單曲調)에 100여 개가 있고, 연주할 때, 항상 7, 8개에서 십수 개의 단곡조를 연철하여 형성한 투곡형식으로, 절주는 느리기도 하고 빠르기도 하며, 악기는 대부분 관·생·적 등 관악기에 라·고·뇨·발 등 타격악기를 조합하여 이루어진다. 곡조의 일부는 당·송 사패와 원·명 남북곡에서 왔고, 일부분은 민간곡패에서 왔고, 그러나 종교생활과 상관된 곡조의 수량은 대단히 적다.

6. 기악의 발전

민족기악합주곡이 왕성하게 발전한 명·청시기에 비파·고금 등 기악독주음악은 비교적 빠르게 발전하였다.

는 간단한 악구를 독주할 수 있고, 혹은 말발굽 소리를 모방하는 데 사용한다.

166) 지화사음악(智華寺音樂) : '경(京)음악', '지화사경음악'이라 한다. 명대에 궁정음악이 사원으로 이입되고, 악대가 조직되어 불사와 전통민속활동에 사용되었다. 청대와 와서 북경으로 전파되어 북방 불곡을 대표하게 되었다. 음악풍격은 장중, 고박(古朴), 전아하고, 곡의 구성은 굉장히 크고, 규범이 있으며, 연주기법은 풍부하며 곡목은 거대하다.

비파음악 : 비파는 희곡·설창 등 다양한 음악형식에 광범위하게 운용되었기 때문에 비파예술은 이 시기에 발전이 가장 높았다. 장웅(張雄)·종수지(鐘秀之)·탕응증(湯應曾)·이근루(李近樓)·진목부(陳牧夫)·화추평(華秋苹)[167]·이방원(李芳園)[168] 등 대단히 우수한 많은 비파연주가가 출현하였고, 문인음악가가 정리 간행한 비파곡보 휘편(彙編), 예를 들어 화추평이 편찬한 『비파보(琵琶譜)』와 이방원이 편찬한 『남북파13투대곡비파신보(南北派十三套大曲琵琶新譜)』 등이 출현하였다. 이러한 악보의 휘집은 중국 고대 명곡의 보존과 광범위한 유전에 적극적 작용을 발휘하였다.

〈해청나천아(海青拿天鵝)〉 : 원대에 최초로 만들어진 비파무곡(武曲)으로, 현재 알려진 최초의 비파곡이다. 곡보는 화추평의 『비파보』에 가장 먼저 보이고, 후대에 이방원의 『남북파13투대곡비파신보』에 그 악보가 수록되었다. '해청(해동청, 보라매)'은 중국고대 북방 몽고인들이 사냥감을 포획하는데 이용한 수리(鵰)이고, 이 곡은 해청이 천아(天鵝, 백조)를 포획할 때의 격렬한 장면을 묘사하였다. 전곡은 18개 단락으로 조성되는데, 출소(出巢)·수우(搜羽)·심산(深山)·정우(挺羽)·상운(翔雲)·별학(瞥鶴)·포학(捕鶴)·추나(追拿)·소복(小扑)·대복(大扑)·패비(敗飛)·천운(穿雲)·공전(空戰)·략초(掠草)·평사(平沙)·학명(鶴鳴)·탈종(脫縱)·귀소(歸巢)이다. 이 외에 이 곡은 현색(弦索, 현악기의 줄. 현악기)합주의 형식으로 연주하는데,

167) 화추평(華秋苹) : 자는 백아(伯雅), 별로는 차운관주인(借雲館主人)으로, 청 건륭(乾隆) 49년(1785) 출생, 무석(無錫) 탕구진(蕩口鎮) 사람. 어려서는 금석조각을 좋아하였다. 古琴 연주에 뛰어났고, 특히 비파에 정통하여 昆曲을 좋아하였다. 후에 강남민간소창과 곤곡의 곡보를 수집하여 『비파보』로 엮었다. 고금의 감자보법을 참조하여 민간 손에 전하는 비파탄법을 자보를 이용하여 기록하여, 비교적 완벽한 지법부호계통을 세워서, 비파곡의 정리와 전파에 중대한 영향을 주었다.

168) 이방원(李芳園) : 절강 평호 사람으로, 사대비파파의 하나인 평호파(平湖派) 비파가. 1985년에 비파곡보집 『남북파십삼투대곡비파신보』를 편찬.

북경 지화사음악에 강희33(1694년)의 필사본 〈방해청(放海青)〉·〈아아(鵝兒)〉 2수의 합주악이 보존되어 있고, 청대 용재(容齋)의 『현색약고(弦索略考)』 1814년 필사본에도 이 곡이 수록되어 있다. 이 곡의 영향이 매우 컸음을 알 수 있다.

海青拿天鹅

〈십면매복(十面埋伏)〉: 대곡에 속하는 무투(武套)로, 명왕조 말기에 민간에 유전하였다.[169] 명말청조에 왕유정(王猶定, 1598~1662)은 그가 지은 『사조당집(四照堂集)·탕비파전(湯琵琶傳)』에서 당시 저명한 비파연주가인 탕응증이 〈초한(楚漢)〉곡을 연주하는 정경을 기록하였다. 이 〈초한〉은 지금까지 여전히 유전되는 비파곡 〈십면매복〉의 전신이다. 〈십면매복〉 곡보는 최초로 1818년에 간행된 화추평이 편찬한 『비파보』에, 당시에는 〈십면〉이라 했고, 모두 개문방포(開門放炮)·취타(吹打)·점장(點將)·배진(排陣)·매복(埋伏)·소전(小戰)·눌함(吶喊)·대전(大戰)·패진(敗陣)·조강(烏江)·쟁공(爭功)·개가(凱歌)·회영(回營)의 13단으로 되어 있다. 악곡은 특성 음조의 기초 위에 변주·전연(展衍) 등 다양한 수법을 더하였고, 단숨에 사건을 만들어 구성이 완벽하며, 중국 역사상 초한이 서로 싸우는 최후의 전투—해하(垓下)전투의 옛전장의 정경을 형상이 선명하게 재현하였다.[170]

---

169) 〈십면매복(十面埋伏)〉: 비파대곡. 〈회음평초(淮陰平楚)〉·〈楚漢〉이라고도 함. 명대 후기부터 지금까지 유전됨. 유방(劉邦)과 항우(項羽)의 해하(垓下) 대전을 주제로 함. 비파연주로 고대 전장에서 천군만마의 산악을 진동하는 성세를 표현하였다. 명말 탕응증이 이 곡을 잘하였다. 중국십대명곡의 하나로, 연주는 독주이며, 악곡은 격렬하여 사람의 마음을 감동시키며, 갑자기 빨라졌다가 갑자기 느려지고, 홀연히 강했다가 홀연히 약해진다.

170) 해하(垓下): 유방이 항우를 포위하여 곤경에 빠뜨린 곳. 안휘성 영벽현 동남. 항우가 이곳에서 유명한 〈해하가〉를 불렀다. 「力拔山兮氣盖世, 時不利兮騅不逝! 騅不逝兮可奈何, 虞兮虞兮奈若何!」

十面埋伏

（节选）

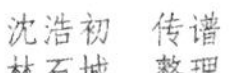

（一）列营　宽广而威武地　慢起渐快

ff *f* *f* *mf*

f *mf* *f* *f*

III　II　II

慢起渐快

sfp

（一）

慢起渐快　慢起渐快

f *f*

下　中　慢

sfp *mp*

（下略）

〈패왕사갑(霸王卸甲)〉: 〈십면매복〉과 마찬가지로 초한 전쟁을 제재로 창작한 무투대곡이다. 그 곡보는 화추평의 『비파보』에 가장 먼저 보이고, 절강 진목부의 악보라 전해진다. 이방원의 『남북파13투대곡비파신보』에는 곡명을 〈욱륜포(郁輪袍)〉라 곡명을 고쳤다. 전곡은 영고(營鼓)·승장(升帳)·점장(點將)·정대(整隊)·이점장(二點將)·출진(出陣)·접전(接戰)·해하감전(垓下酣戰, 격렬한 싸움)·초가(楚歌)·별희(別姬)·고각갑성(鼓角甲聲)·출위(出圍)·추병(追兵)·접전(接戰)·중군귀리(衆軍歸里)의 15단으로 조성되어 있다. 음악소재는 주로 민간곡조에 유래하고, 음악내용상 주로 특정 역사조건 아래에 있는 항우의 내적정감의 변화를 중시하였으며, 사면초가(四面楚歌)한 항우가 우희(虞姬)와 결별하는 비장한 장면을 재현하였지만, 〈십면매복〉이 음악상 비장하고 통렬한 옛전장의 장면을 선염(渲染, 과장되게 묘사함)하는데 무게를 둔 것과는 다르다.

〈새상곡(塞上曲)〉: 곡보는 이방원의 『남북파13투대곡비파신보』에 가장 먼저 보인다. 〈궁원사춘(宮苑思春)〉·〈소군원(昭君怨)〉·〈상사루(湘妃泪)〉·〈장대추사(裝臺秋思)〉[171]·〈사한(思漢)〉 등 다섯 수 소곡으로 조성되어 있다. 다섯 수 소곡의 원형은 모두 화추평의 『비파보』에 기록된 진목부의 악보라 전하는(傳譜) 다섯 수 소곡에서 왔다. 이 소곡의 명칭은 〈궁원사춘〉·〈소군원〉·〈읍안회(泣顔回)〉·〈방장대(傍裝臺)〉·〈소원(訴怨)〉이다. 이 곡들은 정서·풍격·악곡의 장도(長度)[172]·구조와 음조 등에서 매우 비슷하여, 이방원은 그것을 연철 형성된 투곡에 선곡하여 〈새상곡〉이라 불렀다. 이 비파곡은 대곡 중의 문곡(文曲)에 속하고, 연주는 왼손의 각종 기법

171) 장대추사(裝臺秋思): 옛 음곡. 왕소군(王昭君)이 변방으로 떠나는 고사에서 제재를 얻음. 최초의 비파 문곡투곡 〈새상곡〉의 네 번째 곡. 일종 애원청초(哀怨凄楚)한 정회를 서발한다. 장대는 화장대로 여자의 주거처지, 혹은 여자를 뜻함.

172) 장도(長度): 호 각의 계산 단위. 경도 위도의 단위, 음곡의 척도, 길이를 말함.

을 이용하여 선율을 장식하는 운용법을 중시하여, 일종 비상(悲傷)·근심·유미한 정서를 표현하고, 오른손의 다양한 운지법을 교묘하게 끼어 넣는(穿插) 배합으로, 악곡의 세이·완전·애원·눈물을 흘리며 호소하는 듯한 선율의 특징을 표현한다.

고금(古琴)음악 : 명·청 시기에 고금음악 방면에는 매우 우수한 작품이 세상에 나오지 않았지만, 이 시기 금학은 적지 않은 귀족 문인들의 추종과 존숭을 받았기 때문에, 유파상에 있어서는 바람이 불고 구름이 일듯이 예술양식이 출현하였고, 동시에 각 유파는 금곡의 정리와 간행에 있어 매우 현저한 업적을 이루었다.

절조서문(浙操徐門) : 서세(徐洗)는 절조서문의 제4대 계승인으로, 그 증조부 서천민(徐天民)은 일찍이 절파(浙派)를 창시한 곽면(郭沔)의 제자 유지방(劉志芳)에게 금예를 배웠다.[173] 서천민 조손(祖孫) 4대는 모두 절파금단(琴壇)의 고수로, 절파금학을 널리 전하였고, '서문정전(徐門正傳)'이라 칭송되었고, 후대에는 '절조서문(浙操徐門)'이라 불렸다. '서문' 제3대 서몽길(徐夢吉)은 일찍이 『금학명언(琴學名言)』 한 책을 지었고, 오랫동안 강소 상숙(常熟)에서 금예를 가르쳤으며, 나중에 우산파(虞山派)의 출현에 여건을 만들어 주었다. 서세는 자가 화중(和仲)으로, 명대 성조(成祖)의 부름과 하사를 받았고, 금곡 〈문왕사순(文王思舜)〉을 지어 최고통치자를 가송하였으며, 『매설창산윤금보(梅雪窗刪潤琴譜)』를 편찬하였다. 이 곡보집에는 서문 조소 4대가 끊임없이 정리한 절파의 전곡(傳曲, 傳譜)이 있고, 그

173) 절파(浙派) : 남송의 저명한 금파. 기초를 닦은 사람은 곽초망(郭楚望, 곽면). 그의 대표작품은 〈瀟湘水雲〉이다. 류지방을 거쳐 모민중(毛敏仲)과 서천민에게 전수되었다. 서천민 조손 4대는 모두 저명한 금가이고, 명대에 '徐門正傳'으로 존경받았고, 후인들이 절파의 전보(傳譜)를 '浙譜'라 불렀다.

중 〈소상수운(瀟湘水雲)〉·〈추홍(秋鴻)〉·〈어가(漁歌)〉·〈초가(樵歌)〉 등의 작품은 후세에 광범위하게 유전된 우수한 작품이다. 현존 명대의 절파금보에는 〈금보(琴譜正傳)〉·〈오강금보(梧崗琴譜)〉·〈행장태음속보(杏莊太音續譜)〉·〈문회당금보(文會堂琴譜)〉 등이 있다.

우산파(虞山派) : 명왕조 말년의 강소 상숙에서 흥기하였기 때문에, 그 이름을 얻었고, '상숙(常熟)파' 혹은 '숙파(熟派)'라 부르기도 한다. 창시인은 엄징(嚴澄)으로,[174] 진성원(陳星源) 등과 함께 '금천금사(琴川琴社)'를 창립하였고,[175] 그 '청(淸)·미(微)·담(淡)·원(遠)'한 연주풍격으로 당시 소극적 둔세(遁世)와 산수에 정을 기탁하는 문인들의 추종을 대단히 받았다. 그들이 편집과 간행을 주재한 『송현관금보(松弦館琴譜)』의 서문에서 금예는 마땅히 음악본질의 예술표현을 발휘해야 한다고 주장하여, 당시 곡사(曲辭)를 남전(濫塡)하는 사회기풍을 반박하였다.[176] 이 책에 수록된 금곡 22수는 만력 42년(1614)에 초간 되었지만, 명대 말기에 훼손되었다. 청대 강희13년(1674)에 재판하여, 28수로 증보되었고, 『사고전서』에 편집되었다.

우산파의 또 다른 대표인물은 서상령(徐上瀛)이다.[177] 그는 엄징과 비록

---

174) 엄징(嚴澄, 1547~1625) : 자가 천지(天池), 금학에 정통하여 조예가 깊었다. 琴川琴社를 결성하였고, 연주풍격은 "淸·微·淡·遠"하다. 금곡으로 文字의 한계를 돌파했다. 『松弦館琴譜』은 曲은 있되 詞가 없어 가장 이론에 근접하였다. 虞山琴派의 창시인이다.

175) 진성원(陳星源) : 명대 금가로 유명한 진애동(陳愛桐)의 아들이다.

176) 남전(濫塡) : 진부하고 쓸데없는 말을 마구잡이로 메꾸는 것.

177) 서사령(徐上瀛, 약1582~1662) : 호가 석범산인(石泛山人), 강소 루동(婁東 지금 태창)사람. 명말 저명한 금가. 우산금파의 대표인물. 서상령영의 학품은 근엄하여, 엄징(嚴澄)의 탄금이 간단하고 느리고(簡緩)하여 긴장과 급함(緊急)이 없다는 점을 고쳐서 스스로 일가를 이루었다. 그는 다연간의 탄주 실천을 총결한 『大還閣琴譜』를 집성하였다. 엄징이 제창한 "淸·微·淡·遠"의 기초 위애 "和·靜·淸·遠" 등 二十四要訣을 제창하여, 계통적으로 彈琴要点과 琴學의 美學原則을 제창하였다.

연원이 같지만, 연주풍격에 있어서는 차이가 있었다. 그는 금곡의 연주는 마땅히 느리기도 하고 빠르기도 해야 한다고 주장하고, 또 엄징이 『송현관금보』에서 수록하지 않은 빠른 곡목 〈치조비(雉朝飛)〉·〈오야제(烏夜啼)〉·〈소상수운〉 등 악곡을 계승하였으며, 그의 제자 하부(夏溥)가 청대 강희12년(1673)에 편집 간행한 『대환각금보(大還閣琴譜)』에 수록하였다. 동시에 책에는 서상령이 지은 『만봉각지법비전(萬峰閣指法閟箋)』과 『계산금황(谿山琴況)』 각 1권씩을 수록하였다.[178] 『계산금황』은 서상령이 지은 고금예술음악미학에 관한 전문서로, 책에서 작자는 고금연주를 '화(和)·정(靜)·청(淸)·원(遠)·고(古)·담(淡)·염(恬)·일(逸)·아(雅)·려(麗)·량(亮)·채(采)·길(潔)·윤(潤)·원(圓)·견(堅)·굉(宏)·세(細)·류(溜)·건(健)·경(輕)·중(重)·지(遲)·속(速)' 등 24황으로 귀결하였고, 또 매 하나의 황(況)에 대하여 비교적 상세하고 견실한 서술을 하였다.

광릉파(廣陵派) : 청왕조시기 강소 양주(揚州)를 중심으로 형성된 하나의 커다란 금파로, 창시자는 저명한 금가 서상우(徐常遇)이다.[179] 서상우는 대단히 높은 금학 조예를 지니고 있고, 우산파를 계승하고 발전시킨 기초 위에 광릉파를 창립하고, 또 1686년에 광릉파의 초기 대표적인 곡보 『징감당금보(澄鑑堂琴譜)』를 편집하여 광릉파 금예를 전수하였다. 그의 두 아들, 서우(徐祐)·서기(徐祺, 徐禕)는 그 기예를 이어받아 금예 기예는 더욱 깊어져 이름이 경사에 알려졌고, 강희 황제의 부름을 받아 당시 금단에서 '강남이서(江南二徐)'라고 칭송되었다. 서기는 숙파·금릉파·오파(吳派)[180]·촉

178) 금황(琴況) : 서상영은 "淸麗而靜, 和潤而遠"을 최고의 경지라는 원칙으로, 사공도(司空圖)의 『二十四詩品』을 참조하여 '이십사황'을 제안하였다. 이는 24종의 품격이다.

179) 서상우(徐常遇) : 자는 이훈(二勛), 청대 강소 양주(揚州) 사람으로 강희 연간에 살았다. 음률에 정통하고, 엄릉파의 창시자. 전통금곡의 원형을 보존과 유지에 주력하며, 더하고 고치는 것(增改)를 반대하였다. 부드러움과 조화로움(柔和)을 취하고, 절주의 자유로움, 옛스러움과 담박함(淳古淡泊)을 숭상할 것을 주장하였다.

파(蜀派)[181]의 전수곡을 정리하여『오지재금보(五知齋琴譜)』를 편집하였으며, 서상우의 손자 서금당(徐錦堂)의 제자 오홍(吳灴)은 제가들의 전보93곡을 광범위하게 흡수하여『자원당금보(自遠堂琴譜)』를 편집하였으며, 그 후에 진유한(秦維瀚)이 편찬한『초암금보(蕉庵琴譜)』·석공진(釋 空塵) 등이 편집한『고목선금보(枯木禪琴譜)』등이 있다. 광릉파 금가가 편집한 금보는 근대의 금인들이 필수적으로 상용하는 책이 되었다.

그 밖에, 복건의 민파(閩派)는 축봉개(祝鳳喈)를 대표로 하는데『여고재금보(與古齋琴譜)』를 편찬하였으며,[182] 광동령의 남파(南派)는 황경성(黃景星)을 대표로 하는데『오설산방금보(悟雪山坊琴譜)』를 편찬하였으며,[183] 사천 천파(川派, 蜀派)는 장공산(張孔山)을 대표로 하는데『천문각금보(天聞閣琴譜)』을 편찬하였다.[184] 금파가 즐비하고, 각기 특색이 있다. 그래서 청대 황효산(黃曉珊)은『희운각금슬합보(希韻閣琴瑟合譜)』에서 "금릉의 돈좌(頓挫),[185] 중절의 주무(綢繆), 상숙의 화정(和靜), 삼오의 함축(含蓄), 서촉의

180) 오파(吳派) : 현대에 형성된 금파의 하나로, 오도(吳韜)가 창시하였고, 풍격은 창경(蒼勁)하지만 유창(流暢), 소쇄(瀟洒)하면서 청원(淸遠)하다.

181) 촉파(蜀派) : 泛川派라고도 함. 청대에 장합수(張合修)가 칭시한 금파의 하나로, 풍격은 조급하고 분방하며 기세가 굉대하고 크다. 오파는 가장 이른 시기의 금파의 하나로, 당대에 이미 저술이 보인다. 명말에 오파에서 우산파 등의 갈래로 나뉘어졌다.

182) 민파(閩派) : 복건성의 민파고금으로 형성된 유파. 특수한 기보방식과 풍부한 연주기법을 지님.

축봉개(祝鳳喈, 1796~1850)는 청대 금가. 자가 동군(桐君) 금 이론서인『여고재금보』에서 절주의 중요성을 강조하였다.

183) 남파(南派) : 嶺南派. 청대 황경성이 창시. 풍격은 청담수려하고, 주로 광동지방에서 유행하였기 때문에 광동지방의 특색이 있다. 연주기법은 질탕하고 기복이 있으며 허와 실이 서로 비추어 주고, 맑고 온화하며 담박하고 우하하다. 황경성(?~1842)은 건륭 말기에 살았고, 그림에도 정통했다.

184) 장공산(張孔山) : 청대 고금가. 이름은 합수(合修). 川派의 대표적 금가.

185) 금릉(金陵) : 금릉파. 명말청초에 축동군(祝桐君)이 창시하였다. 연주기법에 있어 단

고경(古勁), 팔민의 격앙(激昂)"이라고 하여, 지역문화환경의 차이로 형성된 각기 다른 예술표현 특징을 간단하게 개괄하였다. 〈추홍(秋鴻)〉·〈평사낙안(平沙落雁)〉·〈동천춘효(洞天春曉)〉·〈계산추월〉·〈어초문답(漁樵問答)〉·〈상강원(湘江怨)〉·〈우선음(遇仙吟)〉·〈장진주〉·〈춘산청두견(春山聽杜鵑)〉 등은 모두 당시에 유행한 고금곡이다. 그 중 〈추홍〉·〈어초문답〉·〈평사낙안〉은 가장 널리 유행하였다.

〈추홍(秋鴻)〉: 『신기비보(神奇秘譜)』에 가장 먼저 보이고, 작자는 명왕조의 주권(朱權)으로,[186] 어떤 사람은 남송의 곽초망(郭楚望)이라고 한다.[187] 전곡은 36단(段)이고, 매 단에는 표제와 가사가 있다. 곡보는 가을 기러기가 남쪽으로 날아가는 것을 통해 작자의 뜻이 넓은 하늘에 있고(志存霄漢) 마음은 태허를 떠돌지만(心游太虛) 재주가 있어도 때를 만나지 못한(懷才不遇) 우울한 심정을 경물에 비유하여 정감을 풀어냈다(喩景抒情). 이 악곡의 구성규모는 굉장히 크고, 표현력이 풍부하여 금가들의 추숭이 대단하였다.

〈어초문답(漁樵問答)〉: 〈진문대조(進門待詔)〉라고도 하며, 악곡은 1560년 명대의 소란(蕭鸞)이 편저한 『행장태음속보(杏庄太音續譜)』에 처음 보인다. 전곡은 6단(段)이고, 어옹과 초부가 대화하는 정경의 묘사를 통하여 공명이록(功名利祿)을 경시하고, 스스로 먹거리를 마련하고, 스스로 즐거움을 얻

장숙목(端庄肅穆)하고 유아초연(儒雅超然)한 풍격으로, 엄숙한 규범을 잃지 않은 특점이 있다.

186) 주권(朱權, 1378~1448) : 명 태조 주원장(朱元璋)의 17대손. 호 구선(臞仙). 내몽고 영성(寧城)에 봉해짐. '정난(靖難)'에서 주체(朱棣)를 도왔고, 주체가 즉위하자, 남창에 봉해지면서 박해를 받았다. 주권은 심사를 도교와 희극, 문학에 기탁하면서, 울분에 쌓여 죽었다.

187) 곽초망(郭楚望) : 곽면(郭沔). 자가 초망(楚望). 남송 영가(永嘉, 지금 溫州 평양) 사람. 남송 후기 古琴을 대표하는 인물. 절파고금의 창시인. 곽초망의 금곡작품은 매우 많고. 그 중 〈소상야우〉가 가장 유명하다.

고, 세상 밖을 소요하는 전원은거생활을 표현하였다.

〈평사낙안(平沙落雁)〉: 곡보는 1634년 명대의 주상방(朱常淓)이 편집한 『고음정종(古音正宗)』에 처음 보이고, 악곡은 당왕조 진자앙이 지은 것으로 전해지고, 또한 송대 모민중 혹은 주권이 지은 것이라고도 한다. 전곡은 5단으로, 물가 모래밭의 기러기 떼가 올라갔다 내려왔다 하고, 때로는 보이지 않다가 나타나기도 하고, 서로 소리로 호응하는 정절(情節, 플롯, 줄거리)에 대한 묘사로 은일지사의 흉회와 지향을 표현하였다. 마치 "홍곡(鴻鵠, 큰 기러기와 고니)의 원대한 뜻을 빌어, 은일지사의 심흉을 묘사한 것"이라는 표제의 해설과 같다.

7. 음악이론과 음악논저

주재육(朱載堉)과 12평균율: 주재육(1536~1610)은 자가 백근(伯勤)이고, 호가 구곡산인(句曲山人)이며, 하남 회경부(懷慶府, 지금 泌陽) 사람이다. 명나라 종실에서 출생으로, 정공왕(鄭恭王) 주후원(朱厚烷)의 장자이다. 그 부친은 황실의 권력투쟁 중에 감옥에 들어가자, 주재육은 울분하였고, 황궁 밖에 단지 공기가 통하는 조그만 구멍만이 있는 토옥을 짓고 19년을 홀로 살면서, 율학과 수학과 역법을 깊이 탐구하였다. 악률학연구의 주요 성과는 대부분 『악률전서(樂律全書)』에 들어 있다. 『악률전서』는 악·무(舞)·률·역(曆) 등 여러 학문을 포함하고 있는 백과전서이고, 모두 47권이며, 〈율학신설(新說)〉·〈악학신설〉·〈산학신설〉·〈역학신설〉·〈율려정의〉·〈조만(操縵)고악보〉·〈선궁(旋宮)합악보〉·〈향음시악보〉·〈6대소무보〉·〈소무(小舞)향악보〉·〈이일철조도(二佾綴兆圖)〉·〈영성(靈星)소무보〉·〈성수만년력〉·〈만년력약고(萬年曆略考)〉·〈율력융통〉 등 15종의 저작을 모아 출간하였다. 그 중 주재육은 〈율학신서〉·〈산학신설〉·〈율려정의〉·〈율력융통〉 4부작에서 '신법밀율(新法密律)', 즉 '12평균율'을 계통적으로 나누어 자세히 설명하였다.[188)]

주재육의 '신법밀율'은 황종 배율(倍律)과 황종 정률(正律)의 길이를 2:1의 관계를 취하고,[189)] 등비수열을 채용하여 12율의 어떤 이웃한 두 개의 율 사이의 현의 길이가 모두 같은 비율이 되도록 한 것이다. 임의의 하나의 율의 고저 8도 사이로 하고, 또 배(倍) 혹은 반(半)의 관계로 한다. 이는 이전의 삼분손익법으로 만들어진 "황종은 원래의 음으로 돌아갈 수 없다"는 오래된 난제를 해결하였고, 동시에 어떤 임의의 조(調)의 높이에 있어 음계 간에 음정관계의 완전일치를 이루게 하였다. 주재육의 신법밀율, 즉 12평균율 이론이 출현한 시기는 1570년대에 지나지 않는데, 그것의 출현은 세계음악문화의 최초의 시도이며, 국제에서는 선두의 지위에 있다. 서방에서는 17세기 중엽에 이르러서야 비로소 '12평균율'의 이론이 기본적으로 완성된다. 1722년 독일의 저명한 음악가 바흐(Johann Sebastian Bach)가 창작한 『12평균율·상권』은 이 율제(律制)를 널리 보급하는데 매우 적극적 작용을 하였다.

주재육의 다른 중요한 성위는 바로 '이경관율(異徑管律)'의 창조,[190)] 즉

188) 신법밀율(新法密律) : 음악문화상 최초로 출현한 '12평균율'의 율학원리이다. 황종 정율을 1척으로 삼아 같은 방법으로 율의 길이를 계산하여 12율의 음정이 엄격한 균등성을 지니도록 하였다. 이것은 삼분손익법과 구별하기 위해 '신법'이라 한다. 즉 팔도의 진동체의 길이를 균등하게 나누어 12푼 차이가 있도록 한 것이 12평균율이다.

189) 정률(正律) : 악률 중 주조. 양률(律)과 음률(呂)을 말함. 율에는 정률, 배율, 반율(半律), 배율반율이 있다. 반율은 그 음 길이(長度, 관과 관사이의 길이)가 정률의 반이다. 배율은 정률의 배가 된다.

190) 관율(管律) : 관의 길이 수에 근거하여 율을 계산하는 체계. 정률을 내는 악기로는

'신법밀율'을 관율에 응용하였다는 것이다. 그 방법은 하나의 8도를 음고의 순서로 배열한 12율관의 관경(管徑, 관의 지름)을 24 $\sqrt{2}$ 의 비율로 등비수열이 되게 하는 것이다. 이 방법의 제안은 관구교정(管口校正)에 실현되고,[191] 12평균율 율관 발음의 정확성을 보증하게 되어, 중국 율학사상과 세계물리성학(聲學)사상의 큰 사건이다.

『태화정음보(太和正音譜)』: 명나라 주권(朱權)이 홍무(洪武)31년(1389)에 편찬하였다. 모두 2권으로, 〈악부체식(體式)〉·〈고금영현악부격세(古今英賢樂府格勢)〉·〈잡극12과〉·〈군영소편잡극(群英所編雜劇)〉·〈선가지사(善歌之士)〉·〈음률궁조〉·〈사림수지(詞林須知)〉·〈악부〉 등 8장을 포함하고 있다. 그 중 〈선가지사〉에는 노래를 잘하는 36명을 수록하여, 가창의 기본 요구를 제안하였다. 〈사림수지〉에는 연남지암(燕南芝庵)의 〈창론(唱論)〉을 편집 수록하였다.[192] 〈악부〉에는 북곡 곡패 355지(支)를 수록하였는데, 현존 북곡 잡극곡보에 생명을 불어넣는 데 중요한 자료이다. 기타 각 장의 내용은 희곡문학이론·희곡음악이론과 희곡사료의 기록을 언급하였다.

『신기비보(神奇秘譜)』: 명나라 주권이 홍희(洪熙) 원년(1425)에 편집 기록하였다. 모두 3권으로, 편자가 십수년 동안 천수 이상의 금곡 중에서 63수를 선곡하여 편집 교정하여 만들었다. 상권 『태고신품(太古神品)』에는 〈광릉산(廣陵山)〉·〈고산(高山)〉·〈유수(流水)〉·〈양춘(陽春)〉·〈주광(酒狂)〉

현과 관 두 종류가 있다. 현은 일정한 율제에서 각 율 간의 상대적 비율로 정한다. 정확성에서는 관율보다 낫다. 그러나 현은 장력에 따라 일정하지 않다. 그래서 관을 사용한 관율의 계산체계가 표준이 되었다.

191) 관구교정(管口校正): 기주(氣柱)의 길이와 실제 관의 길이의 차이를 '관구교정수(數)'라고 한다. 명대 주재육은 12평균율로 율관을 계산할 때 '異徑管律'을 이용하여 교정하였다.

192) 연남지암(燕南芝庵)의 〈창론(唱論)〉: 참조 제9절 송·원 음악이론과 음악논저.

등 악곡 16수를 수록하였고, 하권 『하외신품(霞外神品)』에는 〈메화삼롱(梅花三弄)〉·〈장청(長淸)〉·〈단평(短淸)〉·〈대호가(大湖笳)〉·〈이소(離騷)〉 등 48수를 수록하였다. 매 악곡에는 해제가 있고, 또 '감자보(減字譜)'로 악보를 기록하여 고금음악을 연구하는데 풍부한 사료를 제공한다.

『악부전성(樂府傳聲)』: 청나라 오강(吳江, 강소)의 서대춘(徐大椿, ?~1778)이 건륭7년(1744)에 지은 것이다.[193] 희곡음악에 관한 논저이다. 책에서 남북곡의 원류를 논술한 것 이외에, 희곡음악의 창강자음(唱腔字音)·행강(行腔)규율과 희곡예인의 실천경험 등을 계통적으로 논술하였다. 그 논술과 사로(思路, 사고의 맥락, 사고의 방향)는 항상 후세 민족전통성악창법을 연구하는 데 으뜸이 되었다.

『금악고증(琴樂考證)』: 청나라 절강 진해(鎭海)의 요섭(姚燮, 1805~1864)이 쓴 희곡음악에 관한 논저이다.[194] 모두 12권으로, 송·원에서 청대 도함연간에 이르는 잡극과 전기작가 512인을 수록하였다. 작품 2066종의 목록 이외에, 희곡·설창·가무·민간소곡과 악기의 원류 등에 관한 고증을 하였고, 동시에 음악 자보(字譜)와 비파의 운지법에 대한 고찰을 기록하여, 후세 희곡음악과 음악사에 관한 연구에 중요한 문헌서적이다.

『구궁대성남북사궁보(九宮大成南北詞宮譜)』: 청왕조 대표적인 희곡음악 곡보집이다. 건륭11년(1746)에 만들어졌는데, 화석장친왕(和碩 莊親王) 윤록(允祿)이 봉지(奉旨)하여 주상옥(周詳鈺)·왕문록(王文祿) 등 7명의 악공을

193) 서대춘(徐大椿, 1693~1771): 자는 영태(灵胎), 호는 회계(洄溪), 강소 오강 사람. 천문 지리 음률 등 통하지 않은 바가 없었고, 이름난 명의이다. 『악부전성』은 창법의 분석과 연구가 매우 상세하고 정밀하여 희곡계에서 중시하였다.

194) 요섭(姚燮, 1805~1864): 문학가·화가. 자는 매백(梅伯), 호는 복장(復莊).

조직하여 교정 편집하여 만들었다.[195] 모두 82권으로, 북곡 188투, 남북합투곡 36투를 수록하였는데, 북곡 단체(單體)곡패 581수, 남곡 1,513수, 변체(變體)곡패 4,466수이다. 궁보를 모아서 궁조에 따라 배열하고, 사(詞, 노랫말) 옆에 '공척보(工尺譜)'를 배치하고, 또 각종 체식을 자세하게 거론하고, 정자(正字)·친자(襯字)를 구분하고,[196] 절박(節拍, 박자)과 구독(句讀, 구두법, 표점부호용법)과 운격(韻格) 등을 주석을 달아 밝혔다.

『납서영곡보(納書楹曲譜)』: 청왕조 대표적인 희곡음악 곡보집이다. 장주(長州, 지금 강소 소주)의 엽당(葉堂)이 편집 교정하였다.[197] 건륭57년에 만들었다. 정집(正集)4권·속집4권·외집2권·보유4권·『서상기』전서2권·『임천사몽(臨川四夢)』8권 등 모두 24권으로 이루어졌다. 전체는 『서상기』와 『임천사몽』 10권을 제외하고, 기타 각권은 모두 원·명 이래의 곤곡·산곡·제궁조·시극(時劇, 당시의 희곡) 353투를 수록하였으며, 모두 청창곡보이고, 과백(科白, 희곡 배우의 동작과 대사)이 없고, 또 공척보를 이용하여 기보하였고, 판안(板眼)은 단지 판과 안을 표시한다.[198]

195) 윤록(允祿): 화석장친왕(和碩庄親王)은 청대 철모자왕(鐵帽子王)의 한 사람으로, 윤록은 6대 장친왕이다.

196) 친자(襯字): 곡패에서 규정한 격식 이외에 더해지는 글자. 이것이 사(詞) 혹은 시의 주요 구별의 하나이다. 즉 어기(語氣)를 보충하고 성정(聲情)의 색채를 더한다. 친자는 곡의 글이 격률을 준수한다는 전제하에, 더욱 영활성이 있고, 行文造字가 더욱 자유롭고, 격률의 구속을 받지 않는다. '소령'에서는 사용되는 친자는 비교적 적지만, '투곡'에서는 비교적 많다. 곡보 중에 왕왕 소자를 이용하여 씀으로써 '정자'와 구별한다. 친자는 일반적으로 악곡의 절박 음조를 점용하지 않기 때문에 왕왕 창을 할 때 바르고 절주가 한 입에서 나온 듯하다. 이외에 잡극은 친자 사용이 비교적 보편적이지만, 남희는 비교적 적다.

197) 엽당(葉堂, 1736~1795): 자가 광명(廣明)이고, 호가 회정(懷庭). 강소 소주 사람. 청대 작곡가. '엽파'의 창시자.

198) 판안(板眼): 중국 전통극이나 음악의 박자. 매 소절 가운데에서 가장 강한 박자를 판(板)이라고 하고, 나머지 박자는 안(眼)이라고 함.

『현색약고(弦索略考)』: 청왕조 몽고족 문인인 용재(容齋)가 초록하여 편집한 현악기 위주의 기악합주곡 13투를 수록하였다. 그래서 『현색13투』라 부르기도 하는데, 공척보로 초사(抄寫)하였고, 가경 갑술(1814년)에 만들어졌다. 곡명은 〈합환령(合歡令)〉·〈장군령(將軍令)〉·〈십육판(十六板)〉·〈금음판(琴音板)〉·〈청음찬(淸音串)〉·〈평운찬(平韻串)〉·〈월아고(月兒高)〉·〈금음월아고〉·〈보암주(普庵咒)〉·〈해청(海靑)〉·〈양관삼첩(陽關三疊)〉·〈송청야유(松靑夜遊)〉·〈무명마(舞名馬)〉 등이다. 편자는 서언에서 그것들을 "오늘날의 고곡(古曲)"이라 불렀는데, 이 악곡들은 책이 이루어지기 전에 이미 존재하였으며, 시간적으로 적어도 청왕조 건가(乾嘉) 시기, 즉 18세기 이전의 작품임을 추측하여 알 수 있다. 모두 6권 10책이고, 권1에는 지법과 회집보(총보) 2곡, 권에서 권6에는 각종 악기를 악보에 따라 나누었고, 비파보11곡, 현자보11곡, 호금보11곡, 쟁보13곡, 공척보6곡을 포함하고 있다. 악기는 비파·삼현·호금·쟁 등 현악기가 위주이고, 때로는 적·생·제금(提琴) 등 악기를 더하기도 하였다.[199]

『비파보(琵琶譜)』: 『화추평(華秋苹)비파보』라고도 하며, 가경23년(1818)에 간행된, 중국에서 첫 번째 정식으로 출판된 비파곡보집이다. 상·중·하 3권으로 되어 있고, 상권에는 북파 직예왕(直隸王) 왕군석(王君錫)의 악보로 전해지는 13수가 수록되었고, 중·하권에는 남파 절강 진목부(陳牧夫)의 악보로 전하는 것이 수록되어 있다. 〈십면〉·〈패왕사갑〉·〈해청나아〉·〈월아고〉 등 저명한 고전 곡목이 수록되어 있다. 공척보로 기보하고, 또 계통적 지법부호로 교정하여 후세 비파연주와 수집정리에 심원한 의의가 있다.

199) 제금(提琴): 명(明)·청(淸) 때의 현악기의 하나. 울림통은 야자나무의 열매로 박쪽같이 파서 만들며, 한옆에 대를 세우고 두 줄을 매어 활로 켜서 소리를 냄.

『남북파십삼투대곡비파신보(南北派十三套大曲琵琶新譜)』: 『이방원(李芳園)비파보』라고도 하며, 청왕조 저명한 평호파(平湖派) 비파연주가 이방원이 편집정리 하였기 때문이다. 광서21년(1895)에 간행하였고, 모두 2권으로, 평호파가 전하는 비파대곡 〈평사낙안〉·〈심양비파〉·〈양춘고곡〉 등 13수 투곡이 수록되었고, 또 초학자 연습곡 〈노팔판(老八判)〉 등 8수가 부록되어 있다. 편자는 대투곡보를 수집하면서 분단과 소표제를 첨가하였다. 고대 명곡를 보존하고 광범위하게 유전시키는데 적극적 작용을 발휘하였다.

상술한 논저 이외에, 명·청 시기의 음악논저로는 『남사서록(南詞敘錄)』·『곡률(曲律)』·『남사인증(南詞引證)』·『곡조(曲藻)』·『도곡수지(度曲須知)』·『현색변화(弦索辨訛)』·『태고유음』·『송현관금보』·『연악고원(燕樂考原)』·『차운관곡보』·『소혜집(小慧集)』·『오지재금보』 등 희곡음악·금보·민간 곡보집 등이 있다.

8. 음악미학사상

1) 왕수인(王守仁)의 음악미학사상

왕수인(1472~1528),[200] 자가 백자(伯字)이고, 호가 양명(陽明)이며, 명왕조 절강 서요(余姚) 사람이고, 저명한 철학가·교육가로, '심학(心學)'을 대표하는 인물이고 집대성한 인물이다. '심학'은 이학(理學)의 한 지파로, '양지지학(良知之學)'이라고도 하며,[201] 사람의 '마음(心)'을 우주의 본체라 주장

200) 왕수인(王守仁, 1472~1529) : 명대 철학가·교육가. 양명선생(陽明先生)이라 불림, 왕양명, 서요(余姚, 절강)사람. 육구연의 심학을 발전 시켜 정주(程朱)학파에 대항하였다. '치양지(致良知)'의 학설을 제안하였고, '지행합일(知行合一)'설을 제안하였다. 양명학(陽明學), 왕학이라 부름.

201) 양지(良知) : 양명학에서의 마음의 본체.

하며, 창시인은 육구주(陸九州)이고,[202] 그래서 '육학(陸學)'이라고도 한다. '문성공(文成公)'은 왕수인의 시호인데, 그의 논술 문장은 그의 문하생들이 편집한 『왕문성공문집』에 있고, 모두 38권이며, 그 음악미학사상은 그 책에 포함되어 있다. 왕수인의 음악미학사상은 주로 다음과 같은 방면에서 체현되었다.

(1) 사람의 의식은 음악창작하는 가운데 결정작용을 갖는다. : 왕수인은 주관유심주의자로, 그는 세상만물은 모두 사람의 의식에 따라 존재하고, 사람의 의식에 따라 소멸하고 또 소멸한다고 생각하였다. 음악방면에서도 마찬가지로 사람의 의식은 음악 본질존재의 조건과 기초라고 생각하였다. "원성(元聲)은 단지 마음에서 찾아야한다."(『傳習錄下』)는[203] 말은 객관물질세계가 두뇌 중에 반영하는 객관규율을 부정하는 것이고, 그리고 '원성'을 사람의 의식 중에 이미 존재하는 특체라는 귀결은 율려 존재의 객관성을 부정하는 것이다.

(2) 고악(古樂)을 추숭하고 정성(鄭聲)을 폄하배척 하였다. : 왕수인은 〈소〉·〈무〉 아송지악을 추숭하였지만, 고대 정성과 명왕조 때 민간 유행의 민가

'치양지(致良知)' : 『孟子·盡心上』에 "所不慮而知者, 其良知也."에서 나온 말. 천부의 도덕의식을 가리킨다. 왕수인은 '양지'를 천리이며 사람에게 존재하는 본체라 생각하였다. 사람들은 양지를 객관사물에 적극적으로 옮기면 일체의 행위활동은 자연스럽게 이치(理), 즉 봉건윤리도덕의 표준에 합치된다는 것이다. 이 '치양지'를 공부하는 것이 바로 『대학』의 '致知格物'이라 했다.

202) 육구연(陸九淵, 1139~1193) : 남송 철학가. 자가 자정(子靜), 사람들은 상산선생(象山先生)이라 부른다. 무주(撫州) 금계(金溪, 지금 강서)사람. '心學'의 창시인. '心'을 우주만물을 구성하는 본원(本源)으로 생각하고, 우주가 곧 나의 마음(吾心)이고, 나의 마음이 곧 우주라고 생각했다. 그 학설은 명대 왕수인이 계승발전시켰고, '육왕심학(陸王心學)'이라 한다.

203) "元聲只在心上求."

소곡 등에 대하여는 적대시하는 태도를 취하였다. 비록 이와 같지만, 그는 희곡음악이 잠이묵화(潛移默化)하는 사회교육작용을 매우 중시하였다.[204] 희곡음악 문제에 있어서, 왕수인은 희곡음악 중 소위 '요음사조(妖音詞調)'를 폐기하고,[205] 봉건강상에 부합하는 '충신·효자고사'를 지켜야 한다고 주장한 것은, 그 목적이 음악이 인민의 사상감정을 표현하는 것을 반대한 것이다. 또 음악무도는 봉건 삼강오상의 도덕규범에 부합되어야 함을 주장한 것은, 소위 어리석은 백성들의 '양지'를 불러일으키어, 최종적으로 봉건 통치자들이 음악을 이용하는 그 통치복무를 위한 염원을 체현하는 것이다.

(3) 잠이묵화하는 "시를 노래함으로써 이끄는(誘以歌詩)" 교육방식 : 교육방식에 있어, 왕수인은 덕('習禮')·지('讀書')·미('歌詩')를 상호결합하고, 계발식(啓發式, 계몽식)교육을 중시하며, 음악의 사회작용을 충분히 발휘하여, 교육자가 우교우악(寓教于樂, 음악에 가르침을 깃들임)·잠이묵화하는 교학방식으로 점차 천박한 작품을 없애고 부지불식간에 예의의 약속을 받아들이는 가운데, 지도자가 "어린아이를 가르치는 것이 효제·충신·예의·염치에 오로지 힘쓰도록" 하는 교학목적을 주장하였다. 그의 이러한 교육사상은 당시에는 진보적 의의가 있었다.

2) 이지(李贄)의 음악미학사상

이지(1527~1602), 호가 탁오(卓吾)이고, 별호는 온릉거사(溫陵居士)이며, 천주(泉州) 진강(晉江) 사람으로, 명대의 저명한 사상가·문학가이다. 이지는 항상 '이단(異端)'을 자처하며,[206] 유가의 예의제도가 인성을 압제하는

204) 잠이묵화(潛移默化) : 한 사람의 사상이나 성격 등이 어떤 영향을 받아 부지불식간에 변화가 생기다. 은연중에 감화되다. 무의식 중에 감화되다.

205) 요음사조(妖音詞調) : 사조는 문사와 음조, 혹은 시와 사의 격조를 말함. 요음은 요망한 음악.

것을 반대하여, 전통교조와 가도학(假道學)을 극력 비난하였다.[207] 『분서(焚書)』가 세상에 전하는데, 책에는 이지가 평생 지은 서답·잡술·독사(讀史)·시 등이 수록되어 있고, 모두 6권이며, 이 외에도 『장서(藏書)』를 지었다.

이지는 왕수인의 주관유심주의 세계관을 계승하고 발전시켰는데, 그는 왕수인의 '양지'·'본심'론의 음악미학사상 기초 위에 '동심(童心)'설을 제안하였다.[208] 『분서』3권 〈동심설〉에서, "동심이란 진심이다. … 절대 순진이며, 최초의 일념(一念)의 본심이다."고 하여,[209] 그는 동심이 일체 진선미의 통일이며, 일체 예술이 진선진미한 경계에 도달하는 전제조건이라 생각하였다. '동심설'은 천부선성론(天賦善性論)이지만, 동시에 자연인성을 고양(高揚)하는 설이기도 하다. 이지의 음악사상은 주로 다음과 같은 방면에서 체현되었다.

(1) 이지는 '자연이 곧 아름다움(美)이다'고 강조하며, 사람의 성정은 '예(禮)' 혹은 '천(天)'의 속박을 받을 수 없고, 낡은 관습을 고수하는 데에서 해방될 것을 추구하였고, 음악의 발전은 각기 다른 개성을 표현하려는 필요에 완전 복종할 것을 주장하였다. 음악방면에서 이지는 "무릇 성색은 성정

---

206) 이단(異端) : 사회 주류사상과 의식형태(이념)에 대하여 다른 사상·이론에 대한 호칭. 통치적 지위를 점한 유가에 대하여 유가 이외의 학설 학파를 말함.

207) 가도학(假道學) : 표면상 유학의 경전에 바른 것 같지만, 실제로는 대단히 거리가 먼 사람을 이름. 위군자(僞君子). 이지는 봉건사회의 남존여비·중농억상·가도학·사회부패·탐관오리에 대하여 통렬한 비판을 하면서 '옛것을 개혁하고 새로운 것을 정립(革故鼎新) 할 것'을 주장하고, '사상을 통제하는 것(思想禁錮)'을 반대하였다.

208) 동심(童心) : 어린 아이의 심성. 나아가 본성, 진심을 의미함.

209) 『焚書』〈동심설〉 : "童心者, 眞心也; 若以童心爲不可, 是以眞心爲不可也. 夫童心者, 絶假純眞, 最初一念之本心也"

에서 드러나고, 자연에서 말미암는다.", "성정 이외에 예의가 있어 그칠 수 있는 것이 아니다."고 주장하였다.[210] 이지가 말한 '정성(情性)'은 곧 '동심'의 정, 즉 진정을 말한다. 그는 음악이 반드시 '자연선양(宣揚)'·'자연소완(疎緩)'·'자연장렬(壯烈)'·'자연비산(悲酸)'·'자연기절(奇絶)' 할 것을 요구하였는데,[211] 이러한 천변만화한 음악표현은 모두 '동심'으로부터 나오는 것이고, 사람의 진정에서 드러나며, 자연을 숭상하는 데에서 드러나는 것으로, 인성과 음악에 대한 유가 예의의 속박을 반대하는 것이다.

(2) 이지는 음악을 포함한 모든 예술형식은 모두 응당 마음 속 불평을 어떠한 제한도 받지 않고 표출해야 한다고 생각하였다. 그는『분서·잡술(雜述)』에서, "심중의 불평을 호소하는 것은 오랜 세월에 여러 번 기이함을 느끼는 것이다."고 하였다.[212] 음악은 인간의 자연성정을 보존함과 동시에, 작품 속에 자신의 진실한 느낌을 경주할 수 있어야 하고, 심중의 불평을 진정으로 마땅히 씻어낼 수 있어야 하고, 무병신음(無病呻吟, 병이 없음에도 신음하는 거짓)하는 창작풍격을 반대해야 한다고 주장한다. 일체 예술형식은 모두 창작자의 심중에 "쌓음이 지극히 오래되어 형세가 고갈될 수 없는" "정이 격렬한 바가 있으면 노랫말이 느릴 수 없는" 산물이라는 것이다.[213] 차라리 창작된 예술작품은 봉건시대 위도사(衛道士)들의 분통(切齒痛恨)을 맞닥뜨리게 되고,[214] 또 결단코 불평의 작품을 은근히 숨길 수 없

210)『焚書·讀律膚說』:"盖聲色之來, 發于情性, 由乎自.", "故自然發于情性, 則自然止乎礼義, 非情性之外夏有礼義可止也."

211) '소완': 성기고 느림. '비산': 슬프고 아리다. '기절': 매우 기이함.
『焚書·讀律膚說』:"故性格淸徹者 音調自然宣暢, 性格舒徐者 音調自然疏緩, 曠達者自然浩蕩, 雄邁者 自然壯烈, 沉郁者 自然悲酸, 古怪者 自然奇絶."

212) 〈序拜月西廂傳〉:"訴心中之不平, 感數奇於千載"

213)『焚書·雜述』:"蓄極積久, 勢不能遏", 〈讀史〉:"(作者)情有所激而詞不可緩"

214) 위도사(衛道士): 표면적으로는 청심과욕하지만, 실제로는 뼛속까지 호인도 아니며,

으며, 혹 물과 불 가운데로 집어 던져 버려도 그 소리를 녹인 흔적을 감출 수 없게 된다는 것이다.

(3) "금(琴)이란 마음이고, 금이란 읊조림이다. 따라서 그 마음을 읊조리는 것이다."는 명제를 제안하였다.[215] 이 설은 『금서·금부(琴賦)』에 보인다. 그 명제의 제안은 『백호통·예악』의 "금이란 금지하는 것이다. 따라서 음사를 금지하여 사람의 마음을 바르게 하는 것이다."라는 명제와 대립된다.[216] 이지는 음악은 "성정에서 드러나고, 자연에 말미암는다."라고 주장하여, 고금예술은 금욕주의를 선양하는 도구가 돼서는 안 되고, 음악이 '동심'을 자유롭게 표현하고 성정을 서발할 것을 요구하였을 뿐만 아니라, 음악이 독특한 개성을 자유롭게 표현할 것을 요구하였다.

3) 이어(李漁)의 음악미학사상

이어(1611~1679)는 자가 입옹(笠翁)·적범(謫凡)이고, 호가 입옹이며, 절강 난계 사람이다.[217] 청대 저명한 희곡가·이론가이다. 시문잡저집 『이입옹일가언(李笠翁一家言)』·『비목어(比目魚)』·『풍쟁오(風箏誤)』 등 10종의 전기와 『십이루(十二樓)』·『무성희(無聲戲)』 등 단편소설을 지었다. 그중 『이입옹일가언』은 모두 16권인데, 후6권 『한정우기(閑情偶奇)』는 원예·영조(營造, 건물)·음식을 언급하여 희곡이론방면에서 일가를 이루었고, 이는 중국 고대 희곡이론을 집대성한 것이다. 음악방면에서, 이어가 논급한 글은 비록 많지 않지만, 공헌한 바가 있고, 그 음악사상은 주로 아래와 같은

암암리에 각종 위미(萎靡, 시들고 나른해짐)한 짓을 하는 사람을 비유한다. 그래서 가짜 도사(僞道士)라 부른다.

215) 〈讀史〉: "琴者 心也. 琴者 吟也. 所以吟其心也."

216) 『白虎通』: "琴者禁也. 禁人邪惡歸于正道, 故謂之琴."

217) 참조 : 본장 제4절 희곡의 발전.

방면에서 표현되었다.

(1) 이어는 연창은 반드시 성정(聲情)이 뛰어나야함을 주장하면서,[218] 가창을 위한 가창을 반대하였다. 그는 『한정우기 · 연습부 · 수곡제삼(授曲第三)』에서, "창곡에는 반드시 곡정(曲情)이 있다. 곡정이란 곡 중의 정절(情節)이다."고 했다.[219] '곡정'은 악곡 중의 정절을 가리키며, 즉 곡 중 인물은 어떤 종류의 정감을 이용하여 어떤 일을 표현한다. 이어는 곡을 창하기 전에 연창자는 우선 사곡(詞曲)의 정확한 의의를 분명히 알아야 할 것을 요구하고, 사상감정이 없는 가곡 연창을 반대하였다. 연창자는 곡정을 분명히 하고, 깨달음이 있어야 비로소 연창에 생명을 부여할 수 있고, 진정으로 사람의 마음을 감동시킬 수 있다고 했다.

(2) 금(琴)의 효능문제에 대하여, 이어는 금슬은 남녀를 결합하여 하나같이 화목하게 하고, 감정을 연결하여 서로 떨어질 수 없게 하는 것이라 생각하였다. 『한정우기 · 성용부(聲容部) · 습기제사(習技第四)』에서, "남녀를 결합하여 하나로 합하게 하고, 정의를 연결하여 떨어질 수 없게 한다."고 했다.[220] 이는 전인들이 언급하지 않은 참신한 관점으로, 하나의 완전히 새로운 시각이며, 사곡(詞曲)예술은 마땅히 사람들이 생활을 향수하는 소일의 방식일 따름이지, 인성을 속박하는 멍에가 아니라는 것을 설명하였다.

(3) 이어는 『이립옹일가언』 권3 〈답동석자제자〉에서, "사(絲)는 죽(竹)보다 낫고, 죽은 육(肉)보다 낫다."는 관점을 제안하였다.[221] 이 논의의 묘처는

218) 성정(聲情) : 성음과 신정(神情), 문장 가곡 등의 성조와 그 표현한 정감.

219) 〈解明曲意〉 : "唱曲宜有曲情, 曲情者, 曲中之情節也."

220) 〈絲竹〉 : "琴瑟非他, 膠漆男女, 而使之合一; 聯絡情意, 而使之不分者也."

221) 〈答同席者諸子〉 : "絲勝于竹, 竹勝于肉"

"화반탁출(花盤托出, 드러내 놓고 말함)은 사람으로 하여금 무궁을 상상케 하는 것만 못하다."는 데에 있고, '성(聲)'이 '언(言)'보다 낫다고 주장하는 것이며, 음악의 독특한 매력을 명확하게 인식한 것이다.

4) 서대춘(徐大椿)의 음악미학사상

서대춘(1693~1772)은 원래 이름이 대업(大業)이고, 자는 영태(靈胎)이며, 만년의 호가 회계노인(洄溪老人)이고, 강소 오강 사람이다. 청왕조 저명한 의학가이며 사곡학가이다. 의학에 정통한 것 이외에, 서대춘은 문사(文辭)에 공교로왔고, '도정(道情)'을 잘 지었으며,[222] 『회계도정(洄溪道情)』이 세상에 전하며, 음률에 매우 밝았으며, 작곡에 뛰어났으며, 음악미학사상은 주로 희곡성악론저인 『악부전성(樂府傳聲)』에 구현되었다.

『악부전성』은 청대 건륭9년, 즉 1744년에 이루어졌는데, 원서는 모두 35편이고, 그 밖에 자서(自序) 1편이 있다. 『악부전성』은 명대 위량보·심총수(沈寵綏[223]) 등 각 명가가 이야기한 곤강 연창경험을 계승하였고, 또 그가 당시 곤강을 연창할 때의 성취에 근거하여 연구하여 이루어졌다. 음악미학사상은 주로 아래와 같은 방면에서 구현되었다.

(1) 성악 연창에 있어, 그는 '성(聲)'·'정(情)'을 함께 갖추되, 또 '정'을

222) 도정(道情) : 곡예의 일종. 당대의 〈承天〉·〈九眞〉 등 道曲에 연원한다. 어고(漁鼓)와 간판(簡板)을 이용하여 반주한다. 원래 도사들이 연창하는 도교고사의 곡자인데, 청대에 이르러 일반민간고사를 제재로 사용하였다. 도정은 대부분 唱을 위주로 하고 설(說)은 보조적이다. 坐唱·站唱·單口·對口 등의 연기형식이 있다. [참조] 본장 제3절 설창음악의 발전.

223) 심총수(沈寵綏, ?~1645) : 오강 사람. 자는 군징(君徵), 호는 괄헌주인(适軒主人). 명대 희곡성률가. 집안이 부유하여 어렸을 때부터 재질이 있고, 총명하였으나, 벼슬길에 나서지 않았다. 예기를 익혀 도곡(度曲, 작곡 혹은 곡보에 맞춰 가창)으로 생을 마쳤다. 『현색변와(弦索辨訛)』·『도곡수지(度曲須知)』를 지었다.

위주로 하는 관점을 주장하였다. 서대춘은 악곡을 연창하는 배역들은 같지 않기 때문에, 표현해야하는 인물의 성격·사상감정 등은 하나같지 않다고 생각하였다. 따라서 연창자는 연창할 때에 '곡정'의 발전에 주의해야 하고, 자신의 생활경험에 근거하여, 처지를 바꾸어 다른 역할의 성격과 정감의 발전을 곰곰이 따져서 연창자와 곡 중의 인물이 일체가 될 수 있게 할 때에만 비로소 진정으로 관중을 감동시킬 수 있다고 생각했다. 만약 연창에 사상적 내용이 결여되어 있다면, 연창자의 연창기예와 성음이 절묘하더라도 진정 청중을 감동시킬 수 없다.

(2) 희곡음악의 심미기준에 관하여, 그는 아속을 모두 감상하는 '지경(至境)'에 이를 것을 요구하였다. 그는 희곡음악의 창작은 반드시 구체적 문제와 구체적 분석의 태도를 가져야 하고, 청중의 실제 감상능력과 희극극정(劇情)의 요구에 근거하여 내용의 아속·곡직·문리(文俚)·은현(隱現)을 결정하여,[224] 지정(至情)·지미(至味)·심의(深意)가 있어야 한다고 생각하였다.

(3) 연창방법에 있어서, 단강(斷腔)[225]·돈좌(頓挫)·경중(輕重)·서질(徐疾) 관계의 정확한 처리를 요구하였다. 서대춘은 『악부전성·단강』에서, 『예기』의 "곡(曲)은 절(折)과 같고, 지(止)는 고목(枯木)과 같다."는 견해를 빌어서, "오직 단(斷)할 수 있으면 신정(神情)은 바야흐로 드러나게 된다." 고 생각했다.[226] 남북곡은 단강의 연창에 있어 전혀 서로 같지 않아서, 대체로 "남곡의 단은 곧 이어지는(連) 가운데 끊어져, 단을 중하게 여기지 않는

224) 문리(文俚) : 문은 꾸밈이 있는 것이고, 리는 속된 것. 『원고가문(元曲家門)』에서 '曲'과 '詩詞'의 차이를 분석하면서, '曲'은 直을 취하되 曲을 취하지 않고, 俚를 취하되 文을 취하지 않으며, 顯을 취하되 隱을 취하지 않는다고 했다.

225) 단강(斷腔) : 희곡 성악 중 감정을 표현하는 중요한 수법의 하나가 '단'과 '연'이다.

226) 『樂府傳聲·斷腔』 : 惟能斷, 則神情方顯.

다. 북곡은 이어지지 않는 것이 아니기 때문에 끊어지는 가운데 연이다."고 하였다.[227)]

돈좌의 운용에 관하여, 『악부전성 · 돈좌』에서, "창곡의 묘처는 온전히 돈좌에 있고", 가창 중의 돈좌는 억양절주이고, 연창방법 중의 기술기교의 운용이며, "돈좌가 정성을 얻으면 그 가운데에서 신리(神理)가 저절로 나온다."고 했다.[228)]

경중의 운용에 관하여, 『악부전성 · 경중』에서, "경이란 그 목구멍(喉)을 조르는 것(松放)으로, 소리가 목구멍의 윗면에 있어 글자를 소리로 드러낼 때 청원표일(淸圓飄逸)한 것을 말한다. 중이란 목구멍을 억누르는 것(按捺)으로, 소리가 목구멍의 아랫면에 있어 글자를 소리로 드러낼 때 평실침착(平實沈着)한 것을 말한다."고 했다.[229)] 글에서 경중에 내재된 함의에 대하여 변증적 해석을 하였고, 그 어떤 운용과 처리에 대하여 비교적 상세한 분석을 하였다.

서질의 문제에 관하여, 『악부전성 · 서질』에서, "묘창(妙唱)은 적고 느리며(少緩), 후창(後唱)은 적고 빠르다. 이것이 장법(章法, 문장을 구성하는 방법)의 서질이다. 한가한 일은 마땅히 느리고, 급한 일은 마땅히 급하다. 이것이 때의 형세에 따른 서질이다. 감정을 베끼고 정경을 완상하는 것은 마땅히 느리고, 판단하고 반박하며 빨리 달릴 때는 마땅히 급하다."고 했다.[230)] 그는 서질에는 마땅히 일정한 절도(節)가 있어야 하는데, '서'는 신기(神氣)가 일관되어 산만하여 거둘 수 없어서는 안된다고 생각하였으며, 또 '질'

227) 『樂府傳聲 · 斷腔』: 蓋南曲之斷, 乃連中之斷, 不以斷爲重, 北曲未嘗不連, 乃斷中之連.

228) 『樂府傳聲 · 頓挫』: 唱曲之妙全在頓挫. … 頓挫得款, 則其中之神理自出.

229) 『樂府傳聲 · 輕重』: 輕者, 松放其喉, 聲在喉之上一面, 吐字淸圓飄逸之謂. 重者, 按捺其喉, 聲在喉之下一面, 吐字平實沉着之謂.

230) 『樂府傳聲 · 徐疾』: 始唱少緩, 后唱少促, 此章法之徐疾也; 閑事宜緩, 急事宜促, 此時勢之徐疾也; 摹情玩景宜緩, 辯駁趨走宜促, 此情理之徐疾也.

은 글자 글자마다 청석(淸晳, 분명함)하여 한 조각도 호도(糊塗)할 수 없어야 한다고 생각하였다. 서대춘은 단강·돈좌·경중·서질의 관계문제를 정확하게 처리하는데 있어서 표현기교를 비교적 자세하고 치밀하게 검토하였고, 음악형식미와 음악형상·악곡내용을 표현하는 관계문제는 현재의 성악의 가르침과 배움·연창방면에 대하여 매우 중요한 귀감이 되는 의의가 있다.

여기현

서울고등학교와 성균관대학교 국어국문학과를 졸업하고, 현재 광운대학교 국어국문학과 교수로 재직하고 있다. 저서로는 동양의 음악론을 다룬『중국고대학론』, 신라 사회의 음악적 현상과 향가를 분석한『신라 음악상과 사뇌가』가 있고, 고려의 속악가사를 음악이란 시각으로 분석한『고려 속악의 형성과 향유, 그 변용』이 있다.

중국고전음악사

2018년 6월 20일 초판 1쇄 펴냄

편역자 여기현
펴낸이 김흥국
펴낸곳 도서출판 보고사

책임편집 이순민
표지디자인 오동준

등록 1990년 12월 13일 제6-0429호
주소 경기도 파주시 회동길 337-15 보고사 2층
전화 031-955-9797(대표)
02-922-5120~1(편집), 02-922-2246(영업)
팩스 02-922-6990
메일 kanapub3@naver.com / bogosabooks@naver.com
http://www.bogosabooks.co.kr

ISBN 979-11-5516-805-9 93910

정가 27,000원

※ 이 책은 2014년 광운대학교 연구년에 의하여 발간되었음